DUMONT

WANDERZEIT IM BAYERISCHEN WALD

Herrlich entspannte Touren zum Abschalten & Genießen

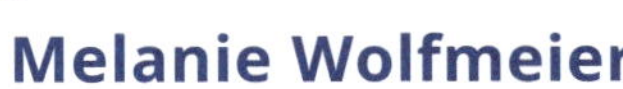

Melanie Wolfmeier

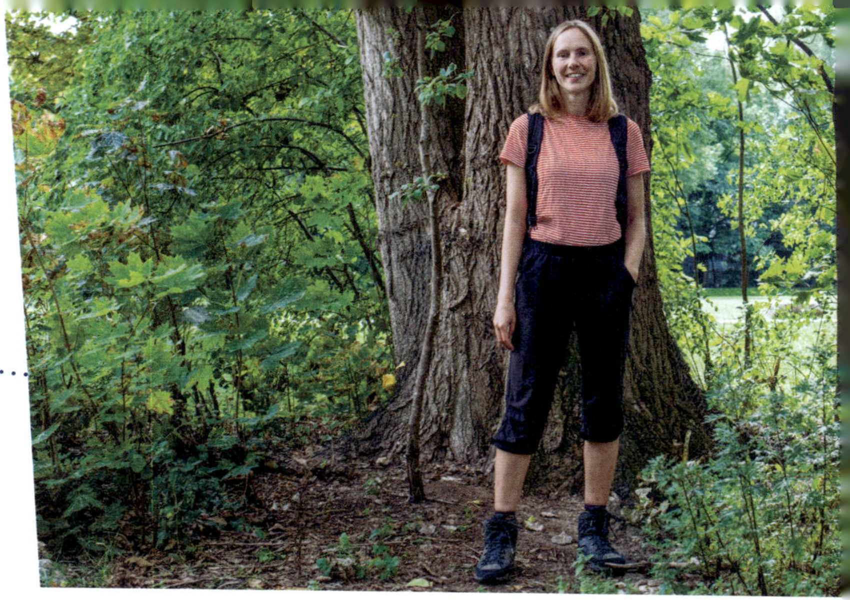

MELANIE WOLFMEIER

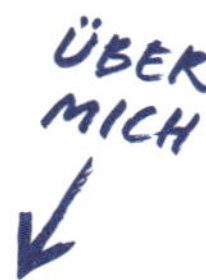

Draußen in der Natur unterwegs zu sein, ist für mich ein überlebensnotwendiger Ausgleich zum Stadtleben. War aber nicht immer so. Als Kind spielte ich zwar gern im Wald, fand aber Wandertouren einfach nur furchtbar. Welchen Sinn sollte das haben? In den Ferien an den Strand zu fahren, war doch viel schöner! Heute ist es genau andersherum. Nirgends kann ich besser entspannen und abschalten als im Wald. Immer lernt man etwas Neues, über Pflanzen und Tiere – und sich selbst. Und kommt stets mit mehr Energie nach Hause, als man verbraucht hat.

Meine persönliche Wanderweisheit:

» **Das Abenteuer wartet vor der Haustür!**

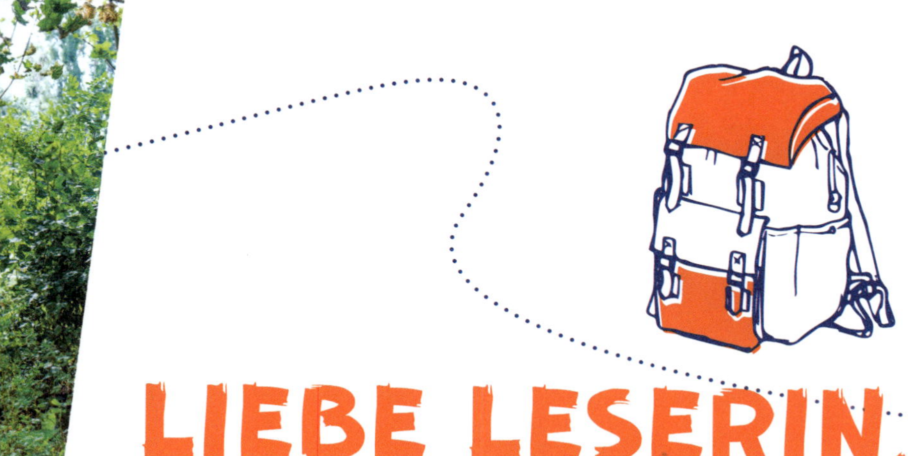

LIEBE LESERIN, LIEBER LESER,

der Bayerische Wald kommt einem von Weitem fast wie ein Mauerblümchen vor. Liegt da ganz im südöstlichen Eck, halb vergessen vom Rest der Republik, und wartet darauf, entdeckt zu werden. Dabei stellt sich die Verzauberung auf den ersten Blick ein: sanft geschwungene Berge, bedeckt von sattgrünem Wald, dazwischen Wiesen in hellerem Grün. Ein gut ausgebautes Wandernetz durchzieht die Region, gespickt mit herrlich gemütlichen Einkehr- und Übernachtungsmöglichkeiten. In den Dörfern und Städten trifft man auf gastfreundliche Menschen, die den Bayerischen Wald sehr lieben – und schützen wollen. Seine wildromantischen Flusstäler, Wasserfälle, Moore und Gipfel mit Weitblick – und den Nationalpark Bayerischer Wald, einen grandiosen Naturschatz, wo man mit etwas Glück sogar Luchsen und Wölfen begegnet.

Eine herrlich entspannte Wanderzeit wünscht

Melanie Wolfmeier

INHALT

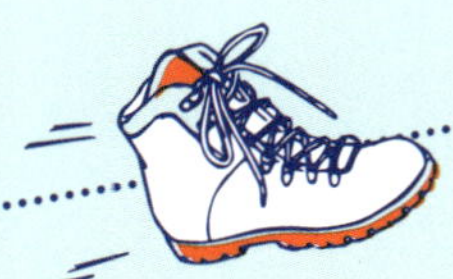

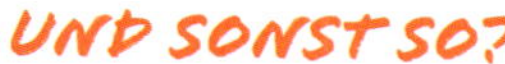

UNTERWEGS AUF DEN SCHÖNSTEN STRECKEN …

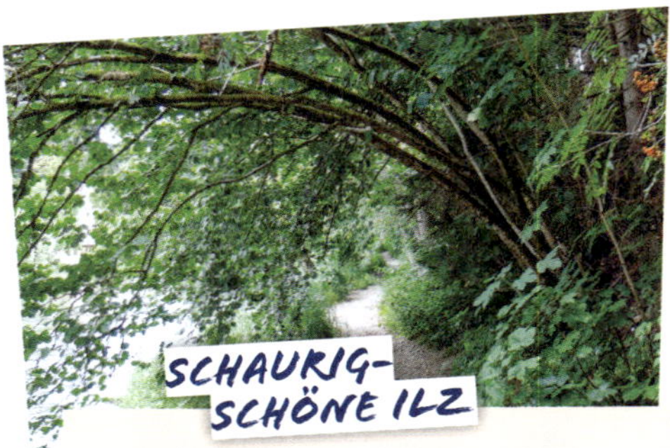

SCHAURIG-SCHÖNE ILZ

>> Am Ufer der »Schwarzen Perle« biegen sich Bäume hinab zum Wasser und erschaffen ein Alice-im-Wunderland-Feeling, während Enten und Gänse leise auf dem Fluss schnattern. Tour 20, zwischen Burgruine Reschenstein und Gasthaus Zur Triftsperre, Seite 204

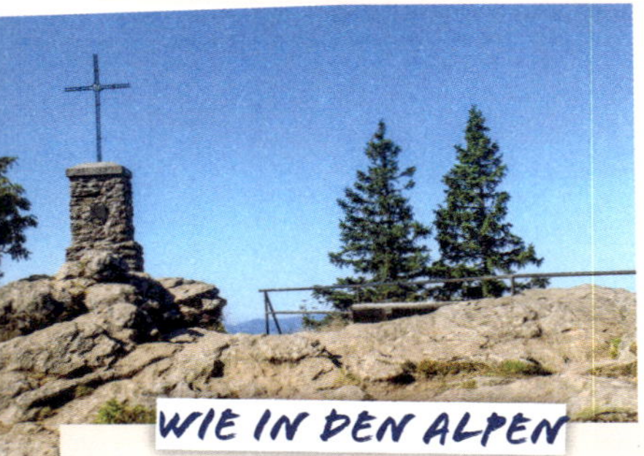

WIE IN DEN ALPEN

>>Anstrengend, ja. Aber umso lohnender ist der Aufstieg zum Falkenstein, vorbei an uralten Bäumen, riesigen Felsen und fleißigen Spechten. Tour 11, zwischen Höllbachgspreng und Großem Falkenstein, Seite 114

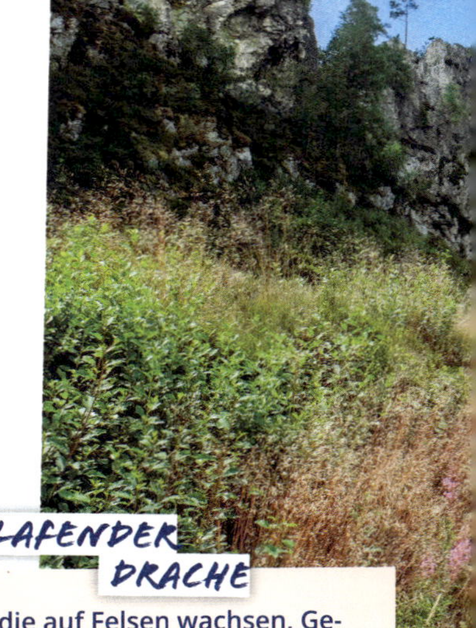

SCHLAFENDER DRACHE

>> Bäume, die auf Felsen wachsen, Gestein, das im Sonnenlicht schimmert, umgeben von einem Kiefernwald, der würzig-frische Luft verbreitet. Tour 6, am Großen Pfahl, Seite 64

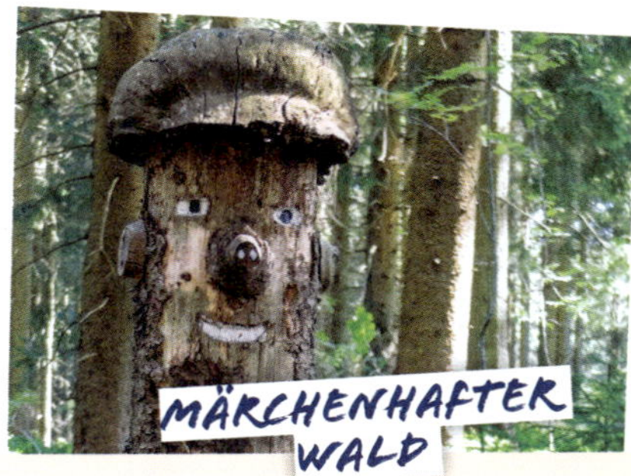

MÄRCHENHAFTER WALD

>> Witzige Figuren und Sprüche in einem leuchtend grünen Wald, dazu ein sanfter Aufstieg über Wurzeln und Laub hinweg. Ein märchenhaft schöner Wegabschnitt! Tour 7, zwischen Froschmaulfelsen und Pröller, Seite 74

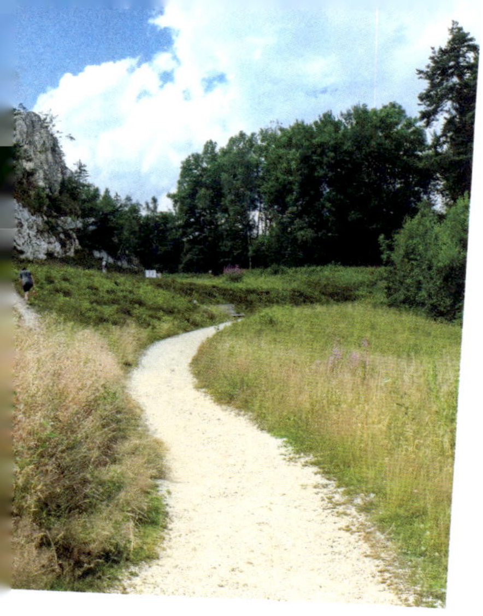

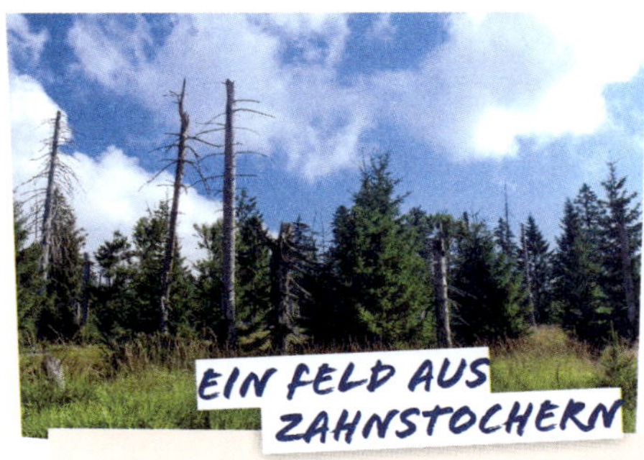

Ein Feld aus Zahnstochern

>> Über große Steine steigen, den Horizont und den neuen Wald im Blick, der zwischen abgestorbenen Fichten heranwächst. Dazu die magische Stille, die es nur im Nationalpark gibt. Tour 14, zwischen Flanitz und Großem Rachel, Seite 144

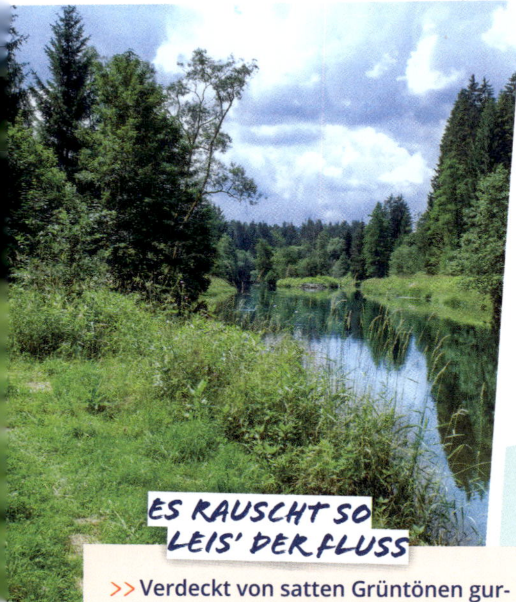

Es rauscht so leis' der Fluss

>> Verdeckt von satten Grüntönen gurgelt der Schwarze Regen leise vor sich hin. An den Brombeerbüschen tummeln sich unzählige Falter und Schwebfliegen, während Moorbirken ihre Kronen in den Himmel recken. Tour 12, zwischen Auwald und Totenbrettern, Seite 124

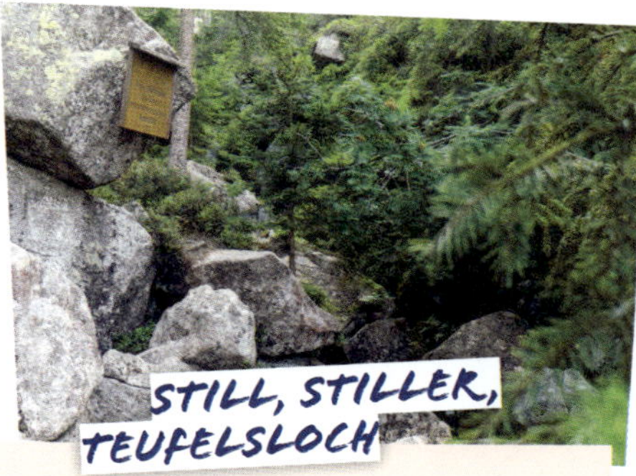

Still, stiller, Teufelsloch

>> In der Nähe des Lusens einen magisch-verwunschenen Ort aufspüren, mit ganz viel altem Wald und Ausblicken ins Tal. Tour 15, zwischen Martinsklause und Teufelsloch, Seite 154

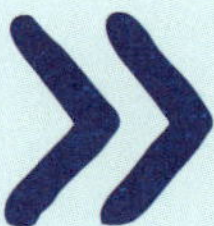

ALLE TOUREN IM ÜBERBLICK

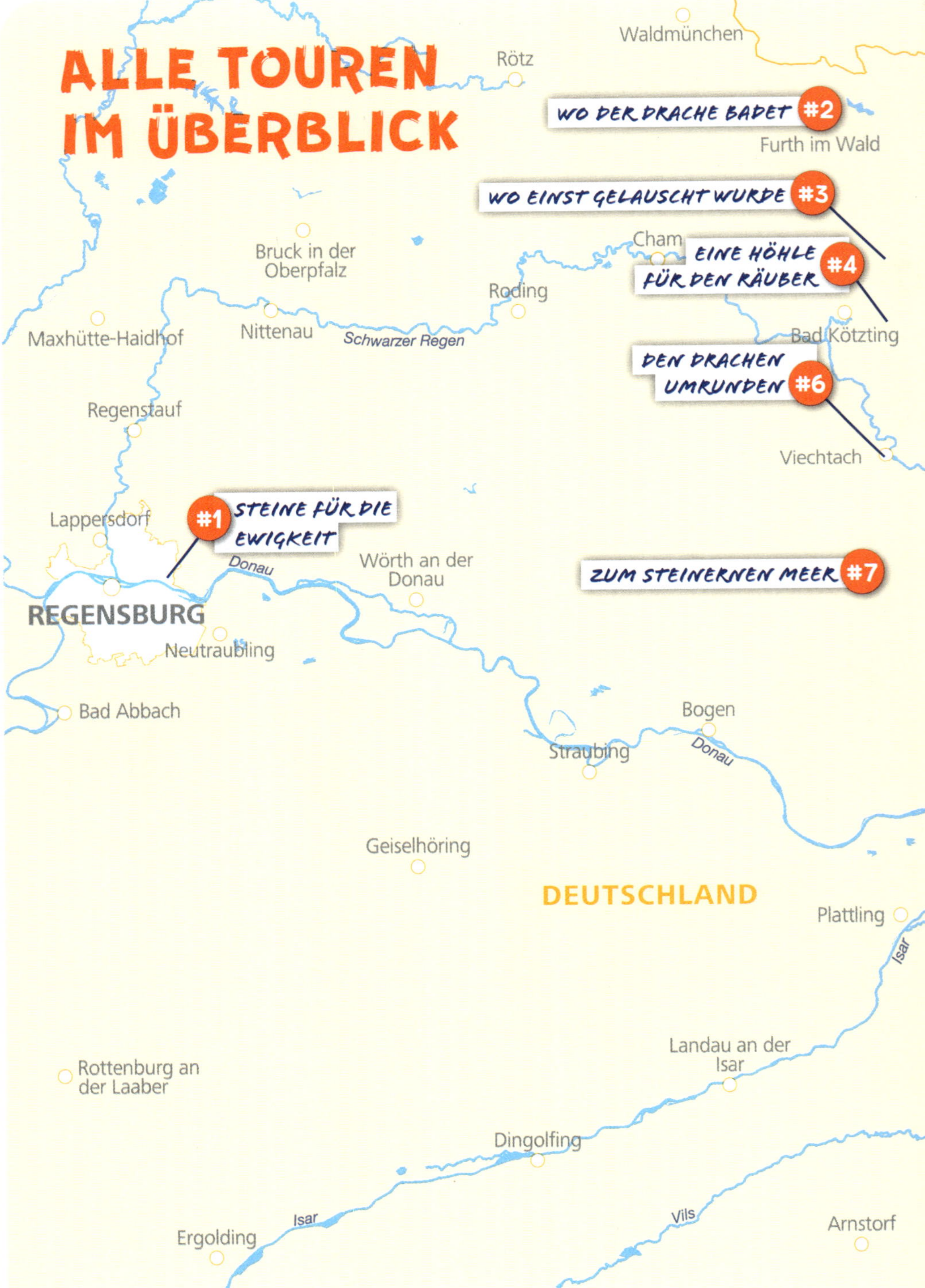

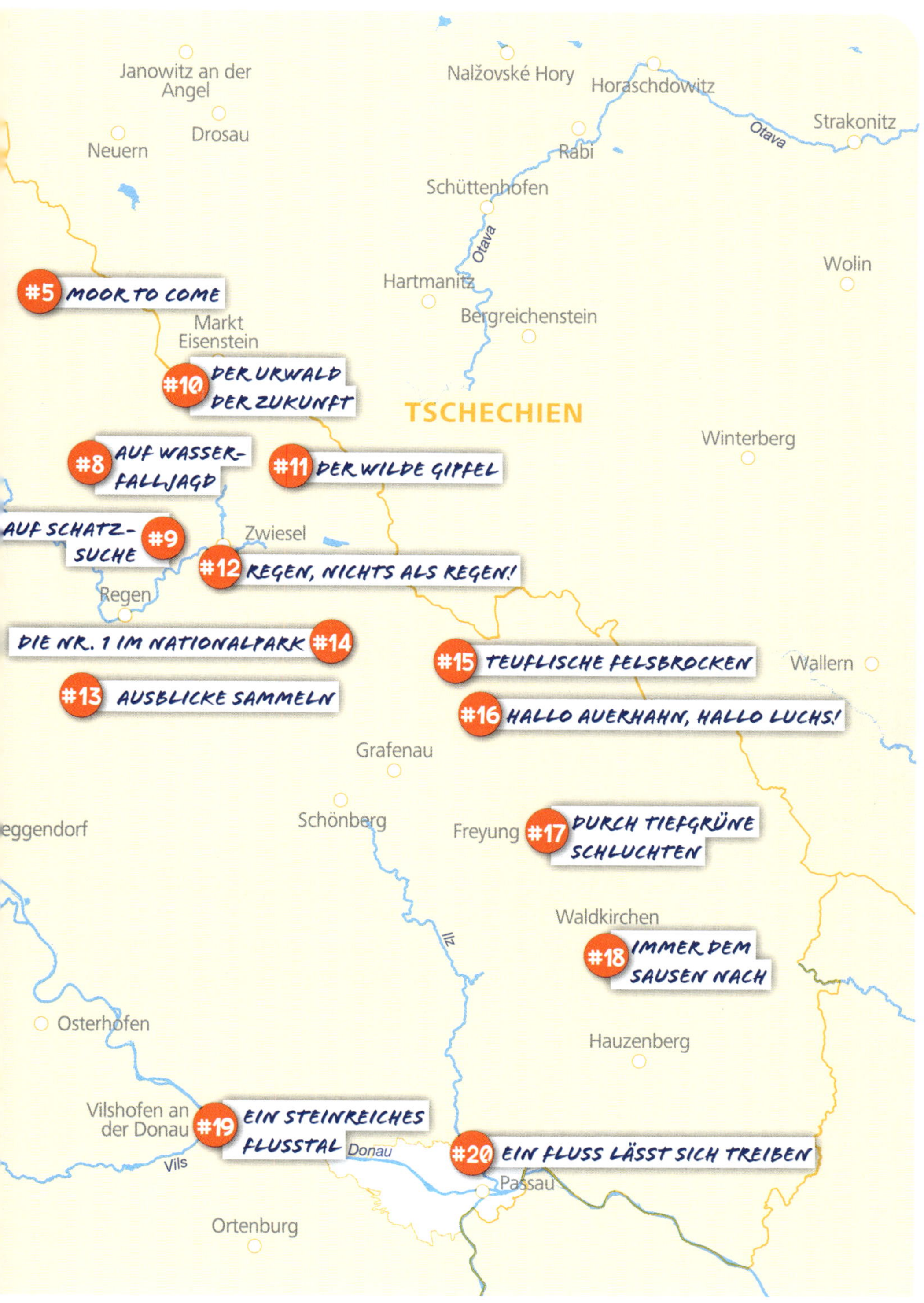
Janowitz an der Angel
Nalžovské Hory
Horaschdowitz
Strakonitz
Otava
Drosau
Neuern
Rabi
Schüttenhofen
Otava
Wolin
Hartmanitz
Bergreichenstein
#5 MOOR TO COME
Markt Eisenstein
#10 DER URWALD DER ZUKUNFT
TSCHECHIEN
Winterberg
#8 AUF WASSERFALLJAGD
#11 DER WILDE GIPFEL
AUF SCHATZSUCHE #9
Zwiesel
#12 REGEN, NICHTS ALS REGEN!
Regen
DIE NR. 1 IM NATIONALPARK #14
#15 TEUFLISCHE FELSBROCKEN
Wallern
#13 AUSBLICKE SAMMELN
#16 HALLO AUERHAHN, HALLO LUCHS!
Grafenau
Schönberg
Freyung
#17 DURCH TIEFGRÜNE SCHLUCHTEN
eggendorf
Ilz
Waldkirchen
#18 IMMER DEM SAUSEN NACH
Osterhofen
Hauzenberg
Vilshofen an der Donau
#19 EIN STEINREICHES FLUSSTAL
Donau
#20 EIN FLUSS LÄSST SICH TREIBEN
Vils
Passau
Ortenburg

... UND AUCH PAUSE MACHEN NICHT VERGESSEN

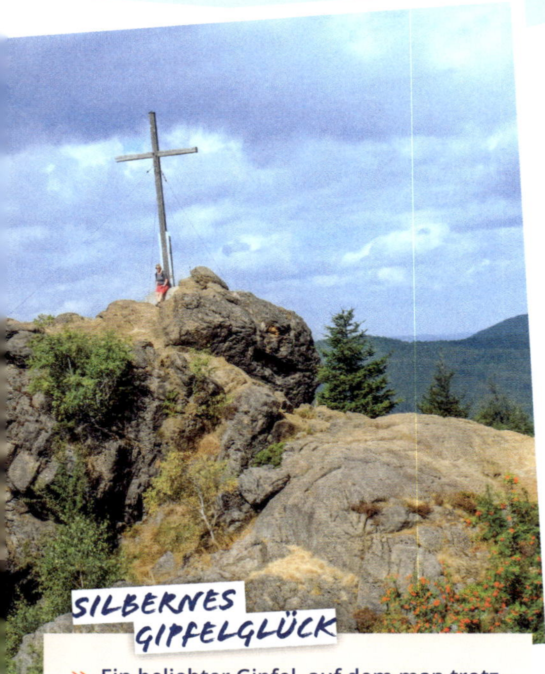

SILBERNES GIPFELGLÜCK

>> Ein beliebter Gipfel, auf dem man trotzdem tiefenentspannt sein kann? Das geht! Auf dem Silberberg bei Bodenmais gibt's ganz viel Weitblick gratis dazu. Tour 9, Stopp 3, Seite 99

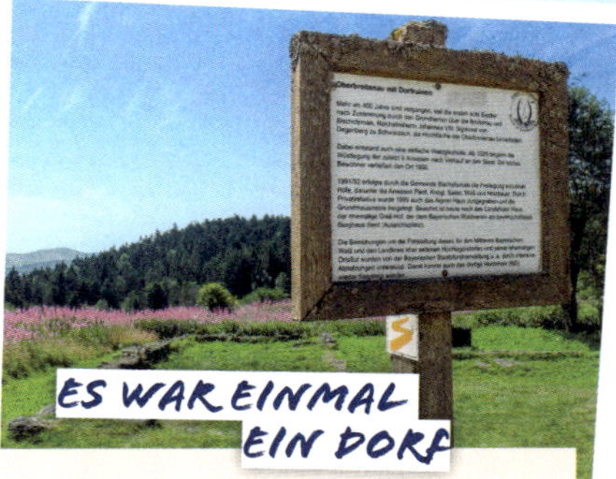

ES WAR EINMAL EIN DORF

>> Zwischen den Gräsern, Flechten und Wildblumen verbergen sich die Mauerreste einstiger Häuser. Unheimlich? Gar nicht! In Oberbreitenau erwacht der Entdeckergeist! Tour 13, Stopp 3, Seite 139

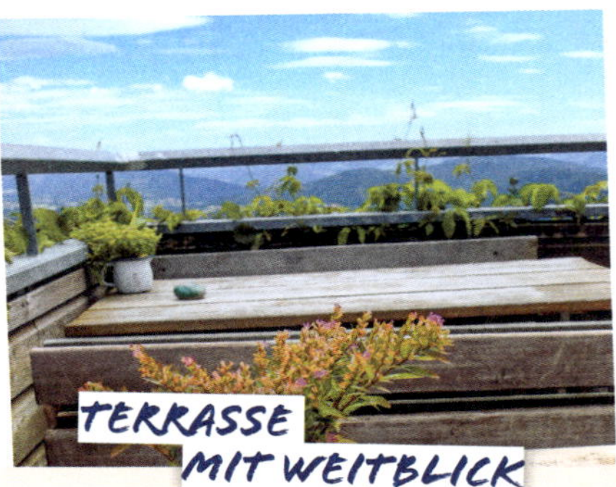

TERRASSE MIT WEITBLICK

>> Wandererlohn: Ganz viel Ausblick auf die grünen Bayerwaldberge bekommt man beim Aufstieg auf den Kaitersberg. Einzige Konkurrenz: der duftende Kuchen auf dem Teller. Tour 4, Stopp 5, Seite 51

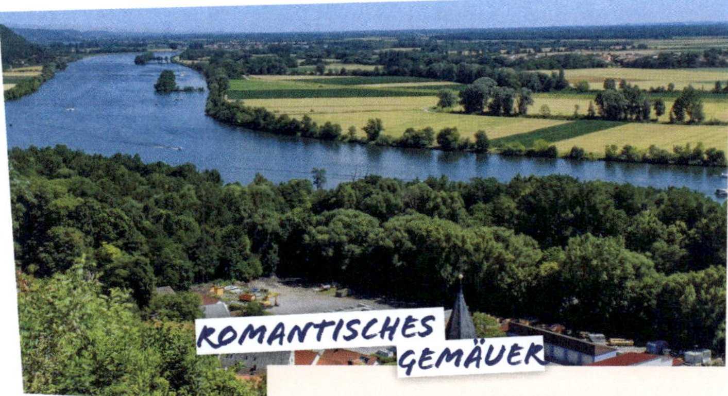

ROMANTISCHES GEMÄUER

>> Weit unten windet sich die Donau durchs Tal, während einem der Wind um die Nase weht. Die alten Mauerreste sind der beste Picknickspot weit und breit. Tour 1, Stopp 4, Seite 20

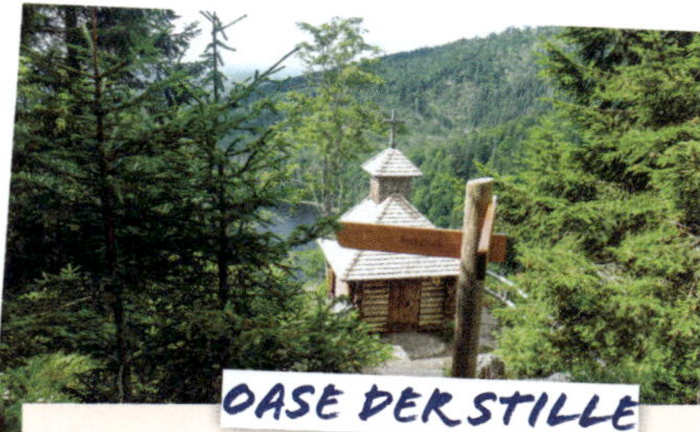

OASE DER STILLE

>> An der Rachelkapelle sitzt man hoch über dem gleichnamigsen See, umgeben von tiefgrünen Fichten. Tour 14, Stopp 3, Seite 150

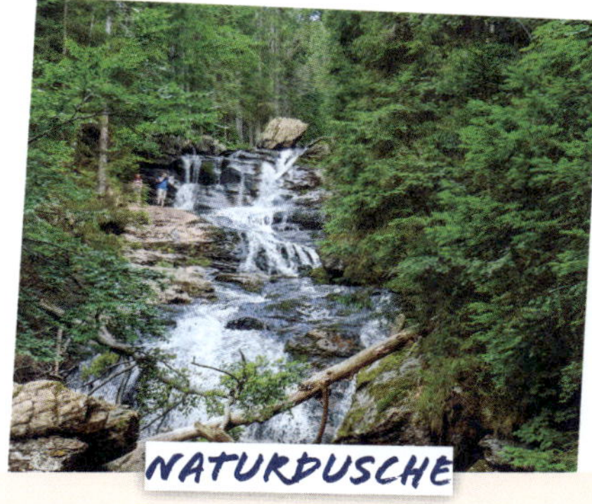

NATURDUSCHE

>> Wasser – und nichts als Wasser – kann so beruhigend sein. An heißen Tagen sind die Wasserfalltropfen des Riesbachs eine willkommene Abkühlung. Tour 8, Stopp 1, Seite 88

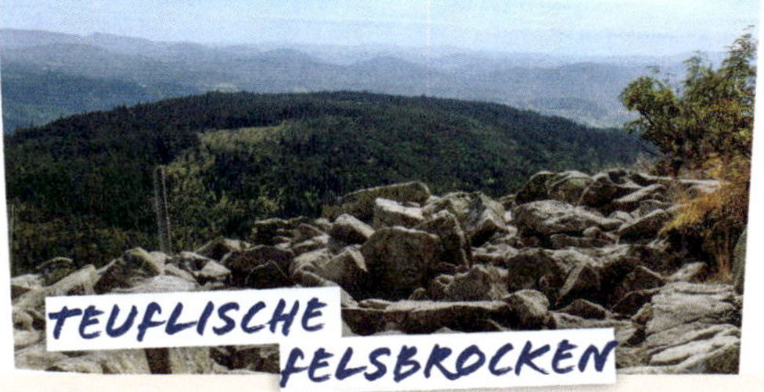

TEUFLISCHE FELSBROCKEN

>>Auf den Granitblöcken am Lusengipfel kann man ewig sitzen und über das Leben nachdenken. Von Sonnenauf- bis Sonnenuntergang. Tour 15, Stopp 4, Seite 160

EINFACH LOSWANDERN

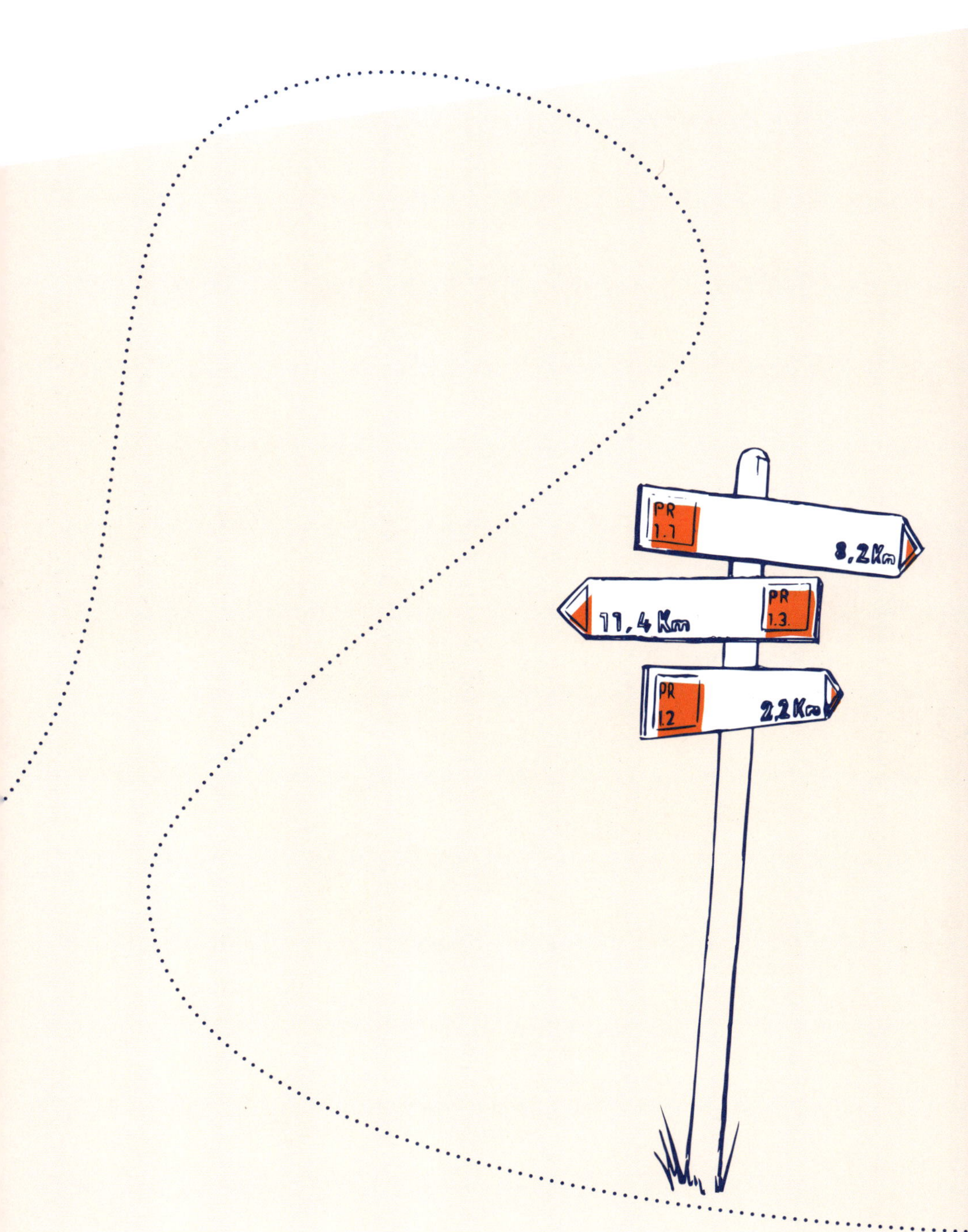
PR
1.1
8,2Km
11,4 Km
PR
1.3.
PR
1.2
2,2Km

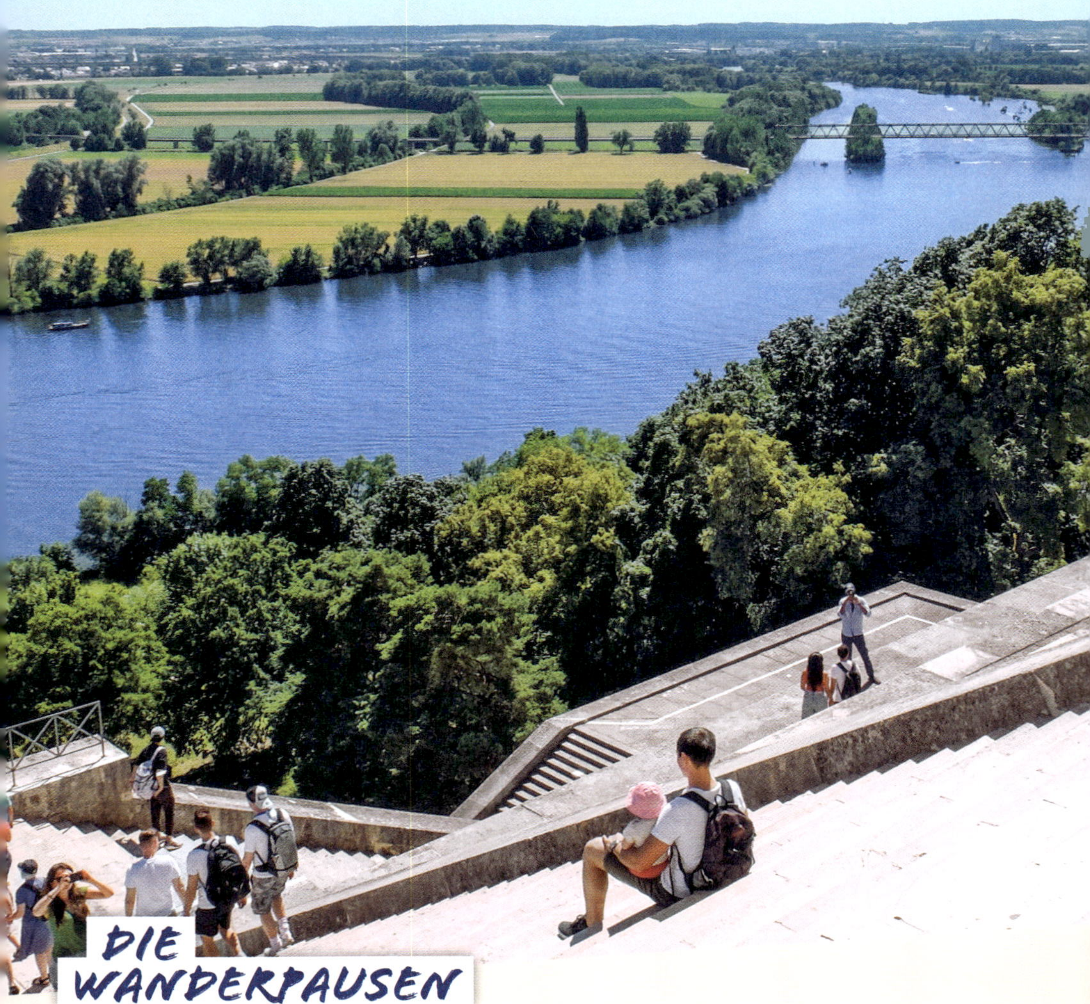

DIE WANDERPAUSEN

» START
Bushaltestelle Fleischmannstraße, Schwabelweis

KM 0,8
1 Keilberg
Steinalte Felsen bestaunen

KM 2,4
2 Im Eichenwald
Unter Bäumen wandeln

KM 6,1
3 Tannerlkapelle
Zeit für ein Picknick

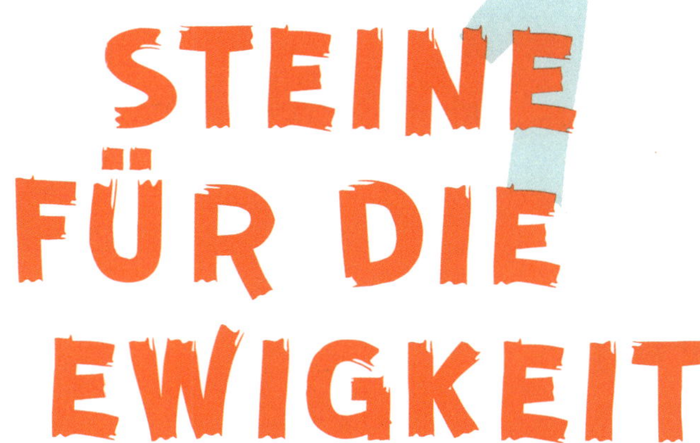

STEINE FÜR DIE EWIGKEIT

Von Schwabelweis zur Walhalla bei Donaustauf

Diese Route nahe der Donau legt einem viele Steine in den Weg, jedoch welche von der guten Sorte. Steinalte Jurafelsen, Burgruine Donaustauf und Walhalla – sie alle wollen bewundert werden. Zu Recht, denn als Natur- und Kulturdenkmäler machen sie diese Wanderung zu einer besonderen Entdeckungstour.

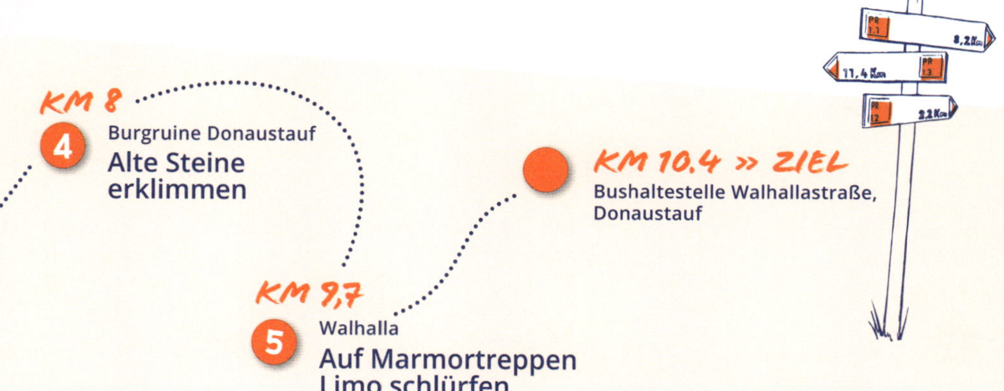

WIE DIE NASEN NEUGIERIGER RIESEN …

…ragen die Kalkfelsen aus dem **Keilsteiner Hang** heraus. Vom Weg aus lassen sich die uralten Felsformationen besonders gut betrachten, bevor der angrenzende Wald einen verschluckt. Laub raschelt unter den Füßen, während man dem geschwungenen Pfad aufwärts folgt. Bald umfängt einen ein **Eichenwald**, die knorrigen Stämme von zerfurchter Borke bedeckt, während die schimmernden Blätter mit dem Sonnenlicht spielen …

Plötzlich ist man raus aus dem Wald und oben auf dem Hügel angelangt. Man steht an einer Wiese, in deren Mitte der Sendemast Hohe Linie 165 Meter in den Himmel ragt. Doch der Weg lockt wieder in den Wald, weg von dem Betonungeheuer, immer weiter über Wurzeln und Steine hinweg. Im Sommer wird die Anstrengung reichlich belohnt: Himbeersträucher ranken am Wegesrand und verführen zu einer Naschpause.

SICH MITTEN AUF DER WANDERUNG DER STILLE DES WALDES BEWUSST WERDEN

Nach dem Genuss der roten Früchtchen geht es schon bald bergab, die Schritte beschleunigen sich von allein. Bei der **Tannerlkapelle** bieten himmelblaue Bänke den perfekten Sitzplatz, um nochmal die Waldatmosphäre einzusaugen, bevor der Spaziergang unter Bäumen zu Ende ist und man die ersten Häuser von Donaustauf passiert.

Auf einem Hügel über der Stadt krallen sich die Reste der **Burg Donaustauf** am Felsen fest. Von der Ruine aus schweift der Blick ungehindert übers Tal, während der Wind kühlend über die Stirn streicht. Ganz unten ein glitzernder Fluss: Die Donau schmiegt sich in die Landschaft, abwechselnd von Wäldern, Feldern und Siedlungen eingerahmt.

Von der Ortsmitte aus erreicht man rasch die Kirche Sankt Salvator. Hinter der Kirche beginnt der von Baumwurzeln durchzogene Aufstieg zur **Walhalla.** Nur noch kurz konzentrieren, ein paar letzte Höhenmeter – und schon steht man an der Gedenkhalle aus Marmor. Auf den weißen, einladenden Treppen rund um das Gebäude herum kann man sich niederlassen und der Sonne zusehen, wie sie langsam gen Westen wandert. «

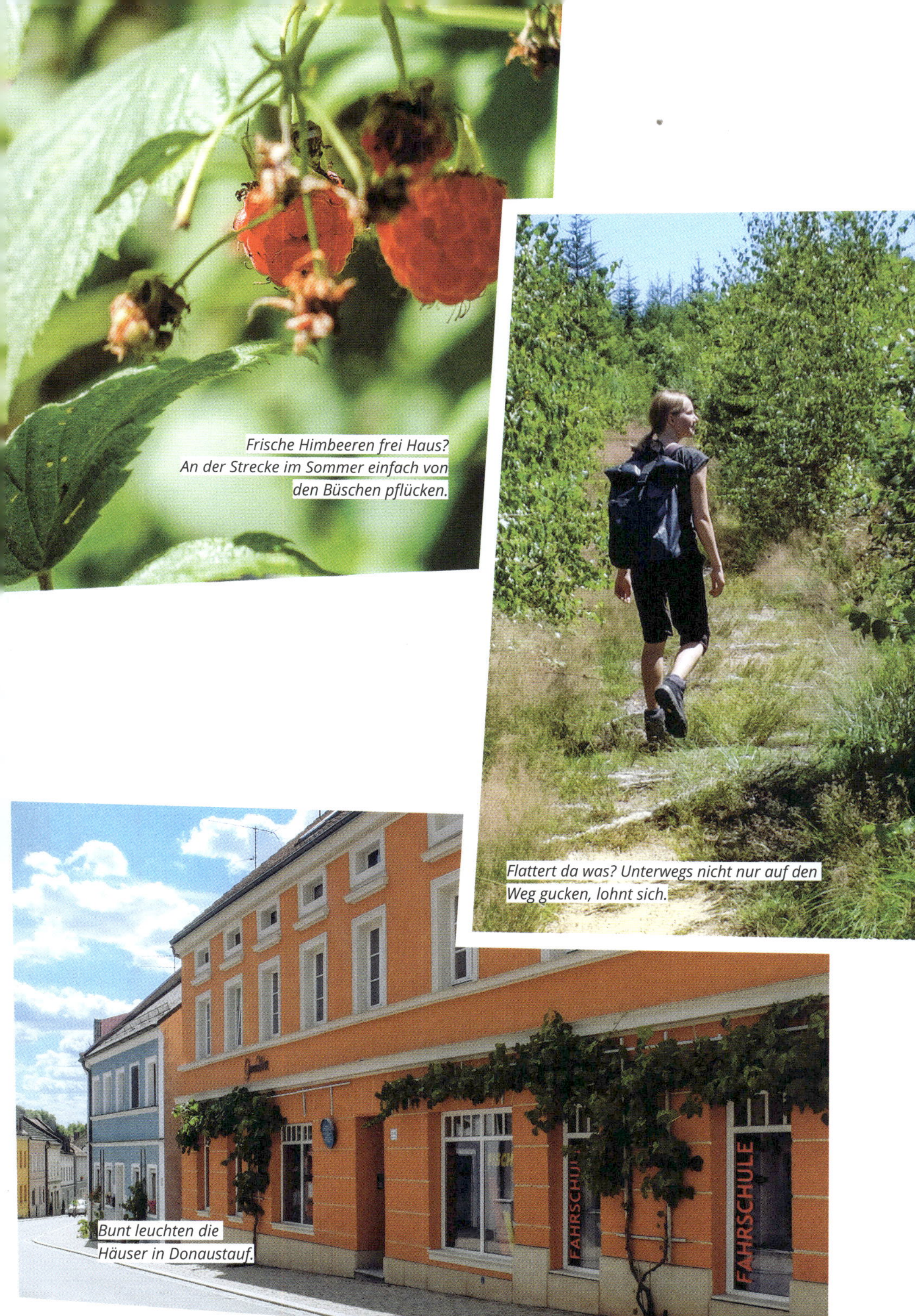

Frische Himbeeren frei Haus? An der Strecke im Sommer einfach von den Büschen pflücken.

Flattert da was? Unterwegs nicht nur auf den Weg gucken, lohnt sich.

Bunt leuchten die Häuser in Donaustauf.

WANDERN & GENIESSEN

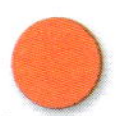

»START

Bushaltestelle Fleischmannstraße, Schwabelweis

Die Straße an der Ampel überqueren, dann der Markierung »Oberpfalzweg« entlang der Metzger- und Weinbergstraße folgen.

KM 0,8

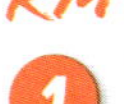

Keilberg

Steinalte Felsen bestaunen

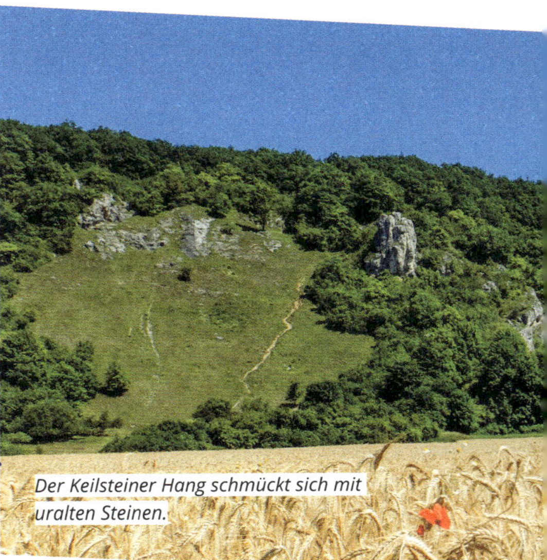

Der Keilsteiner Hang schmückt sich mit uralten Steinen.

Vom Talweg aus sieht man sie in ihrer ganzen Pracht: Die Jurafelsen am Keilsteiner Hang sind schon 140 Millionen Jahre alt, was man ihnen auch ansieht. Ganz zerfurcht sehen sie aus, in den Höhlen fühlen sich bestimmt Füchse und Fledermäuse wohl! Dass die Felsen noch da sind, ist der Ausweisung eines Naturschutzgebiets zu verdanken – ansonsten wären sie zur Kalksteingewinnung abgebaut worden. So können auf dem Magerrasen des Hangs seltene Blumen wie die Küchenschelle überleben, die wie weitere 33 Arten, die in dem Naturschutzgebiet entdeckt wurden, auf der Roten Liste gefährdeter Pflanzen stehen. Wer die Felsen nicht nur von unten bewundern möchte, kann ihnen auf dem Geopfad auf die Spur kommen. Er informiert über die geologischen Besonderheiten des Gebiets und führt durch den Wald hinauf bis zu einem Aussichtspunkt (Rundweg, zusätzlich 3 km).

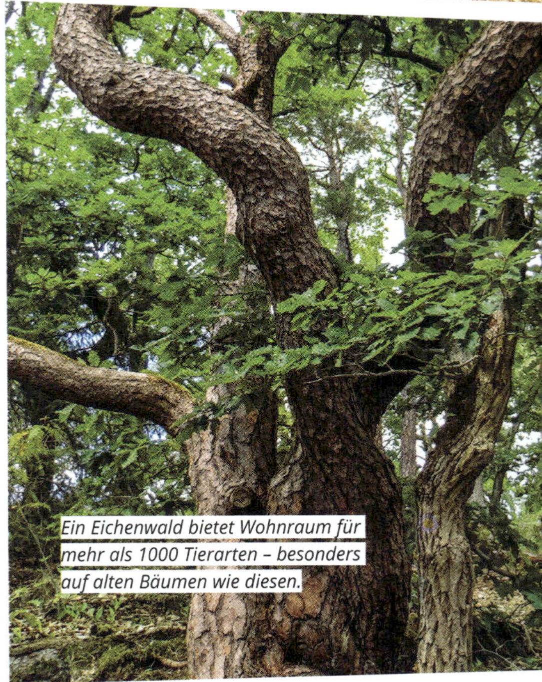

Ein Eichenwald bietet Wohnraum für mehr als 1000 Tierarten – besonders auf alten Bäumen wie diesen.

Den Keilsteiner Hang entlanglaufen, bis man auf die Markierung rotes Rechteck trifft. Es führt zunächst in den Bergweg, dann in den Wald hinein.

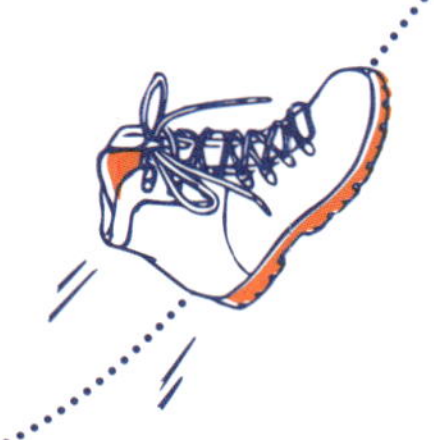

KM 2,4

2 Im Eichenwald
Unter Bäumen wandeln

In der Forstwirtschaft wurde lange Zeit auf schnell wachsende Fichten gesetzt, sodass es nicht mehr oft passiert, dass man in einem Eichenwald steht. Auf dieser Tour jedoch hat man dieses seltene Vergnügen: Mit Moos bewachsene Eichen schrauben sich in den Himmel, lassen Sonnenstrahlen durch ihre Kronen hindurchtanzen und erzeugen so eine ganz besondere Atmosphäre. Da Eichen mit Trockenheit besser zurechtkommen, trotzen sie dem Klimawandel, was für viele Tierarten überlebenswichtig ist. Auf keiner anderen heimischen Baumart leben so viele Arten von Schmetterlingen (über 400), Käfern (über 1000) und Pilzen. Von den Eicheln ernähren sich Rehe, Wildschweine, Hirsche und viele Vogelarten. Und das jahrhundertelang, können Eichen doch 600–1000 Jahre alt werden.

Weiter geht's mit dem roten Rechteck bis zum Weg Hohe Linie auf Höhe des gleichnamigen Sendeturms. Ab der Wegkreuzung immer dem grünen Rechteck (zunächst schmaler Pfad) folgen, bis man an eine Wegkreuzung kommt, an der es auf dem Burgenweg (Symbol Ritter) nach rechts (Richtung Donaustauf) zur Tannerlkapelle geht.

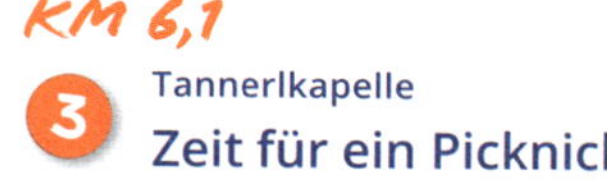

KM 6,1

3 Tannerlkapelle
Zeit für ein Picknick

Einst von einem Waldarbeiter erbaut, steht die Tannerlkapelle seit 1858 an dieser Wegkreuzung, mitten im Wald. Ganz ruhig ist es hier, deshalb ruhig die Gelegenheit nutzen und auf einer der himmelblau gestrichenen Bänke Platz nehmen. Bei Bedarf Proviant auspacken und die Waldoase genießen, bevor es zurück in die Zivilisation – also nach Donaustauf – geht. Und was ist eigentlich in der Kapelle? Ein Blick ins Innere fällt direkt auf eine dominierende Muttergottesstatue. Über lange Zeit hinweg wurde sie bei der Donaustaufer Fronleichnamsprozession mitgetragen.

Nach der Kapelle geht es weiter bergab. Der »Ritter« weist den Weg. Bei einer Weggabelung geradeaus weiter bergab gehen. Bald verlässt man den Wald, folgt der Ludwigstraße bergab, bis man sich von den Schildern »Zur Burgruine« führen lässt.

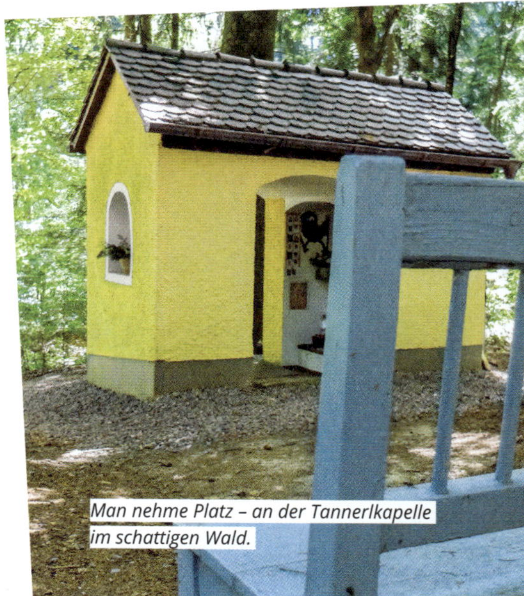

Man nehme Platz – an der Tannerlkapelle im schattigen Wald.

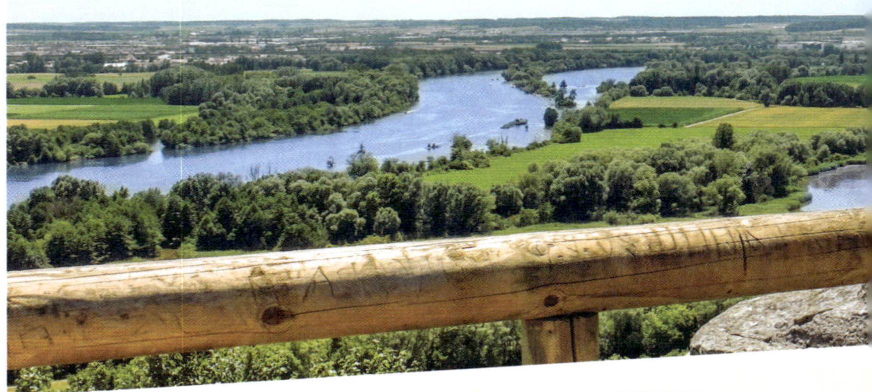

Das blaue Band der Donau schlängelt sich weit unten im Tal.

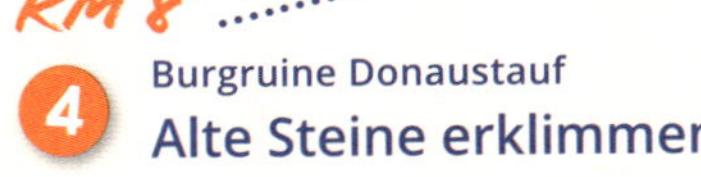

KM 8

4

Burgruine Donaustauf

Alte Steine erklimmen

Hoch über der Donau trotzen die Reste der Burg Donaustauf Wind und Wetter. Vor über 1000 Jahren erbaut, musste die Burg verschiedene Angriffe über sich ergehen lassen. Heute kann man über mehrere Tore ins Innere gelangen und die noch gut erhaltenen Mauerringe betrachten. Wer sich genau umschaut, entdeckt bestimmt auch noch die Überreste der Kapelle. Von ganz oben hat man einen fantastischen Ausblick über das Donautal, durch die Baumwipfel hindurch sieht man bereits die Walhalla.

Über die Lindenallee geht es hinab, an der Kirche Sankt Michael samt Friedhof vorbei und über Treppen bis zur Maxstraße. Dieser nach links bis zum Ende folgen, dann rechts durch den Fürstenpark laufen, am Chinesischen Turm vorbei, bis man kurz vor der Bushaltestelle links in die Walhallastraße abbiegt. Gegenüber vom Restaurant Historisches Armenspital führt eine Treppe hoch zur Kirche Sankt Salvator. An dieser rechts vorbei und dem Pfad (grüner Punkt) hoch bis zur Walhalla folgen.

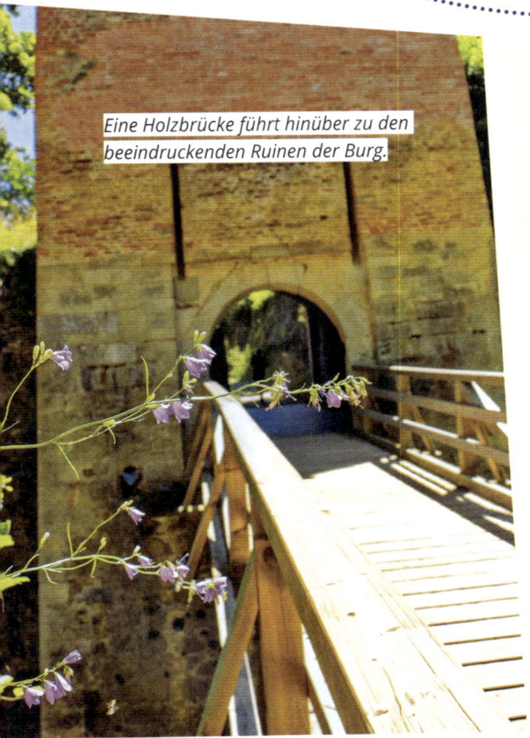

Eine Holzbrücke führt hinüber zu den beeindruckenden Ruinen der Burg.

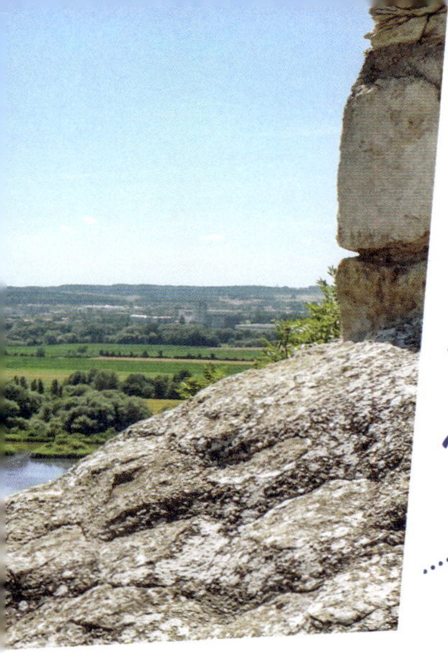

ALLES IM BLICK

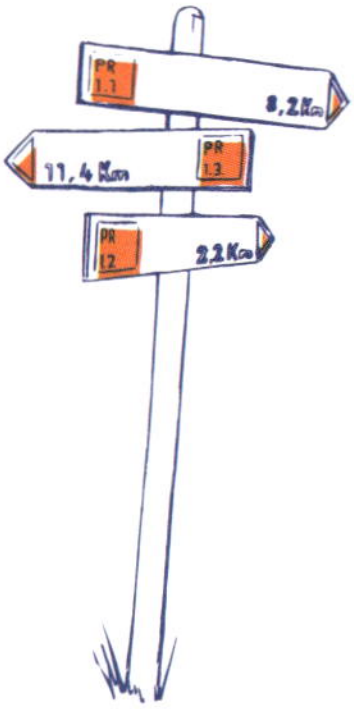

KM 9,7

5 Walhalla

Auf Marmortreppen Limo schlürfen

Wie kommt es, dass ein griechisch anmutender Tempel mitten im Bayerischen Wald steht? Zu verdanken ist das König Ludwig I., der heute noch für seine Investitionen in Kunst und Kultur bekannt ist. Eines dieser Denkmäler ist die Walhalla. Seit 1842 thront sie über dem Flusstal der Donau. Im Inneren der Walhalla posieren Büsten berühmter Herrscher, Wissenschaftler und Künstler. Wer nicht so viel Lust hat, den VIPs der Vergangenheit zu begegnen, schnappt sich vom Kiosk Ludwig (Mi–Mo 10–18.30 Uhr) eine Limo, setzt sich damit auf die Marmortreppen und genießt die Aussicht.

Die Treppen der Walhalla hinabsteigen. Nicht dem Schild »Schiffsanlegestelle« folgen, sondern weiter geradeaus laufen (an einer Infotafel vorbei). Der Weg endet an einer Straße, hier nach rechts wenden, um zur Bushaltestelle zu gelangen.

KM 10,4 » ZIEL

Bushaltestelle Walhallastraße, Donaustauf

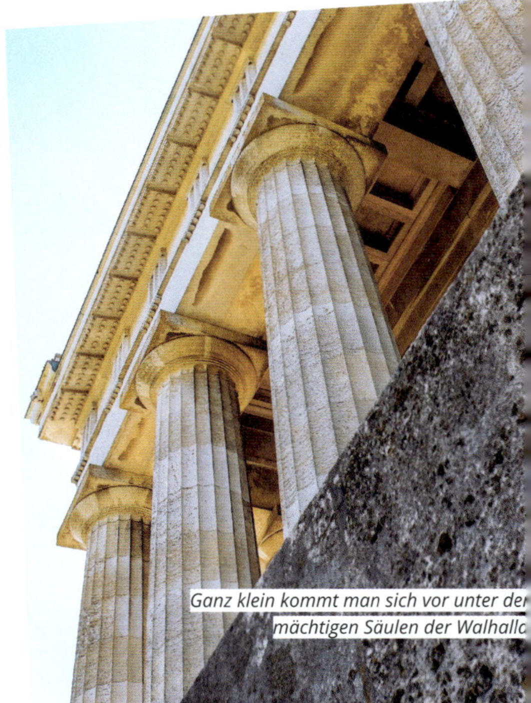

Ganz klein kommt man sich vor unter den mächtigen Säulen der Walhalla

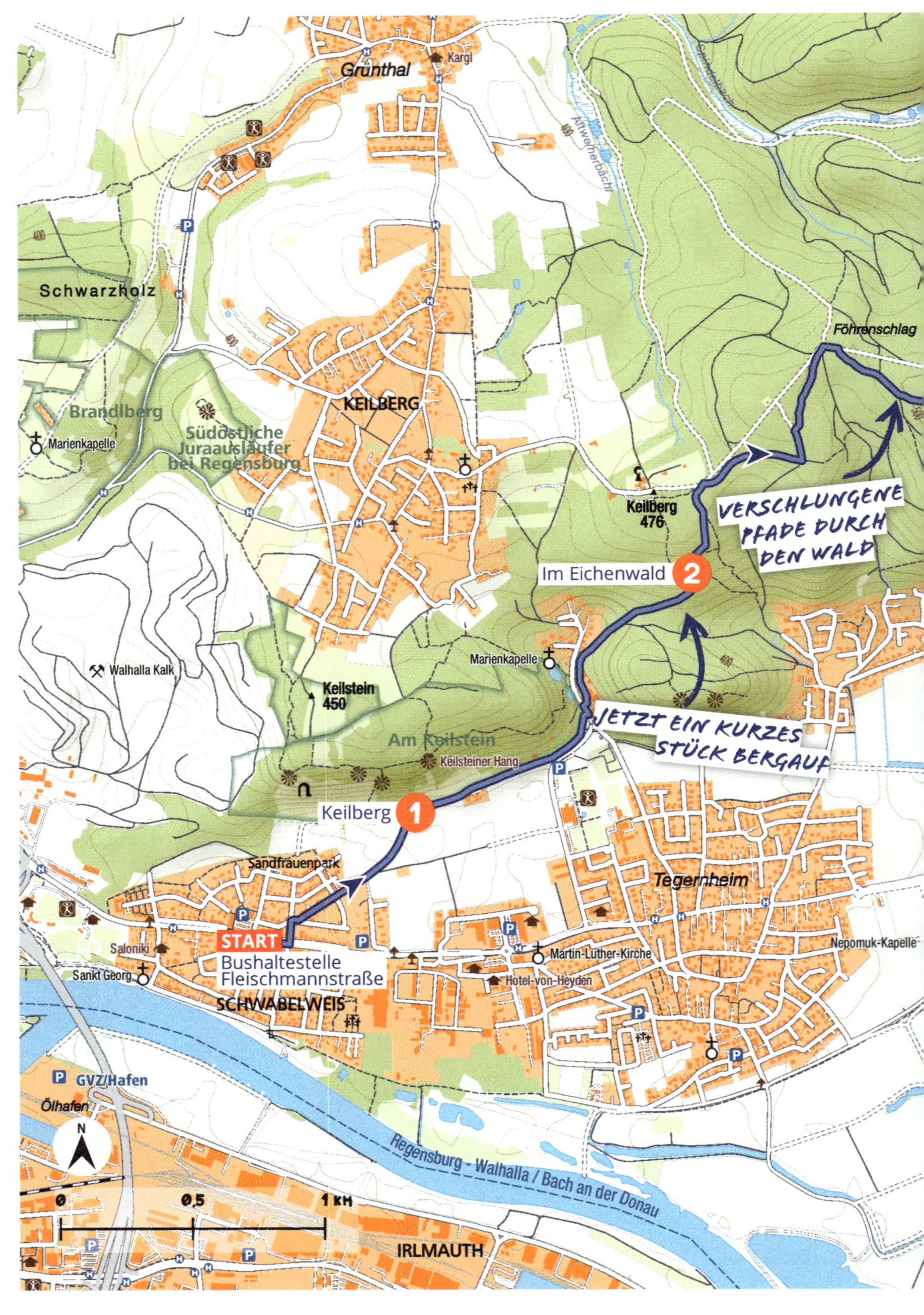

Grünthal
Kargl
Schwarzholz
Brandlberg
Südöstliche Juraausläufer bei Regensburg
Marienkapelle
KEILBERG
Föhrenschlag
Keilberg 476
Im Eichenwald
2
VERSCHLUNGENE PFADE DURCH DEN WALD
Walhalla Kalk
Keilstein 450
Marienkapelle
Am Keilstein
Keilsteiner Hang
JETZT EIN KURZES STÜCK BERGAUF
Keilberg
1
Sandfrauenpark
Tegernheim
START
Bushaltestelle Fleischmannstraße
Saloniki
Sankt Georg
SCHWABELWEIS
Martin-Luther-Kirche
Hotel-von-Heyden
Nepomuk-Kapelle
GVZ/Hafen
Ölhafen
Regensburg - Walhalla / Bach an der Donau
0
0,5
1 KM
IRLMAUTH

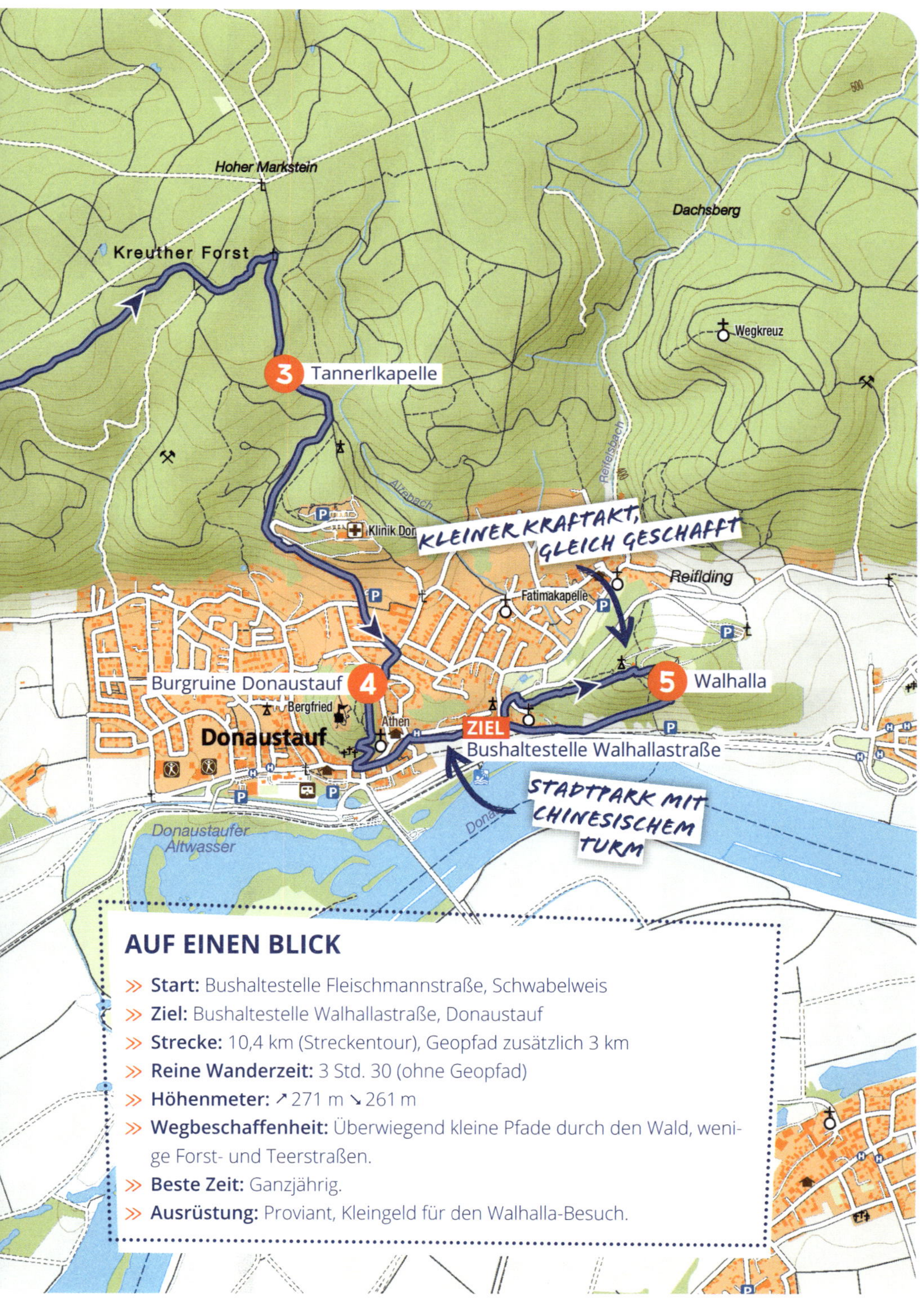

AUF EINEN BLICK

» **Start:** Bushaltestelle Fleischmannstraße, Schwabelweis
» **Ziel:** Bushaltestelle Walhallastraße, Donaustauf
» **Strecke:** 10,4 km (Streckentour), Geopfad zusätzlich 3 km
» **Reine Wanderzeit:** 3 Std. 30 (ohne Geopfad)
» **Höhenmeter:** ↗ 271 m ↘ 261 m
» **Wegbeschaffenheit:** Überwiegend kleine Pfade durch den Wald, wenige Forst- und Teerstraßen.
» **Beste Zeit:** Ganzjährig.
» **Ausrüstung:** Proviant, Kleingeld für den Walhalla-Besuch.

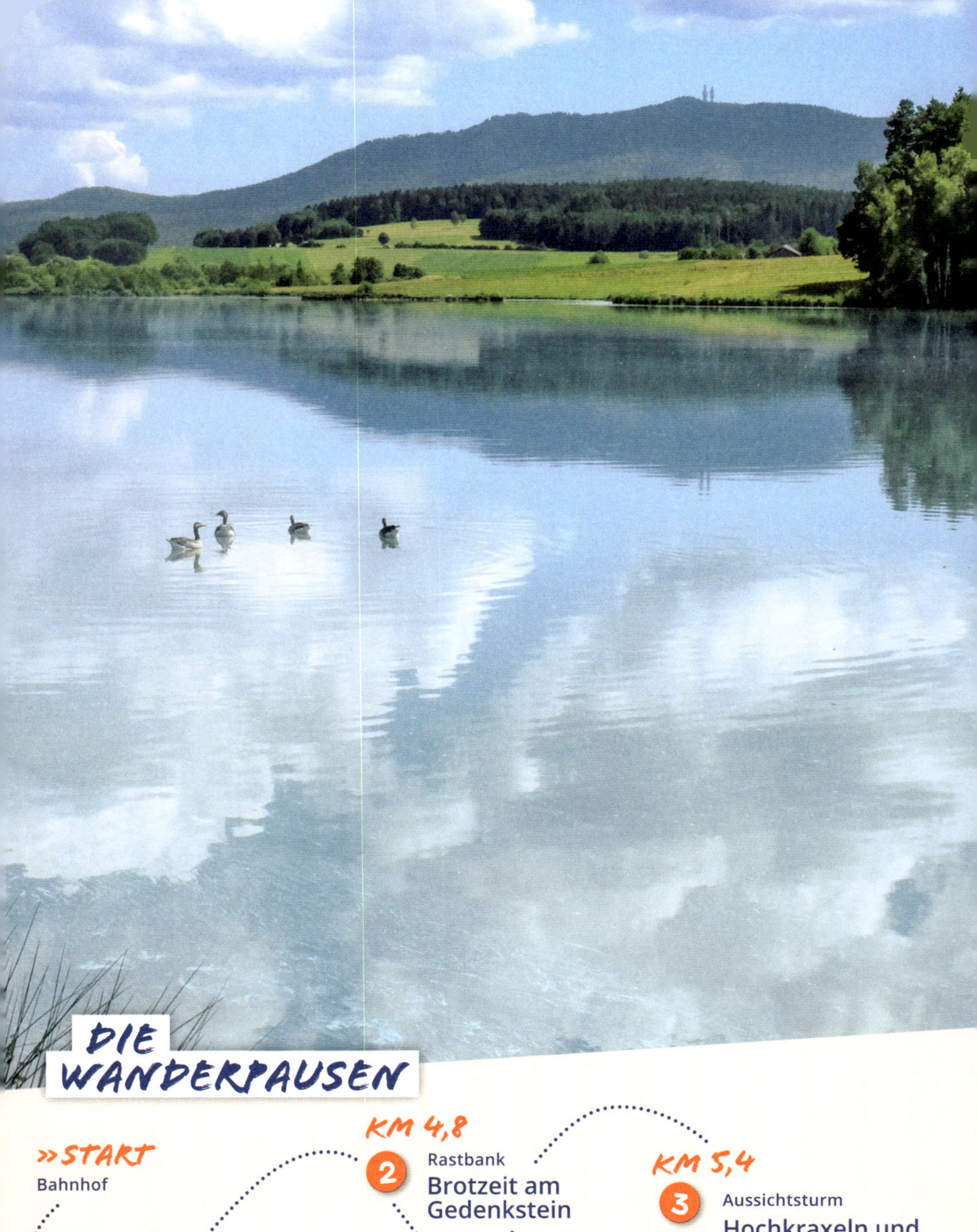

DIE WANDERPAUSEN

» START
Bahnhof

KM 0,5
1 Stadtplatz
Stadterkundung

KM 4,8
2 Rastbank
Brotzeit am Gedenkstein

KM 5,4
3 Aussichtsturm
Hochkraxeln und weit blicken

WO DER DRACHE BADET

Über den Dieberg zum Drachensee bei Furth im Wald

Schwitzen, Staunen, Schwimmen – bei dieser Wanderung ist alles dabei, was Wanderfüße begehren. Man läuft erst am Fluss entlang, dann hinauf auf den Dieberg mit Aussichtsturm und schließlich hinab zum Drachensee zum Abkühlen.

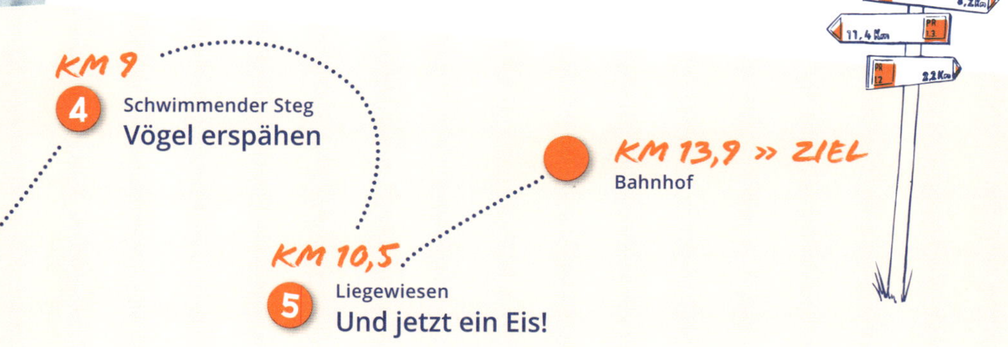

BUNTE HÄUSER IM SONNENLICHT, ...

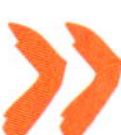

... Kopfsteinpflaster unter den Füßen – in Furth im Wald hat man das Gefühl, sich in einer anderen Zeit zu befinden. Hinter einem Torbogen am **Stadtplatz** schiebt sich der Stadtturm Aufmerksamkeit heischend ins Blickfeld. Ihn kann man besteigen, seine 35 Meter reichen aus, um einen Überblick über die fast 1000-jährige Stadt zu gewinnen. Zu seinen Füßen liegt der Schlossplatz, wo sich einst das sogenannte Pflegerschloss befand und ein von Bäumen gesäumter Brunnen dazu verlockt, sich an seinem Rand niederzulassen.

Hinter den schmucken Gassen liegt das Tal des Chamb. Ein Fluss, der sich durch Wiesen und Felder hindurchschlängelt und an dessen Ufern sich Weiden und Erlen im Wind wiegen. Mal ist es ein Feldweg, mal ein schmaler Pfad, der dem launisch geformten Flussbett folgt. Und da, im Hintergrund, wartet bereits der Dieberg, in dessen sattgrünen Baumwipfeln sich der Aussichtsturm versteckt.

RAUS AUS DEN WANDERKLAMOTTEN, REIN IN DEN SEE!

Durch Schatten spendende Buchen hindurch führt der Weg hoch auf den Bergkamm. Bei jedem Schritt geht der Atem schneller, das Herz schlägt im Takt. Vogelstimmen begleiten den Aufstieg, am Wegrand entdeckt man Waldmeister, ein Name, der Erinnerungen an die Kindheit und Brause hervorruft. Irgendwann ist man oben angelangt und ist dankbar, für die **Rastbank,** die dort oben wartet. Kurz verschnauf und schon folgt man dem federnden Waldboden über den Kamm hin zum Aussichtsturm.

Stufe um Stufe geht es hoch. Die Treppen sind ganz schön steil, doch sie bringen einen rasch hinauf. Noch kurz durch einen »Eisernen Vorhang« hindurch, dann weiten sich die Augen vor Staunen: Vom **Aussichtsturm** Bayernwarte, der den höchsten Punkt des Diebergs ziert, schweift der Blick über dicht bewaldete Hügel, das Flusstal, die Stadt Furth im Wald. Und da – zwischen den Fichtenspitzen hindurch – glitzert der Drachensee!

Bergab, rasch bergab! Geschwitzt wurde genug, gedanklich ist man schon im Wasser. Ein wenig Geduld noch, denn der Weg führt raus aus dem Wald und um den See herum. An Schilf und Weiden vorbei, in denen sich Vögel verstecken. Zum **schwimmenden Steg** geht es nun, der einen über das Wasser trägt und von welchem aus der Blick zurück auf den Dieberg fällt. Und schließlich sind sie da: die **Liegewiesen**, die nur auf das eigene Handtuch zu warten scheinen, das man jetzt ausbreitet. Während die Füße, endlich, aus den Wanderschuhen schlüpfen und ins kühle Nass des Drachensees eintauchen.

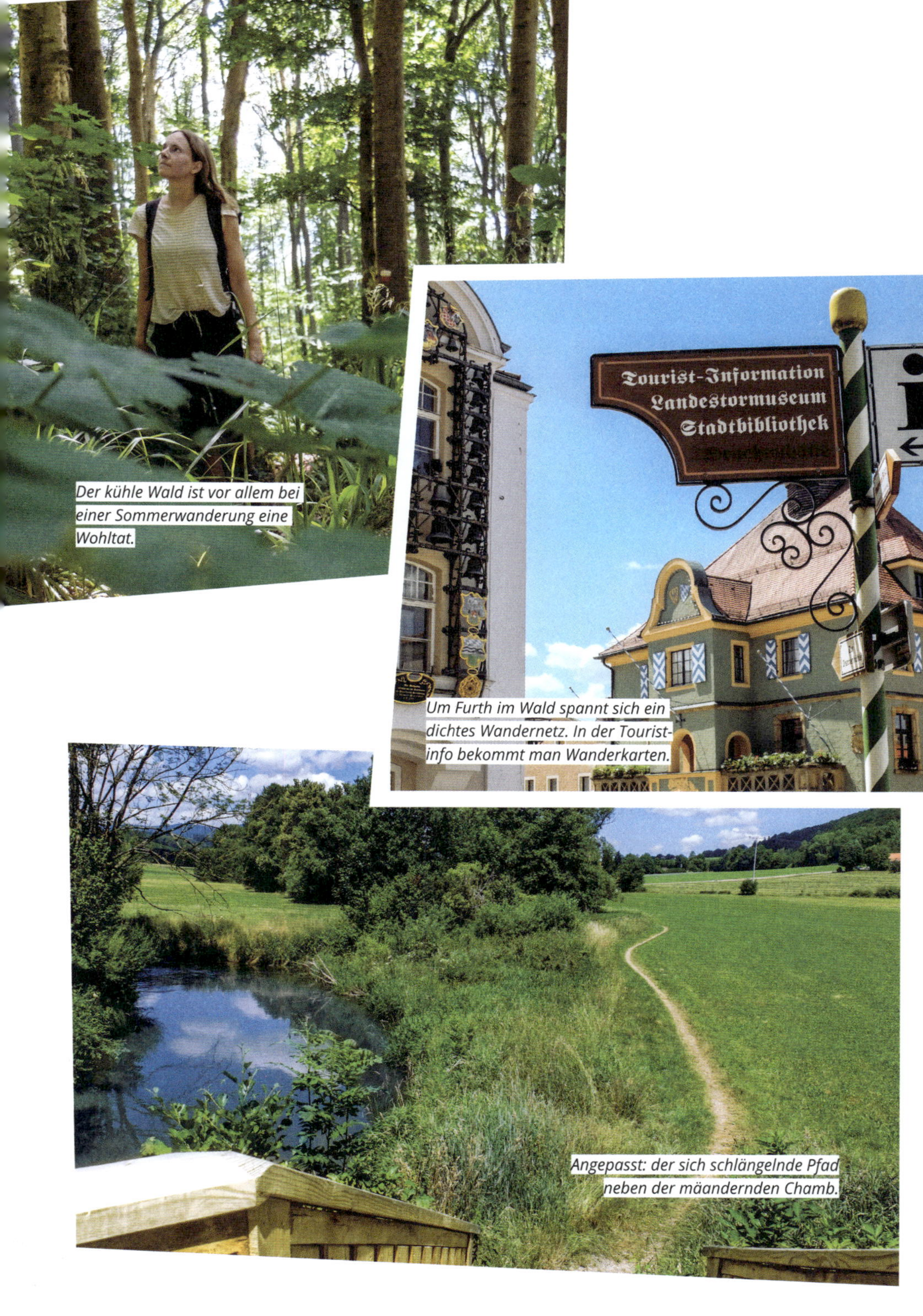

Der kühle Wald ist vor allem bei einer Sommerwanderung eine Wohltat.

Um Furth im Wald spannt sich ein dichtes Wandernetz. In der Tourist-info bekommt man Wanderkarten.

Angepasst: der sich schlängelnde Pfad neben der mäandernden Chamb.

WANDERN & GENIESSEN

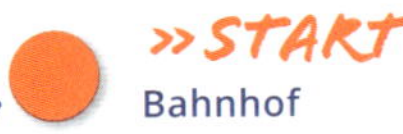

»START

Bahnhof

Aus dem Bahnhof Furth im Wald kommend links halten, dann rechts in den Postgartenweg. Den Zebrastreifen überqueren und dem Schild »i – Touristinfo« hoch zum Stadtplatz und weiter zur Touristinfo am Schlossplatz folgen.

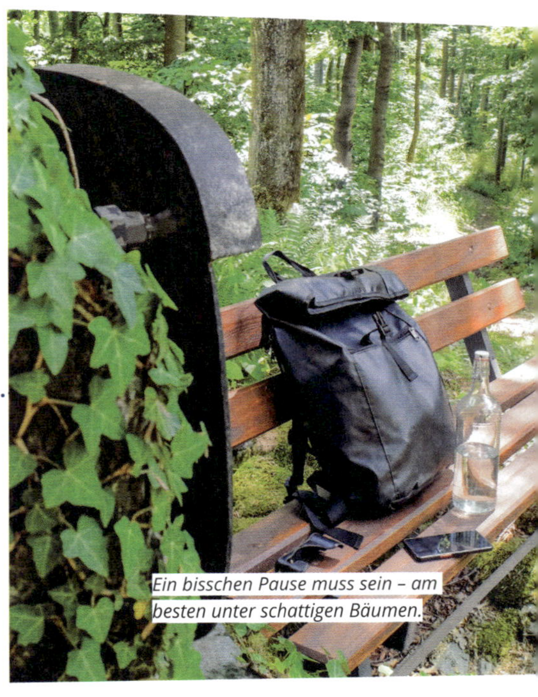

Ein bisschen Pause muss sein – am besten unter schattigen Bäumen.

KM 0,5

1 **Stadtplatz**

Stadterkuwndung

Von Anfang bis Mitte August wird Furth im Wald von einem schaurigen Lindwurm heimgesucht, ein Spektakel, das sich mit dem Titel »ältestes deutsches Festschauspiel« schmückt. Wer den »Drachenstich« verpasst, kann trotzdem den Drachen sehen – natürlich in der Drachenhöhle (furth.de). Wer lieber unbewegte Sehenswürdigkeiten besucht, schlendert einfach durch die Stadt. Ein denkmalgeschützter Hingucker etwa ist der Stadtturm, der nach dem Stadtbrand von 1863 in neugotischem Stil errichtet wurde. Er beherbergt das Landestormuseum.

Den Schlossplatz entlang, danach übernehmen die Schilder »Drachensee«. An Freibad und Wildgarten vorbei, ab hier übernimmt »Fu 2« (rot-weiße Markierung) die Wegführung. Zuerst geht's den Chamb entlang, dann über eine kleine Teerstraße an Bauernhäusern vorbei auf den Dieberg zu. Der Aufstieg weist rechts in den Wald hinein. Der rot-weißen Markierung folgen, oben angelangt nach links zur Bank abbiegen.

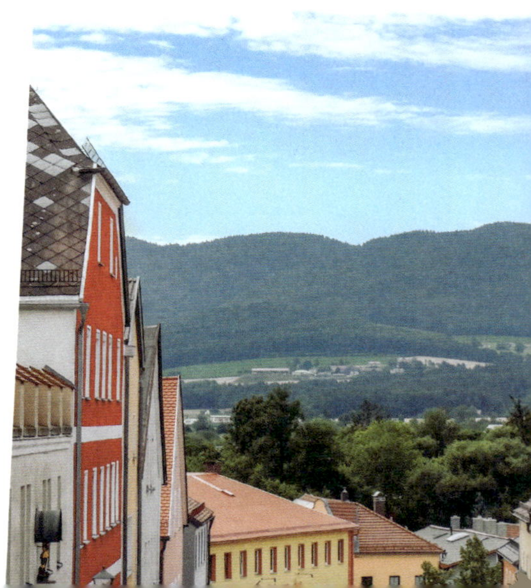

KM 4,8

Rastbank

2 Brotzeit am Gedenkstein

Wie gut, dass hier oben eine Bank steht! Vor allem nach dem anstrengenden Aufstieg durch den Buchenwald ist man dankbar für die Gelegenheit, sitzend wieder zu Atem zu kommen. Und ein guter Platz, um die Brotzeit auszupacken und die verbrauchten Energiereserven wieder aufzufüllen. Danach kann man auch lesen, weshalb die Bank hier, neben einem markanten Felsstein, steht: Der Gedenkstein wurde für den aus Furth im Wald stammenden Bergsteiger Toni Schmid aufgestellt. Gemeinsam mit seinem Bruder Franz gelang ihm 1931 die Erstbesteigung des Matterhorns über die Nordwand. Nur ein Jahr später stürzte er bei der Begehung des Großen Wiesbachhorns in Österreich ab. Für seine Leistungen bekam er nach seinem Tod die Goldmedaille für Bergsteigen bei den Olympischen Spielen verliehen – die erste und letzte in dieser Disziplin.

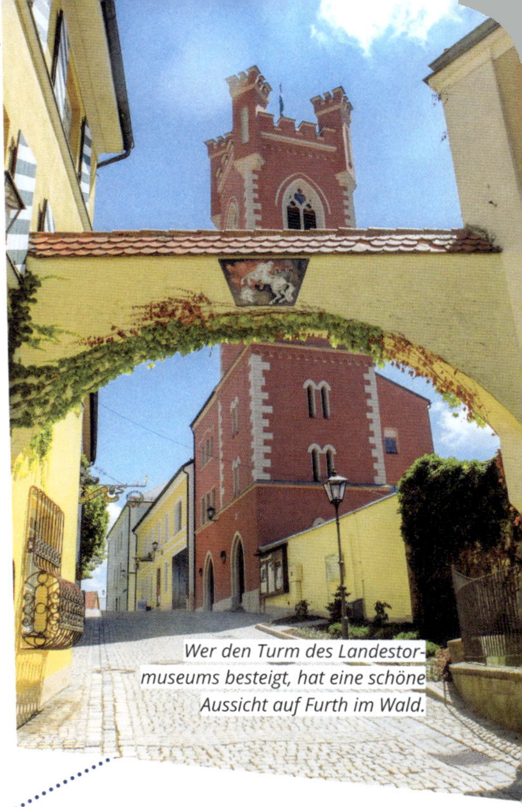

Wer den Turm des Landestormuseums besteigt, hat eine schöne Aussicht auf Furth im Wald.

Zurück zur Abzweigung, von der man gekommen ist. Nun geradeaus weiter in Richtung Aussichtsturm »Bayern-Warte« (erneut rot-weiße Markierung). Achtung: Nach ungefähr 50 Metern geht ein Weg links bergab, der rechte führt zu einer Bank. Hier jedoch dem mittleren Pfad folgen (Markierung fehlt an dieser Stelle) bis zum Aussichtsturm.

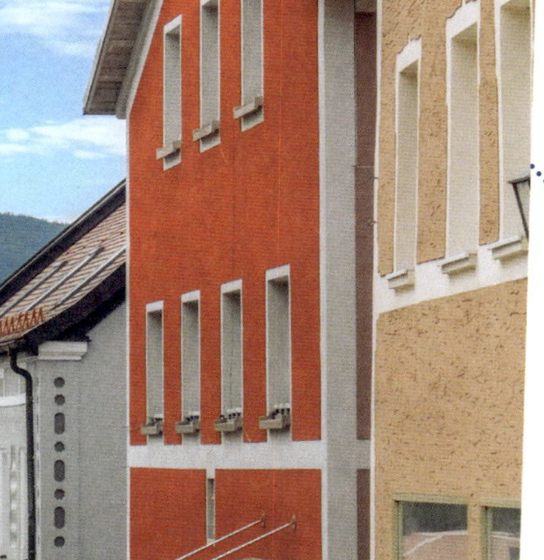

Aus der Ferne grüßt der Hohenbogen.

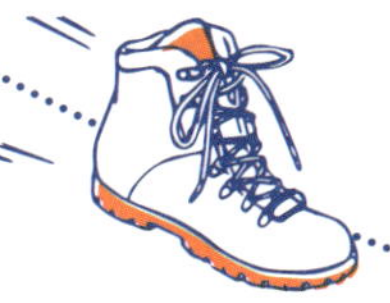

KM 5,4

Aussichtsturm

Hochkraxeln und weit blicken

639 Meter erhebt sich der Dieberg über den Meeresspiegel. Seit 1974/1975 schmückt er sich mit dem Aussichtsturm Bayern-Warte. Dieser ragt nochmal 20 Meter in die Höhe. Knapp 100 Stufen sind zu bewältigen, für diejenigen, die die Aussicht genießen wollen. Der »Eiserne Vorhang«, der dabei zu durchqueren ist, erinnert an die Zeit des Kalten Kriegs. Heute ist von dieser angespannten, politischen Lage nichts mehr zu spüren. Man kann ungeniert hinüber zum Čerchov spähen, dem höchsten tschechischen Berg in dieser Region. Oder den Gibacht-Bergrücken bewundern, in dessen Wäldern sich weitere, verlockende Wanderwege verstecken. Und wer weiß – vielleicht formen sich bei diesem Rundumblick Ideen für zukünftige Entdeckungstouren …

Achtung: Weg geht hinter dem Aussichtsturm (unten hindurch, bei der Bank) weiter (immer noch rot-weiße Markierung). Bei der Kapelle angelangt, nicht dem nach rechts führenden Weg folgen, sondern links um die Kapelle herumgehen und dem schmalen Pfad (Markierung rot-weiß) bergab folgen. Im Tal angekommen, an der Straße links halten. Nach ca. 100 m stößt man erneut auf die rot-weiße Markierung. Zuerst läuft diese an der linken Straßenseite entlang (ca. 200 m), nachdem man diese überquert hat, führt der Weg direkt am See entlang. Bis zum Schwimmsteg einfach dem Weg folgen.

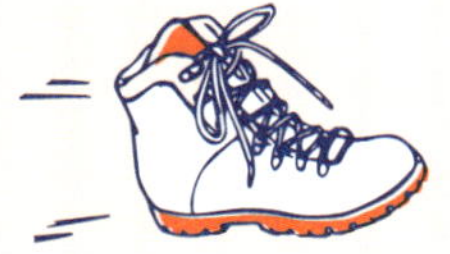

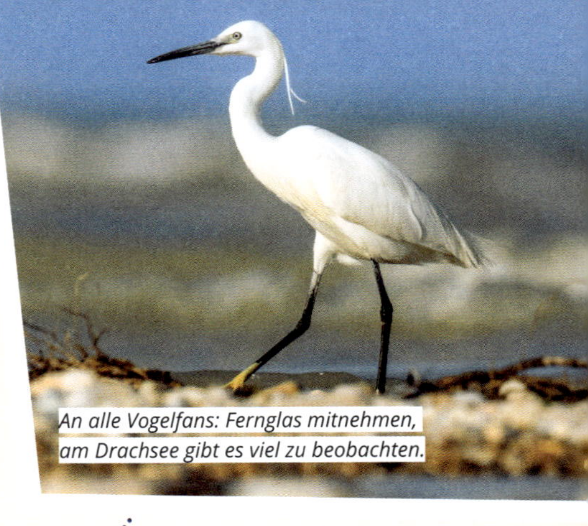

An alle Vogelfans: Fernglas mitnehmen, am Drachsee gibt es viel zu beobachten.

KM 9

Schwimmender Steg

Vögel erspähen

Der Schwimmsteg eignet sich gut dafür, Vögel zu beobachten. Graugänse, Eisvögel, Silberreiher und sogar Seeadler sind nur ein paar Beispiele der über 200 Vogelarten, die am Drachensee leben oder ihn als Rastplatz auf ihren Wanderflügen nutzen. Der 175 Hektar große See ist in verschiedene Zonen eingeteilt. So gibt es neben der Freizeitzone, in der Schwimmen, Segeln und andere Wassersportaktivitäten erlaubt sind, auch eine Ökozone. Hier sind Flora und Fauna vor menschlichen Einflüssen geschützt und können ungestört blühen und zwitschern. Wer will, dreht die große Runde um den See (fünf Kilometer), und kommt Pflanzen und Tieren an drei Beobachtungsstationen noch näher. Doch nicht nur aufs Wasser sollte man vom Schwimmsteg schauen – auch der Blick in die Ferne lohnt sich: Dort erhebt sich der Hohenbogen, auf dessen Rücken die ehemaligen NATO-Türme thronen (s. Tour 3). Achtung: Bei Hochwasser und im Winter ist der Schwimmsteg gesperrt.

Mittels Schwimmsteg den See queren, rechts halten und dem Fischlehrpfad bis zu den Liegewiesen und zum Kiosk folgen.

KM 10,5

5 Liegewiesen

Und jetzt ein Eis!

Benannt wurde der Drachensee – wie könnte es anders sein – nach dem in Furth im Wald sesshaften Spektakel »Drachenstich«. Am See des Ungetüms lässt sich einiges tun, um die Strapazen der Wanderung hinter sich zu lassen. Auf Liegewiesen kann sich der Herzschlag beruhigen, im Wasser werden die müden Füße munter, der Kiosk Platzerl am See (Do–So 12–18 Uhr) versorgt den Bauch mit Getränken, Kuchen und Eis. Außerdem kann man sich vom Ufer aus einen Blick zurück auf den Dieberg gönnen – und stolz auf die vollbrachte Wanderleistung sein.

Auf Höhe des Kiosks zur Teerstraße hoch und nach rechts wenden. Am Ende der Straße links abbiegen, bis das Freibad wieder in Sicht kommt. Auf altbekanntem Weg geht's zurück zum Bahnhof.

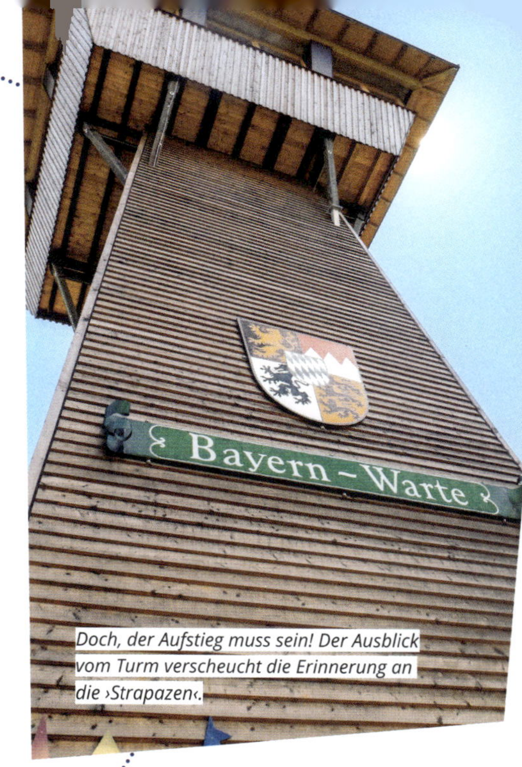

Doch, der Aufstieg muss sein! Der Ausblick vom Turm verscheucht die Erinnerung an die ›Strapazen‹.

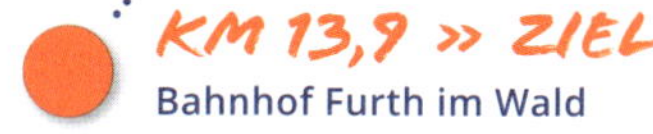

KM 13,9 » ZIEL

Bahnhof Furth im Wald

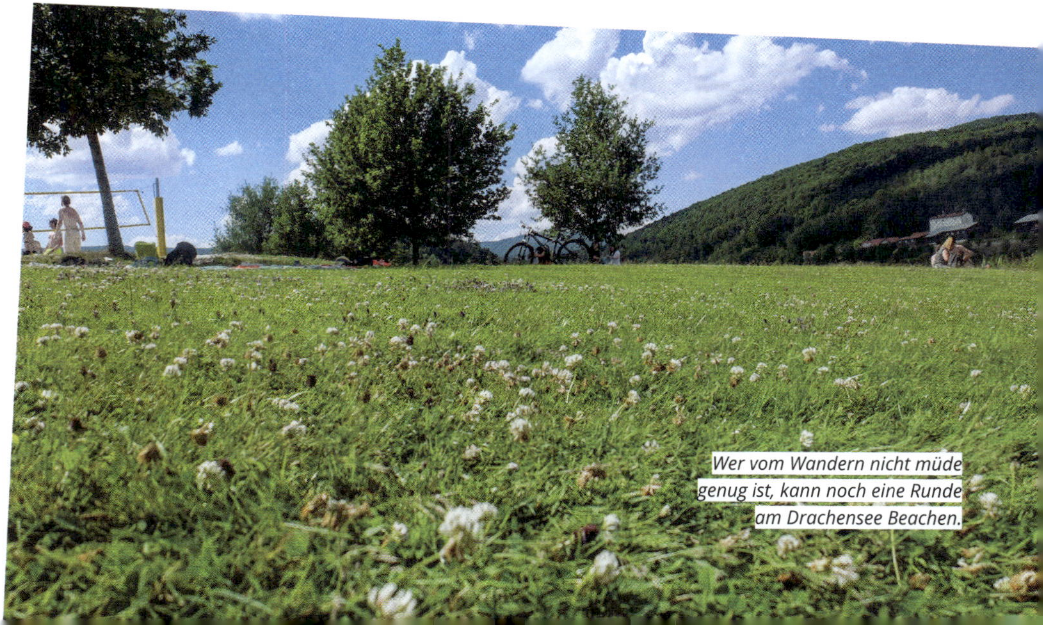

Wer vom Wandern nicht müde genug ist, kann noch eine Runde am Drachensee Beachen.

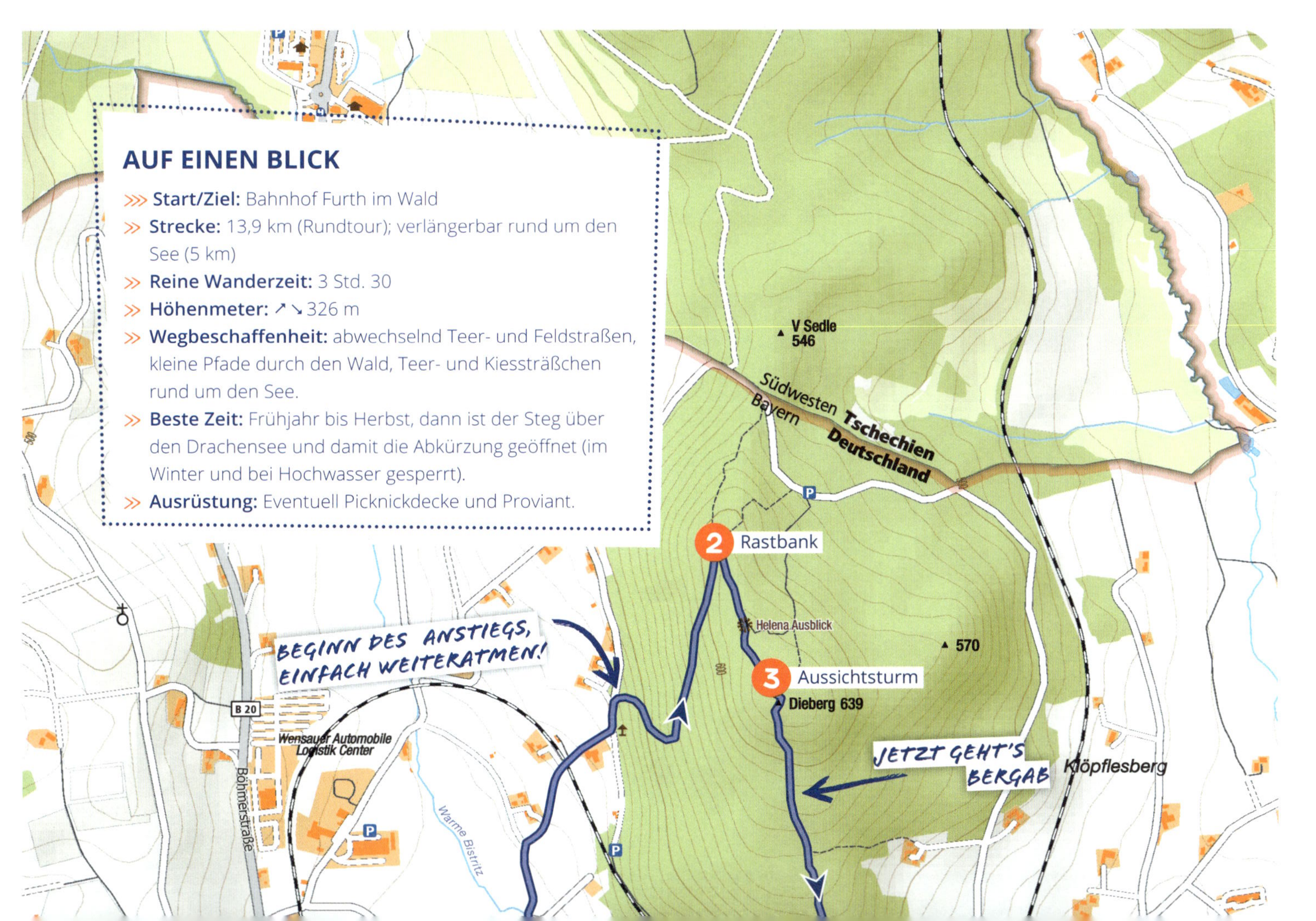

AUF EINEN BLICK

- **Start/Ziel:** Bahnhof Furth im Wald
- **Strecke:** 13,9 km (Rundtour); verlängerbar rund um den See (5 km)
- **Reine Wanderzeit:** 3 Std. 30
- **Höhenmeter:** ↗↘ 326 m
- **Wegbeschaffenheit:** abwechselnd Teer- und Feldstraßen, kleine Pfade durch den Wald, Teer- und Kiessträßchen rund um den See.
- **Beste Zeit:** Frühjahr bis Herbst, dann ist der Steg über den Drachensee und damit die Abkürzung geöffnet (im Winter und bei Hochwasser gesperrt).
- **Ausrüstung:** Eventuell Picknickdecke und Proviant.

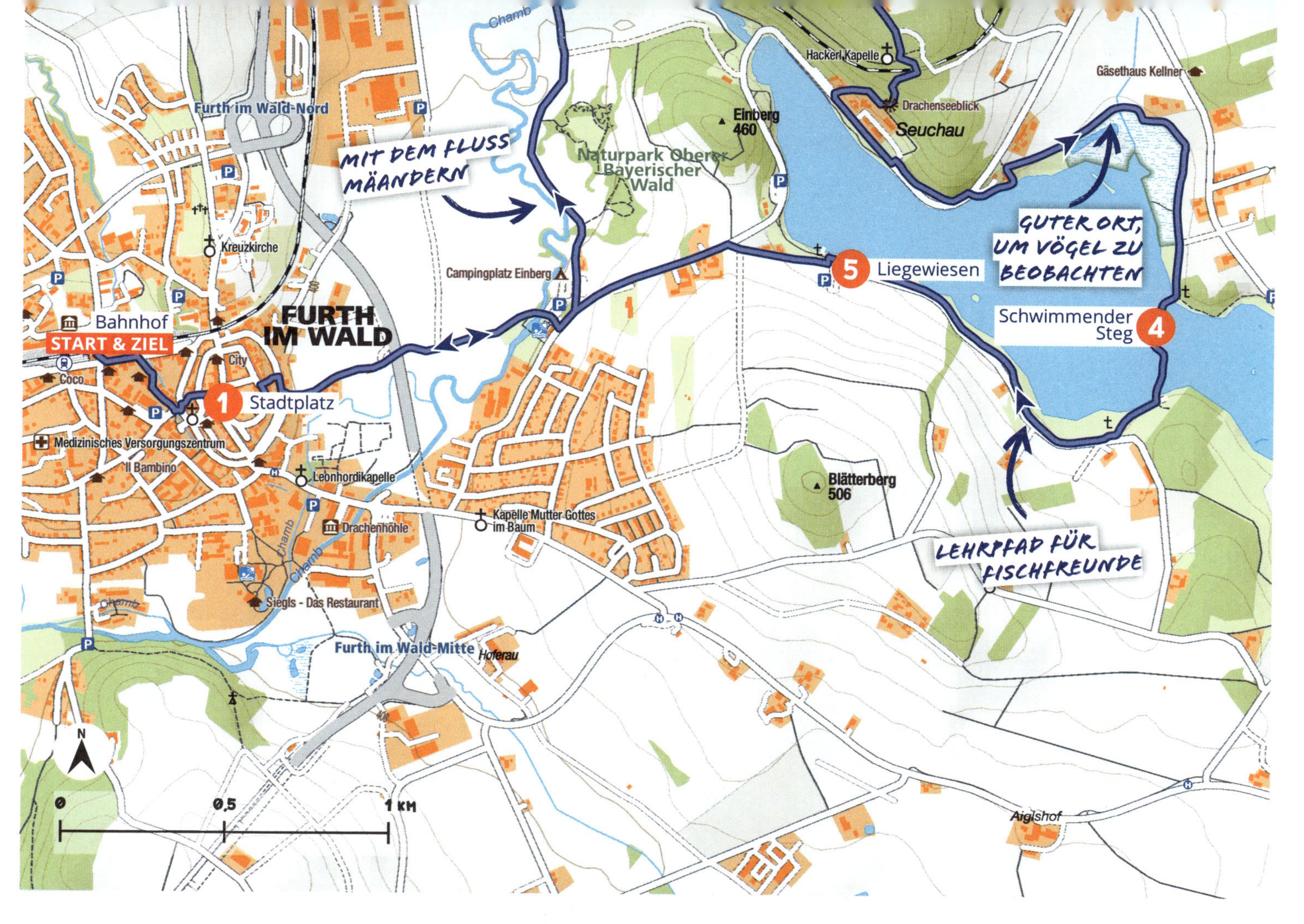
Bahnhof
START & ZIEL
FURTH IM WALD
1 Stadtplatz
MIT DEM FLUSS MÄANDERN
Campingplatz Einberg
Naturpark Oberer Bayerischer Wald
Einberg 460
Hackerl Kapelle
Drachenseeblick
Seuchau
Gäsethaus Kellner
GUTER ORT, UM VÖGEL ZU BEOBACHTEN
5 Liegewiesen
Schwimmender Steg 4
LEHRPFAD FÜR FISCHFREUNDE
Blätterberg 506
Furth im Wald-Nord
Kreuzkirche
City
Coco
Medizinisches Versorgungszentrum
Il Bambino
Leonhordikapelle
Drachenhöhle
Kapelle Mutter Gottes im Baum
Siegls - Das Restaurant
Chamb
Furth im Wald-Mitte
Hoferau
Aiglshof
0
0,5
1 KM
N

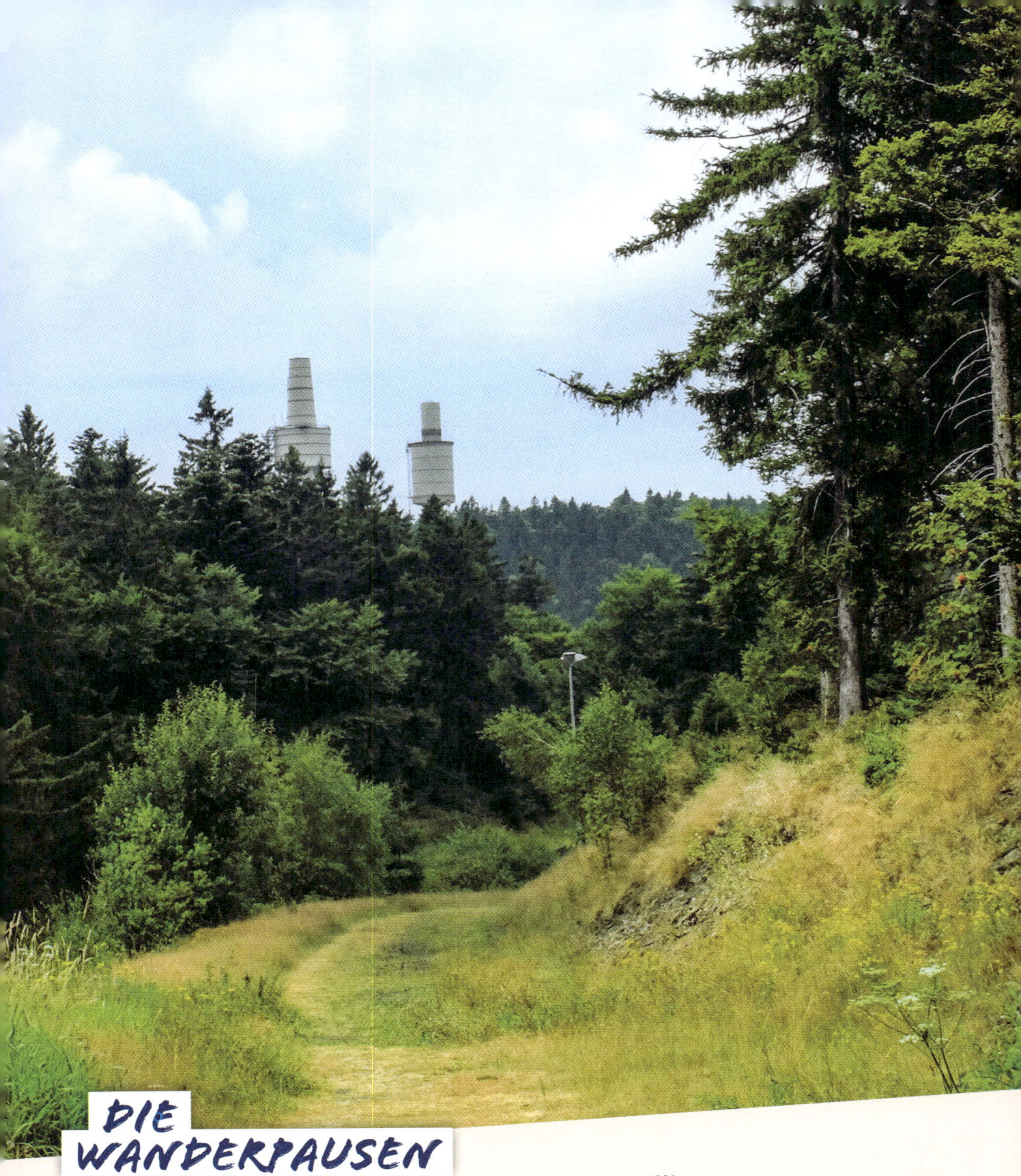

DIE WANDERPAUSEN

» START
Bahnhof Watzelsteg

KM 3,2

1 Seelbrunnhütte
Zu Atem kommen

KM 4,9

2 Forstdiensthütte Hohenbogen
Fata Morgana mit Apfelschorle

3

WO EINST GELAUSCHT WURDE

Von Watzlsteg auf den Hohenbogen

Ein langgezogener Bergrücken, in dessen Wald sich alienmäßige Türme und zwei Einkehrmöglichkeiten verstecken: Auf dem Hohenbogen findet man sowohl Aussichten als auch heimelige Hütten mit Genussgarantie.

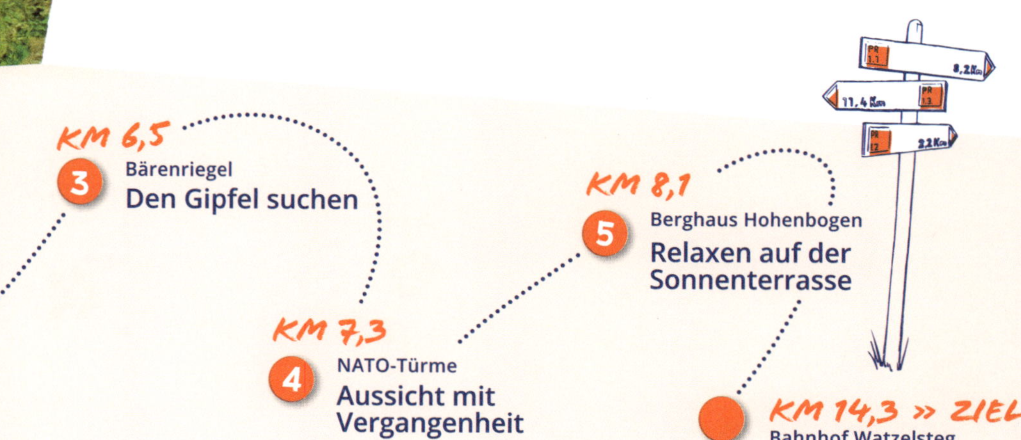

DORT, ÜBER DEN GRÜNEN WIPFELN ...

... spitzen sie hervor: die ehemaligen NATO-Türme. Dass man sie schon von ganz unten sieht, keine fünf Minuten vom Bahnhof entfernt! Zu ihnen geht es jetzt also hoch, an Feldern und kleinen Weilern vorbei. Ein wenig gerät man schon aus der Puste bei dem Anstieg. Aber auch dieser Wegabschnitt findet ein Ende: Auf den Bänken vor der **Seelbrunnhütte** klopft das Herz wieder regelmäßiger, der Atem beruhigt sich. Auf einmal ertönt in der Stille ein Rascheln: Eichhörnchen huschen durchs Gebüsch und sind nur ein paar Minuten später oben in der Fichtenkrone. Gegen sie sieht Spiderman alt aus.

Kurz nach dem Parkplatz Hohenbogen taucht ein Schmuckstück auf: die **Forstdiensthütte Hohenbogen.** Eingekesselt von viel Grün kommt sie einer Fata Morgana mit eisgekühlten Getränken gleich. Am besten ausnutzen, bevor der Wald erneut ruft!

Auf dem Weg zum **Bärenriegel** werden die alten Fichten zunehmend von meterhohen Buchen abgelöst. Mit seinen Steinen und Wurzeln ist der Pfad an dieser Stelle so abwechslungsreich, dass man gar nicht merkt, wie schnell man hinaufgelangt. Und plötzlich steht man am Ausblick Farrenruck und bekommt eine Ahnung davon, wie viele Höhenmeter man bereits geschafft hat.

Auf einem Kammweg swaziert man nun weiter, an dichtem Gebüsch, mit Moosen überzogenen Felsen und knarrenden Bäumen vorbei. Dann spuckt einen der Wald an einem Parkplatz aus, und dort sind sie, ganz nah und riesig und irgendwie unwirklich: die **NATO-Türme.** Sie haben etwas Alienmäßiges an sich, wie sie so schmutzig-weiß und unförmig ihre Spitzen in den Himmel recken.

AM BERGHAUS HOHENBOGEN AUF DER TERRASSE SITZEN UND DIE SONNENSTRAHLEN EINSAMMELN

Auf den mutigen Aufstieg zur Plattform kann man auf der Sonnenterrasse vom **Berghaus Hohenbogen** anstoßen und was Ordentliches bestellen. Vielleicht einen Kaiserschmarrn? Die Stärkung kann man gut gebrauchen, schließlich soll es nach der Einkehr zurück zum Bahnhof gehen. Nach einem etwas steileren Stück Wiese läuft man wieder durch den Wald. Ganz sanft geleitet einen ein breiter Weg am Hang entlang zurück zur Seelbrunnhütte. Bevor es hinab ins Tal geht, kann man sich dort nochmal hinsetzen und den würzigen Duft des Waldes einsaugen. «

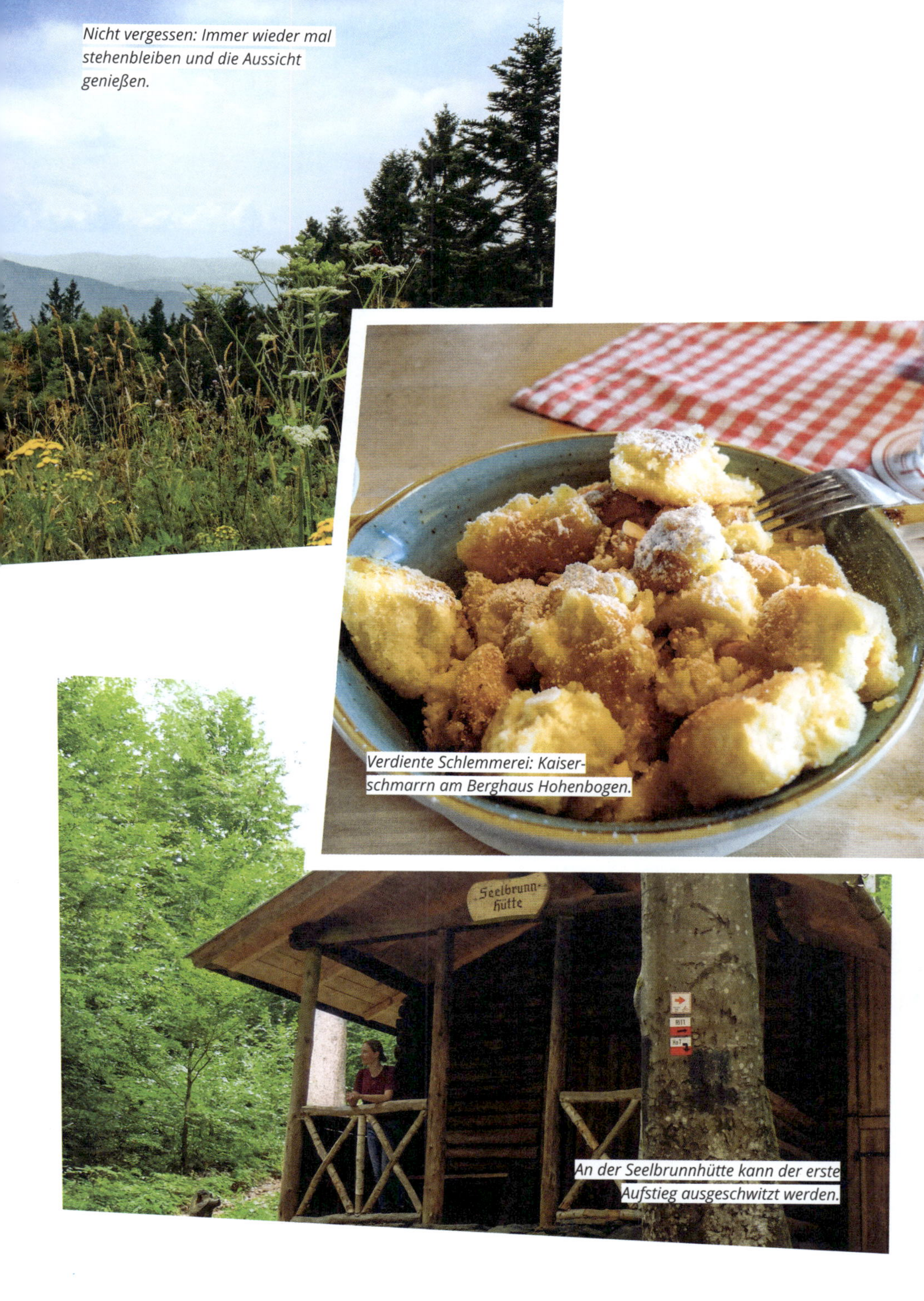

Nicht vergessen: Immer wieder mal stehenbleiben und die Aussicht genießen.

Verdiente Schlemmerei: Kaiserschmarrn am Berghaus Hohenbogen.

An der Seelbrunnhütte kann der erste Aufstieg ausgeschwitzt werden.

WANDERN & GENIESSEN

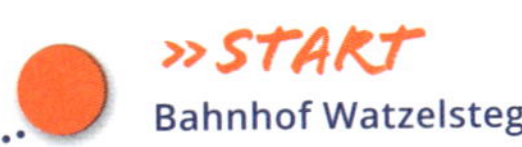

Bahnhof Watzelsteg

Von der Bahnstation die Brücke über den Weißen Regen nehmen. Durch die Unterführung laufen und immer dem Goldsteig-Symbol (gelber Weg auf weißem Untergrund) folgen. Es geht auf einer Teerstraße bergauf, an Unterzettling vorbei und auf einem Forstweg weiter. Der Weg verläuft am Gasselbach, macht schließlich eine Linkskurve und endet kurz darauf an der Seelbrunnhütte.

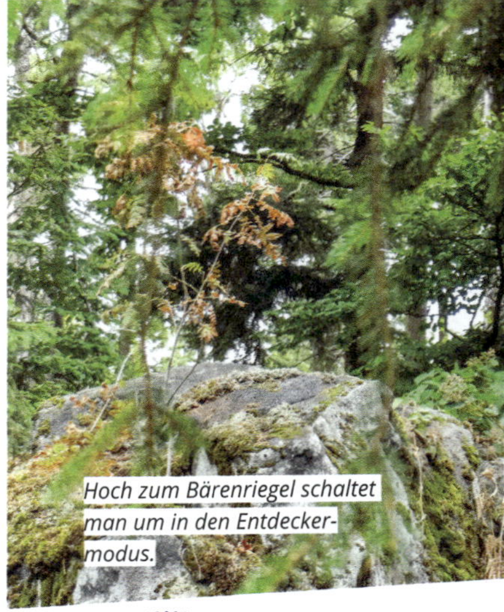

Hoch zum Bärenriegel schaltet man um in den Entdeckermodus.

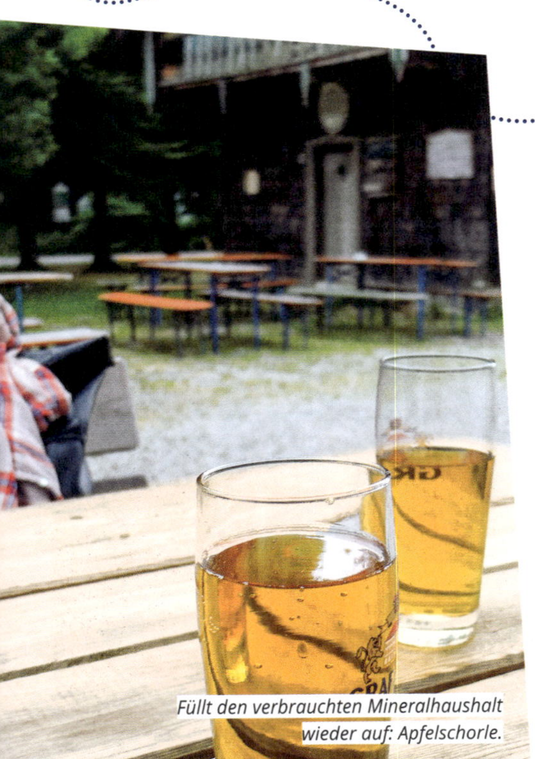

Füllt den verbrauchten Mineralhaushalt wieder auf: Apfelschorle.

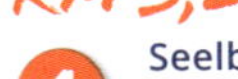

1 Seelbrunnhütte

Zu Atem kommen

Nach dem langen Aufstieg lechzt man nach einer Pause. Wie gut, dass da die Seelenbrunnhütte daherkommt. Zwar ist sie nicht bewirtschaftet, aber die schmucke Holzhütte bietet zwei Sitzbänke, die noch dazu überdacht sind – falls man an einem Regentag hergekommen sein sollte, findet man hier ein trockenes Plätzchen zum Verschnaufen. Für schöne Tage steht unweit der Hütte eine kleine Bank. Dort hat man zwar keine Aussicht ins Tal, aber dafür viel, viel Grün um sich herum.

Vor der Hütte stehend nach links wenden, um kurz darauf nach rechts bergauf zu gehen. Der Weg führt über eine Brücke und weiter am Hang entlang. Nach kurzer Zeit mündet er auf den Parkplatz Hoher Bogen. Von dort aus der Teerstraße noch ein Stück nach oben folgen.

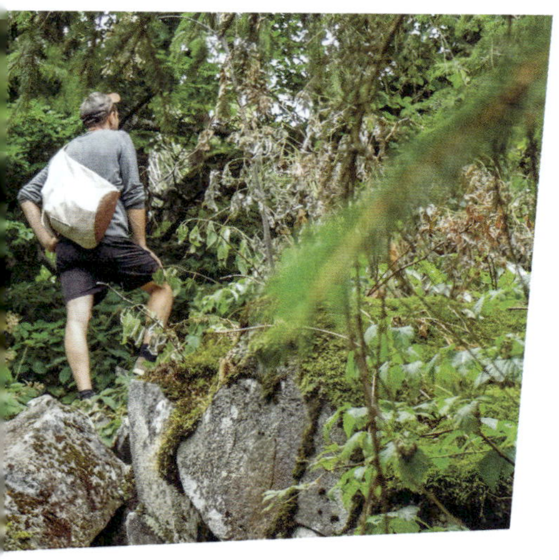

KM 4,9

2

Forstdiensthütte Hohenbogen

Fata Morgana mit Apfelschorle

Wer bei der Forstdiensthütte Hohenbogen (tgl. 9–18.30 Uhr) angelangt ist, ist dem Sieg ganz nahe: Bald sind die NATO-Türme und damit der höchste Punkt der Wanderung erreicht. Trotzdem sollte man sich hier Zeit für eine kleine Einkehr nehmen, denn die Hütte liegt einfach zu idyllisch, um stramm an ihr vorbeizumarschieren. Wer noch nichts essen möchte, kann sich zumindest mit einer kalten Apfelschorle neue Kraft antrinken und dabei auf einer der Holzbänke vor dem Haus ausruhen.

Weiter geht es mit »Ri 11« (rot-weiße Streifen) bergan in Richtung NATO-Türme. Nach dem steilen Wurzelsteig passiert man die Aussicht Farrenruck, dann folgt eine leichte Steigung Richtung Bärenriegel. Den Abzweig kann man leicht verpassen – das Schild zum Gipfel ist nur von der anderen Wegseite zu sehen. Ein Steinhaufen ist jedoch ein sicheres Zeichen dafür, dass gleich der Pfad links ab geht.

KM 6,5

3

Bärenriegel

Den Gipfel suchen

Ein wenig geheimnistuerisch kommt einem der Bärenriegel vor, weil der Weg zu ihm hoch fast zugewachsen ist. Nur, damit es nicht zu Enttäuschungen kommt: Eine Aussicht hat man vom Bärenriegel aus nicht, auch wenn der Gipfel mit 1017 Metern gar nicht so niedrig ist. Denn die Bäume rundherum sind ihm mittlerweile alle über das felsige Haupt gewachsen. Doch eine andere Überraschung hält er bereit: Durch die Fichtenspitzen hindurch erhascht man einen Blick auf die NATO-Türme, die plötzlich ganz nah sind. Und auf den großen Steinen kann man sehr gut sitzen, dem Wald lauschen und Energie für die restliche Tour sammeln.

Vom Bärenriegel zurück auf den Waldweg und diesen weiterlaufen, bis er sich gabelt. Hier rechts halten, um auf einen geteerten Platz und dann über ein kurzes Stück Teerstraße zu den NATO-Türmen zu kommen.

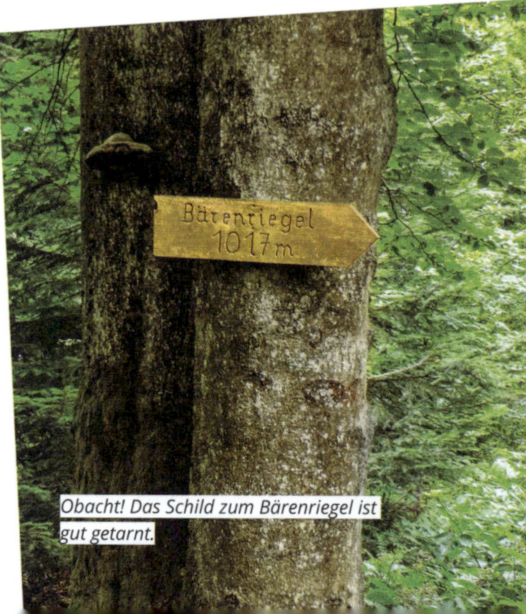

Obacht! Das Schild zum Bärenriegel ist gut getarnt.

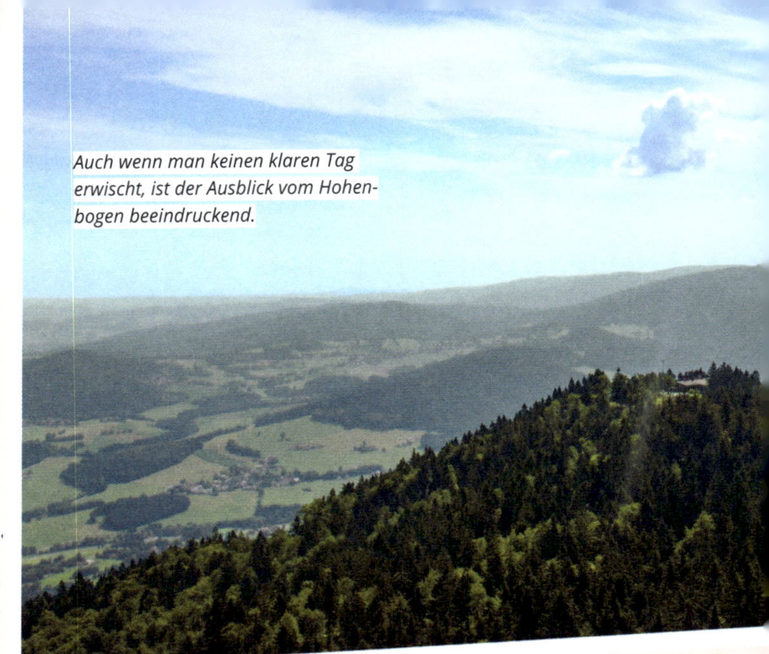

Auch wenn man keinen klaren Tag erwischt, ist der Ausblick vom Hohenbogen beeindruckend.

KM 7,3

4 NATO-Türme

Aussicht mit Vergangenheit

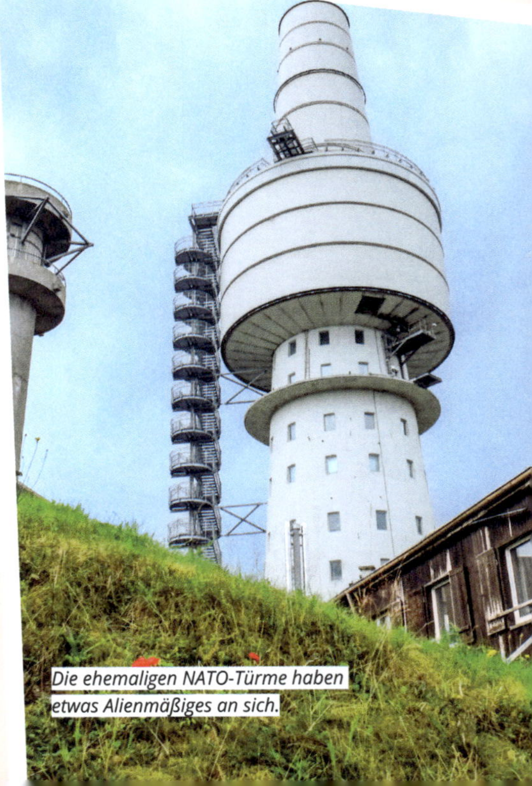

Die ehemaligen NATO-Türme haben etwas Alienmäßiges an sich.

Wie kommt es eigentlich, dass diese nicht gerade hübsch anzusehenden Türme auf dem Hohenbogen stehen? Für die Antwort muss man zurück in die Zeit des Kalten Krieges gehen. Damals hätte man nur zu gerne gewusst, was auf der anderen Seite des Eisernen Vorhangs vor sich ging – und genau das geschah am »sektor.f«. Nach dem Mauerfall und dem Zusammenbruch der Sowjetunion ließ man die beiden 75 Meter hohen Türme stehen, wenn auch ohne Funktion. Seit 2014 sind sie für Neugierige geöffnet. Wer sich den Weitblick von der Plattform gönnen möchte, muss eine Eintrittskarte lösen und dann 293 Stufen auf der Außentreppe überwinden. Es lohnt sich – von oben blickt man über die Bayerwaldberge Großer Arber, Osser und Kaitersberg und natürlich hinüber nach Tschechien, ehemals Teilrepublik der Sowjetunion.

Der Teerstraße bergab folgen, bis »Ri 11« über einen Hügel führt und einen beim Berghaus Hohenbogen abliefert.

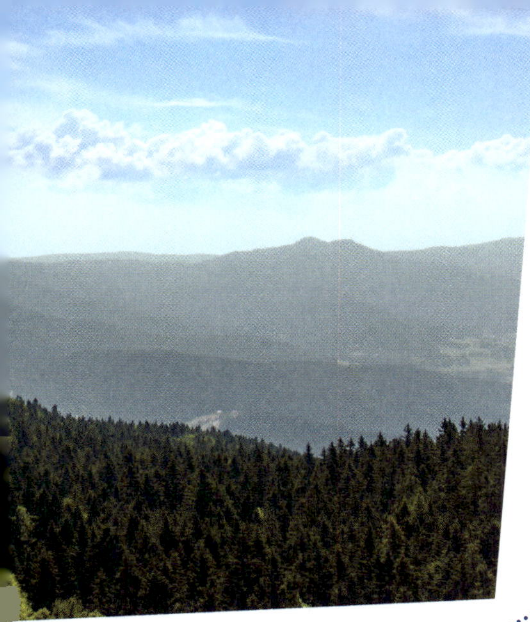

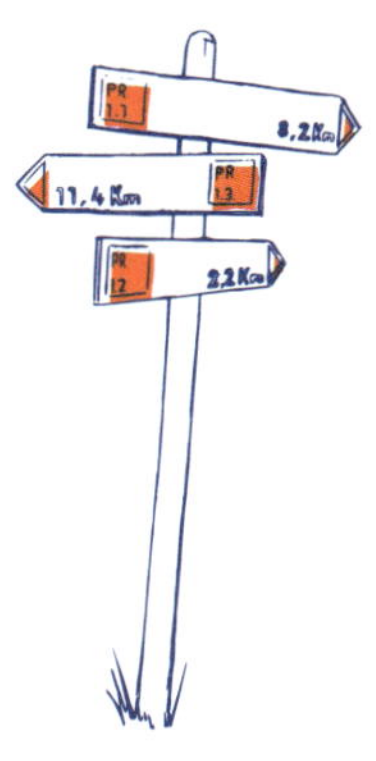

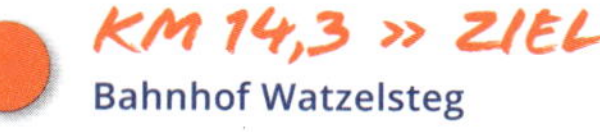

Bahnhof Watzelsteg

KM 8,1

5 Berghaus Hohenbogen

Relaxen auf der Sonnenterrasse

Hunger? Durst? Kein Problem! Nur wenige Hundert Meter von den NATO-Türmen entfernt empfängt das Berghaus Hohenbogen täglich von 10–17 Uhr seine Gäste. Entweder schnappt man sich einen Platz auf der Sonnenterrasse und lässt den Blick über die Landschaft schweifen – oder sitzt an einem der Holztische in der gemütlichen Gaststube. Die Essensauswahl reicht von Weißwürsten bis hin zu Kaiserschmarrn. Wer danach immer noch nicht zurück ins Tal laufen möchte, kann auf den breiten Schaukelstühlen am Gipfelkreuz Zeit schinden.

Direkt unterhalb der Sonnenterrasse führt der Wanderweg die Piste hinab. Wenn diese auf eine Forststraße trifft, der Markierung »Ri 11« nach rechts auf den Riebenzinger Weg und bis zur Seelbrunnhütte folgen. Von dort führt der bereits bekannte Weg hinab zum Bahnhof Watzelsteg.

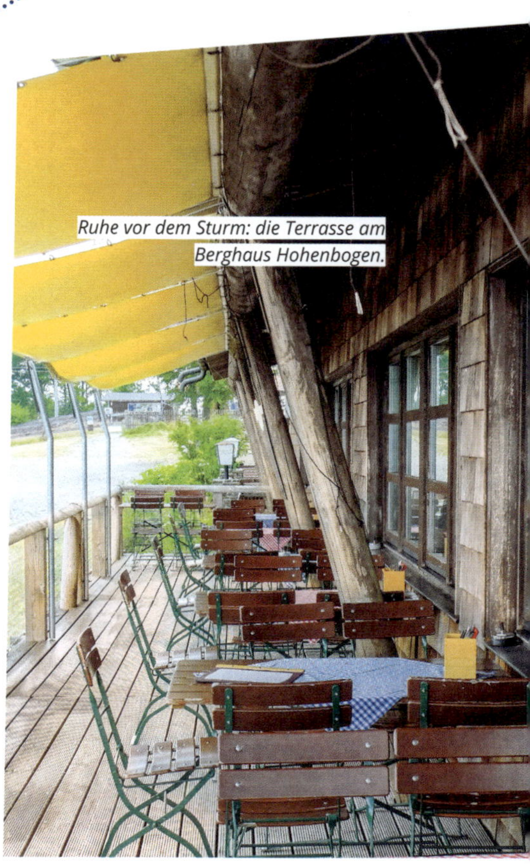

Ruhe vor dem Sturm: die Terrasse am Berghaus Hohenbogen.

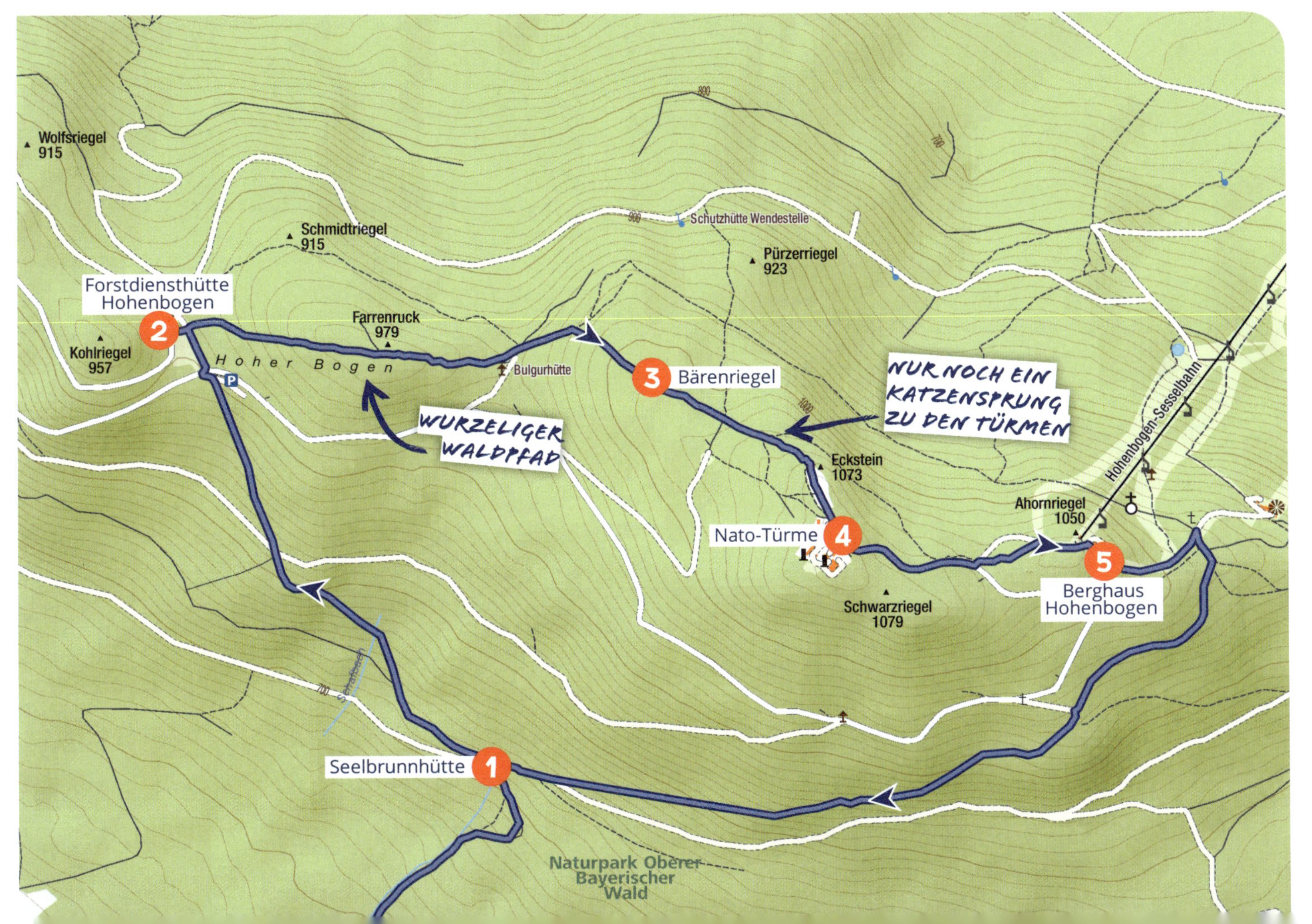
Wolfsriegel 915
Schmidtriegel 915
Schutzhütte Wendestelle
Pürzerriegel 923
Forstdiensthütte Hohenbogen
2
Kohlriegel 957
Farrenruck 979
Hoher Bogen
Bulgurhütte
3
Bärenriegel
NUR NOCH EIN KATZENSPRUNG ZU DEN TÜRMEN
WURZELIGER WALDPFAD
Eckstein 1073
Hohenbogen-Sesselbahn
Ahornriegel 1050
Nato-Türme
4
5
Berghaus Hohenbogen
Schwarzriegel 1079
Seelbrunnhütte
1
Naturpark Oberer Bayerischer Wald

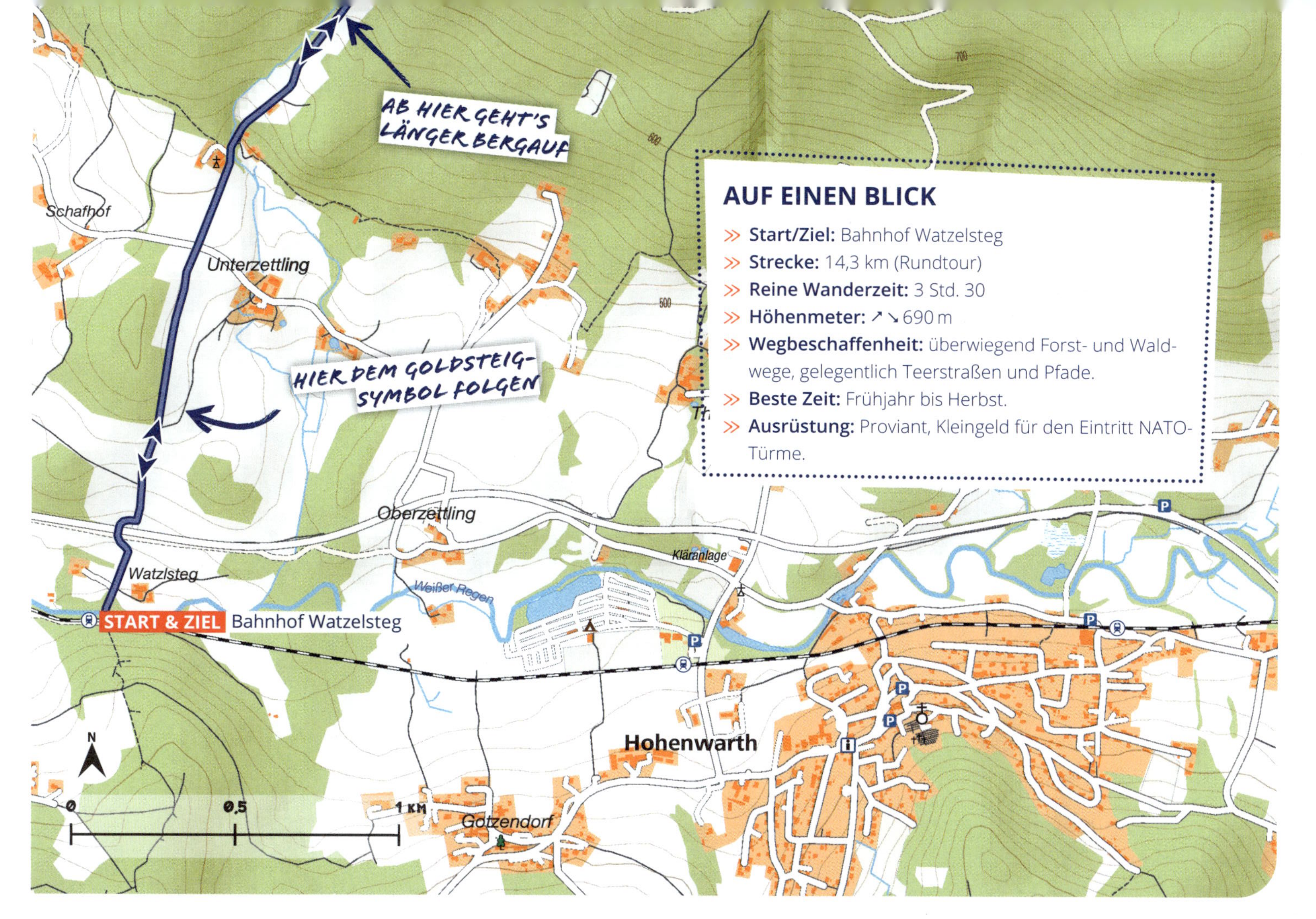
AUF EINEN BLICK
» Start/Ziel: Bahnhof Watzelsteg
» Strecke: 14,3 km (Rundtour)
» Reine Wanderzeit: 3 Std. 30
» Höhenmeter: ↗↘ 690 m
» Wegbeschaffenheit: überwiegend Forst- und Waldwege, gelegentlich Teerstraßen und Pfade.
» Beste Zeit: Frühjahr bis Herbst.
» Ausrüstung: Proviant, Kleingeld für den Eintritt NATO-Türme.
AB HIER GEHT'S LÄNGER BERGAUF
HIER DEM GOLDSTEIG-SYMBOL FOLGEN
START & ZIEL Bahnhof Watzelsteg
Schafhof
Unterzettling
Oberzettling
Watzlsteg
Kläranlage
Weißer Regen
Hohenwarth
Gotzendorf
700
600
500
N
0
0,5
1 KM

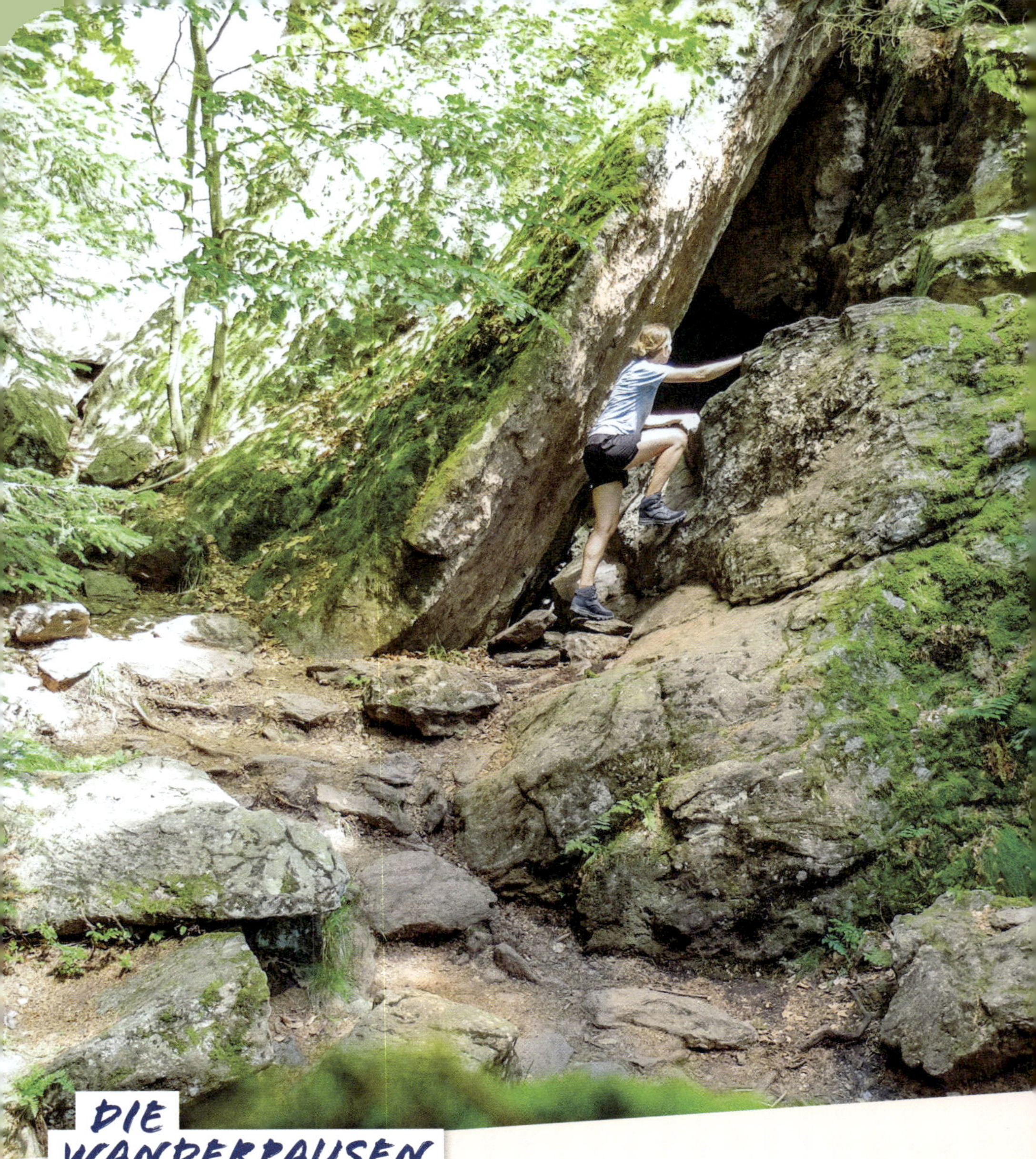

DIE WANDERPAUSEN

» START
Bahnhof Watzelsteg

KM 3,7
1 Lindenbaum
Unterm Baumriesen sitzen

KM 7,8
2 Räuber-Heigl-Höhle
Auf Höhlenerkundungstour

KM 8,2
3 Kreuzfelsen
Gipfelpause!

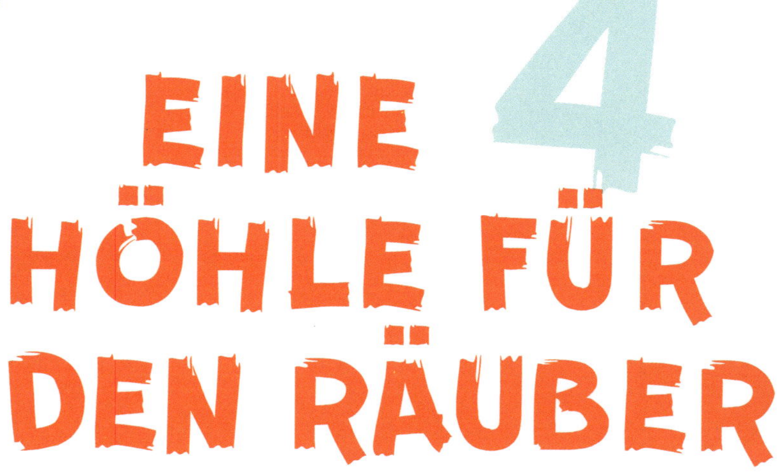

Unterwegs am Kaitersberg

Ein ausgehöhlter Baum, eine versteckte Höhle, dazu Aussicht und Gipfelkuchen. Auf dieser Tour kommen weder Fuß- noch Gaumenfreuden zu kurz. Von Watzlsteg aus folgt man den Spuren des Räubers Michael Heigl, des bayerischen Robin Hoods, der einst hier hauste, hinauf auf den bewaldeten Kaitersberg.

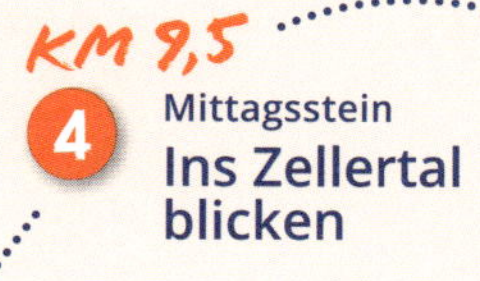

Mittagsstein
Ins Zellertal blicken

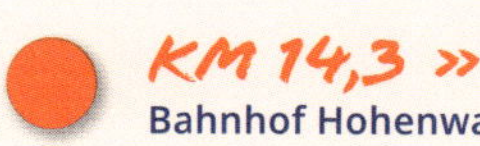

Bahnhof Hohenwarth

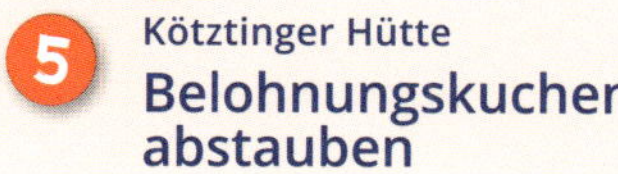

Kötztinger Hütte
Belohnungskuchen abstauben

DAS SANFTE RAUSCHEN DES WEISSEN REGENS …

… ist das erste Geräusch, das man bei dieser Wanderung wahrnimmt. Man folgt dem Gewässer ein kleines Stück flussaufwärts, bevor der Weg es sich anders überlegt und einen lieber durch den Wald führt. Hier ist es kühl, an heißen Sommertagen eine Wohltat. Kleine Bäche laufen einem neugierig vor die Füße, ihre Wässerchen lassen sich leicht überspringen. Der Spaziergang unter dem grünen Blätterdach dauert nicht lange. Bald ist Gotzendorf erreicht, in dessen Mitte die **Räuber-Heigl-Linde** steht.

Der kluge Räuber Michael Heigl wusste jahrelang seiner Strafe zu entgehen, indem er sich in einer **Höhle** am Kaitersberg verbarg. Zu diesem Versteck gelangt man über einen langen Aufstieg. Über Stock und Stein steigen die Wanderschuhe, das Herz klopft laut. Wie gut, dass bei Reitenberg eine Holzbank steht. Während man dort sitzt und zu Atem kommt, kann man den Ausblick bewundern – sanfte, grüne Hügel schmiegen sich in der Ferne an den strahlend blauen Horizont.

DEN FEDERNDEN WALDBODEN AM KAMMWEG UNTER SICH SPÜREN

Fast schon ganz oben angelangt, verrät ein Schild die Räuberhöhle. Nach deren Erkundung sind es nur wenige Höhenmeter zum **Kreuzfelsen.** Endlich geschafft! Ab jetzt verläuft der Weg am Kamm entlang, die Beine erholen sich auf dem federnden Waldboden von selbst.

Kurz nach dem **Mittagfelsen** taucht die **Kötztinger Hütte** auf – eine gemütliche Einkehrmöglichkeit mit fantastischer Aussicht. Ein bisschen sollte man hierbleiben, zu Atem kommen und Kraft tanken. Die braucht man nämlich, denn jetzt heißt es: Zurück ins Tal! Und dafür müssen einige Höhenmeter bewältigt werden. Die ersten Meter geht es steil bergab, dann jedoch fällt der Abstieg immer sanfter aus. Auf Waldwegen geht es Stück für Stück hinab, bis man auf einmal Hohenwarth erreicht. Häuschen um Häuschen lässt man hinter sich, bis man am Bahnhof angelangt ist, von wo aus man nochmal einen schönen Rundumblick auf die Hügelketten genießen kann. «

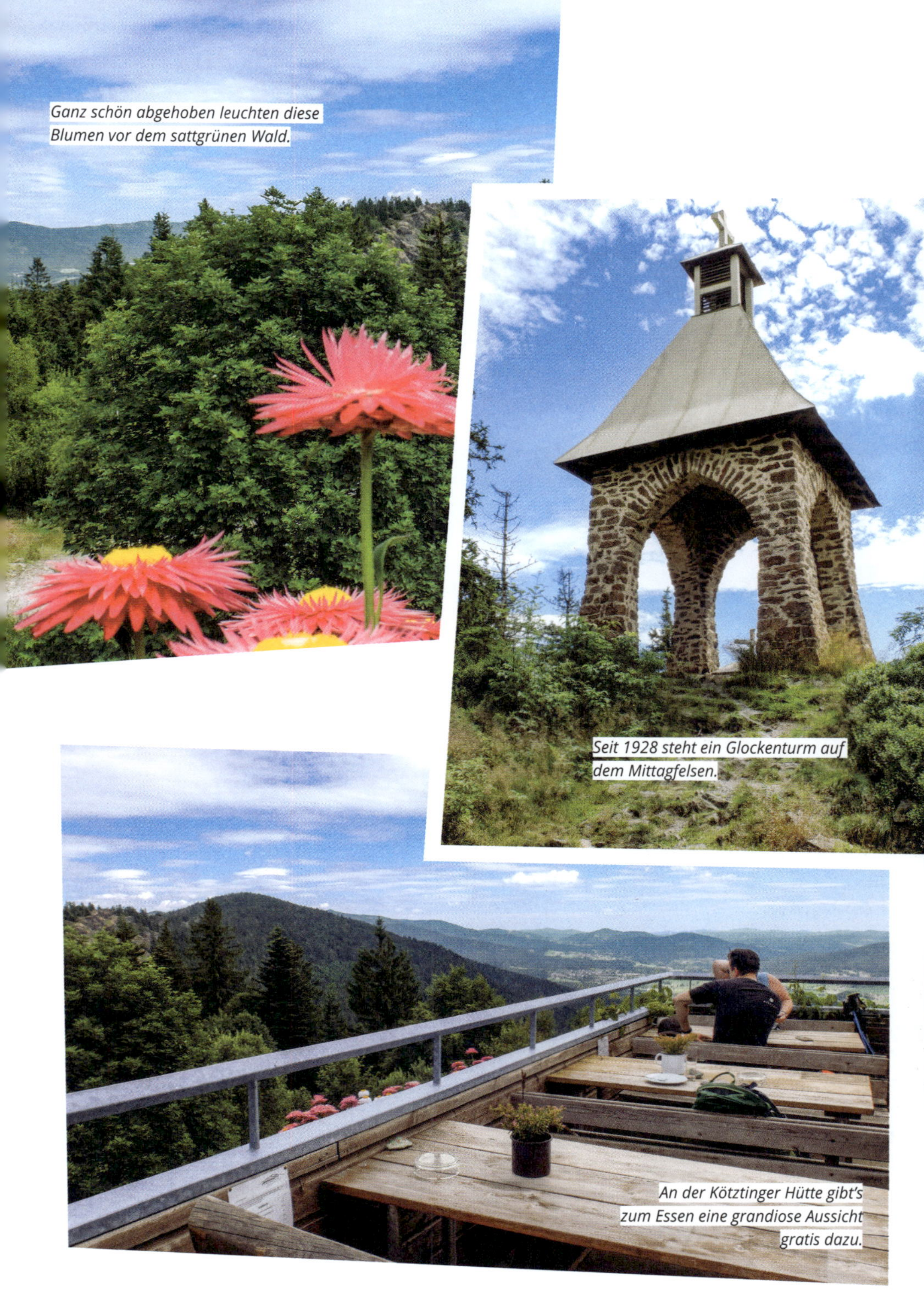

Ganz schön abgehoben leuchten diese Blumen vor dem sattgrünen Wald.

Seit 1928 steht ein Glockenturm auf dem Mittagfelsen.

An der Kötztinger Hütte gibt's zum Essen eine grandiose Aussicht gratis dazu.

WANDERN & GENIESSEN

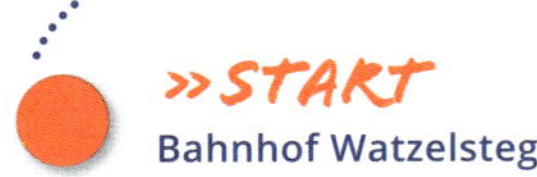

»START

Bahnhof Watzelsteg

An den Gleisen entlang dem Forstweg mit dem grünen Dreieck auf gelbem Kreis (Regental-Rundweg) folgen und nach ca. 200 Meter nach rechts in den Wald abbiegen. Der Weg wird immer schmaler und schließlich zum Pfad. Es geht über ein Bächlein, dann an einer Weggabelung links halten und am Waldrand entlang bis zu einem Forstweg laufen. Hier links abbiegen, auf ein altes Bauernhaus zu, dort der Rechtskurve folgen und auf der Gotzendorfer Straße weiter bis zur großen Linde laufen.

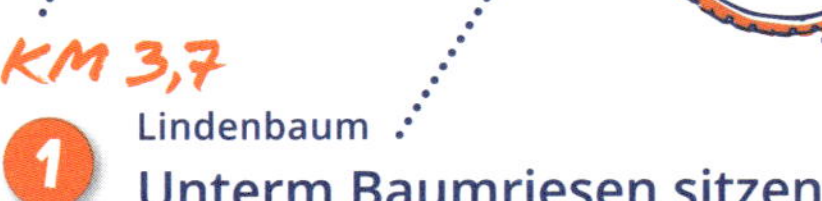

KM 3,7

1 Lindenbaum

Unterm Baumriesen sitzen

Niemand weiß, ob die Geschichte wirklich wahr ist – aber vorstellen kann man es sich auf jeden Fall, wenn man an der Räuber-Heigl-Linde angelangt ist. Ihr ausgehöhlter Stamm soll nämlich einst dem Räuber als Versteck gedient haben, als seine Häscher nach ihm suchten ... Ein Schild verrät den Umfang (9,25 Meter) und die Höhe der ‚alten Dame' (25 Meter), wobei andere Quellen andere Werte behaupten (Umfang knapp 7 Meter, Höhe 19 Meter). Wer mag, kann sich an einer eigenen Messung versuchen. Auf einer Bank kann man hier eine Weile sitzen und dem Rauschen des Windes in den Blättern des Baumriesen lauschen. Und die Landschaft vor sich genießen, die vom Hohenbogen dominiert wird.

Dem roten Schild RH (Räuber Heigl) über Lindenstraße und Kötztinger Straße folgen und nach rechts wenden. Auf Höhe der Bushaltestelle links dem Weg Zum Bergpritzl (RH und Ho6) ein Stück bergauf folgen, bevor es an einer Schranke vorbei rechts in den Wald geht. Gleich nach einer Linkskurve führt rechts ein steiler Forstweg ab (Achtung: Markierung erst nach 20 m an einem Fichtenstamm). An dessen Ende nach rechts, dann gleich wieder links bergauf. Nun führen RH (oder auch Goldener Steig, gelb-weiß) bis Reitenberg. Hier E6 (grünes Dreieck auf Weiß) noch 15 Minuten bis zur Räuber-Heigl-Höhle (Schild) folgen.

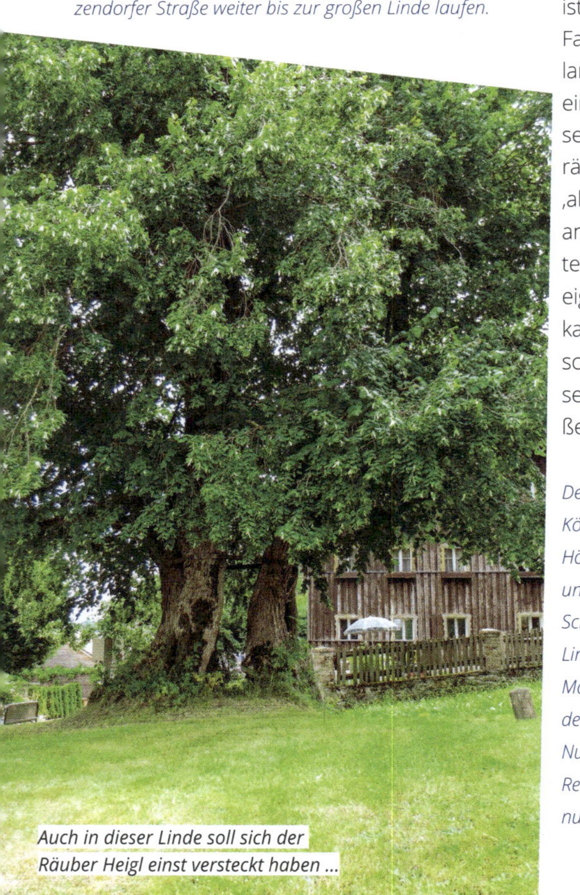

Auch in dieser Linde soll sich der Räuber Heigl einst versteckt haben ...

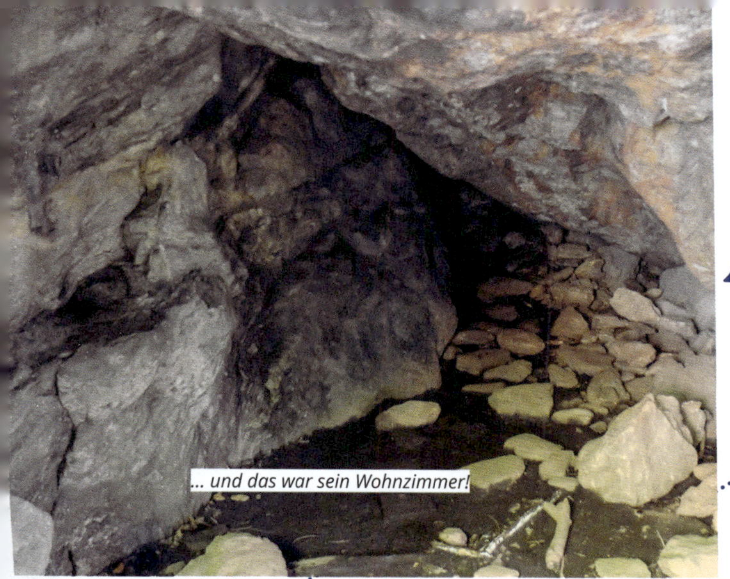

... und das war sein Wohnzimmer!

EINE GANZ SCHÖN DÜSTERE HÖHLE ...

KM 7,8

2 Räuber-Heigl-Höhle

Auf Höhlenerkundungstour

Drei Zimmer, Küche, Bad – diesen Standard bietet die Räuber-Heigl-Höhle zwar nicht, dafür hat sie einen riesigen Wald als Garten vor der Tür. Welche Stadtwohnung kann damit schon aufwarten? Als der Räuber Michael Heigl (1816–1857) aus Beckendorf hier wohnte, diente ihm der Wald aber weniger als Erholungsort. Viele Jahre lang verbarg er sich am Kaitersberg erfolgreich vor der Justiz. Die Unterstützung der einfachen Bevölkerung sicherte er sich, indem er nur die Reichen bestahl. Doch eines Tages verriet ihn ein Freund, er wurde gefangen genommen und verurteilt. Wer wissen will, wie es sich in der Höhle haust, braucht zu deren Erkundung eine Lampe. Durch ein Loch hindurch kann man vom ersten ›Zimmer‹ ins zweite klettern – sofern man nicht an Klaustrophobie leidet.

Nach der Höhle geht es weiter bergauf, der E6 führt einen sicher hoch zum Kamm. Dort an der Weggabelung nach rechts zum Kreuzfelsen gehen.

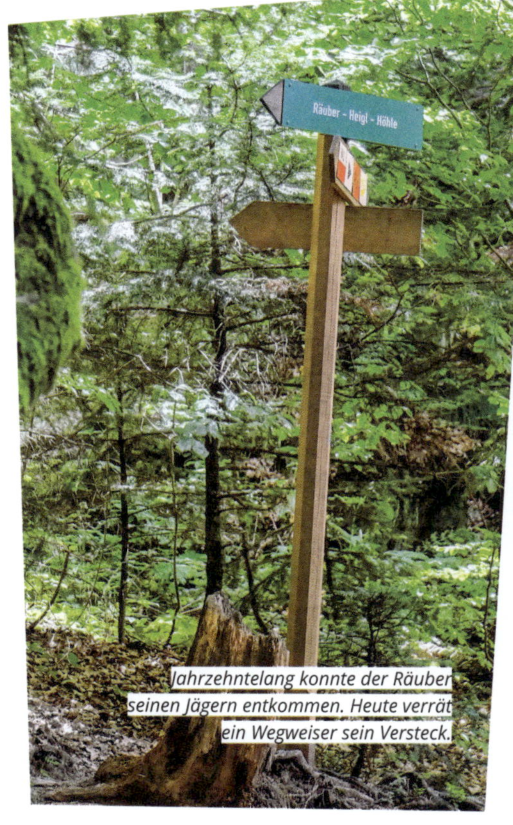

Jahrzehntelang konnte der Räuber seinen Jägern entkommen. Heute verrät ein Wegweiser sein Versteck.

IN DER FERNE SANFTE HÜGEL SATT

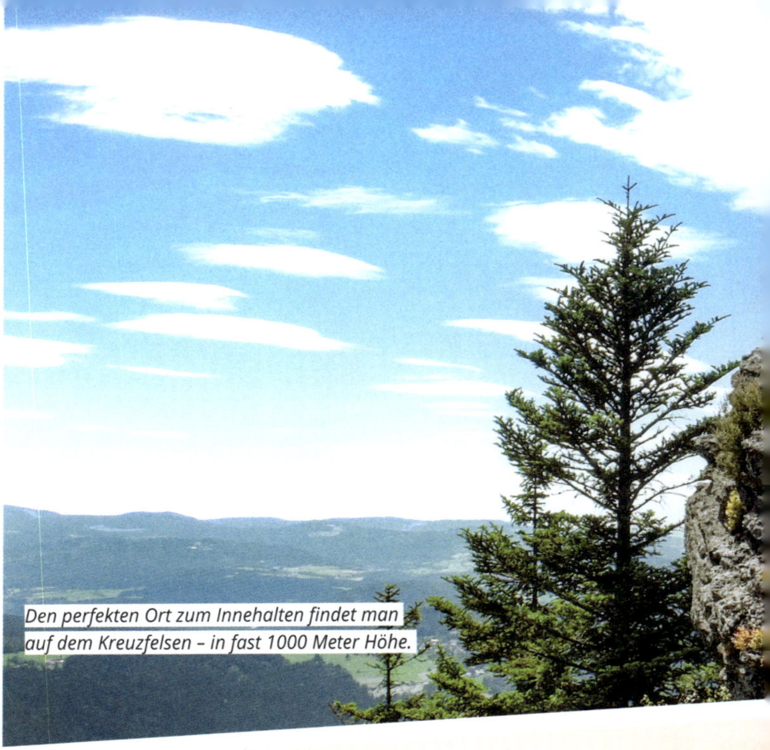

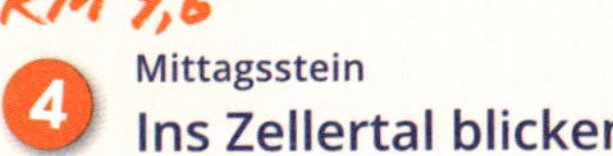

Den perfekten Ort zum Innehalten findet man auf dem Kreuzfelsen – in fast 1000 Meter Höhe.

KM 8,2

3 Kreuzfelsen

Gipfelpause!

Fast hätte er es geschafft, die 1000 Meter zu knacken. Doch bei 998,5 Metern bleibt der Kreuzfelsen stehen. Macht nichts. Von hier oben hat man dennoch eine fantastische Aussicht, bis weit in den Vorderen Bayerischen Wald hinein. Sogar Bodenmais mit dem Silberberg kann man erblicken. Auch Bad Kötzting ist vom 16 Meter hohen Gipfelkreuz aus zu sehen, der Weiße Regen durchzieht die hübsche Stadt am Fuße des Kaitersbergs. Wo es so viel zu betrachten gibt, ist auf jeden Fall Pausenzeit angesagt – die Brotzeit schmeckt nach dem schweißtreibenden Aufstieg und bei diesem Ausblick besonders gut.

Zur Weggabelung zurückgehen und weiter geradeaus am Kamm entlanglaufen. Die Schilder, der Fernwanderweg E6 und die rot-weiße Markierung des Wanderwegs Bk3 bringen einen sicher zum Mittagsstein.

KM 9,6

4 Mittagsstein

Ins Zellertal blicken

Ein ebenfalls schöner Blick hinab ins Zellertal und in den Vorderen Bayerischen Wald hinein bietet der Mittagsstein (1034 Meter). Neben der Aussicht wartet dieser Berggipfel mit einem besonderen Bau auf: einem steinernen Glockenturm, der zum Gedenken an die Gefallenen des Ersten und Zweiten Weltkriegs aufgestellt wurde. Erbaut wurde der Turm erstmals 1928, ein zweites Mal 1956. Seine Mitte ziert ein Gedenkstein mit einem Kreuz aus Birkenstämmen.

Vom Mittagsstein sind es nur 200 m zur Kötztinger Hütte, der Weg ist markiert.

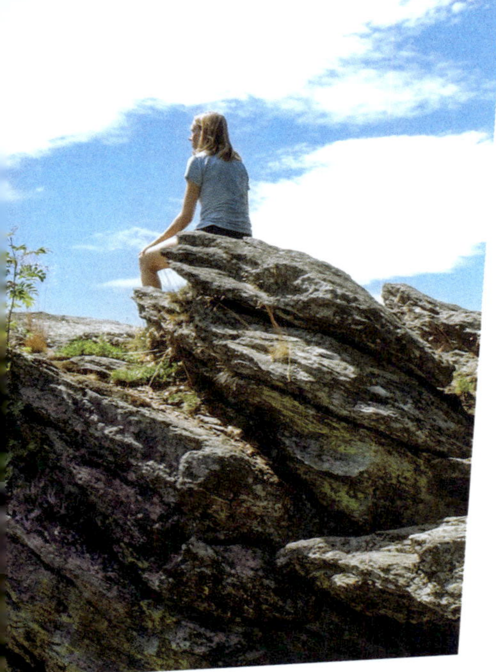

KM 9,7

5 Kötztinger Hütte

Belohnungskuchen abstauben

Was wäre eine Gipfeltour ohne Belohnung? In der Kötztinger Hütte kann man den knurrenden Wandermagen beruhigen – zum Beispiel mit etwas Herzhaftem wie Braten. Oder wäre ein dick belegtes Käsebrot besser? Und hinterher ein Stück Apfelkuchen? Wie auch immer man sich entscheidet – während man auf das Essen wartet, kann man auf der Terrasse sitzen, mit herrlichem Weitblick über den Großen Riedelstein bis hin zum Großen Arber, und den Füßen eine Pause gönnen. Von der Terrassenseite kann man dann gleich dem Feldweg bergab folgen.

Den Abzweig zum Großen Riedelstein ignorieren und zunächst steil, dann moderat weiter. An einer Wegkreuzung nach rechts Richtung Hudlach. Dort an der Teerstraße links und nach wenigen Metern rechts in den Wald einbiegen (Goldsteig-Zuweg, Blau auf weißem Grund). Nach der Mühlbauerkapelle trifft man auf einen Forstweg, hier links, dann gleich wieder rechts in den Wald. Nach ca. 50 m dem Weg nach rechts durch einen Kahlschlag folgen, danach links nach Hohenwarth abbiegen, um zum Bahnhof zu gelangen.

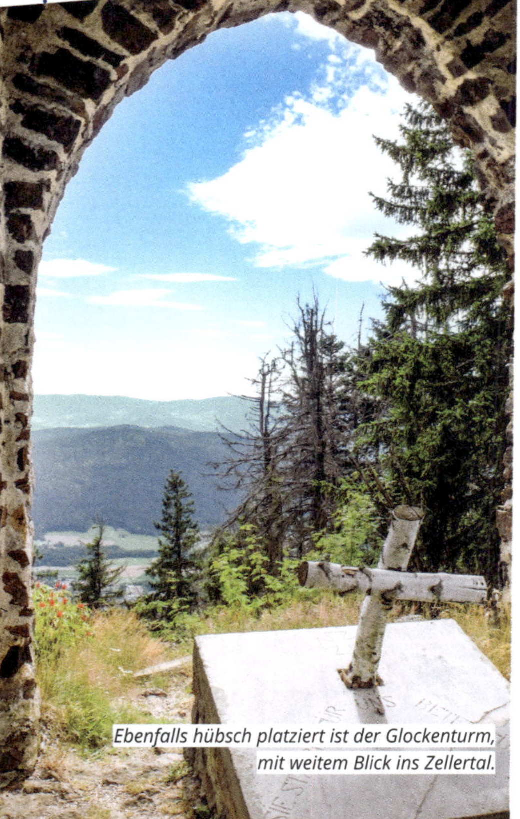

Ebenfalls hübsch platziert ist der Glockenturm, mit weitem Blick ins Zellertal.

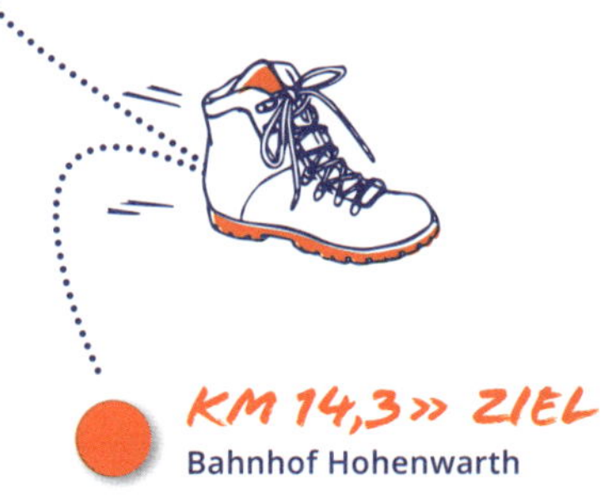

KM 14,3 » ZIEL

Bahnhof Hohenwarth

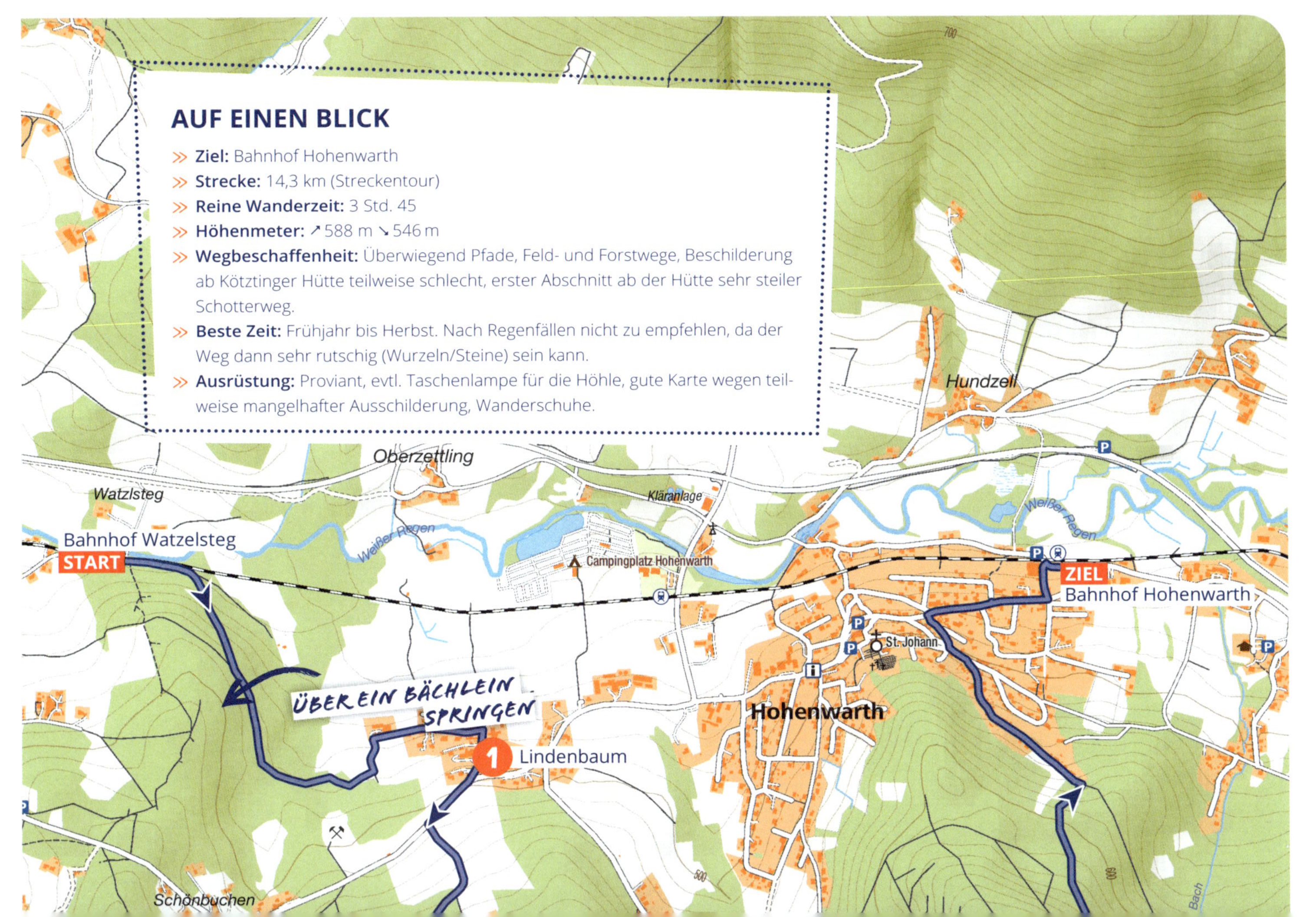

AUF EINEN BLICK

- **Ziel:** Bahnhof Hohenwarth
- **Strecke:** 14,3 km (Streckentour)
- **Reine Wanderzeit:** 3 Std. 45
- **Höhenmeter:** ↗ 588 m ↘ 546 m
- **Wegbeschaffenheit:** Überwiegend Pfade, Feld- und Forstwege, Beschilderung ab Kötztinger Hütte teilweise schlecht, erster Abschnitt ab der Hütte sehr steiler Schotterweg.
- **Beste Zeit:** Frühjahr bis Herbst. Nach Regenfällen nicht zu empfehlen, da der Weg dann sehr rutschig (Wurzeln/Steine) sein kann.
- **Ausrüstung:** Proviant, evtl. Taschenlampe für die Höhle, gute Karte wegen teilweise mangelhafter Ausschilderung, Wanderschuhe.

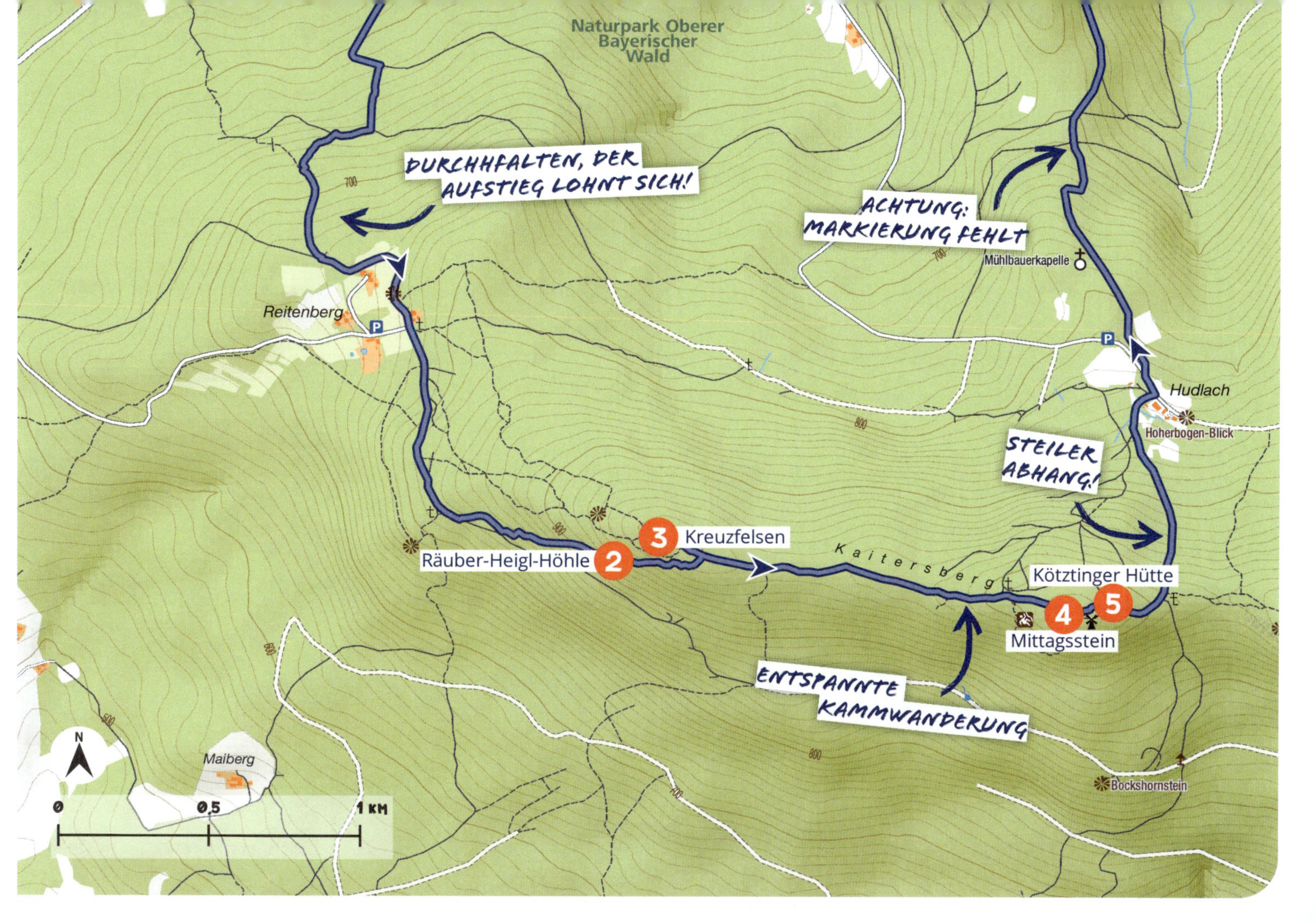
Naturpark Oberer Bayerischer Wald
DURCHHFALTEN, DER AUFSTIEG LOHNT SICH!
ACHTUNG: MARKIERUNG FEHLT
Mühlbauerkapelle
Reitenberg
Hudlach
Hoherbogen-Blick
STEILER ABHANG!
3 Kreuzfelsen
2 Räuber-Heigl-Höhle
Kaitersberg
Kötztinger Hütte
4
5
Mittagsstein
ENTSPANNTE KAMMWANDERUNG
Maiberg
Bockshornstein
0
0,5
1 KM
N
700
800
900
600

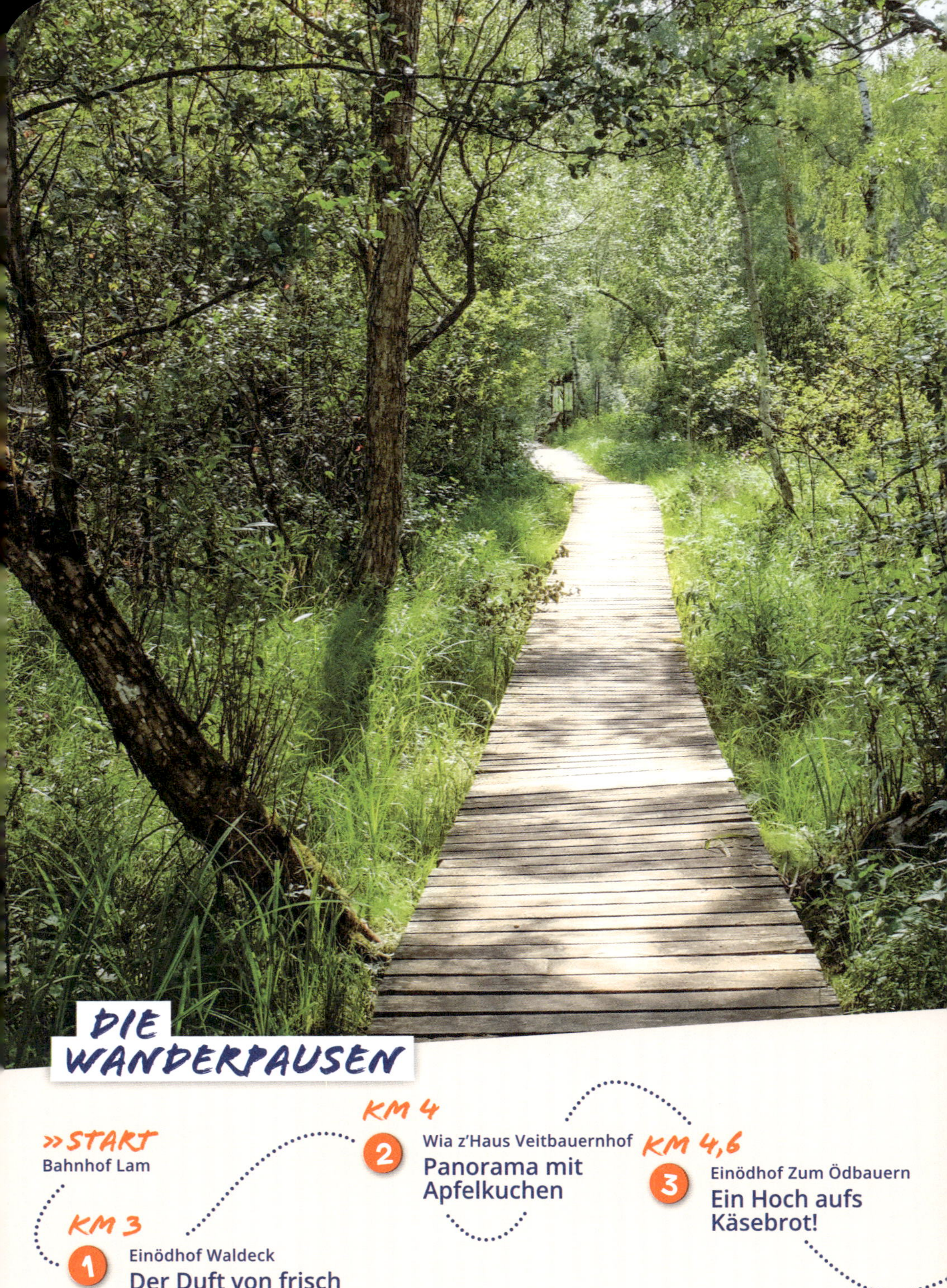

DIE WANDERPAUSEN

» START
Bahnhof Lam

KM 3

1 Einödhof Waldeck
Der Duft von frisch gebackenem Brot

KM 4

2 Wia z'Haus Veitbauernhof
Panorama mit Apfelkuchen

KM 4,6

3 Einödhof Zum Ödbauern
Ein Hoch aufs Käsebrot!

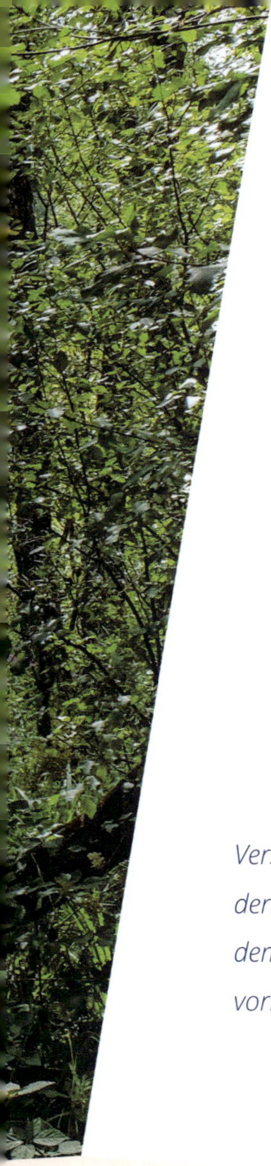

5

MOOR TO COME

Von Lam über die Einödhöfe zum Arracher Moor

Versteckt in den grünen Hügeln bei Lam liegen drei Einödhöfe, die Wandernde mit duftendem Brot und gekühlten Getränken empfangen. Auf dem Weg nach Arrach schließlich durchläuft man eine nur noch selten vorkommende Landschaft: ein Moor.

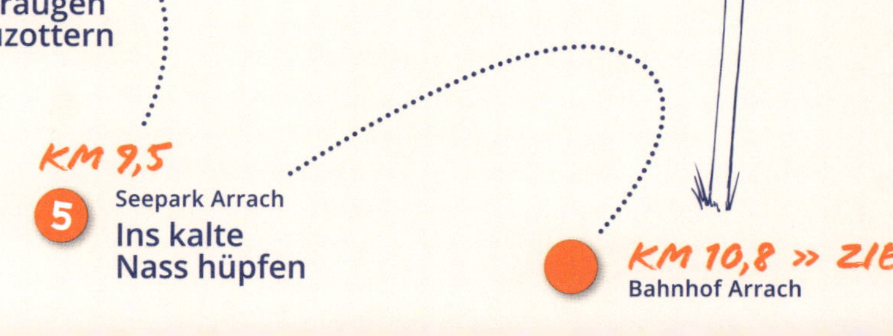

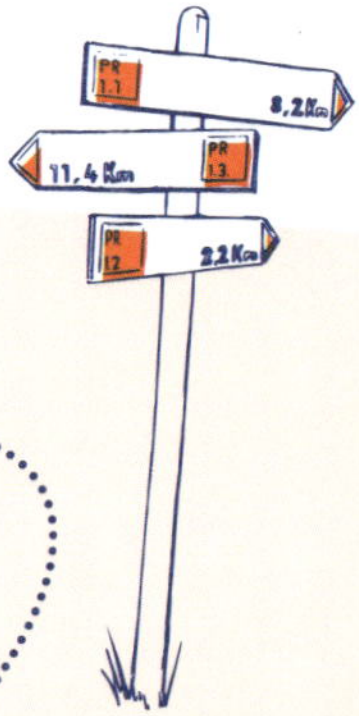

ALS WÜRDE ES SICH EINKUSCHELN WOLLEN, ...

... liegt Lam am hinteren Ende des Lamer Winkels. Obwohl der Name erstmal nach nicht viel klingt, gibt es kaum ein schöneres Tal im Bayerischen Wald. Gemächlich windet sich der Weiße Regen durch Blumenwiesen hindurch, während der Große Osser wie ein Wächter auf seine Dorfschäfchen hinabblickt. Vom Bahnhof aus ist der Berg noch nicht zu sehen, wohl aber, nachdem die letzten Häuser von Lam passiert sind. Dreht man sich um, sieht man den 1293 Meter hohen Grenzberg zu Tschechien in den Himmel ragen.

Auf dieser Tour soll nicht der Große Osser im Mittelpunkt stehen (obwohl er sich manches Mal ins Blickfeld schiebt), sondern sogenannte Einödhöfe. Sie liegen versteckt auf den grünen Hügeln bei Lam verteilt und warten nur darauf, hungrige Gäste mit ihren Köstlichkeiten zu versorgen. Das **Waldeck** zum Beispiel, das als erstes auf der Speise-, äh Wanderkarte steht. Oder der Veitbauernhof mit seiner Panoramaterrasse. Und weil aller guten Dinge drei sind, kommt zum Schluss noch der Hof Zum Ödbauern.

Beginnt die Wanderung auf einer kleinen Teerstraße, wird der harte Boden bald von einem Waldweg abgelöst. Wurzeln wachsen hier neugierig aus dem Erdreich hervor und aufmüpfige Quellen schaffen nach Regentagen matschige Stellen, über die man jedoch locker hinwegspringen kann. Dann, kurz vorm **Veitbauern,** wartet eine Mutprobe: das Überqueren einer Pferdekoppel. Aber keine Angst, die Tiere, die hier leben, sind brav und friedlich. Dahinter wartet die Belohnung in Form von frischem Kuchen ...

AUF DER TERRASSE VOM VEITBAUERN AUF DEN OSSER BLICKEN

Geht da noch mehr? Es geht! Beim **Ödbauern** lockt eine Brotzeitkarte, gefüllt mit bayerischen Köstlichkeiten. Nachdem die Brotzeitbretter leer geputzt wurden, führt der weitere Weg durch dichten Wald hinab ins Tal. Ein kurzes Stück muss man an der Bundesstraße entlanglaufen, doch dann steht man auch schon am Eingang zum Moor.

Ob man mit dem gefüllten Bauch wohl im **Arracher Moor** versinkt? Keine Sorge, der Holzweg durch das Hochmoor hält einiges aus und führt sicher über Mooraugen hinweg. Nachts kann es hier auch im Sommer 0 Grad haben – verraten die Infotafeln am Ende des Wegs. Kaum vorstellbar, wenn man an einem heißen Tag hindurchhechelt.

Baden kann man im Moor natürlich nicht. Aber im **Seepark,** der direkt nach dem Ortsschild von Arrach auftaucht. Schnell raus aus den Klamotten und rein ins Nass! «

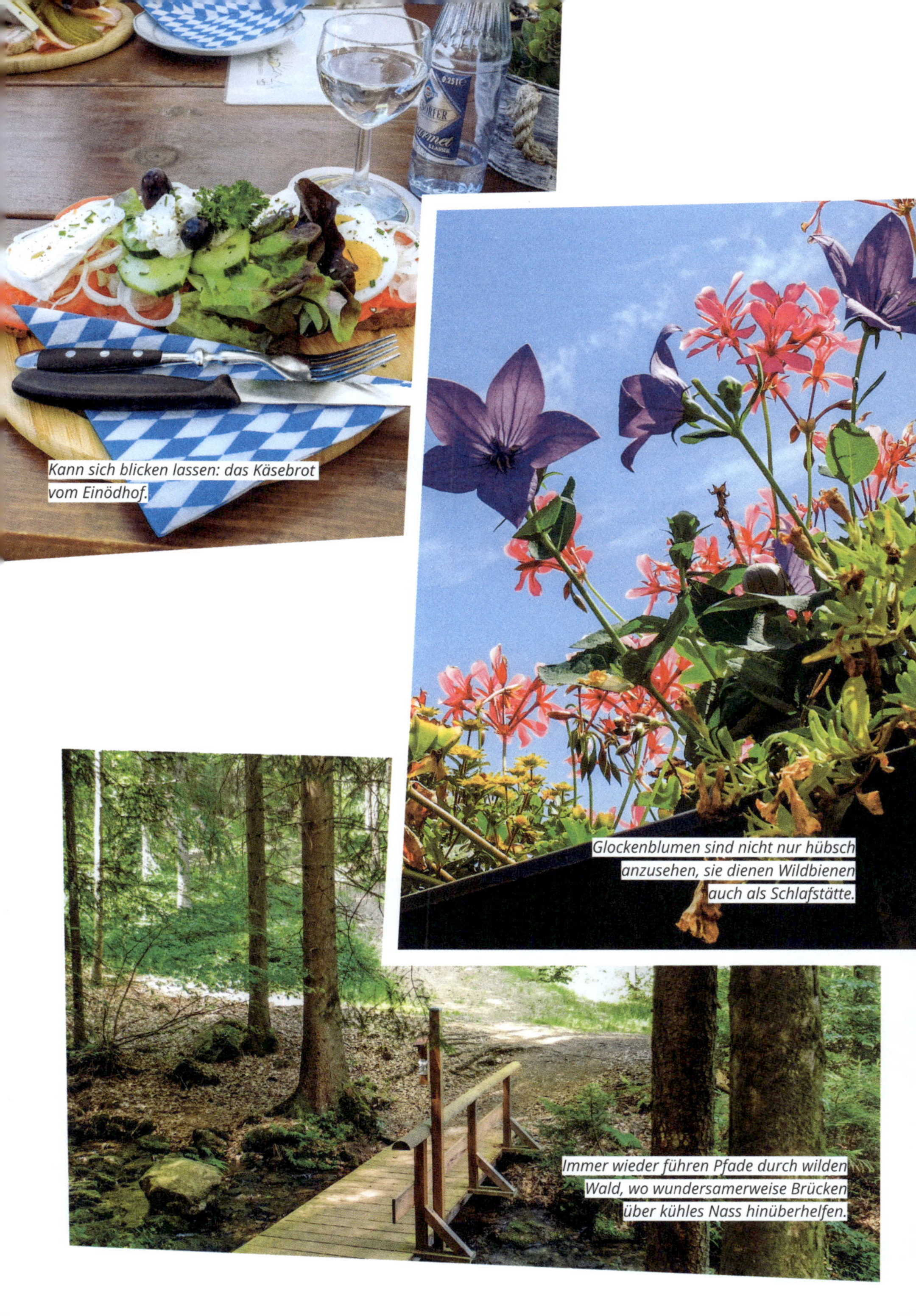

Kann sich blicken lassen: das Käsebrot vom Einödhof.

Glockenblumen sind nicht nur hübsch anzusehen, sie dienen Wildbienen auch als Schlafstätte.

Immer wieder führen Pfade durch wilden Wald, wo wundersamerweise Brücken über kühles Nass hinüberhelfen.

WANDERN & GENIESSEN

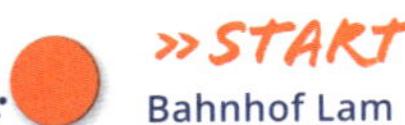

Bahnhof Lam

Vom Bahnhof aus Richtung Grünanlage laufen. Dort nach rechts in die Schwarzeckstraße einbiegen. Dieser folgen, bis sie zum Lissenweg wird. Auch diesen entlanglaufen, bis er sich gabelt. Den linken Abzweig nehmen. Das letzte Haus passieren und dem Weg weiter in den Wald hinein folgen. Der Wanderweg La07 führt verlässlich zum Einödhof Waldeck.

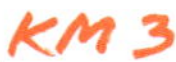

Einödhof Waldeck

Der Duft von frisch gebackenem Brot

Wiese, Wald, Wirtshaus – dass diese drei Dinge hervorragend zusammenpassen, sieht man am Waldeck. Am Wochenende, wwenn es geöffnet hat, umweht einen der Duft von frisch gebackwenem Brot auf der schön angelegten Terrasse. Wer gleich mit einer Gruppe von mindestens zehn Leuten anrückt, hat die Möglichkeit, ein größeres Menü im Voraus zu bestellen. Käsespätzle und diverse Braten werden dann in großen Pfannen serviert. Ansonsten kann sich auf dem Kinderspielplatz der Nachwuchs auspowern, das Rauchereck entwickelt sich zu einem Plaudereck. Übrigens ist das Waldeck schon uralt, gut zu erkennen an der ursprünglichen Einrichtung, an der sich kein noch so stylisches IKEA-Möbel messen kann (einoedhof-waldeck.de).

Weiter geht es mit La07 ein kleines Stück Teerstraße entlang, dann zweigt der Weg links in den Wald ab. Nach einer kleinen Holzbrücke geht es bergauf. Man muss nun eine Pferdekoppel queren. Eisengatter gut schließen! Es geht an einem kleinen Teich vorbei und hoch zum Pferdestall. Dort die Eisenketten nutzen und natürlich wieder schließen, sobald man durch ist. Gleich darauf ist der Veitbauernhof erreicht..

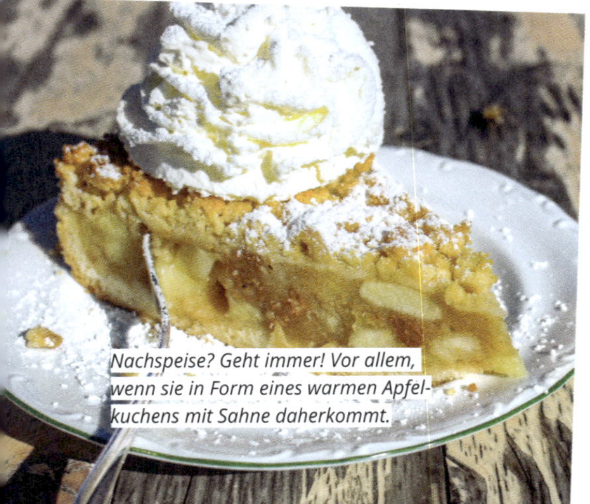

Nachspeise? Geht immer! Vor allem, wenn sie in Form eines warmen Apfelkuchens mit Sahne daherkommt.

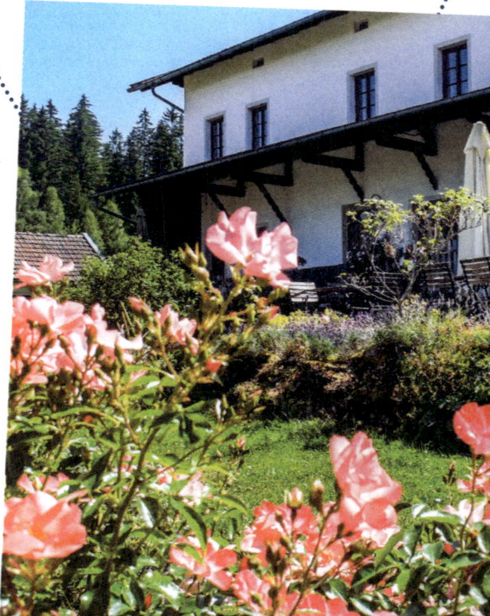

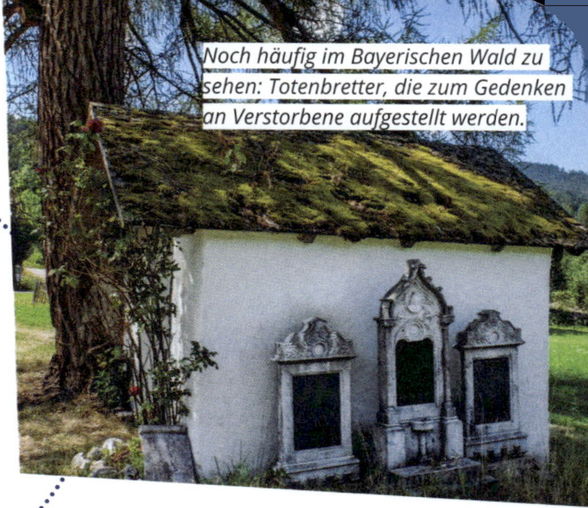

Noch häufig im Bayerischen Wald zu sehen: Totenbretter, die zum Gedenken an Verstorbene aufgestellt werden.

KM 4

2 Wia z'Haus Veitbauernhof
Panorama mit Apfelkuchen

Wer nicht gleich dem Waldeck verfallen ist, hat zumindest am Wochenende beim Veitbauernhof die Möglichkeit, etwas gegen sinkende Kraftreserven zu tun. Auf dessen Panoramaterrasse sitzend weiß man gar nicht, was man lieber anschauen soll: den Großen Osser, der schon wieder sein Haupt in den Himmel schiebt, oder den Kuchen mit Sahne auf dem Teller vor sich. Aber nicht nur Dessertfreunde kommen beim Veitbauern auf ihre Kosten. Auch Hirschgulaschkenner und Gemüsestrudelfans bekommen hier die Gelegenheit, mit diesen Gerichten ihren Geldbeutel zu erleichtern. Und wer die Idylle nicht gleich wieder verlassen will, hat sogar die Möglichkeit, in einer der Ferienwohnungen zu übernachten. (FB: zum.veitbauern).

Es geht weiter mit der Markierung La07, ein kurzes Stück auf der Straße, dann links in einen Forstweg. Nach wenigen Minuten ist der Hof Zum Ödbauern erreicht.

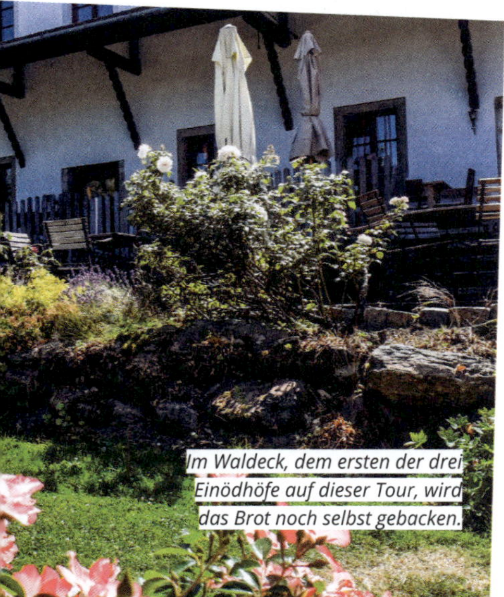

Im Waldeck, dem ersten der drei Einödhöfe auf dieser Tour, wird das Brot noch selbst gebacken.

KM 4,6

3 Einödhof Zum Ödbauern
Ein Hoch aufs Käsebrot!

Wer nach einer Einkehr beim Waldeck und Veitbauern noch etwas essen kann – Hut ab! Doch vielleicht ist man ja bisher noch nicht schwachgeworden und hat nun beschlossen, beim Ödbauern einzukehren? Ein Blick in die Brotzeitkarte lässt zunächst Zweifel aufkommen. Wer soll denn schon von einem Käsebrot satt werden? Aber ach! Eine Riesenscheibe kommt dann daher, dick bestrichen mit Butter, belegt mit reichlich Käse, garniert mit Tomaten, Schnittlauch, Gurken und Zwiebelringen. Satt werden? Gar kein Problem. Und wer danach noch immer Platz haben sollte: Wenn gerade Saison ist, gibt es Heidelbeerpfannkuchen mit Beeren aus dem Wald. (FB: ZumOdbauern).

Nun geht es die Teerstraße entlang, die vom Hof auf einen Wald zu führt. Dort nach links wenden, um nach wenigen Hundert Metern den Schildern nach rechts in den Wald hinein zu folgen. Wegweisend ist hier wieder La07. Der Waldweg endet am Lamer-Winkel-Arber-Radweg. Auf diesen links abbiegen, die Bahnstation Frahelsbruck passieren und auf dem Radweg bleiben, bis der Eingang zum Arracher Moor erreicht ist.

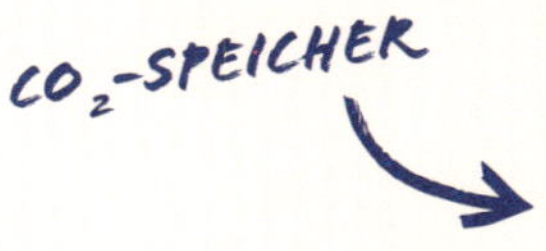

KM 8,5

4 Arracher Moor
Von Mooraugen und Kreuzottern

Unheimlich, gefährlich – diese Wörter schießen einem wohl als erstes durch den Kopf, wenn man an ein Moor denkt. Doch das Hochmoor bei Arrach sieht ganz anders aus. Grün, voller Moorbirken, Kiefern und Rauschbeeren, dazwischen Schilf, Mädesüß, Brombeeren und Rosmarinheide. Auch der seltene Sonnentau, eine Insekten fangende Pflanze, wächst hier. Auf einem Holzbohlenweg durchquert man das Arracher Moor, das seit 1995 unter Naturschutz steht. Entstanden sind Moore nach der letzten Eiszeit, alte Gesellen also, die noch dazu nur einen Zentimeter in 10 000 Jahren wachsen! Und richtige Klimahelden sind sie auch: Sie speichern unfassbar viel CO2 und sind somit ein wichtiger Verbündeter im Kampf gegen den Klimawandel. Was man vom Holzweg aus nicht erkennt, aber Experten auf jeden Fall bestätigen würden: Das Arracher Moor wölbt sich in der Mitte nach oben, wie ein Uhrglas, und gehört daher zur Kategorie »Hochmoor«. Übrigens: Wer ganz viel Glück hat, kann hier sogar einer Kreuzotter begegnen, die bayernweit vom Aussterben bedroht ist.

Nach der Passage durch das Arracher Moor gelangt man wieder auf den Radweg. Dort nach links wenden und auf der Höhe der Aral-Tankstelle die Regentalstraße queren. Gleich hinter dem Parkplatz und der Brücke über den Weißen Regen liegt der Seepark.

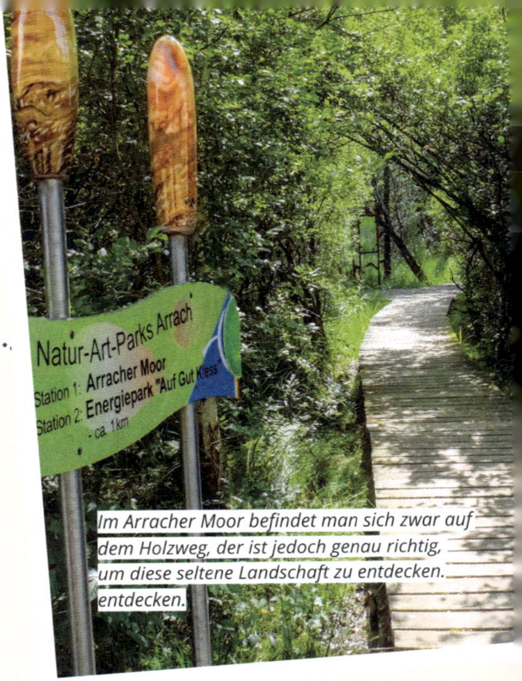

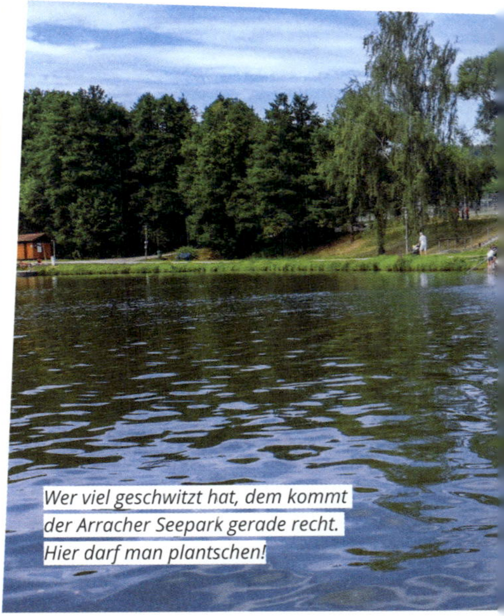

Im Arracher Moor befindet man sich zwar auf dem Holzweg, der ist jedoch genau richtig, um diese seltene Landschaft zu entdecken. entdecken.

Wer viel geschwitzt hat, dem kommt der Arracher Seepark gerade recht. Hier darf man plantschen!

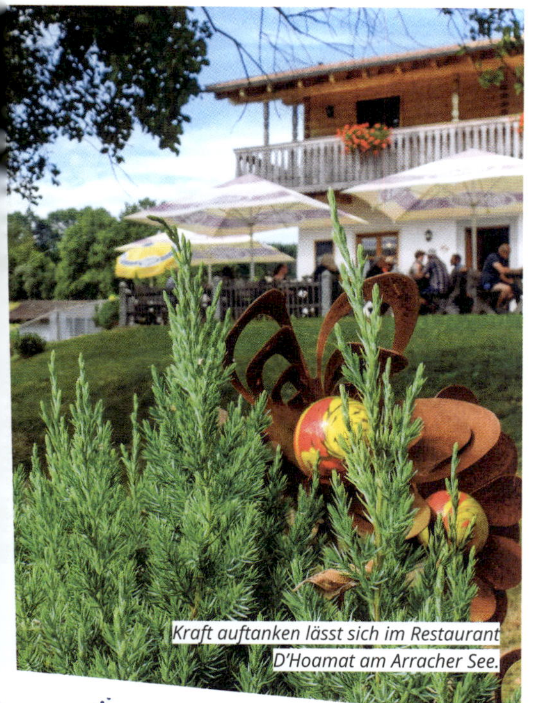
Kraft auftanken lässt sich im Restaurant D'Hoamat am Arracher See.

KM 9,5

5

Seepark Arrach

Ins kalte Nass hüpfen

Nach dem Moor sofort zum Bahnhof? Das wäre schade, denn dann verpasst man den Seepark in Arrach. Dort kann man sich in die Fluten stürzen und die Strapazen des Tages abwaschen. Wer noch Energie aufbringt, schwingt auf dem Minigolfplatz den Schläger oder läuft noch eine Runde am Reitbach entlang, wo der »Wasserweg« über die Besonderheiten des Gewässers aufklärt. Und sollte bei so viel Aktivität wieder Hunger aufkommen – im Restaurant D'Hoamat wird man auf der Terrasse mit Seeblick bestens mit Speisen und Getränken versorgt.

Zurück über die Brücke und den Parkplatz auf die Straßenseite der Aral-Tankstelle wechseln. Dort nicht zurück in Richtung Moor, sondern in Richtung Arrach laufen. An der großen Kreuzung nach links in die Eckstraße abbiegen. Diese entlanglaufen, bis die Bahnhofstraße links abzweigt und zum Bahnhof in Arrach führt.

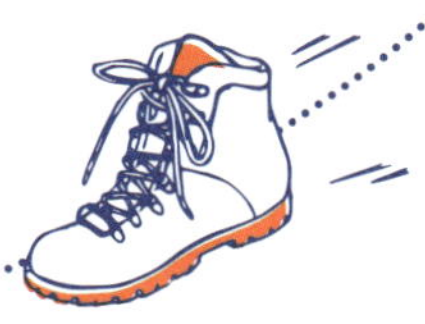

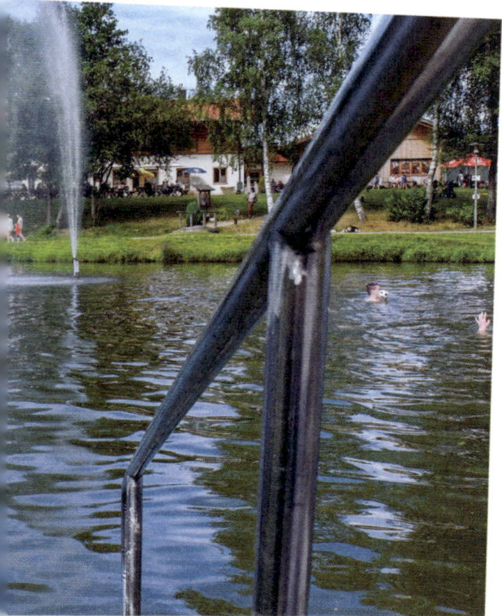

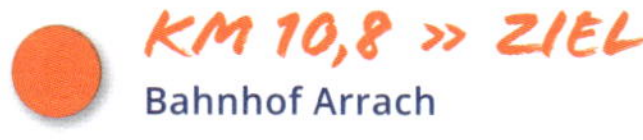

KM 10,8 » ZIEL

Bahnhof Arrach

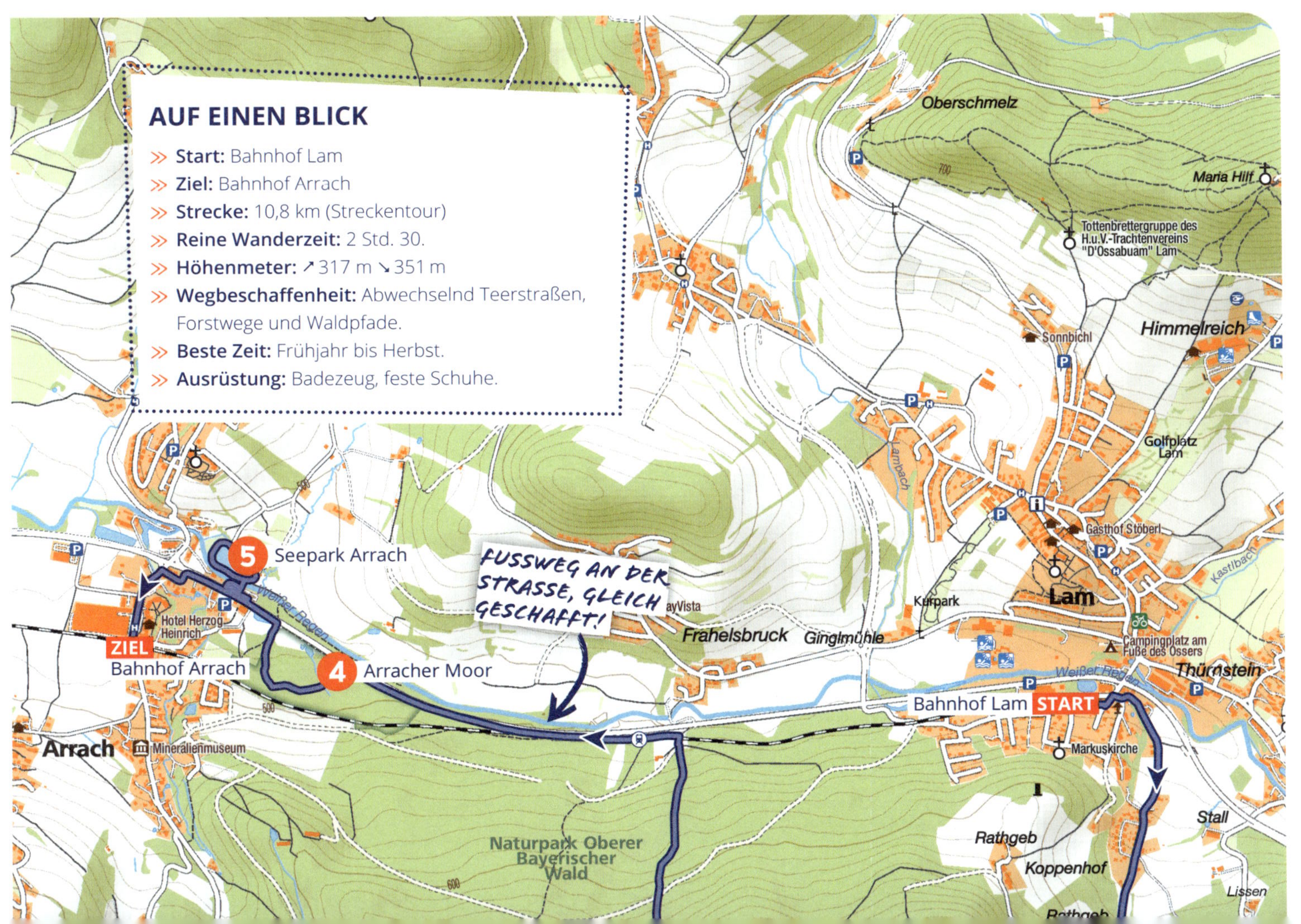
AUF EINEN BLICK
» Start: Bahnhof Lam
» Ziel: Bahnhof Arrach
» Strecke: 10,8 km (Streckentour)
» Reine Wanderzeit: 2 Std. 30.
» Höhenmeter: ↗317 m ↘351 m
» Wegbeschaffenheit: Abwechselnd Teerstraßen, Forstwege und Waldpfade.
» Beste Zeit: Frühjahr bis Herbst.
» Ausrüstung: Badezeug, feste Schuhe.
FUSSWEG AN DER STRASSE, GLEICH GESCHAFFT!
Oberschmelz
Maria Hilf
Tottenbrettergruppe des H.u.V.-Trachtenvereins "D'Ossabuam" Lam
Himmelreich
Sonnbichl
Golfplatz Lam
Lambach
Gasthof Stöberl
Kastlbach
Kurpark
Lam
Campingplatz am Fuße des Ossers
Thürnstein
Weißer Regen
Frahelsbruck
Ginglmühle
Bahnhof Lam
START
Markuskirche
Stall
Rathgeb
Koppenhof
Lissen
5 Seepark Arrach
4 Arracher Moor
Hotel Herzog Heinrich
ZIEL
Bahnhof Arrach
Arrach
Mineralienmuseum
Naturpark Oberer Bayerischer Wald
700
600
500

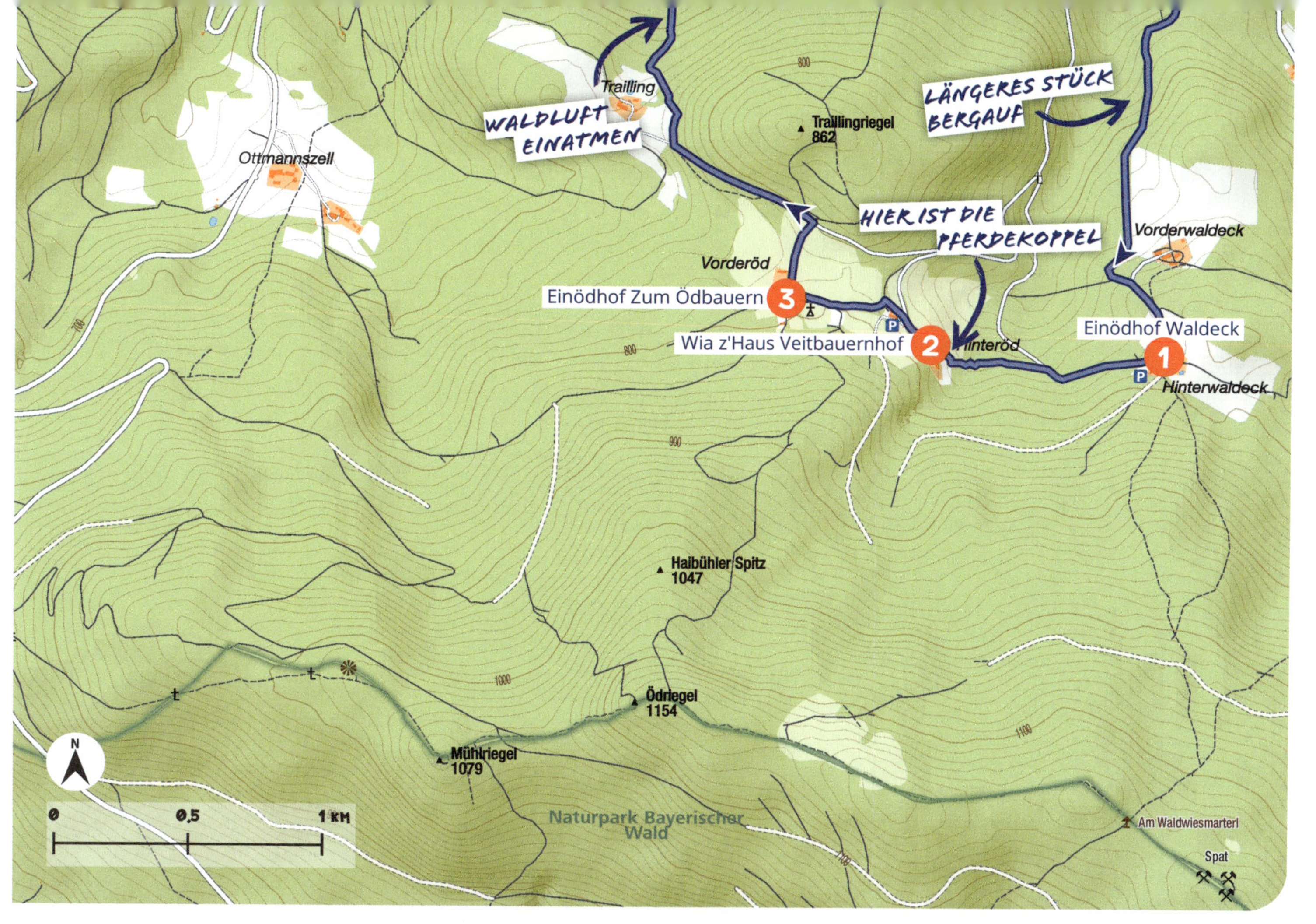

WALDLUFT EINATMEN
Trailling
Ottmannszell
Traillingriegel 862
LÄNGERES STÜCK BERGAUF
HIER IST DIE PFERDEKOPPEL
Vorderwaldeck
Vorderöd
Einödhof Zum Ödbauern
Wia z'Haus Veitbauernhof
Einödhof Waldeck
Hinterwaldeck
Haibühler Spitz 1047
Ödriegel 1154
Mühlriegel 1079
Naturpark Bayerischer Wald
Am Waldwiesmarterl
Spat
0
0,5
1 KM

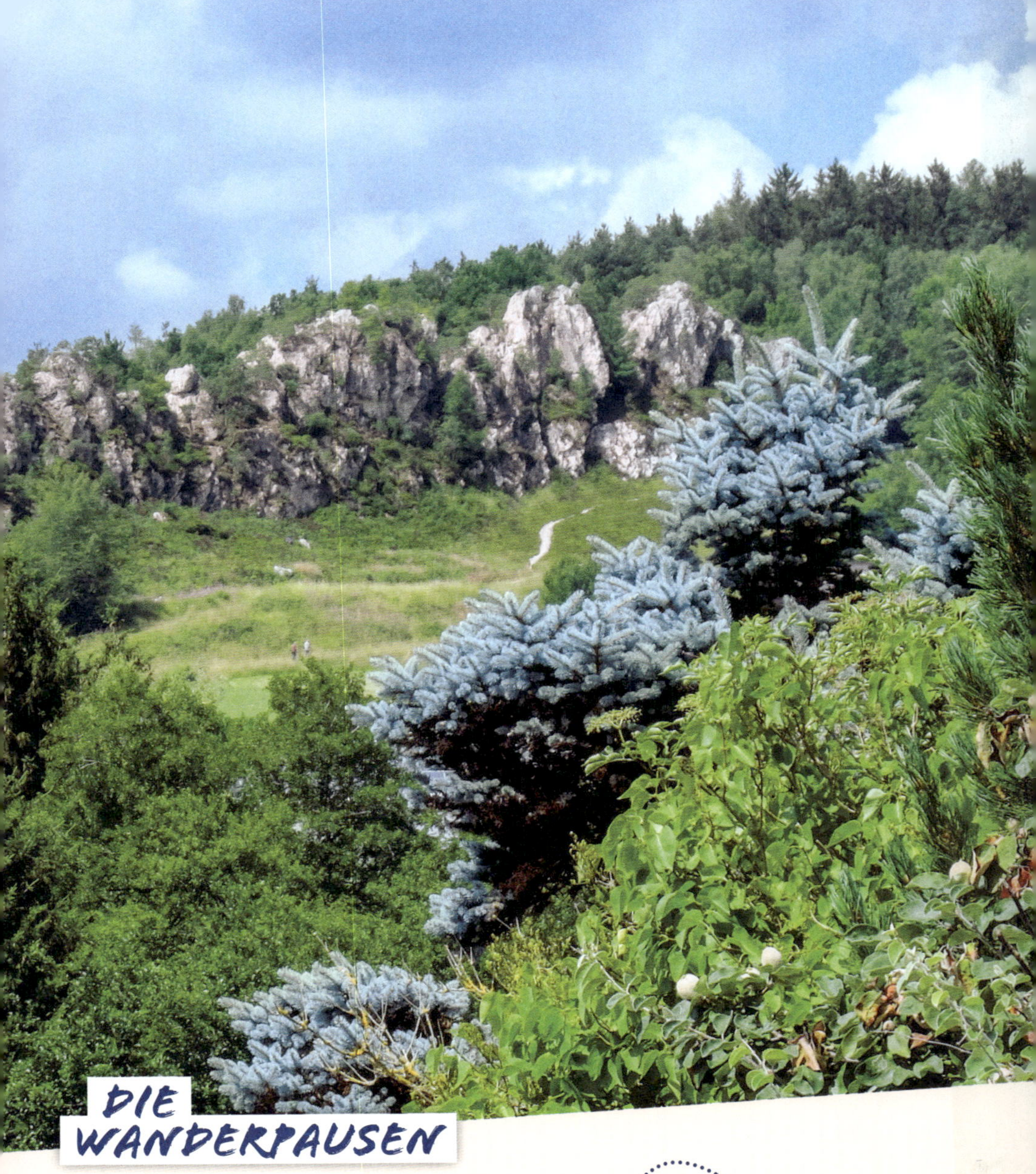

DIE WANDERPAUSEN

» START
Bahnhof Viechtach

KM 1,9
1 Riedbachtal
Nach dem Eisvogel Ausschau halten

KM 2,2
2 Schaubienenstand
Pause mit Lehrtafeln

KM 3,2
3 Großer Pfahl
Am Felsrücken entlangspazieren

6 DEN DRACHEN UMRUNDEN

Am Großen Pfahl bei Viechtach

Er thront über der Stadt, als ob sie ihm gehöre: Der Große Pfahl ist ein markanter Felsrücken, der aus dem Hügel bei Viechtach herauswächst. Auf dem Weg zum ›Drachen‹ kommt man durch ein lebhaftes Bachtal und kann bei einem Imkerlehrstand Bienen beobachten.

KM 3,7

4 Verladestation & Quarzbruch

Spuren der Vergangenheit bestaunen

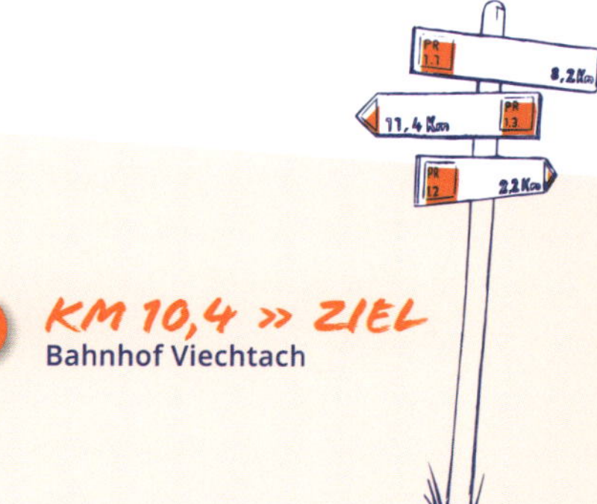

KM 10,4 » ZIEL

Bahnhof Viechtach

KM 10,1

5 Stadtplatz Viechtach

Am Brunnen ein Eis schlecken

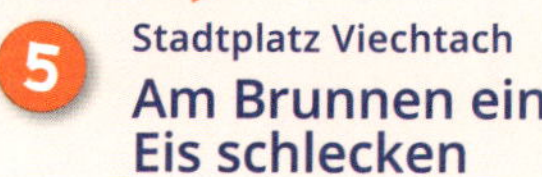

DER DRACHE AUF DEM HÜGEL …

… leuchtet einem schon entgegen, kaum dass man den Scheitelpunkt des Gartenwegs erklommen hat: der Große Pfahl. Alten Geschichten zufolge handelt es sich dabei nicht um Quarz, sondern um den steinernen Rücken eines Drachen … Ob sich unter dem rauen Felsen wohl wirklich ein erstarrtes Ungetüm verbirgt?

Um das herauszufinden, geht es zunächst hinab ins Reich des **Riedbachs.** In der Auenlandschaft schillern sämtliche Grüntöne um die Wette, dahinter steigt man sanft bergauf in Richtung Pfahl. Doch kaum hat man den Bach hinter sich gelassen, stellt sich einem ein riesiges Gebäude in den Weg. Still und stumm steht es da, mit zerbrochenen Scheiben. Was das wohl gewesen sein mag? Nach der Tour ist man klüger: Das Gebäude gehörte zum Steinbruch und ist seit dessen Schließung dem Verfall preisgegeben.

Hinter dem leerstehenden Gebäude kommt man am **Schaubienenstand** vorbei. Das Summen der fleißigen Insekten im Ohr, setzt man den Weg weiter bergauf fort. Teerstraßen und Feldwege wechseln sich dabei ab – und plötzlich ist man da, am **Großen Pfahl,** dessen Quarz im Sonnenlicht schimmert. Unten im Tal liegt die Stadt Viechtach eingerahmt vom Hohenbogen und der Burgruine Neunußberg.

DIE VIELFÄLTIGEN STRUKTUREN IM QUARZGESTEIN VON GANZ NAH BETRACHTEN

Die Neugier lässt einen den Rundweg um den Pfahl betreten. Vorbei geht es an der ehemaligen **Verlade- und Bremsstation,** der Blick huscht über die Narben hinweg, die der ehemalige **Quarzbruch** in der Landschaft hinterlassen hat. Im Kiefernwald staut sich die Hitze, Heidelbeersträucher verführen immer wieder zu Naschpausen.

Bald ist man auf der anderen Seite angelangt und wandert nun den Antoniuspfahl entlang, der mit wuchtigen Steingebilden aufwartet. Unglaublich, dass auf den Steinen nicht nur Moose und Flechte, sondern auch Bäume wachsen.

Am vorderen Ende des Großen Pfahls angelangt, schließt sich der Kreis. Nun heißt es nochmal genauer hinschauen. Hebt und senkt sich da etwas? Fühlt sich das Gestein nicht ungewöhnlich heiß an unter den Fingern? Aber nein – kein Drache hier. Zumindest kein wacher. Dann kann man ja jetzt beruhigt auf bekanntem Weg zurück nach **Viechtach** laufen und sich auf dem **Stadtplatz** mit einem Eis in der Hand am Brunnen niederlassen.

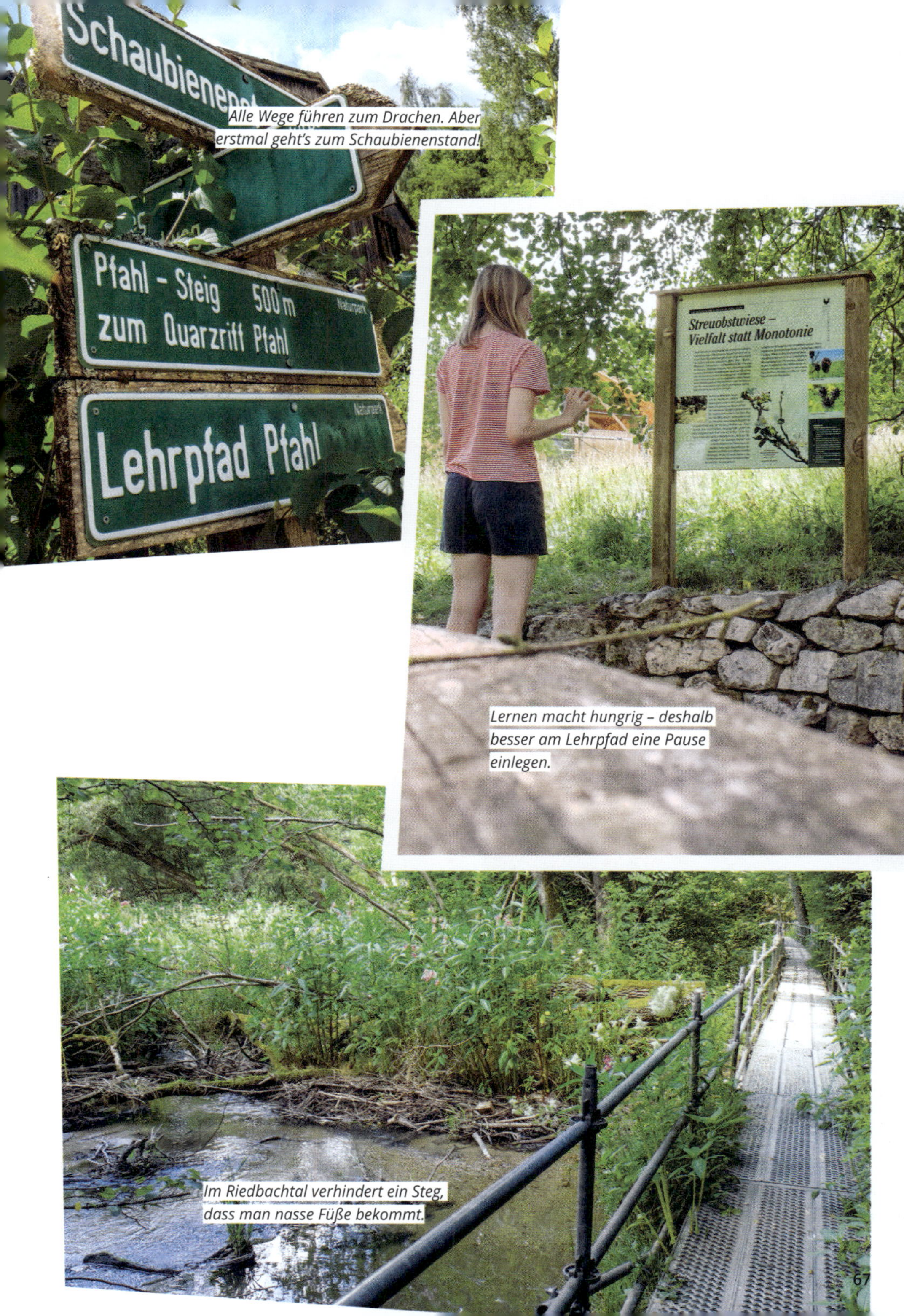

Alle Wege führen zum Drachen. Aber erstmal geht's zum Schaubienenstand!

Lernen macht hungrig – deshalb besser am Lehrpfad eine Pause einlegen.

Im Riedbachtal verhindert ein Steg, dass man nasse Füße bekommt.

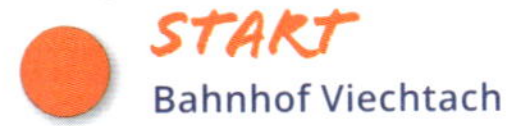

START
Bahnhof Viechtach

Am Parkplatz entlanglaufen und dem Schild »Zum Großen Pfahl« treppauf folgen. Um die Kirchenmauer herumgehen und den Stadtplatz queren. Nach rechts abbiegen in die Schießlstraße, an deren Ende rechts, dann gleich wieder links in die Paul-Maurer-Straße abbiegen. Diese nicht weiterlaufen, sondern links die Regerstraße bergauf nehmen. Das Schild »Großer Pfahl« weist nach 300 m rechts treppauf. Am Ende des Wegs links der Karlshofgartenstraße folgen, dann die Straße überquerend in die Gartenstraße laufen. Nach der Autobrücke rechts abbiegen und dem Straßenverlauf bis ins Riedbachtal hinab folgen. Dort den nach rechts führenden Feldweg nehmen.

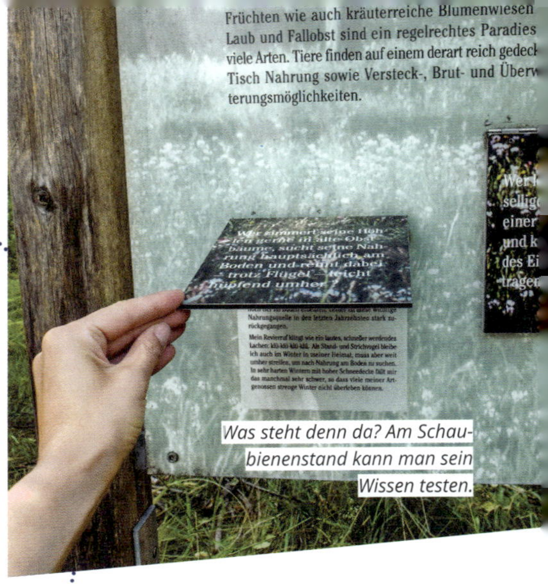

Was steht denn da? Am Schaubienenstand kann man sein Wissen testen.

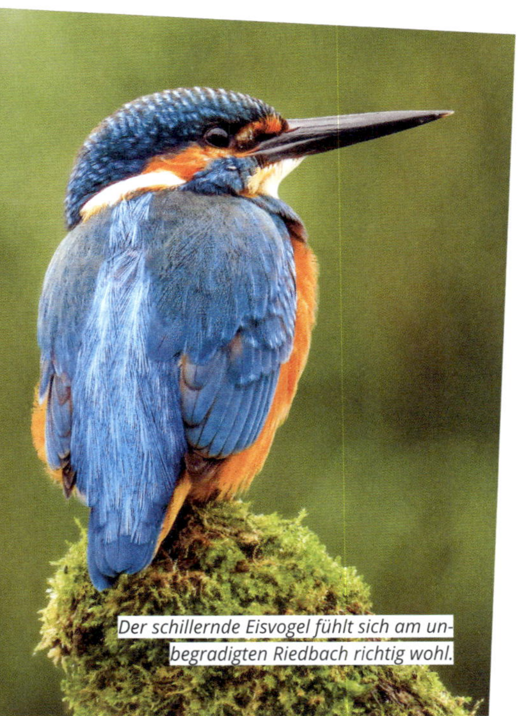

Der schillernde Eisvogel fühlt sich am unbegradigten Riedbach richtig wohl.

KM 1,9

Riedbachtal

Nach dem Eisvogel Ausschau halten

Wer im Mai an der Feuchtwiese des Riedbachs steht, kann etwas Merkwürdiges entdecken: weiße Wattebäusche, die sich im Wind wiegen. Es sind keine Baumwollpflanzen, die hier wachsen, sondern Wollgräser. Diese plüschigen Pflanzen mögen es nass und lieben deshalb das regelmäßig überflutete Tal des Riedbachs. Doch für diejenigen, die nicht im Mai nach Viechtach kommen, hält der Riedbach nicht weniger interessante Bewohner bereit: Fischotter, Eisvogel und Wasseramsel haben hier ein Zuhause gefunden. Vom Steg aus lassen sich die scheuen Tiere mit etwas Glück beobachten – am besten ganz leise und ruhig verhalten und geduldig Ausschau halten.

Der Naturlehrpfad und die Schilder mit dem Pfahlsymbol weisen den Weg. Es geht am Bach entlang, über einen Steg und eine Brücke. Das leer stehende Industriegebäude »Bunker« rechts umrunden und hoch zum Schaubienenstand laufen.

KM 2,2

2 Schaubienenstand
Pause mit Lehrtafeln

Was unterscheidet Honigbienen von Wildbienen? Und weshalb sind Wildbienen so wertvoll und dennoch gefährdet? Während der Besichtigung des Schaubienenstands kann man nicht nur Informationen über das Leben der Bienen sammeln und wie man ihnen mit einfachen Mitteln helfen kann, sondern ihnen auch bei der Arbeit zusehen. Auch über den Nutzen der sich hier befindenden Streuobstwiese erfährt man einiges. Etwa, dass sich über 5000 Tier- und Pflanzenarten auf ihr wohlfühlen. Oder wie wertvoll Streuobstwiesen für die Ernährung der Menschen vor Ort waren, bevor sich Monokulturen immer weiter ausbreiteten. Auf einer Holzbank mit Tisch lässt sich nach der Lesestunde im Schatten der Bäume hervorragend Brotzeit machen, bevor es an den Aufstieg zum Großen Pfahl geht.

Es geht weiter bergauf. Am Ende der Straße rechts abbiegen, dann gleich wieder links und weiter bergauf. Oben angelangt, der Teerstraße nach links folgen, bis man sich scharf nach rechts wendet und so den kleinen Pfad an der rechten Seite des Großen Pfahls entlanglaufen kann.

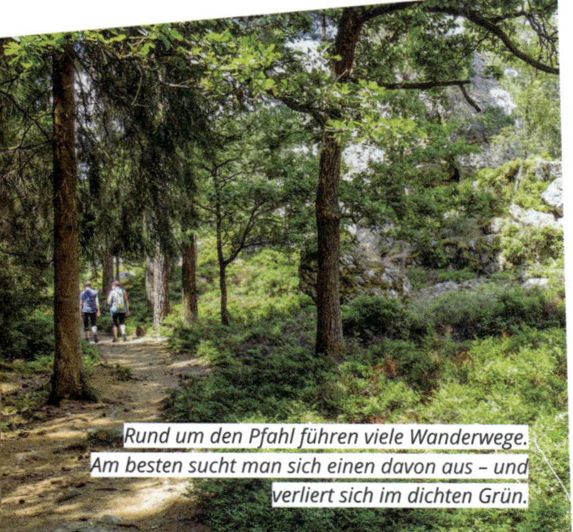

Rund um den Pfahl führen viele Wanderwege. Am besten sucht man sich einen davon aus – und verliert sich im dichten Grün.

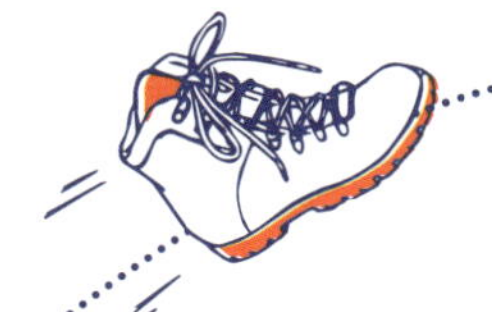

KM 3,2

3 Großer Pfahl
Am Felsrücken entlangspazieren

Hexenwerk! Teufelsmauer! Drache! Den Großen Pfahl bei Viechtach umranken viele Mythen und Erklärungsversuche. Doch heute steht fest: Seine Geschichte beginnt mit der Gebirgsbildung im Bayerischen Wald vor 275 Millionen Jahren. Die dabei entstandene tektonische Bruchlinie füllte sich mit heißem, kieselsäurehaltigem Wasser und kühlte anschließend unter der Erde aus. Im Laufe der Zeit verwitterte das Gestein und der Quarz wurde sichtbar. Auf 150 Kilometer Länge durchzieht er den Bayerischen Wald, in Viechtach ist er besonders imposant – und Infotafeln entlang des Pfahls klären über alles auf, was es dazu zu wissen gibt. Wer am Pfahl entlangläuft, entdeckt außerdem Krüppelkiefern, die auf dem Gestein wachsen, oder giftgrün leuchtende Schwefelflechten. Doch nicht nur dem Pfahl, auch dem Ausblick sollte man Aufmerksamkeit schenken: Von hier oben aus sieht man links den Hohenbogen, während hinter Viechtach die Burgruine Neunußberg aus dem Wald hervorspitzt.

Am Ende des Pfahls gabelt sich der Weg. Nach rechts wenden und den Schildern »Großer Rundweg« nach links folgen. Die Beschilderung verbindet die Stationswege. Der Weg führt oben am Quarzbruch entlang. Man kann auch ein wenig in den ehemaligen Quarzbruch hineingehen, jedoch nicht zu weit, um die Tier- und Pflanzenwelt nicht zu stören.

KM 3,7

4

Verladestation & Quarzbruch

Spuren der Vergangenheit bestaunen

50 Meter tief ist der ehemalige Quarzbruch. Die noch gut erhaltene Verladestation vermittelt ein Bild davon, wie das abgebaute Gestein transportiert wurde. Loren, Seilbahn und Bagger sind noch da und können von ganz nah betrachtet werden. Mithilfe der Seilbahn und den Loren brachte man den Quarz von der Berg- zur Talstation. 300 Wagen wurden so täglich ins Tal geschickt. 1967 jedoch lösten LKWs die Seilbahn ab. Bis 1993 wurde das kostbare Gestein abgebaut, das für Straßenbau oder Solarzellen genutzt wird. Seit der Stilllegung des Steinbruchs haben sich eine Vielzahl an Tier- und Pflanzenarten angesiedelt. Dazu gehört unter anderem die seltene Gelbbauchunke, die sich bei Gefahr auf den Rücken legt und ihren gelben Bauch zeigt – eine Warnung an den Fressfeind, dass sie ungenießbar ist.

Durch Kiefernwald geht es bis zum Ende des Quarzbruchs und weiter bis zum Antoniuspfahl. Bei der Weggabelung rechts halten, danach immer geradeaus laufen. Die Wegnummerierung ist nun die rote »9«. Ihr weiter durch den Wald folgen, bis der Weg einen Bogen zurück schlägt. Es geht an Feldern vorbei zurück in den Wald. Nun läuft man am Antoniuspfahl, dann wieder am Quarzbruch und Großen Pfahl entlang bis zum Ausgangspunkt des Großen Rundwegs. Auf der kleinen Teerstraße geht es zurück zum Naturlehrpfad und hinab zum Bienenschaustand, Riedbach und über den bekannten Weg weiter hinein nach Viechtach bis zum Stadtplatz.

LAUSCHIGE ATMOSPHÄRE AM STADTPLATZ IN VIECHTACH

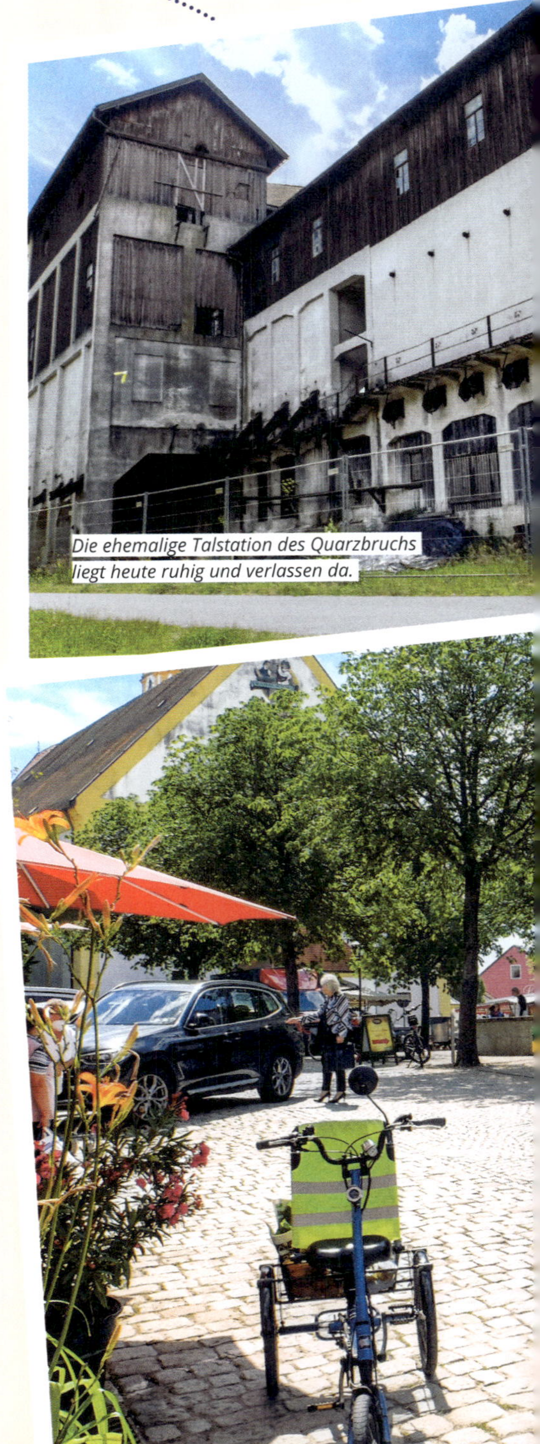

Die ehemalige Talstation des Quarzbruchs liegt heute ruhig und verlassen da.

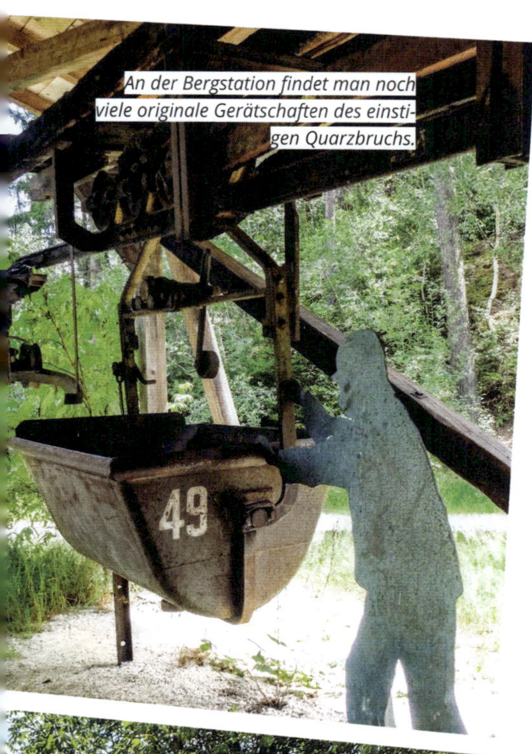

An der Bergstation findet man noch viele originale Gerätschaften des einstigen Quarzbruchs.

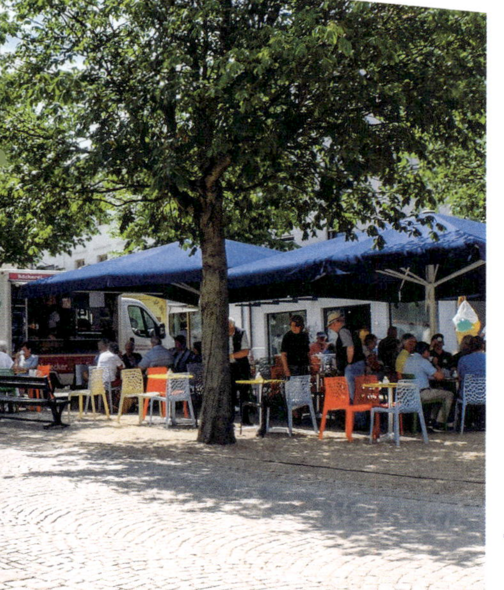

Jetzt noch ein Eis oder doch lieber was Herzhaftes? Am Stadtplatz in Viechtach findet man beides.

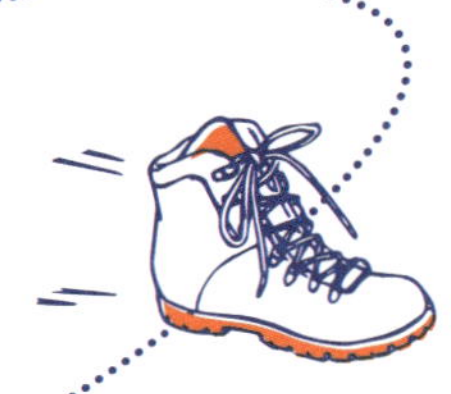

KM 10,1

5

Stadtplatz Viechtach

Am Brunnen ein Eis schlecken

Ein Eis oder doch etwas Herzhaftes? Am Stadtplatz von Viechtach gibt es eine Auswahl an Einkehrmöglichkeiten, etwa die Eisdiele Venezia oder das Café Hinkofer. Sitzen kann man dabei auf bunten Stühlen unter schattigen Bäumen, oder – mit einem Eis in der Hand – auch direkt am Brunnen. Vor allem an heißen Sommertagen ist dies eine perfekte Sitzalternative. Nicht weit vom Stadtplatz entfernt ist das Kristallmuseum, ein kleiner Laden mit einer Vielzahl an Steinen, die man bewundern kann. Wer lieber seine Ruhe möchte, findet nahe der Stadtbücherei einen kleinen, versteckten Garten. Mit einfachen Holzbänken ausgestattet liegt er fernab des Stadttrubels, direkt bei der Tafel Viechtach.

Nach dem Stadtplatz nicht den bekannten Weg zurück zum Bahnhof wählen, sondern vor der Augustinuskirche stehend nach rechts wenden. Gleich nach dem Gebäude der Pfarr- und Stadtbücherei rechts abbiegen. Hier ist der kleine Garten der Tafel Viechtach, wo man nochmal Rast machen kann. Dann weiterlaufen, am Ende des Durchgangs links der Straße Bahnhofsplatz bis zum Bahnhof folgen.

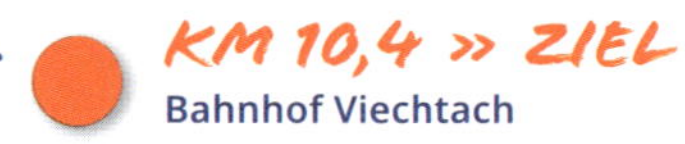

KM 10,4 » ZIEL

Bahnhof Viechtach

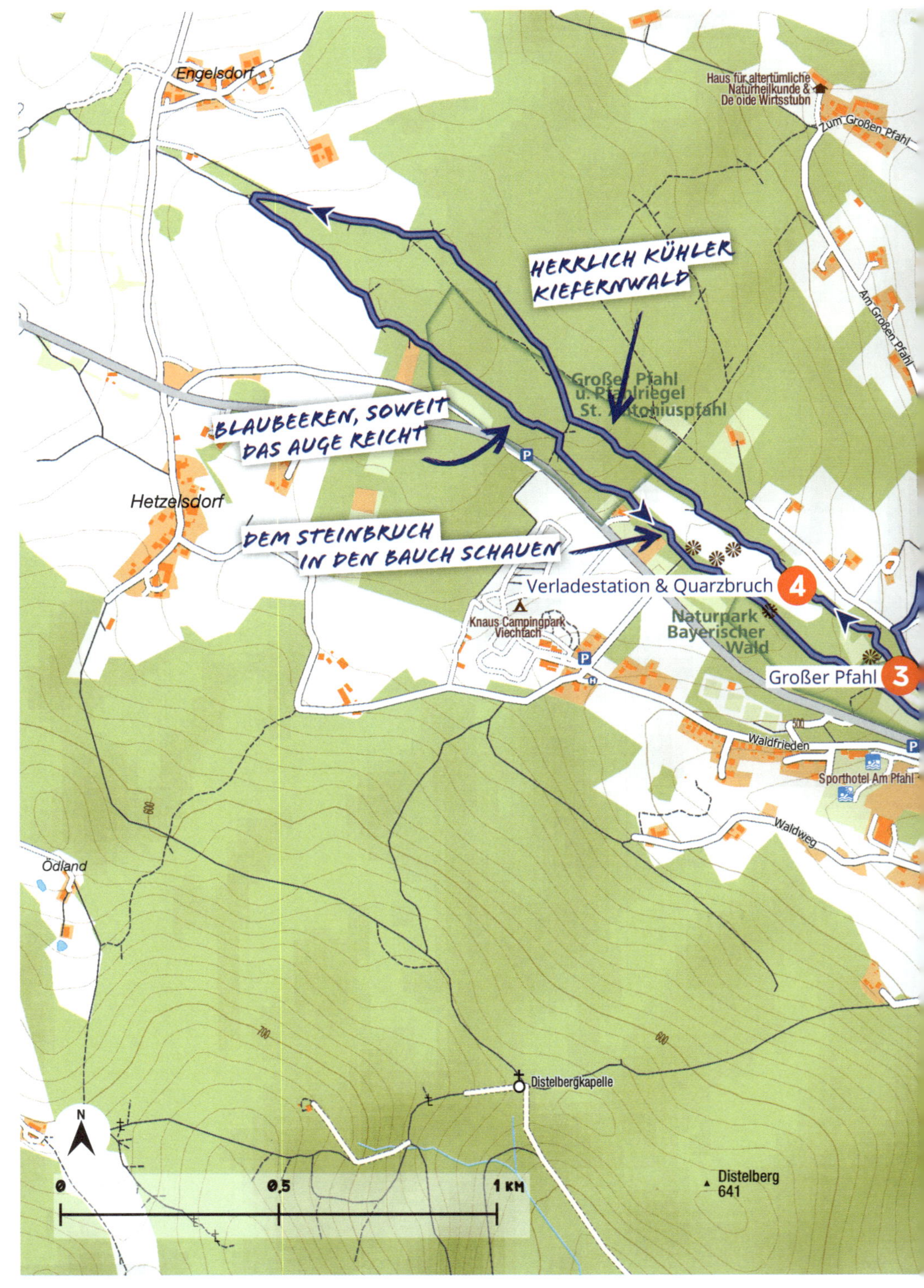

Engelsdorf
Haus für altertümliche Naturheilkunde & De oide Wirtsstubn
Zum Großen Pfahl
Am Großen Pfahl
HERRLICH KÜHLER KIEFERNWALD
BLAUBEEREN, SOWEIT DAS AUGE REICHT
DEM STEINBRUCH IN DEN BAUCH SCHAUEN
Hetzelsdorf
Verladestation & Quarzbruch 4
Knaus Campingpark Viechtach
Naturpark Bayerischer Wald
Großer Pfahl 3
Waldfrieden
Sporthotel Am Pfahl
Waldweg
Ödland
Distelbergkapelle
Distelberg 641
0
0,5
1 KM

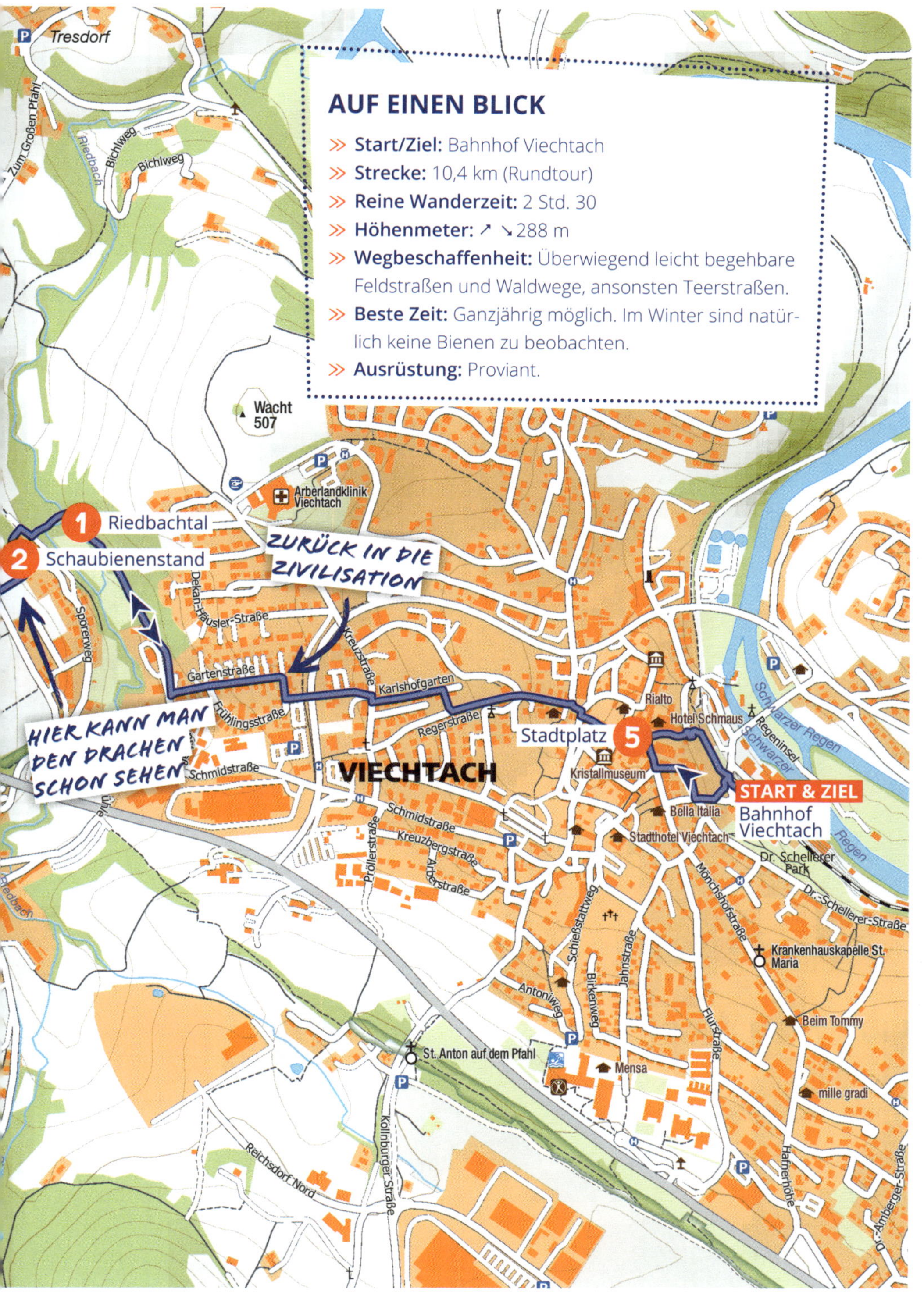

AUF EINEN BLICK

- » **Start/Ziel:** Bahnhof Viechtach
- » **Strecke:** 10,4 km (Rundtour)
- » **Reine Wanderzeit:** 2 Std. 30
- » **Höhenmeter:** ↗ ↘ 288 m
- » **Wegbeschaffenheit:** Überwiegend leicht begehbare Feldstraßen und Waldwege, ansonsten Teerstraßen.
- » **Beste Zeit:** Ganzjährig möglich. Im Winter sind natürlich keine Bienen zu beobachten.
- » **Ausrüstung:** Proviant.

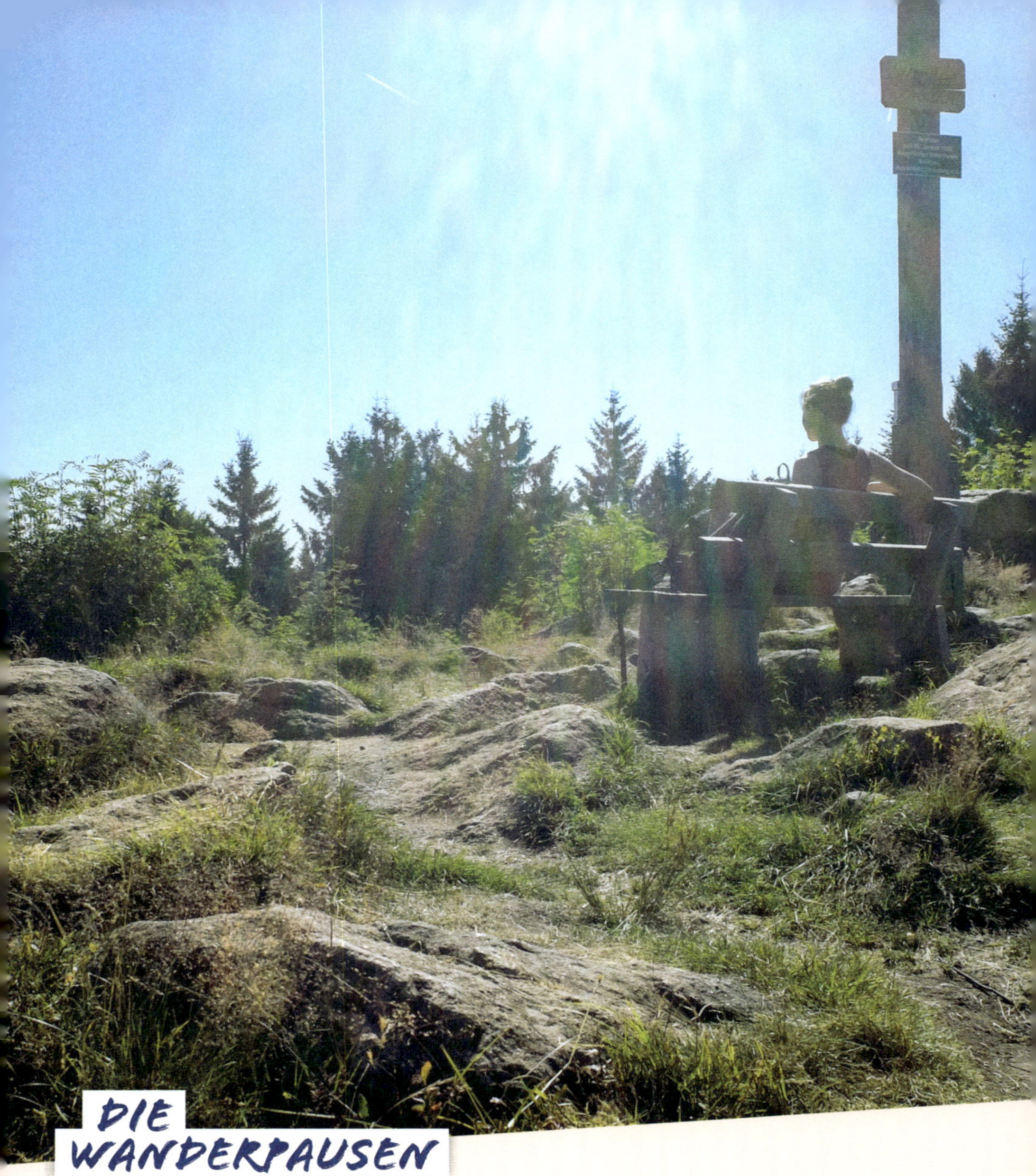

DIE WANDERPAUSEN

» START
Bushaltestelle Sonnenhügel

KM 1,1
1 Froschmaulfelsen
Kraxeln an der Räuberhöhle

KM 1,9
2 Pröller
Weitsicht genießen

KM 4,5

Käsplatte
Auf dem Blockmeer meditieren

7

ZUM STEINERNEN MEER

Pröller und Käsplatte bei Sankt Englmar

Einen sanfteren Aufstieg als den zum Pröller kann man sich kaum vorstellen. Sacht wiegt einen der Waldweg bis zum Gipfel hinauf und weiter bis zur Käsplatte. Lustige Schilder unterhalten unterwegs, während am Berggasthof kühle Getränke warten.

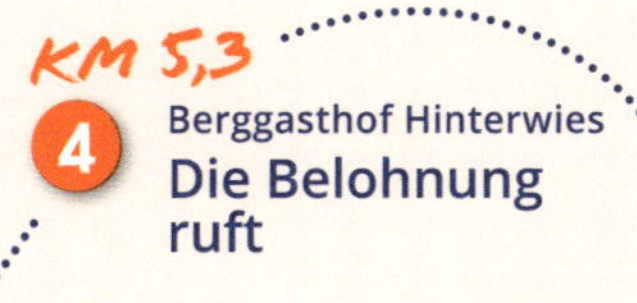

KM 5,3

4 Berggasthof Hinterwies

Die Belohnung ruft

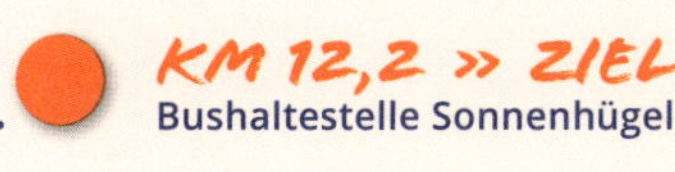

KM 12,2 » ZIEL

Bushaltestelle Sonnenhügel

KM 11

5 Kurpark

Im Naturbad erfrischen

AB DEM ERSTEN SCHRITT ...

... umfängt einen der Wald. Sanft geht es bergauf, eine so leichte Steigung, dass man kaum außer Atem gerät. Während man gedankenverloren den federnden Waldboden entlanggeht, tauchen zwischen den Bäumen plötzlich zwei Gestalten auf: der »spannenlange Hans'l« und die »nudeldicke Dirn«. Was machen die denn hier?

Auf dem Weg zum **Pröller** ist man nie wirklich allein. Immer wieder begegnet man schrägen Gesellen aus alten Baumstümpfen. Und auch zum Lesen gibt's genug: Sprüche und Witze sind an Baumstämmen, Brunnen und Steinen angebracht. Sogar an einer Quelle, die verspricht, besser zu schmecken als Bier. Ob das wohl stimmt? Mal probieren ...

AUF DEM STEINERNEN MEER AN DER KÄSPLATTE SITZEN UND INS LAND BLICKEN

Durch schattig-kühlen Wald geht es über den »alten Pröllerweg« weiter nach oben, vorbei an den **Froschmaulfelsen** mit einer ehemaligen Räuberhöhle bis hoch hinauf auf den Hausberg von Sankt Englmar. Oben angelangt, warten viele Pausenbänke, ein Gipfelkreuz und eine wundervolle Aussicht. Auf dem Goldsteig geht es weiter einen Skiberg hinab. Seltsam sieht das aus, wenn die Pisten grün sind und die Lifte stillstehen. Nicht lange, dann ist man an der **Käsplatte** – einem weiteren Aussichtsgipfel mit einer geologischen Kuriosität: einem großen Meer aus Steinen.

Als Belohnung für den Aufstieg geht's danach zum **Berggasthof Hinterwies.** Wer zur rechten Zeit kommt, kann sogar ein Heidelbeerpfanderl probieren. Die Aussicht von der Terrasse ist so schön, dass man sich eigentlich gar nicht von der Bank lösen möchte. Aber ab jetzt geht es ja nur noch bergab, wobei man abermals an lustigen Gesellen und Sprüchen vorbeiläuft. Sogar einem weißen Hai begegnet man – aber beißen kann der steinerne Raubfisch bestimmt nicht ...

Nahtlos geht der Waldweg in eine Teerstraße über, Sankt Englmar hat einen schneller wieder, als man schauen kann. Zwischen den Häusern läuft man hindurch zu einer weiteren Oase: dem **Kurpark.** Dort wartet eine Erfrischung in Form eines Naturbads auf einen – schöner kann der Tag nicht enden! «

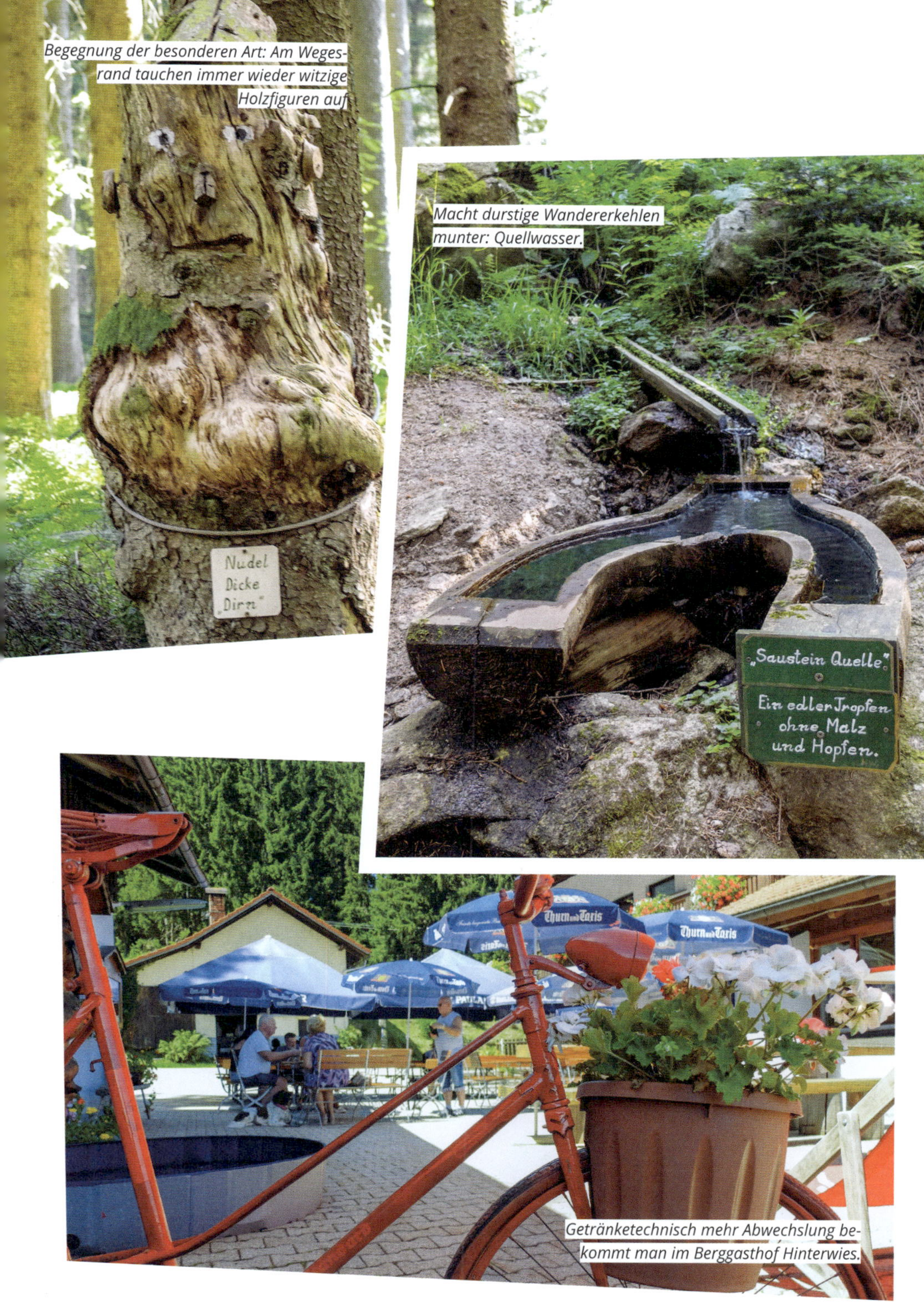

Begegnung der besonderen Art: Am Wegesrand tauchen immer wieder witzige Holzfiguren auf

Macht durstige Wandererkehlen munter: Quellwasser.

Getränketechnisch mehr Abwechslung bekommt man im Berggasthof Hinterwies.

WANDERN & GENIESSEN

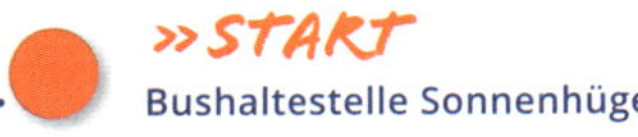

Bushaltestelle Sonnenhügel

Gleich an der Bushaltestelle Sonnenhügel in Sankt Englmar führt der Weg in den Wald hinein. Der schmale Pfad trifft nach kurzer Zeit auf eine Weggabelung, hier wählt man den rechten Weg (Nr. 7). Er bringt einen bis zum Froschmaulfelsen.

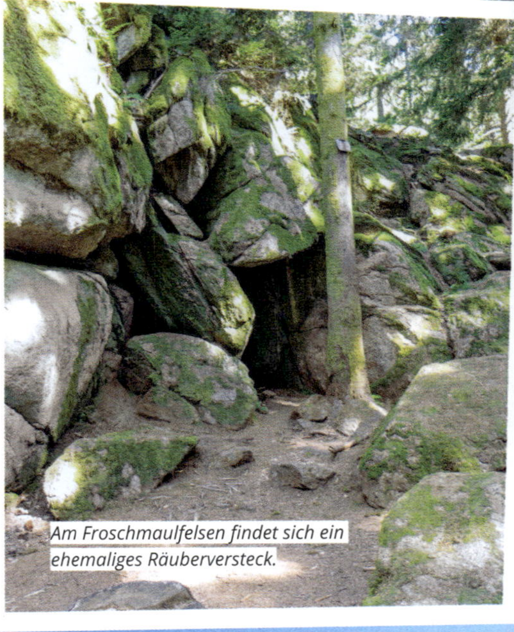

Am Froschmaulfelsen findet sich ein ehemaliges Räuberversteck.

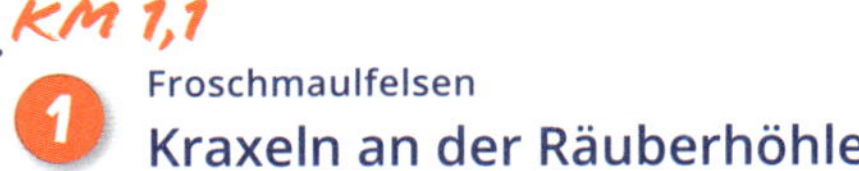

Froschmaulfelsen

Kraxeln an der Räuberhöhle

Ein markantes Felsenchaos erhebt sich linker Hand vom Wanderweg – der sogenannte Froschmaulfelsen. Ein Schild verrät, dass sich der Räuber Michael Heigl, quasi der Robin Hood des Bayerischen Walds, 1850 hier versteckt hielt (s. Tour 4). Seine Höhle jedoch ist verschüttet, lediglich der Eingang lässt sich noch erahnen. Doch die Steine machen auch so neugierig und können erklettert und erkundet werden. Schön schattig ist es hier auf jeden Fall, also nochmal kurz auskühlen und einen kräftigen Schluck aus der Trinkflasche nehmen, bevor es weiter bergauf geht.

An der nächsten Gabelung links halten, ein Schild »Alter Pröllerweg« am Baum weist einem die Richtung. Dieser Weg zweigt kurz darauf nach rechts ab und führt bergauf. Nun übernimmt der Goldsteig (geschlungener gelber Pfad auf weißem Grund) bzw. der Europäische Fernwanderweg E6 (grünes Dreieck).

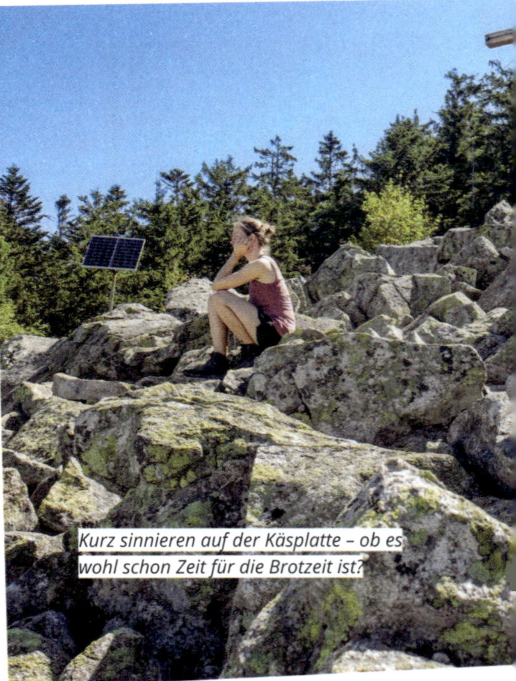

Kurz sinnieren auf der Käsplatte – ob es wohl schon Zeit für die Brotzeit ist?

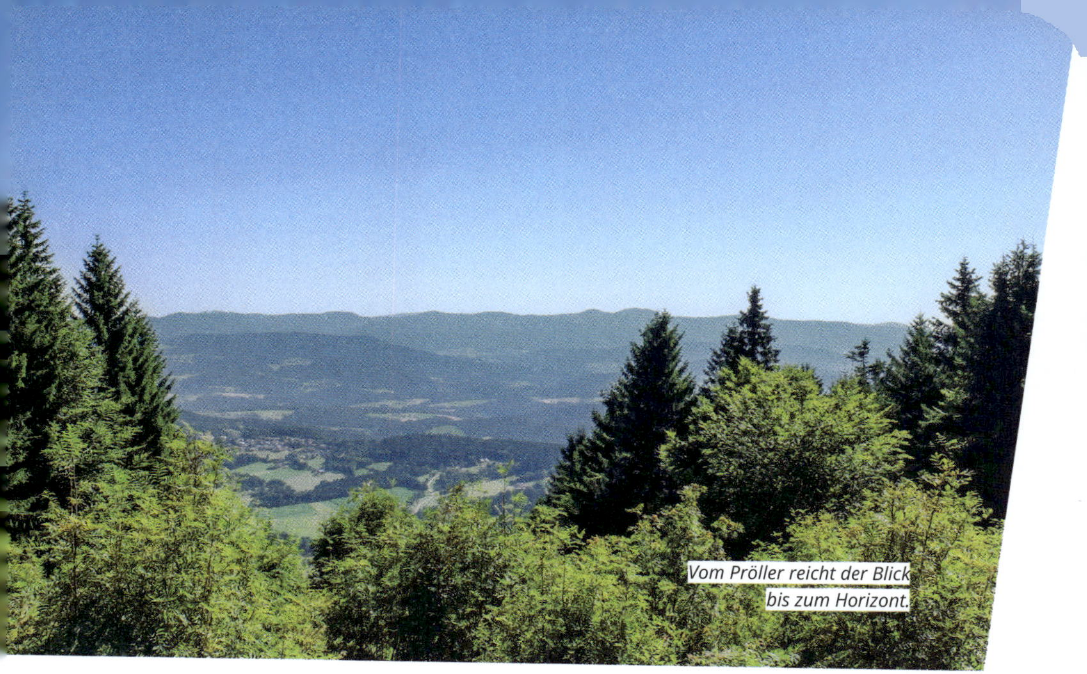

Vom Pröller reicht der Blick bis zum Horizont.

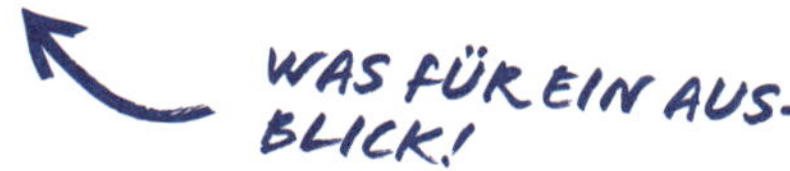

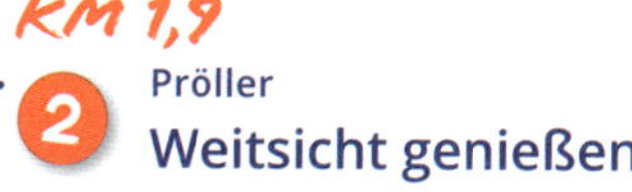

2

Pröller

Weitsicht genießen

Während die Hände mit Brotzeit oder Wasserflasche beschäftigt sind, blicken die Augen ins Tal hinab und zu den Hügelketten des Bayerischen Walds. Großer Arber, Hohenbogen, Rachel, Osser – am Kreuz vom Pröller kann man Gipfel sammeln. Kein Wunder, steht man hier doch auf 1049 Metern und genießt nach Osten hin einen freien Blick in den Bayerischen Wald hinein. Wie schön, dass der Hausberg von Sankt Englmar auch noch mit einigen hübschen Holztischen und -bänken ausgestattet ist. Der perfekte Ort, um beim In-die-Ferne-gucken die Gedanken schweifen zu lassen.

Der Goldsteig bringt einen an Skipisten entlang hinab zum Wanderparkplatz Hinterwies. Beim Parkplatz die Straße überqueren und der Nummer 16 bzw. dem Goldsteig folgen. Im Wald angelangt, ist der Goldsteig die richtige Wegmarkierung hin zur Käsplatte.

KM 4,5

3

Käsplatte

Auf dem Blockmeer meditieren

Nicht weit vom Pröller entfernt erhascht man von der Käsplatte (979 m) ebenfalls einen Blick ins Tal. Doch viel interessanter als die grünen Hügel ist das, worauf man gerade steht: das Blockmeer. Um das Gipfelkreuz der Käsplatte lagern Hunderte Granitblöcke, über einen langen Zeitraum aus dem Gestein von Wasser und Wetter herausgesprengt. Auf den von der Sonne gewärmten Felsen lässt sich hervorragend sitzen, die Aussicht genießen und – passend zum Namen des Gipfels – die Brotzeit auspacken.

Wieder zurück zum Parkplatz Hinterwies. Dort die Straße geradeaus weiterlaufen bis zum Berggasthof Hochpröller.

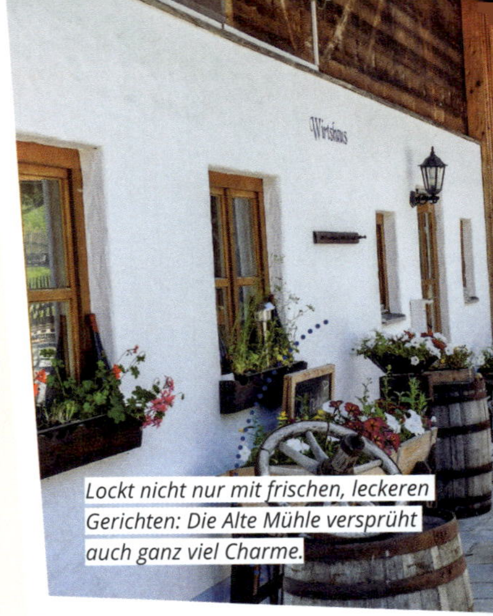

Lockt nicht nur mit frischen, leckeren Gerichten: Die Alte Mühle versprüht auch ganz viel Charme.

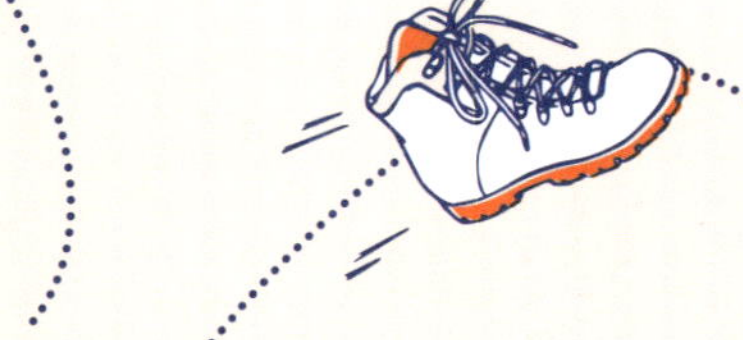

KM 5,3

4 Berggasthof Hinterwies

Die Belohnung ruft

Jetzt ein kühles Getränk, oder vielleicht sogar eine deftige Stärkung, das wär's doch. Wie gut, dass man auf diesem Weg am Berggasthof Hinterwies vorbeikommt. Unter den blauen Schirmen lässt es sich gut sitzen – vorausgesetzt, man bekommt einen Platz. Denn diese Einkehr am Pröller ist sehr beliebt. Vielleicht liegt es am Heidelbeerpfandl, das in der Beerensaison auf der Karte steht? Wer kein Fan von süßen Desserts ist, darf sich auch durch die herzhaften Angebote des Berggasthofs schlemmen und dabei die Aussicht in die grüne Landschaft genießen. (berggasthof-hinterwies.de).

Es geht weiter auf dem Wanderweg Nr. 4 die Teerstraße entlang. Nach dem Berggasthof Hochpröller führt der Weg wieder in den Wald hinein. Weiter auf diesem Weg bleiben, bis der Goldsteig einen zu einem Wanderparkplatz am Rand von Sankt Englmar zurückbringt. Hier die Straße überqueren und dem Baierweg (blaue Raute) folgen. Es geht ins Dorf hinein, rechts in die Zipflwiesstraße, dann links in die Straße Am Anger. Dort befindet sich auch das Laderl (s. Extra Infos). Nach Hausnummer 8 links abbiegen, um auf den Hienhartweg zu gelangen. Diesem nach rechts folgen, dann links in die Glashütter Straße abbiegen, die zum Kurpark führt.

KM 11

5 Kurpark

Im Naturbad erfrischen

Diese Kneippanlage kommt gerade richtig, denn die Füße können jetzt eine Erfrischung gebrauchen. Also: Wanderschuhe ausziehen, Socken runter und eintauchen. Herrlich! Oder lieber direkt ins kühle Nass springen? Geht auch! Bei der Ausstattung des Kurparks hat sich Sankt Englmar einiges einfallen lassen. Neben der Kneippanlage und einem Naturbad, in dem man sich gratis treiben lassen kann, gibt es auch einen Kinderspielplatz. Zudem befindet sich ein Wirtshaus auf dem Gelände: In der Alten Mühle findet man eine leckere Auswahl an Gerichten, im Bauernladen kann man regionale Produkte einkaufen. (genuss-altemuehle.eatbu.com).

Den Kurpark am nördlichen Ausgang beim Toilettenhäuschen verlassen. Rechts der OMV-Tankstelle führt die Straße Bayerweg steil bergauf. Sie quert mehrere Straßen, bevor sie um die Unterkunft Sonnenhügel herum- und zur gleichnamigen Bushaltestelle zurückführt.

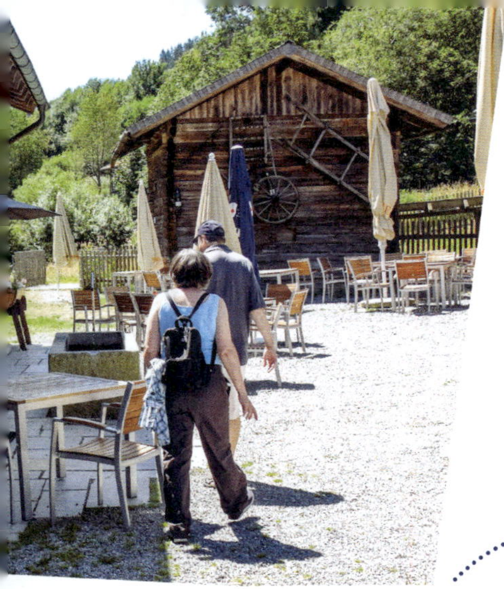

EXTRA INFOS:

Es gibt sie noch, die kleinen charmanten Läden mit individuellem Angebot. Das Mini-Geschäft ● **Laderl** in Sankt Englmar hat zwar kein großes Sortiment, dafür aber ein umso ausgefalleneres. Geräucherte Forelle aus eigener Zucht, verschiedene Schnäpse und Liköre aus der Gegend, im Frühjahr und Herbst getrocknete Pilze aus der Region – ein Mitbringsel für Freunde oder sich selbst findet man hier bestimmt. (Mo–Fr 8–18, Sa 8–16 Uhr).

KM 12,2 » ZIEL

Bushaltestelle Sonnenhügel

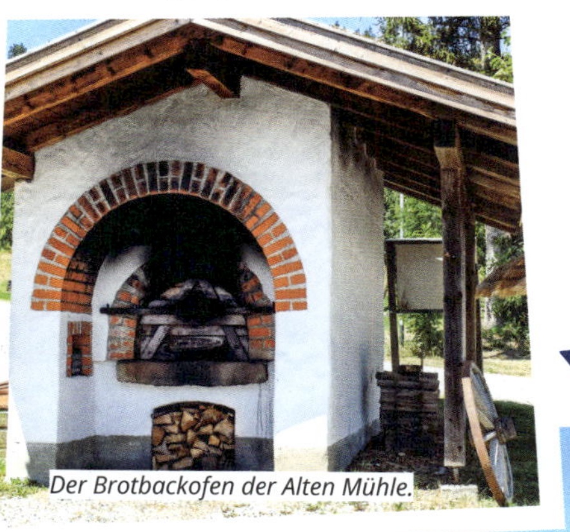

Der Brotbackofen der Alten Mühle.

VORSICHT, HEISS UND KNUSPRIG!

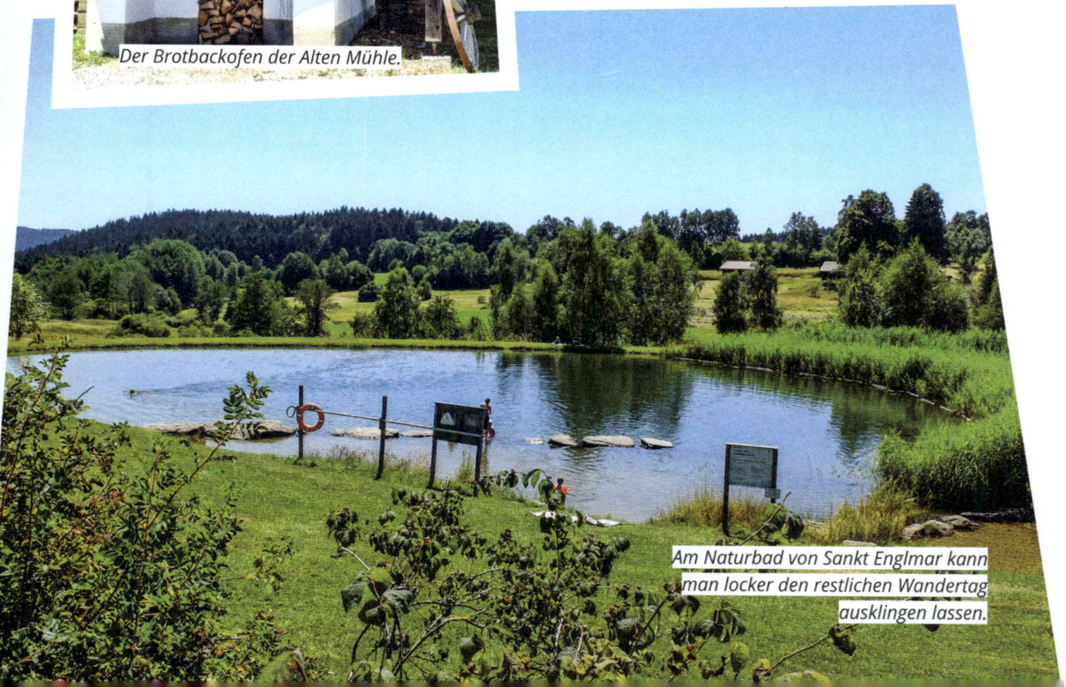

Am Naturbad von Sankt Englmar kann man locker den restlichen Wandertag ausklingen lassen.

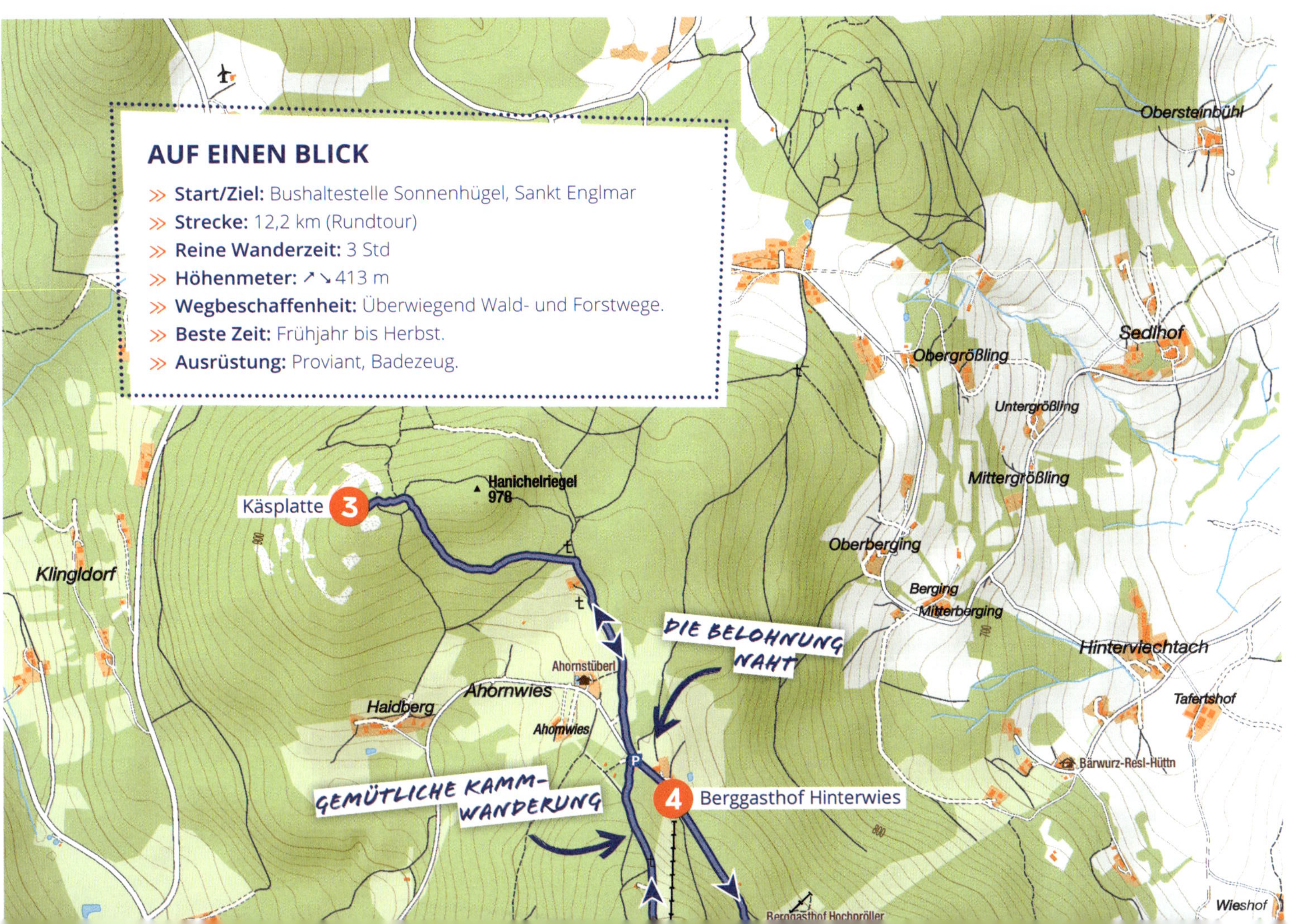

AUF EINEN BLICK

- » **Start/Ziel:** Bushaltestelle Sonnenhügel, Sankt Englmar
- » **Strecke:** 12,2 km (Rundtour)
- » **Reine Wanderzeit:** 3 Std
- » **Höhenmeter:** ↗↘413 m
- » **Wegbeschaffenheit:** Überwiegend Wald- und Forstwege.
- » **Beste Zeit:** Frühjahr bis Herbst.
- » **Ausrüstung:** Proviant, Badezeug.

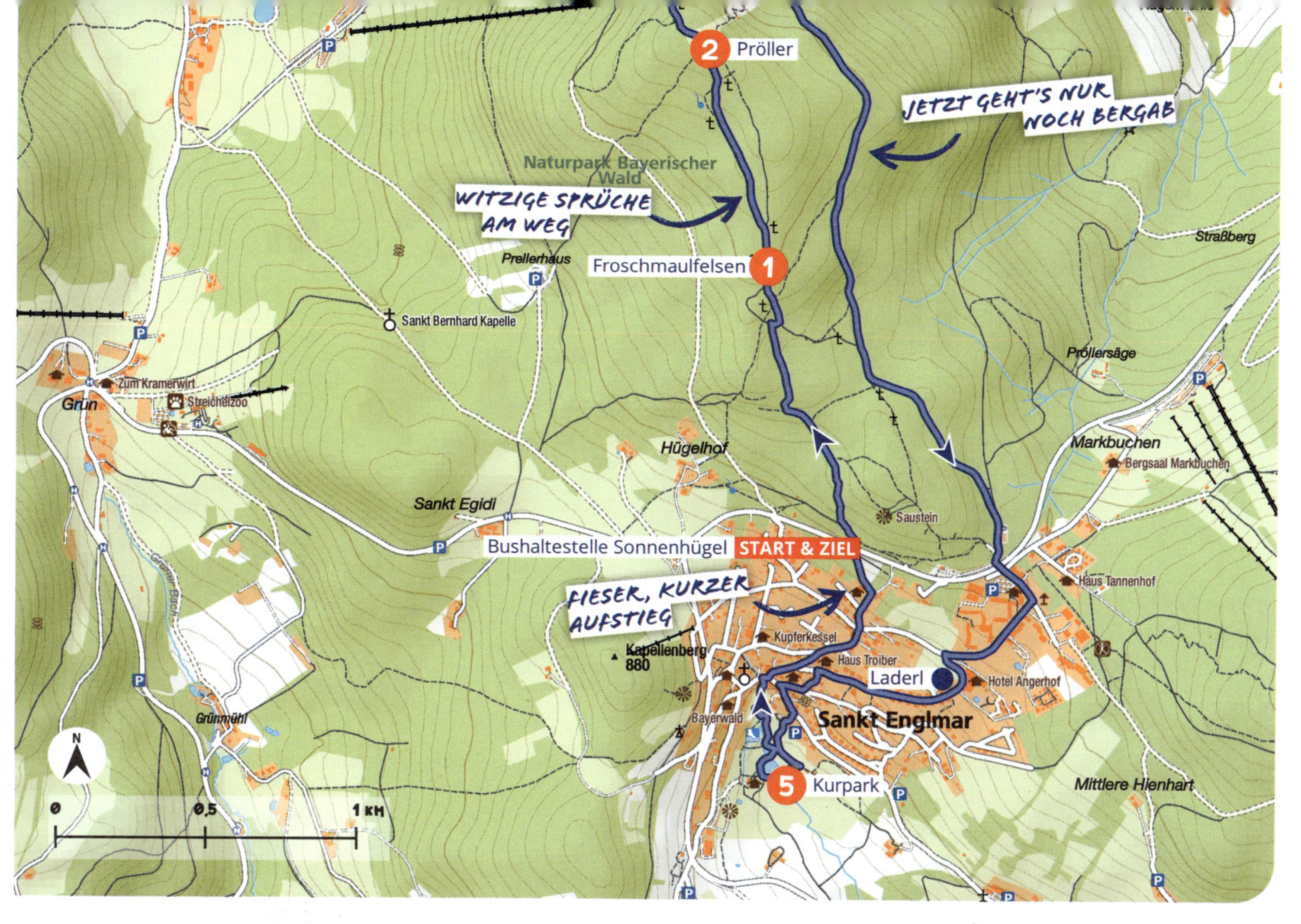

2 Pröller
JETZT GEHT'S NUR NOCH BERGAB
Naturpark Bayerischer Wald
WITZIGE SPRÜCHE AM WEG
Straßberg
Prellerhaus
Froschmaulfelsen 1
Sankt Bernhard Kapelle
Pröllersäge
Zum Kramerwirt
Streichelzoo
Grün
Markbuchen
Bergsaal Markbuchen
Hügelhof
Saustein
Sankt Egidi
Bushaltestelle Sonnenhügel START & ZIEL
Haus Tannenhof
FIESER, KURZER AUFSTIEG
Kupferkessel
Kapellenberg 880
Haus Troiber
Laderl
Hotel Angerhof
Grüner Bach
Bayerwald
Sankt Englmar
Grünmühl
5 Kurpark
Mittlere Hienhart
N
0
0,5
1 KM

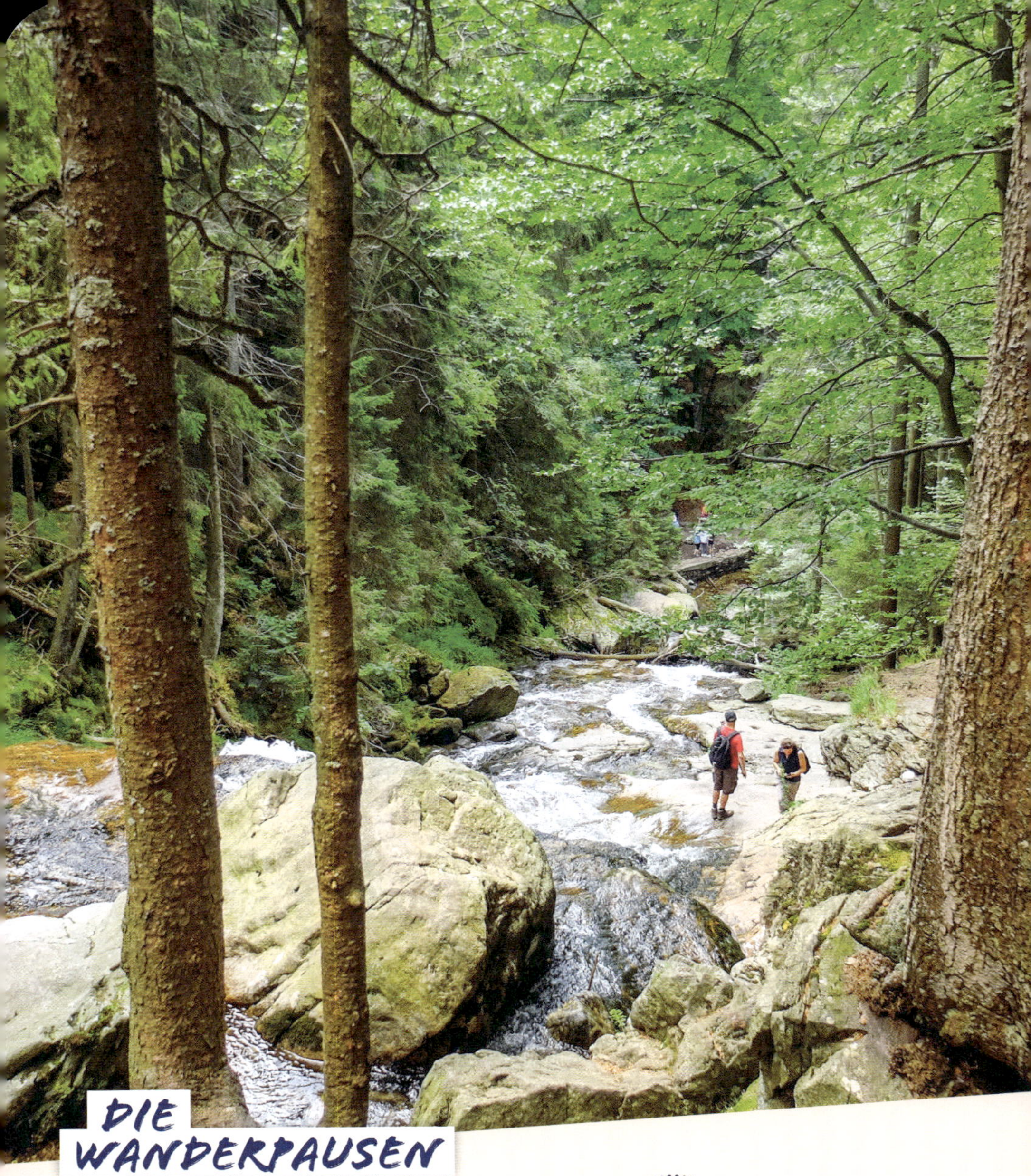

DIE WANDERPAUSEN

» START
Bahnhof Bodenmais

KM 2,6

1 Rieslochfälle: Untere Wasserstube
Dem Tosen ganz nah

KM 3

2 Rieslochfälle: Obere Wasserstube
Meditieren mit Wasserrauschen

KM 3,6

3 Schweiklruh
Auf der Panoramabank

8

AUF WASSER-FALLJAGD

Zu den Rieslochfällen und zum Hochfall bei Bodenmais

Rauschender Radiosender? Nervig! Rauschender Wasserfall? Unbedingt! Ein wenig abseits, im Wald bei Bodenmais, befinden sich die Rieslochfälle und der Hochfall. Beide hört man schon von Weitem, bevor man zum Ziel Bodenmais gelangt.

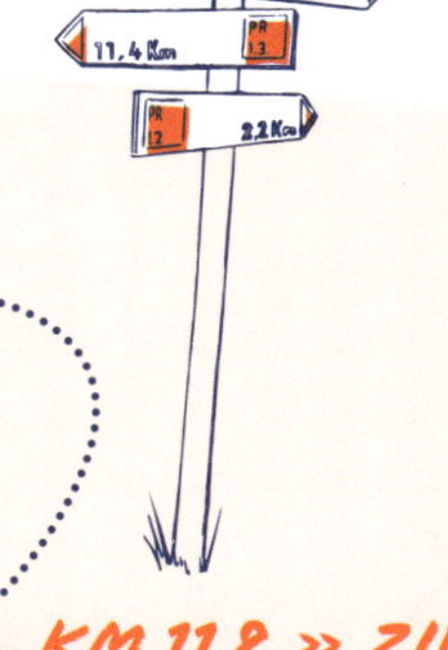

KM 8,8

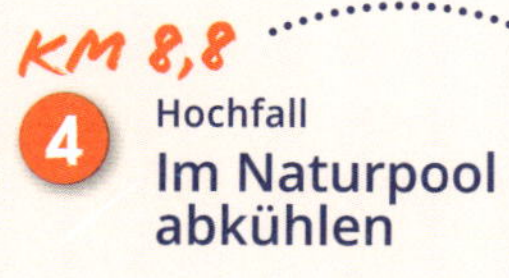

4 Hochfall

Im Naturpool abkühlen

KM 11,4

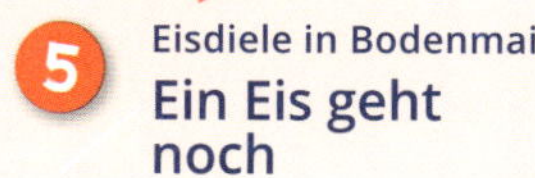

5 Eisdiele in Bodenmais

Ein Eis geht noch

KM 11,8 » ZIEL

Bahnhof Bodenmais

LANGE VERWEILT MAN NICHT ...

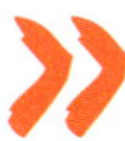

... im quirligen Wanderort **Bodenmais.** Ein kurzes Stück nach dem Parkplatz Rieslochfälle kommt schon der Wald und verschluckt einen gierig. Da, auf der linken Seite, sprudelt der Riesbach über Steine hinweg. Ziemlich klein scheint er zu sein, der Bach. Ob da wohl ein ordentlicher Wasserfall am Ende des Wegs wartet?

Aber erstmal zum Wald. Ganz schön wild sieht das hier aus. Überall liegt Totholz herum und modert vor sich hin. Das ist aber Absicht, kann man nachlesen, denn der Schluchtenwald ist streng geschützt. Heißt also: Forstleute bitte draußen bleiben! Umgestürzte Bäume dürfen liegen bleiben! Da wächst doch auch etwas an den abgestorbenen Buchenstämmen? Ein ovaler, teils bunter Pilz. Ein Zunder!

Ohne, dass man etwas wirklich bemerkt, bringt einen der Weg am Riesbach entlang stetig bergauf. Der Pfad ist holprig, nach Regentagen sind die glatt polierten Steine hier bestimmt glitschig. Das Rauschen nimmt zu, je weiter man nach oben gelangt. Und endlich, da! Die **Untere Wasserstube.** Sie überwindet 15 Meter, ist also die höchste der fünf Kaskaden der Rieslochfälle. Ganz nah kann man rangehen und die Gischt beobachten – und auch spüren! Über einen felsigen Steig geht's weiter zur **Oberen Wasserstube.** Zwei Brücken führen zu ihr hin, die Ohren erfüllt vom lauten Tosen des sich in die Tiefe stürzenden Wassers.

ERFRISCHEND: AN DER UNTEREN WASSERSTUBE SITZEN UND SICH NASS SPRITZEN LASSEN

Danach kommt erstmal eine Pause von dem donnernden Getöse, denn es geht noch ein Stück weiter hinauf. Auf einem schmalen Pfad, wobei man große und kleine Felsbrocken und die Aussicht **Schweiklruh** passiert. Der Waldweg endet schließlich an einem Forstweg, der einen in Richtung Hochfall bringt. Nachdem dieses stille Stück Weg geschafft ist, will man es schließlich doch wieder – das süchtig machende Rauschkonzert, das nur ein Wasserfall geben kann.

Und dieser Wunsch wird bald erfüllt – am **Hochfall.** Hier stürzt sich der Moosbach in die Tiefe und fordert von den Ohren volle Aufmerksamkeit. Wuschen, Schwappen, Rauschen – das Wasser gibt wirklich nochmal alles. Eigentlich möchte man gar nicht so schnell von hier weg. Doch schließlich ist der Weg zurück nach **Bodenmais** auch schön, verläuft durch einen saftig-grünen Wald und stetig bergab. Im Ort kann man dann den Abschiedsschmerz mit einem süßen Eis lindern. «

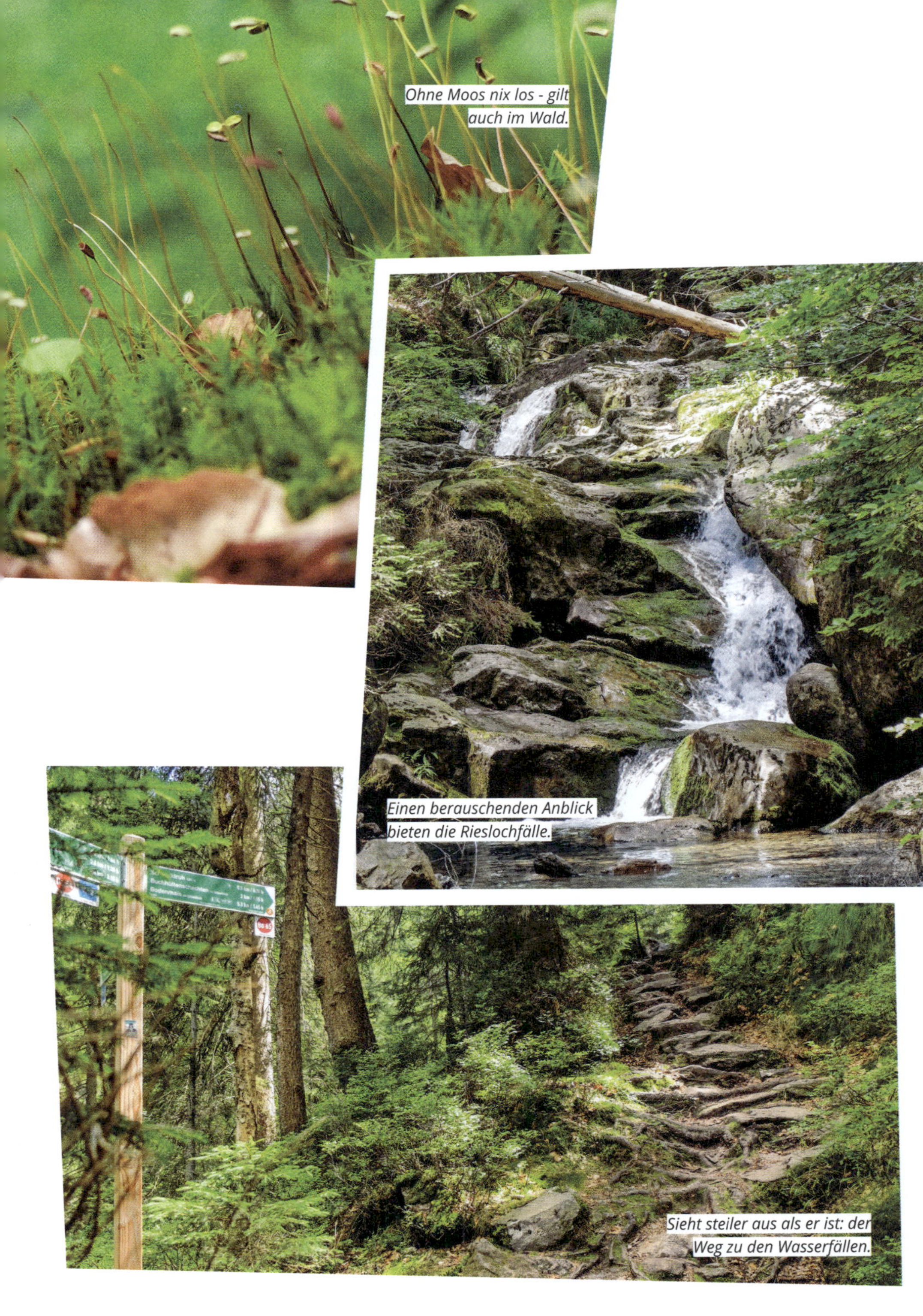

Ohne Moos nix los - gilt auch im Wald.

Einen berauschenden Anblick bieten die Rieslochfälle.

Sieht steiler aus als er ist: der Weg zu den Wasserfällen.

WANDERN & GENIESSEN

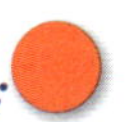

»START

Bahnhof Bodenmais

Die Bahngleise queren und rechts am Ingenieurkontor BLWS vorbeilaufen. Die kleine Straße führt bis zum Rieslochweg. Auf diesen links abbiegen und ab sofort der Beschilderung »Rieslochfälle« folgen. Kurz nach dem Wanderparkplatz Rieslochfälle verzweigt sich der Weg. Hier den linken Pfad wählen, der teils ganz nah an den Riesbach heranführt. Er führt direkt zur Unteren Wasserstube.

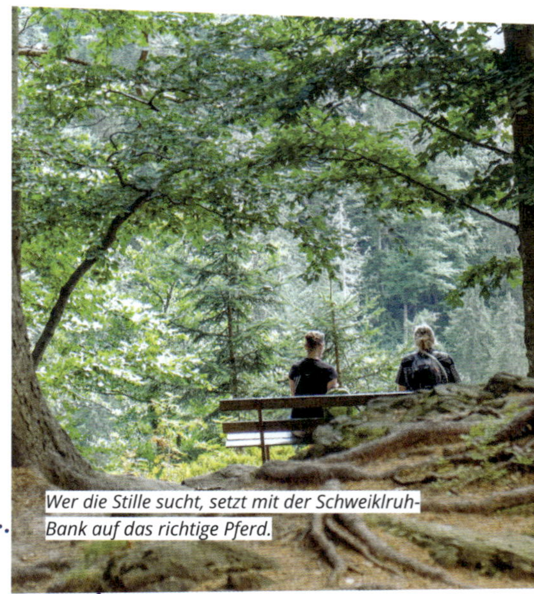

Wer die Stille sucht, setzt mit der Schweiklruh-Bank auf das richtige Pferd.

KM 2,6

Rieslochfälle: Untere Wasserstube

Dem Tosen ganz nah

Ganze 15 Meter wirft sich die Untere Wasserstube in die Tiefe! Sie ist die erste der fünf Kaskaden der Rieslochfälle, die einem auf diesem Weg begegnet, und wirklich beeindruckend. Das nasse Schauspiel kann man von einer Holzbrücke aus genießen oder auch aus nächster Nähe. Denn der Wanderweg führt an der Kaskade entlang nach oben, wobei sich an der Seite immer wieder Sitzgelegenheiten – also Felsen – bieten. Wer sich auf den glatten Steinen niederlässt, kann es bald spüren: das Wasser, das sich auf der Haut sammelt und an heißen Tagen Körper und Gedanken kühlt.

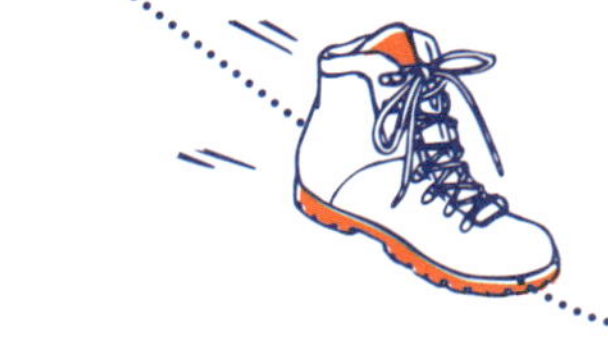

An der Unteren Wasserstube den Riesbach auf einem Steg überqueren und – nun auf der linken Seite des Bachs – bergauf laufen. Um zur Oberen Wasserstube zu gelangen – das Schild Richtung Schweiklruh zunächst ignorieren –, den Schwellbach auf einer Brücke queren. Dann nach rechts zu den Wasserfällen gehen.

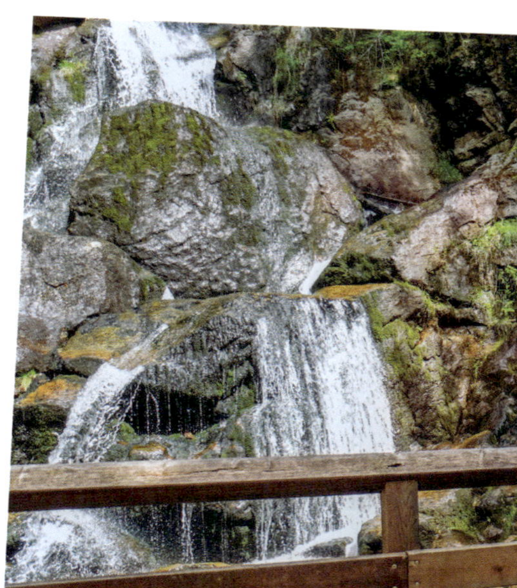

KM 3

2 Rieslochfälle: Obere Wasserstube

Meditieren mit Wasserrauschen

Wo kommt denn plötzlich das viele Wasser her? An der Oberen Wasserstube des Riesbachs treffen Arberbach, Schwellbach, Kleinhüttenbach und Wildauerbach aufeinander und vereinen sich zu einer donnernden Wassermasse. Fortan als Riesbach geht es dann hinab ins Tal – auf 1,6 Kilometern überwindet der mutige Bach 260 Höhenmeter! Das muss man erstmal sacken lassen, wenn man auf der Holzbrücke steht und den munteren Fällen zusieht. Während man die stete Bewegung des Wassers betrachtet, kann man sich gut in den eigenen Gedanken verlieren und von der feuchten Luft der Wasserfälle kühlen lassen.

Zurück über die kleine Holzbrücke und dem Schild Richtung Schweiklruh bergauf folgen. Der Steig ist anfangs schmal, also vorsichtig sein! Immer wieder nach dem Symbol grüne Raute Ausschau halten. Am nächsten Wegweiser ist der Aussichtspunkt erreicht, jedoch nicht ausgeschrieben. Hier reicht es jedoch, zwei Meter nach vorne zu gehen, um die Bank zu entdecken.

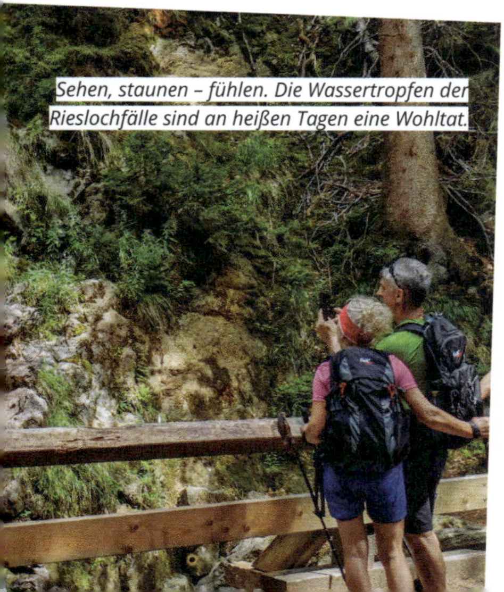

Sehen, staunen – fühlen. Die Wassertropfen der Rieslochfälle sind an heißen Tagen eine Wohltat.

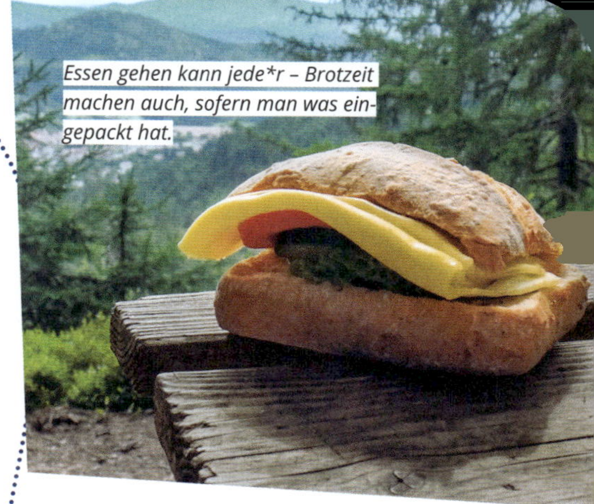

*Essen gehen kann jede*r – Brotzeit machen auch, sofern man was eingepackt hat.*

KM 3,6

3 Schweiklruh

Auf der Panoramabank

»Endlich geschafft«, wird man denken, wenn man Schweiklruh erreicht hat. Zum Glück gibt's nach dem kleinen Aufstiegsmanöver eine Sitzbank. Hier, auf 1017 Meter Höhe, hat man einen fantastischen Ausblick auf Bodenmais und Umgebung. Viele Bäume umfassen dieses idyllische Örtchen und das grüne Blätterdach lädt geradezu dazu ein, die Brotzeit auszupacken und Kraft zu tanken. Dabei sollte man die Lauscher spitzen: Denn es ist nicht der Wind, den man durch die Blätter streifen hört, sondern immer noch das Rauschen der Rieslochfälle. Unglaublich!

Zurück zum Wegweiser und diesem nach links Richtung Buchhüttenschachten folgen. Der Pfad wird zu einem breiten Waldweg, dann mündet er in einer Forststraße, die wiederum zur Teerstraße wird. Nach links bergab gehen. Ein längerer Abschnitt auf der Teerstraße folgt, bis ein Wegweiser nach Oberlohwies zeigt. Nach der kleinen Häuseransammlung kommt man zum ● **Wanderparkplatz Hochfallwanderung.** *Dort führt ein Schild Richtung Schareben in den Wald hinein. An einer weiteren Brücke tauchen erneut Wegweiser auf, diesmal den nach links führenden wählen, um zum Hochfall zu gelangen. Der Steig ist steil und steinig, bei Nässe besonders gut achtgeben!*

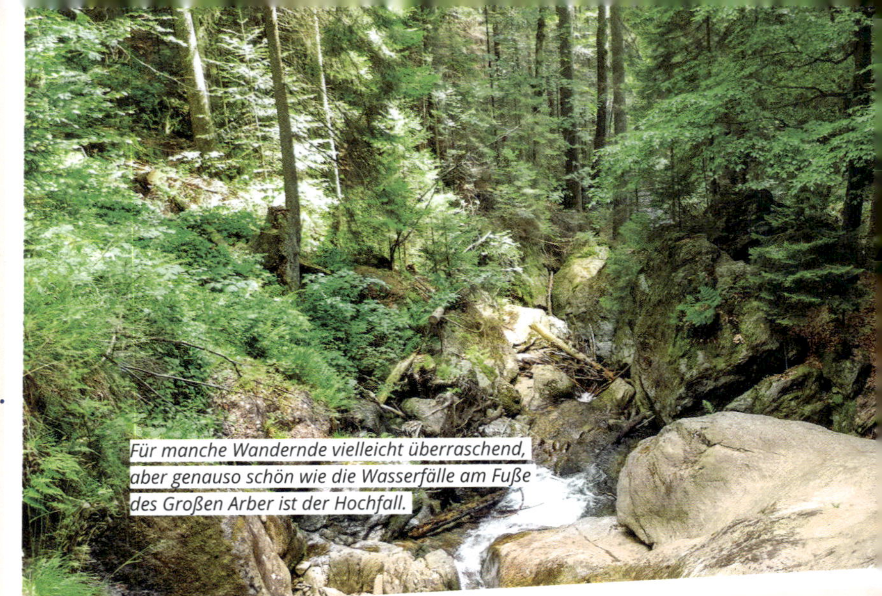

Für manche Wandernde vielleicht überraschend, aber genauso schön wie die Wasserfälle am Fuße des Großen Arber ist der Hochfall.

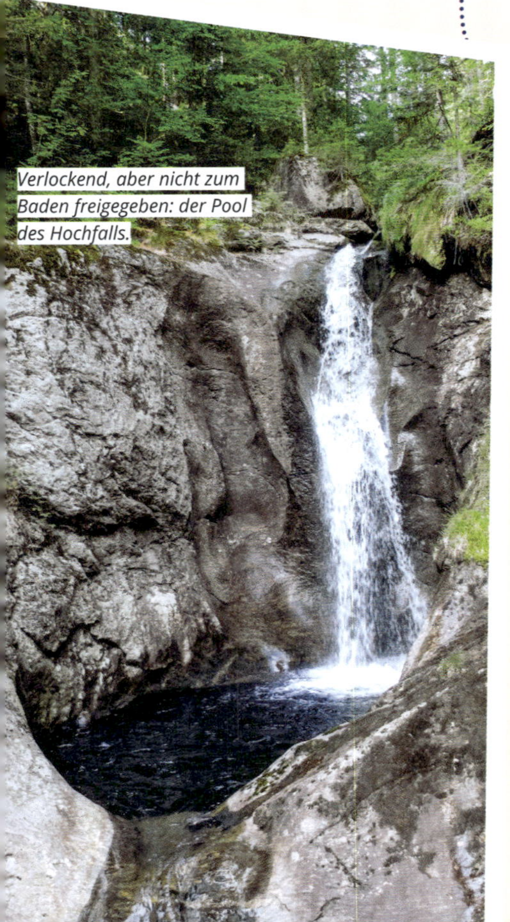

Verlockend, aber nicht zum Baden freigegeben: der Pool des Hochfalls.

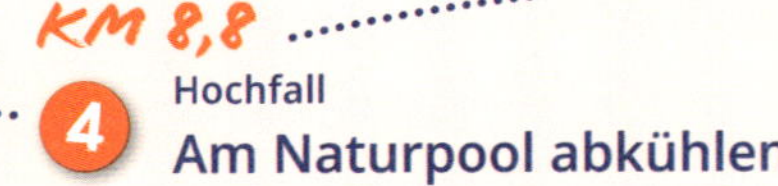

Hochfall
Am Naturpool abkühlen

Wer hätte gedacht, dass Wasser so fleißig sein kann und sich seinen eigenen Pool baut? Der acht Meter hohe Hochfall hat genau das geschafft, indem er über viele Jahrhunderte hinweg eine Gumpe aus dem Gneis herausgeschliffen hat. Also ein kreisrundes Loch, in dessen Vertiefung sich das Wasser sammelt. Vom Holzsteg aus, der über den Wasserlauf führt, kommt man dem Baumeister und seinem Werk ganz nah. Und wer sich umschaut, sieht noch einige dieser Pools, bei denen die Gesteinsschichtung des Arbergneises richtig hübsch zur Geltung kommt.

Der Weg führt auf der linken Seite des Moosbachs weiter bergab. Die Schilder verraten den Weg nach Bodenmais. Sobald der Waldpfad auf eine Straße trifft, diese überqueren und den Schildern »Bodenmais, Kurpark« folgen. Der Weg mündet schließlich auf die Scharebenstraße, die an am Hotel Kurpark vorbeiführt. Dort rechts in den Finkenweg, dann gleich wieder links in die Bahnhofstraße einbiegen, um zunächst zum Eiscafé Bibione zu gelangen.

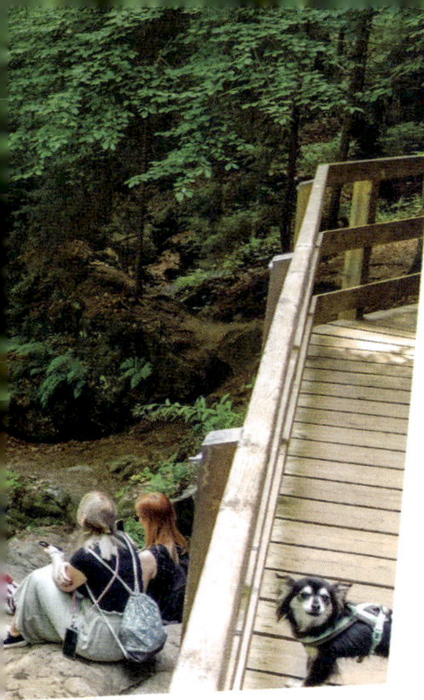

EXTRA INFOS:

Wer einen Schreck bekommt, weil die Brotzeit zu Hause liegen geblieben ist, muss sich keine Sorgen machen. Gleich am Bahnhof in Bodenmais gibt es die Rettung mit wanderfreundlichen Öffnungszeiten: ● **Bäckerei Bachmeier**.

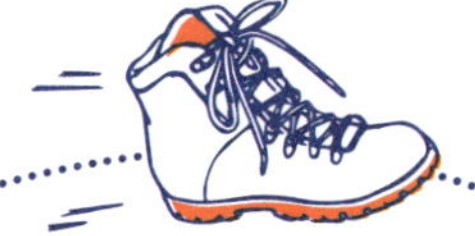

KM 11,8 » ZIEL

Bahnhof Bodenmais

KM 11,4

5

Eisdiele in Bodenmais

Ein Eis geht noch

Nachdem man mit dem Smartphone fleißig Bilder von den Wasserfällen gesammelt hat, ist es nun Zeit für die Hände, etwas anderes zu tun. Nämlich: etwas Essbares festhalten. Da gibt es in Bodenmais ganz viel Auswahl. Gleich nach der Wanderung läuft man zum Beispiel am Eiscafé Bibione (tgl. 10–20 Uhr) vorbei, das mit selbstgemachtem Bananeneis lockt. Noch mehr Italienisches bekommt man im Zucchero (cafe-bar-zucchero.de), einem kleinen, feinen Restaurant mit Klassikern wie Pizza und Pasta, aber auch Muscheln und Fisch. Und wer eher Lust auf bayerische Erlebnisküche hat, kehrt beim Adam Bräu (www.adam-braeu.de) ein. Das riesige Gebäude beherbergt sowohl Restaurant als auch Hotel – und eine eigene Brauerei.

Die Straße queren und an einer NKD-Filiale vorbei rechts zurück auf den kleinen Weg gehen, der einen direkt zum Kurpark und damit auch zum Bahnhof bringt.

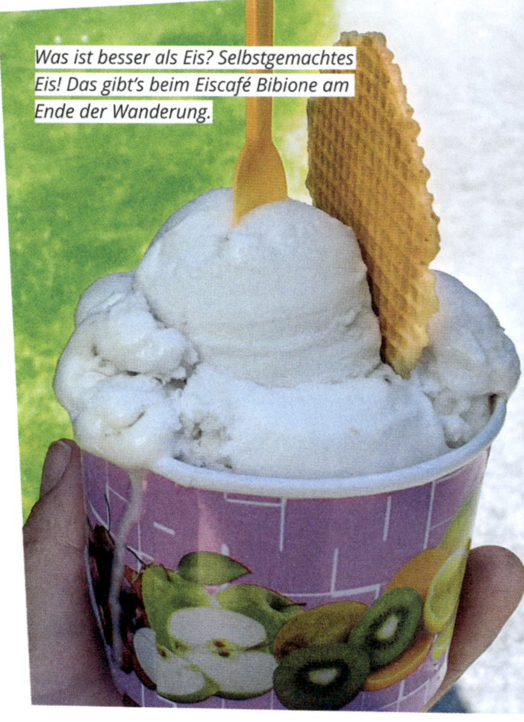

Was ist besser als Eis? Selbstgemachtes Eis! Das gibt's beim Eiscafé Bibione am Ende der Wanderung.

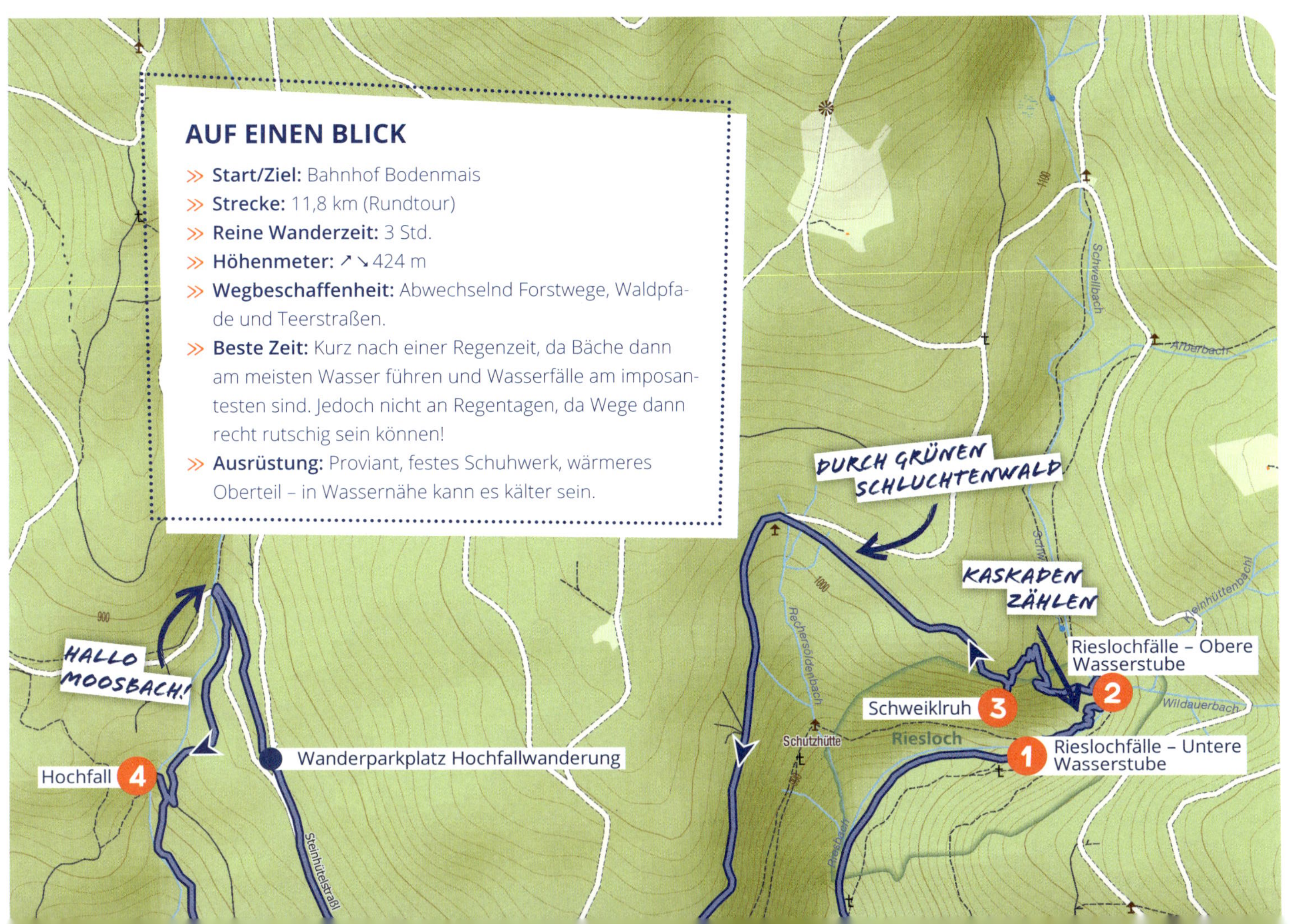

AUF EINEN BLICK

- » **Start/Ziel:** Bahnhof Bodenmais
- » **Strecke:** 11,8 km (Rundtour)
- » **Reine Wanderzeit:** 3 Std.
- » **Höhenmeter:** ↗↘424 m
- » **Wegbeschaffenheit:** Abwechselnd Forstwege, Waldpfade und Teerstraßen.
- » **Beste Zeit:** Kurz nach einer Regenzeit, da Bäche dann am meisten Wasser führen und Wasserfälle am imposantesten sind. Jedoch nicht an Regentagen, da Wege dann recht rutschig sein können!
- » **Ausrüstung:** Proviant, festes Schuhwerk, wärmeres Oberteil – in Wassernähe kann es kälter sein.

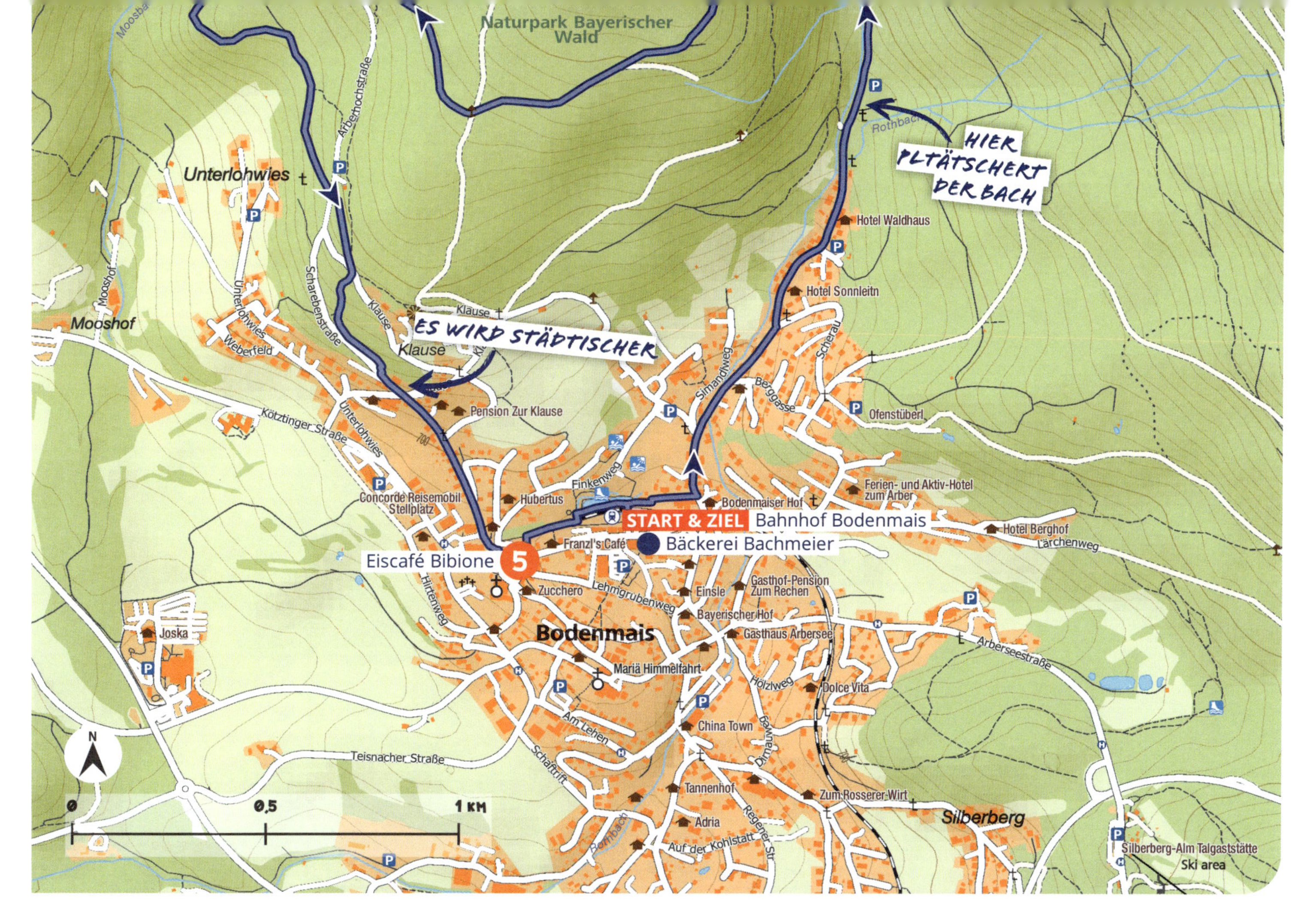
Naturpark Bayerischer Wald
HIER PLTÄTSCHERT DER BACH
ES WIRD STÄDTISCHER
Unterlohwies
Mooshof
Klause
Hotel Waldhaus
Hotel Sonnleitn
Pension Zur Klause
Ofenstüberl
Ferien- und Aktiv-Hotel zum Arber
Hotel Berghof
Bodenmaiser Hof
START & ZIEL Bahnhof Bodenmais
Bäckerei Bachmeier
Eiscafé Bibione
5
Franzl's Café
Hubertus
Concorde Reisemobil Stellplatz
Zucchero
Einsle
Gasthof-Pension Zum Rechen
Bayerischer Hof
Gasthaus Arbersee
Bodenmais
Mariä Himmelfahrt
Joska
Dolce Vita
China Town
Tannenhof
Adria
Zum Rosserer-Wirt
Silberberg
Silberberg-Alm Talgaststätte
Ski area
Arberhochstraße
Scharebenstraße
Kötztinger Straße
Weberfeld
Simandlweg
Berggasse
Scherau
Finkenweg
Lehmgrubenweg
Hirtenweg
Am Lehen
Schaftrift
Teisnacher Straße
Holzweg
Dimawweg
Regener Str
Auf der Kohlstatt
Arberseestraße
Lärchenweg
Rothbach
0
0,5
1 KM
N

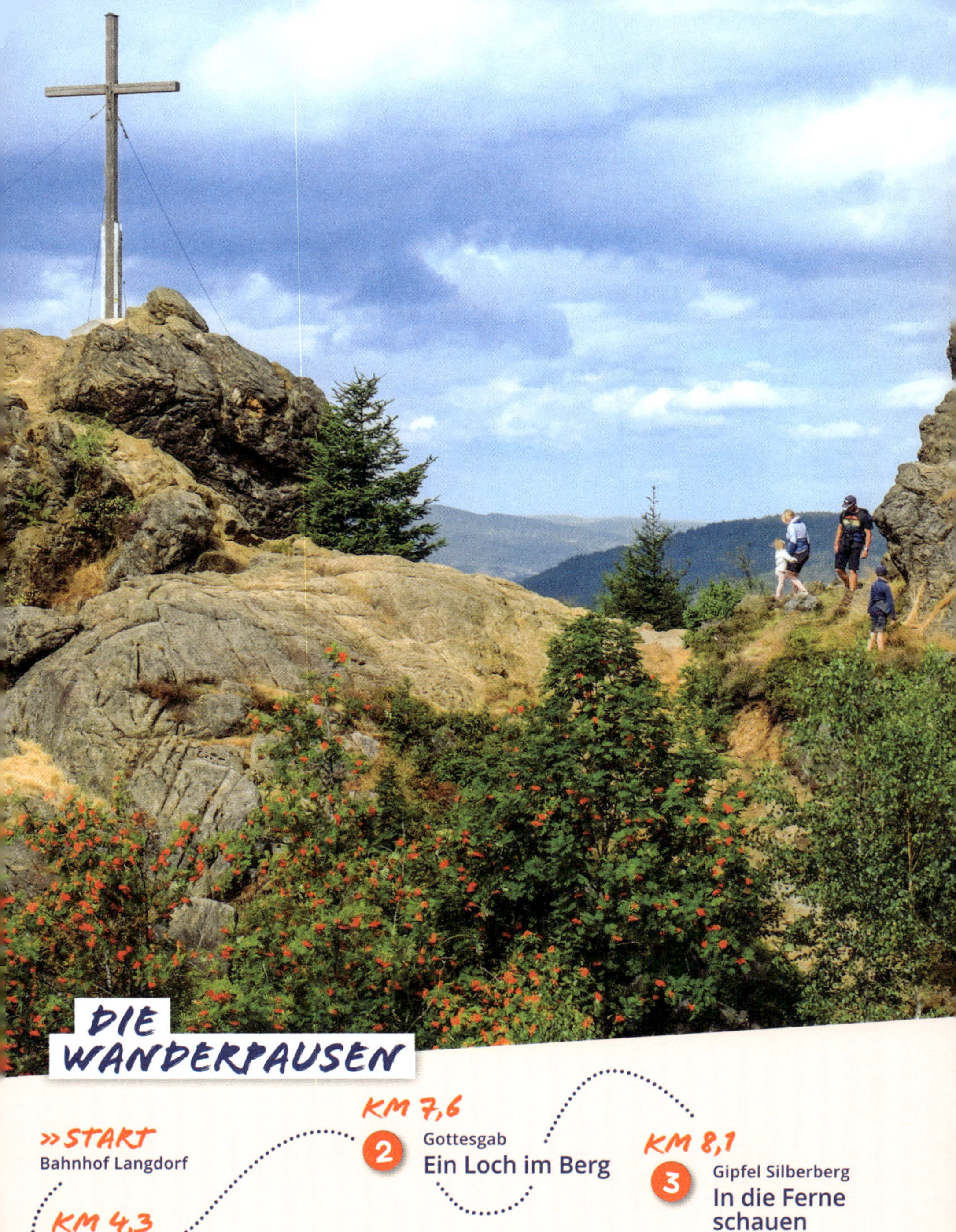

DIE WANDERPAUSEN

» START
Bahnhof Langdorf

KM 4,3
1 Schwellweiher
Im Waldlicht baden

KM 7,6
2 Gottesgab
Ein Loch im Berg

KM 8,1
3 Gipfel Silberberg
In die Ferne schauen

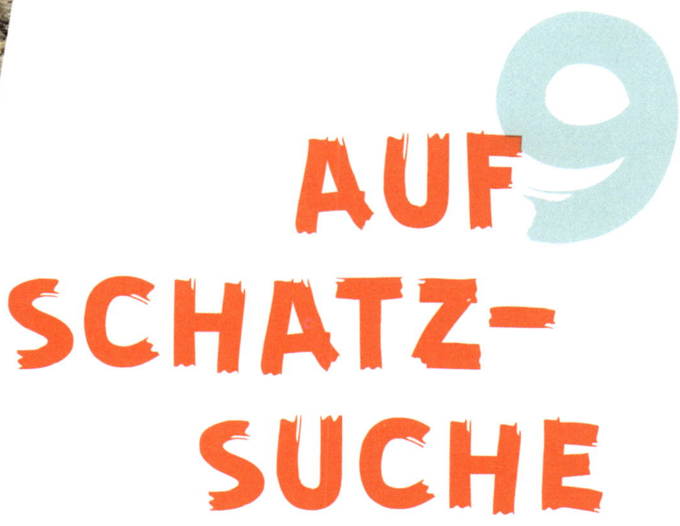

9 Auf Schatzsuche

Auf den Silberberg bei Bodenmais

Vom Gipfelkreuz des Silberbergs hat man einen unfassbar schönen Panoramablick. Kaum zu glauben, dass nur wenige Meter unter einem einst nach Silber und Erz gegraben wurde – eine geheimnisvolle Welt, die man im Besucherbergwerk erleben kann.

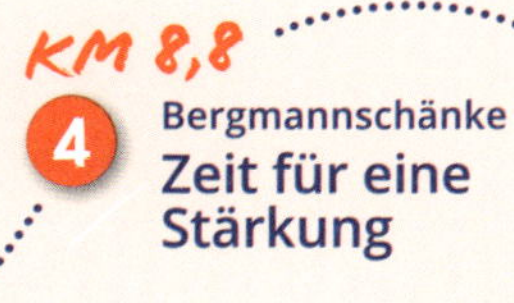

KM 8,8

4 Bergmannschänke

Zeit für eine Stärkung

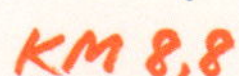

KM 8,8

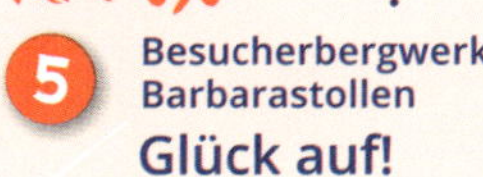

5 Besucherbergwerk Barbarastollen

Glück auf!

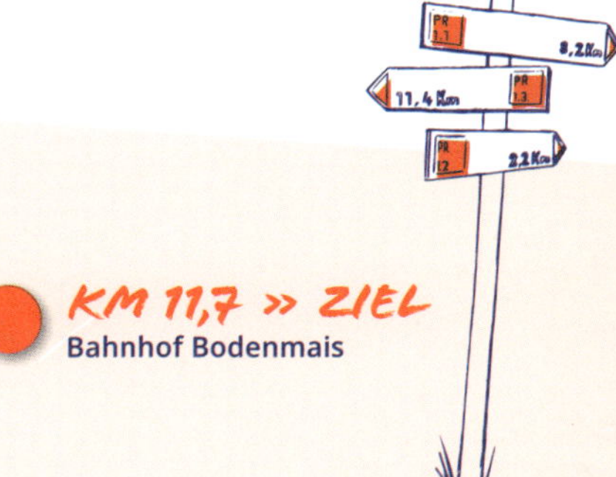

KM 11,7 » ZIEL

Bahnhof Bodenmais

SCHON GLEICH ZU BEGINN ...

... taucht man ein ins Grüne. Wiesen begleiten den Weg links und rechts, während im Hintergrund bewaldete Hügel mit dem blauen Himmel harmonieren. Vom Bahnhof aus hat man rasch Brandten erreicht, ein Dorf, in dem mehr Schwalben umherfliegen, als man zählen kann.

Die Show der Flugkünstler hinter sich lassend, taucht man in den Wald hinter Brandten ein. Unter den Bäumen gurgelt ein Bach eine Melodie, die einen bis zum **Schwellweiher** nicht mehr loslässt.

Dann eine kleine Steigung – kündigt sich etwa schon der Silberberg an? Auf dem Weg nach oben taucht eine Bank auf, genau an der richtigen Stelle. Kurz Ausruhen tut gut, vor allem mit dem Panoramablick, der sich von hier aus bietet.

Etwas weiter oben sieht man dann plötzlich nur noch Rot. Die Farbe überströmt den Pfad und lässt die Heidelbeersträucher ringsum unwirklich leuchten. Das muss auf das Eisenerz zurückzuführen sein, das früher hier abgebaut wurde – und tatsächlich, kurz darauf steht man am **Übertagebau Gottesgab,** wo die Schätze aus der Erde geholt wurden.

IN DER LEUCHTEND ROTEN FARBE BEIM ÜBERTAGEBAU GOTTESGAB STEHEN

Nun ist es nicht mehr weit zum **Gipfel des Silberbergs.** An seiner Seite windet sich ein schmaler Steig hinab zur Mittelstation. Doch zuvor noch kurz eine Höhle erkunden, die ebenfalls ein Überbleibsel des Tagebaus ist – ein ausgebrannter Ort. Ein bisschen Gänsehaut bekommt man schon, wenn man dort in der Dunkelheit steht und dem von der Decke herabtropfenden Wasser lauscht. Aber nicht weit von der Höhle entfernt wartet ja die Sonnenterrasse der **Bergmannschänke**. Dort kann man sich mit Reibertaler belohnen – und vor dem Abstieg nach Bodenmais noch ins **Besucherbergwerk Barbarastollen** wagen. Wer weiß, vielleicht findet sich ja noch ein bisschen Silber? «

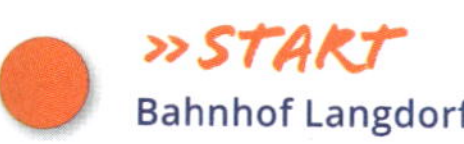

»START
Bahnhof Langdorf

Den Wegweisern »Brandten« und »Schwellweiher« nach links auf der Teerstraße folgen. Vorm Gasthaus Brandtner Wirt biegt der Weg links ab. Auf dem Forstweg bleiben, eine Pferdekoppel passieren und nach den ersten Bäumen links dem Schild »Schwellweiher« in den Wald hinein folgen (grünes Rautensymbol). Auf einem Holzsteg überquert man einen kleinen Bach, läuft diesen entlang und gelangt auf einen Forstweg. Hier rechts abbiegen und bis zum Schwellweiher weiterlaufen.

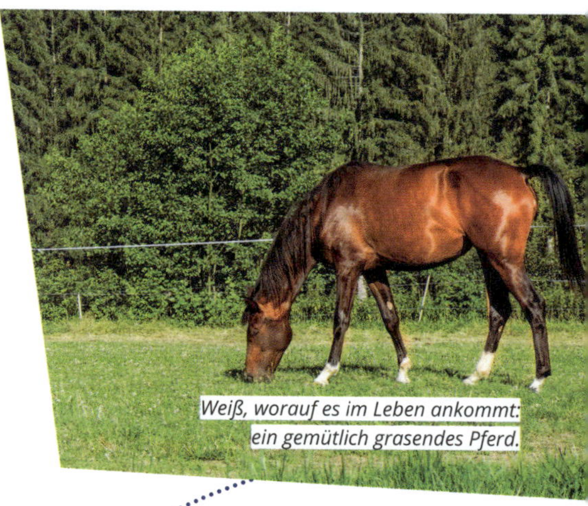

Weiß, worauf es im Leben ankommt: ein gemütlich grasendes Pferd.

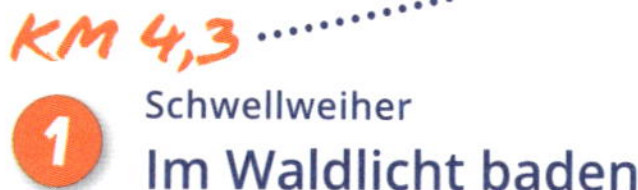

KM 4,3

1 Schwellweiher

Im Waldlicht baden

Als Waldoase könnte man den Schwellweiher bezeichnen. Hübsch eingebettet liegt er da, umgeben von hohen Fichten und sanften Wiesenflächen. Wie gut, dass hier Picknickbänke aufgestellt wurden, auf denen man die Ruhe dieses Ortes für eine Weile genießen kann. Ob das Wasser wohl sehr kalt ist? Einfach mal hingehen und die Hand reinhalten … Auch einen kleinen Unterstand gibt es, für Pechvögel, die einen Regentag erwischt haben.

An einem Häuschen vorbei leicht bergan gehen. An der nächsten T-Kreuzung rechts, dann gleich wieder links den Schildern Richtung Böhmhof bzw. Silberberg folgen. Nach einigen Ferienhäusern rechts des Weges gleich wieder rechts abbiegen. Nach einem Schuppen für Holzhackschnitzel führt der Weg in den Wald hinein und 600 m steil bergauf. Von der ● Aussichtsbank *aus geht es weiter nach links, zunächst den Schildern »Silberberg Gipfel« und an der nächsten Gabelung dem Schild »Silberberg Gipfel über Gottesgab« folgen. Nach wenigen Minuten kommt man zu einem Wegweiser. Hier links abbiegen und gleich darauf rechts dem Schild zum Übertagebau folgen.*

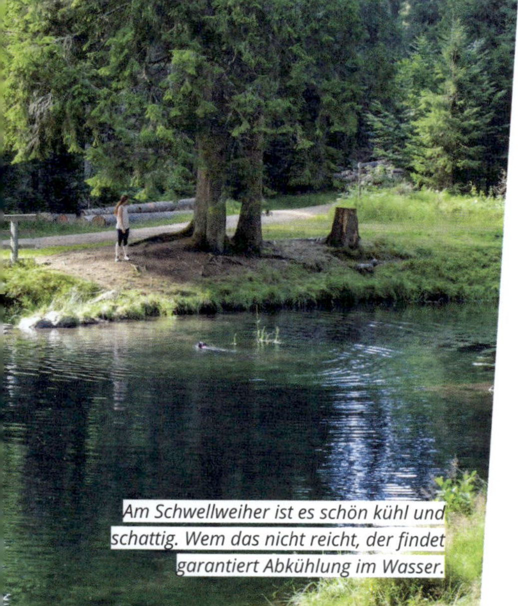

Am Schwellweiher ist es schön kühl und schattig. Wem das nicht reicht, der findet garantiert Abkühlung im Wasser.

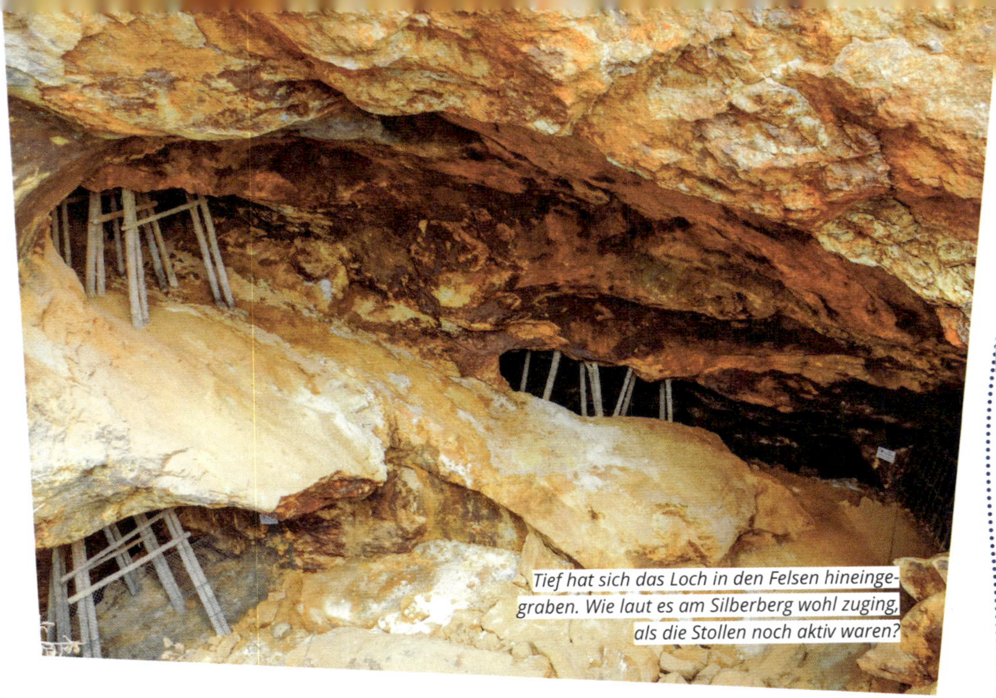

Tief hat sich das Loch in den Felsen hineingegraben. Wie laut es am Silberberg wohl zuging, als die Stollen noch aktiv waren?

KM 7,6

2 Gottesgab
Ein Loch im Berg

Ganz unwirklich sieht es aus, dieses große Loch, das da in der Seite des Silberbergs klafft. Gelb gefärbt die Felsen, rot hingegen ist der Boden rundherum. Diese spezielle Färbung kommt vom hohen Eisenerzgehalt, bis zu 42 Prozent beträgt der Anteil! Auf einem Holzsteg kann man den Abbau ziemlich gut überblicken und sich vorstellen, wie die Bergmänner hier geschuftet haben ... Und diese kleinen Löcher im Felsen? Sind das Fledermaushöhlen? Gar nicht so unwahrscheinlich, denn der Silberberg zählt mit zu den wichtigsten Winterquartieren der nachtaktiven Tiere in Mitteleuropa. Wer sich also traut, bis zur Dämmerung zu bleiben, kann sie sehen – kleine Schatten, die durch die Nacht huschen.

Vom Übertagebau aus zurück zum Wegweiser, der Richtung Gipfel weist. Dem markierten Weg bis zum Gipfelkreuz folgen.

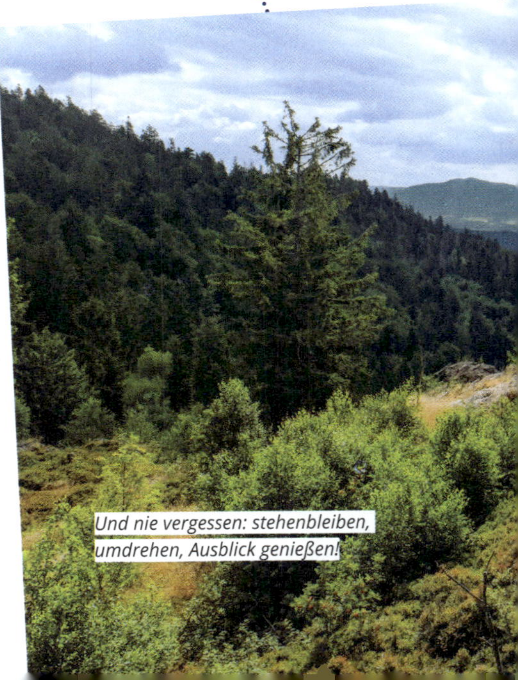

Und nie vergessen: stehenbleiben, umdrehen, Ausblick genießen!

KM 8,1

3 Gipfel Silberberg

In die Ferne schauen

Das ist doch wohl der Gipfel – endlich! Denn ein bisschen anstrengend ist der Aufstieg auf den Silberberg (955 m) bestimmt gewesen. Dafür entschädigt der Blick in die Ferne und ins Tal für alle Schweißtropfen, die man dem Berg geopfert hat. Neben dem Gipfelkreuz erhebt sich ein zweiter Felshaufen – streng genommen hat der Silberberg also sogar zwei Spitzen, was ihm den Namen »Bischofshaube« eingetragen hat. Egal, wo man sich hier niederlässt, es ist auf jeden Fall Zeit für die mitgebrachte Brotzeit. Denn den Ausblick muss man von hier aus einfach genießen.

Ein Stück zurück Richtung Seilbahn. Auf der Höhe vom »Natura2000«-Schild geht es rechts ab. Der Steig hinab zur Mittelstation wird als steil bezeichnet, ist aber leicht machbar. Unten angelangt nach rechts wenden, dann kommt man zur Bergmannschänke.

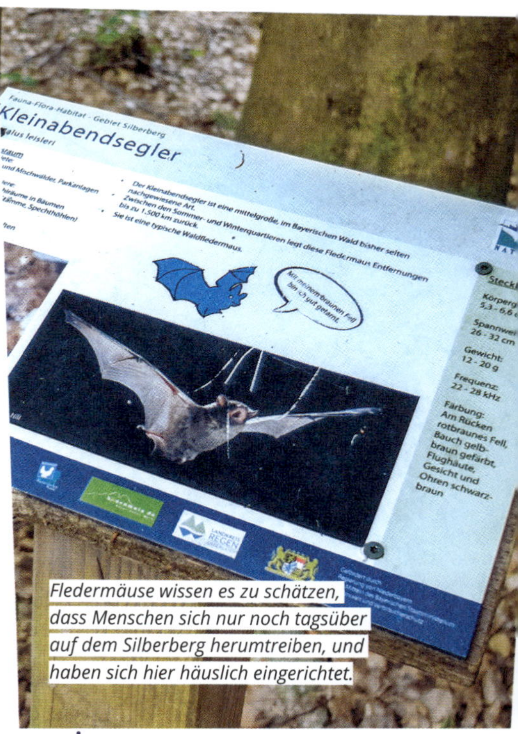

Fledermäuse wissen es zu schätzen, dass Menschen sich nur noch tagsüber auf dem Silberberg herumtreiben, und haben sich hier häuslich eingerichtet.

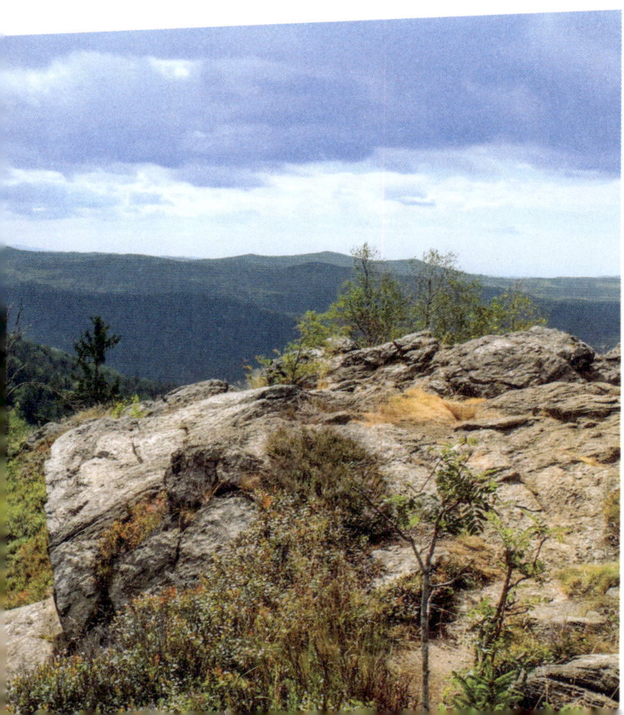

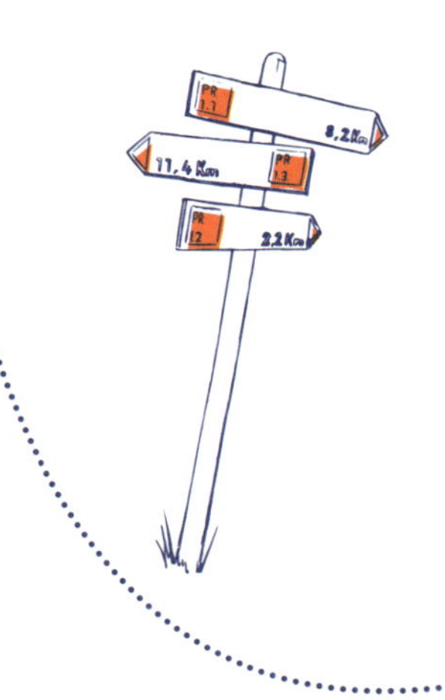

KM 8,8

4

Bergmannschänke

Zeit für eine Stärkung

Nachdem man auf dem Gipfel dem Himmel so nah war, ist es Zeit, wieder ein wenig auf den Boden der Tatsachen zurückzukommen. Wer noch nichts gegessen hat, hat in der Bergmannschänke gute Karten, den knurrenden Magen zu besänftigen – mit Reibertaler und Apfelmus, Germknödel oder Currywurst mit Pommes. Auf der Außenterrasse kann man den Augen was zu tun geben, während die Füße ruhen und die Zähne arbeiten dürfen. Die Bergmannschänke liegt auf der Westseite des Silberbergs – wer bis zum Sonnenuntergang bleibt, kann also von hier aus der Sonne zum Abschied winken.

Gleich ums Eck vom Gasthaus befindet sich der Eingang zum Besucherbergwerk Barbarastollen.

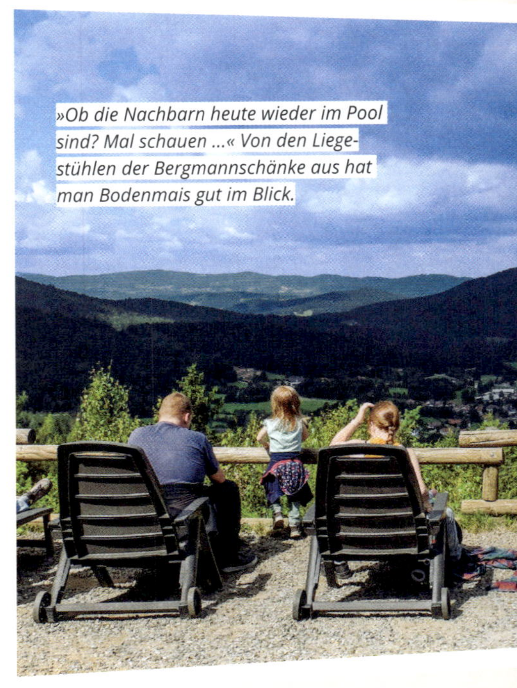

»Ob die Nachbarn heute wieder im Pool sind? Mal schauen ...« Von den Liegestühlen der Bergmannschänke aus hat man Bodenmais gut im Blick.

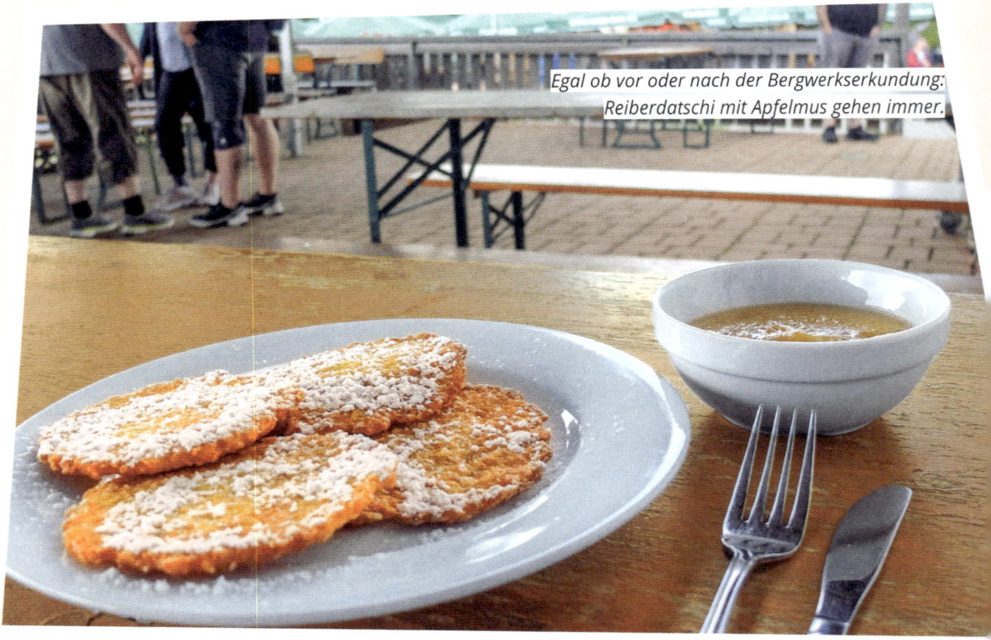

Egal ob vor oder nach der Bergwerkserkundung: Reiberdatschi mit Apfelmus gehen immer.

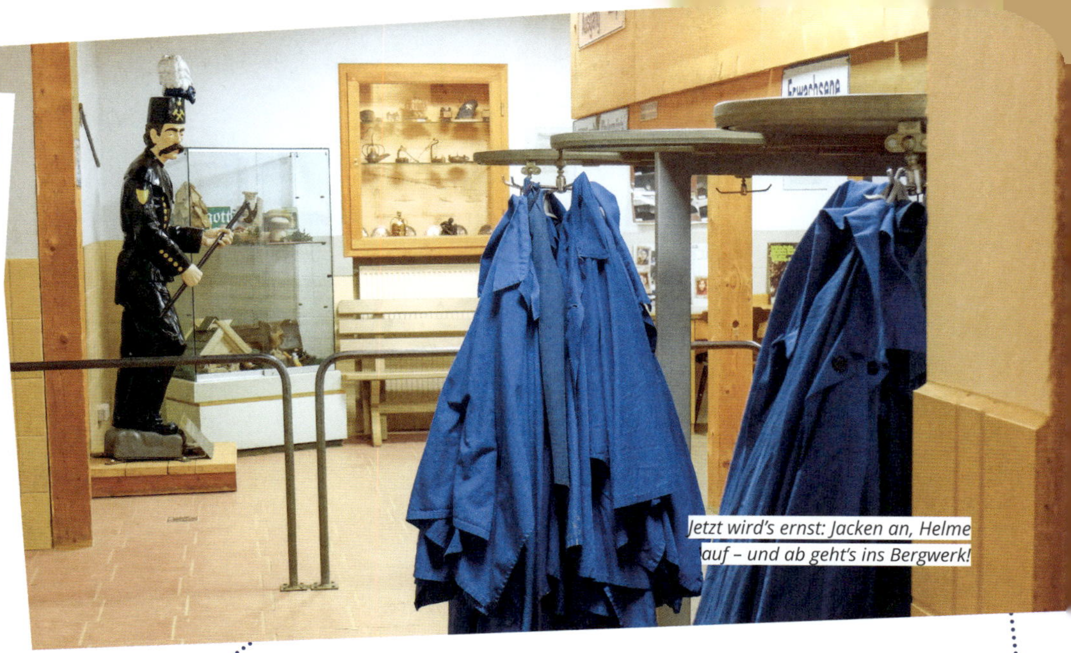

Jetzt wird's ernst: Jacken an, Helme auf – und ab geht's ins Bergwerk!

KM 8,8

5 Besucherbergwerk Barbarastollen
Glück auf!

Nun hat man den Silberberg schon von der Seite und von oben gesehen – fehlt nur noch der Blick ins Innere. Gleich ums Eck von der Bergmannschänke bekommt man Gelegenheit, dem Berg auf den Zahn zu fühlen. Für das Besucherbergwerk Barbarastollen braucht man zunächst ein Ticket – und am besten eine Jacke. Denn egal zu welcher Jahreszeit man es besucht: Drin herrschen konstant 5 °C. Bevor es mit dem Führer durch das knarrende Holztor hineingeht, bekommt man noch lustige blaue Capes und gelbe Schutzhelme. Ganz wichtig, denn erstens ist es drinnen eben kalt und zweitens teilweise auch ziemlich niedrig. Wer seinen Kopf hübsch findet, wie er ist, sollte die Helme die ganze Zeit über tragen. Dann kann man sich sicher durch die kilometerlangen Gänge bewegen, die in den vielen Hundert Jahren Erzabbau entstanden sind (silberberg-online.de).

Nach dem Bergwerksbesuch rechts der Straße entlang der Sommerrodelbahn bergab folgen. An der Talstation vorbeilaufen und ab jetzt der Beschilderung »Bodenmais Kurpark« folgen. Nach Überquerung der St 2136 und einer Bushaltestelle weist der Weg nach links in den Wald hinein. Weiter den Schildern Richtung Kurpark folgen. In Bodenmais angelangt, nach rechts auf der Teerstraße weitergehen und den Symbolen Sonne bzw. grüne Raute folgen. Der weitere Weg verläuft nun neben den Bahngleisen. Nach Überquerung der Arberseestraße weiter geradeaus laufen, am Ende des Pfads trifft man auf die Rechenstraße. Hier links abbiegen, um gleich nach Querung der Gleise wieder nach rechts zu gehen und die Brücke über den Rothbach zu nehmen. Der schmale Pfad endet auf dem Fischerweg, wo man rechts abbiegt. Nach Querung des Rißlochwegs ist man schon in der Bahnhofstraße, die natürlich zum Bahnhof führt.

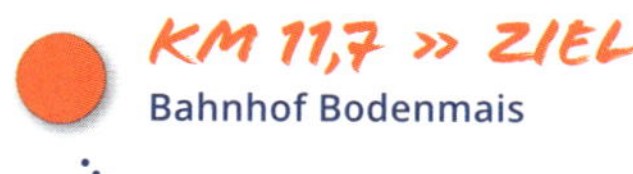

KM 11,7 » ZIEL

Bahnhof Bodenmais

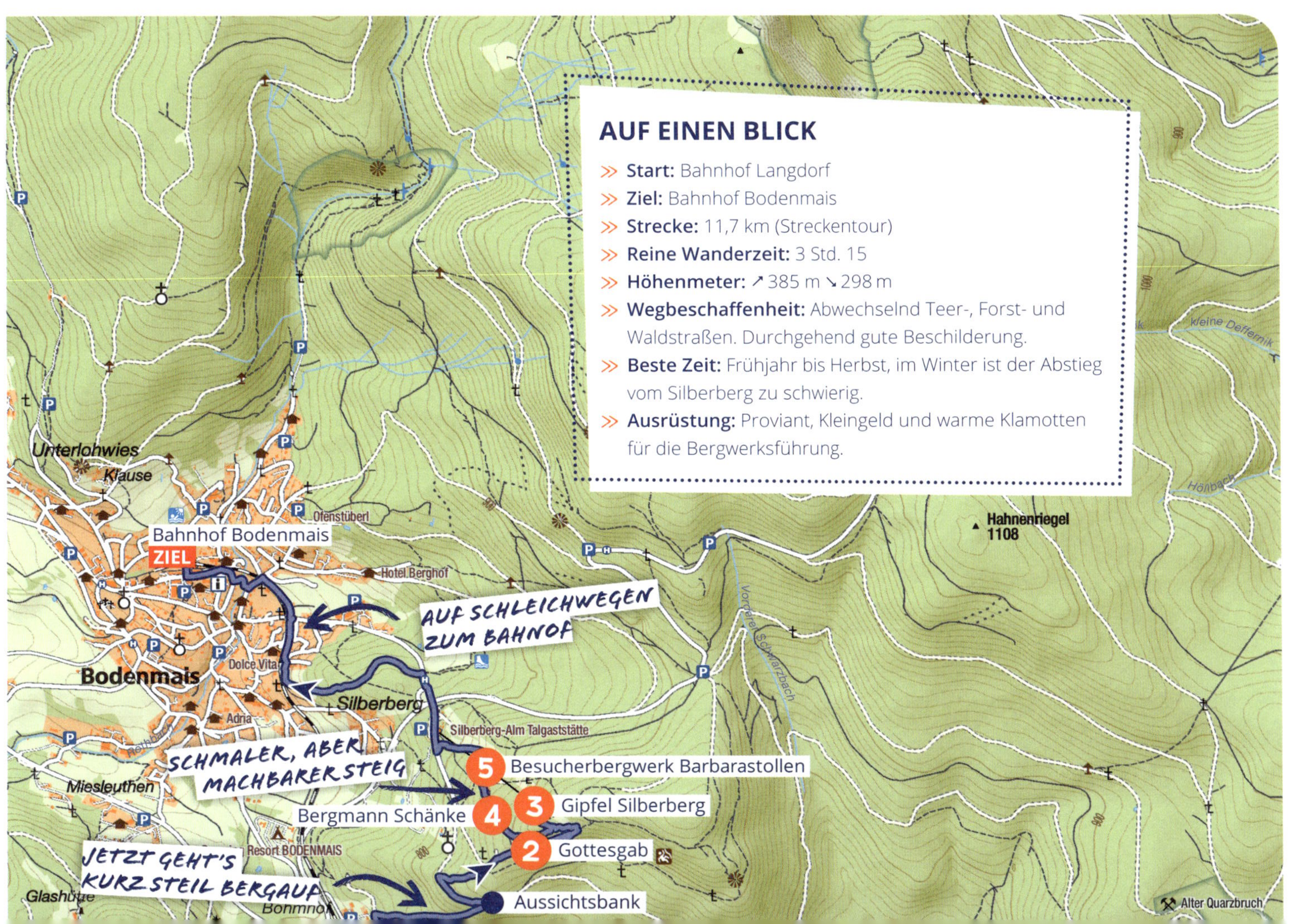

AUF EINEN BLICK

- **Start:** Bahnhof Langdorf
- **Ziel:** Bahnhof Bodenmais
- **Strecke:** 11,7 km (Streckentour)
- **Reine Wanderzeit:** 3 Std. 15
- **Höhenmeter:** ↗ 385 m ↘ 298 m
- **Wegbeschaffenheit:** Abwechselnd Teer-, Forst- und Waldstraßen. Durchgehend gute Beschilderung.
- **Beste Zeit:** Frühjahr bis Herbst, im Winter ist der Abstieg vom Silberberg zu schwierig.
- **Ausrüstung:** Proviant, Kleingeld und warme Klamotten für die Bergwerksführung.

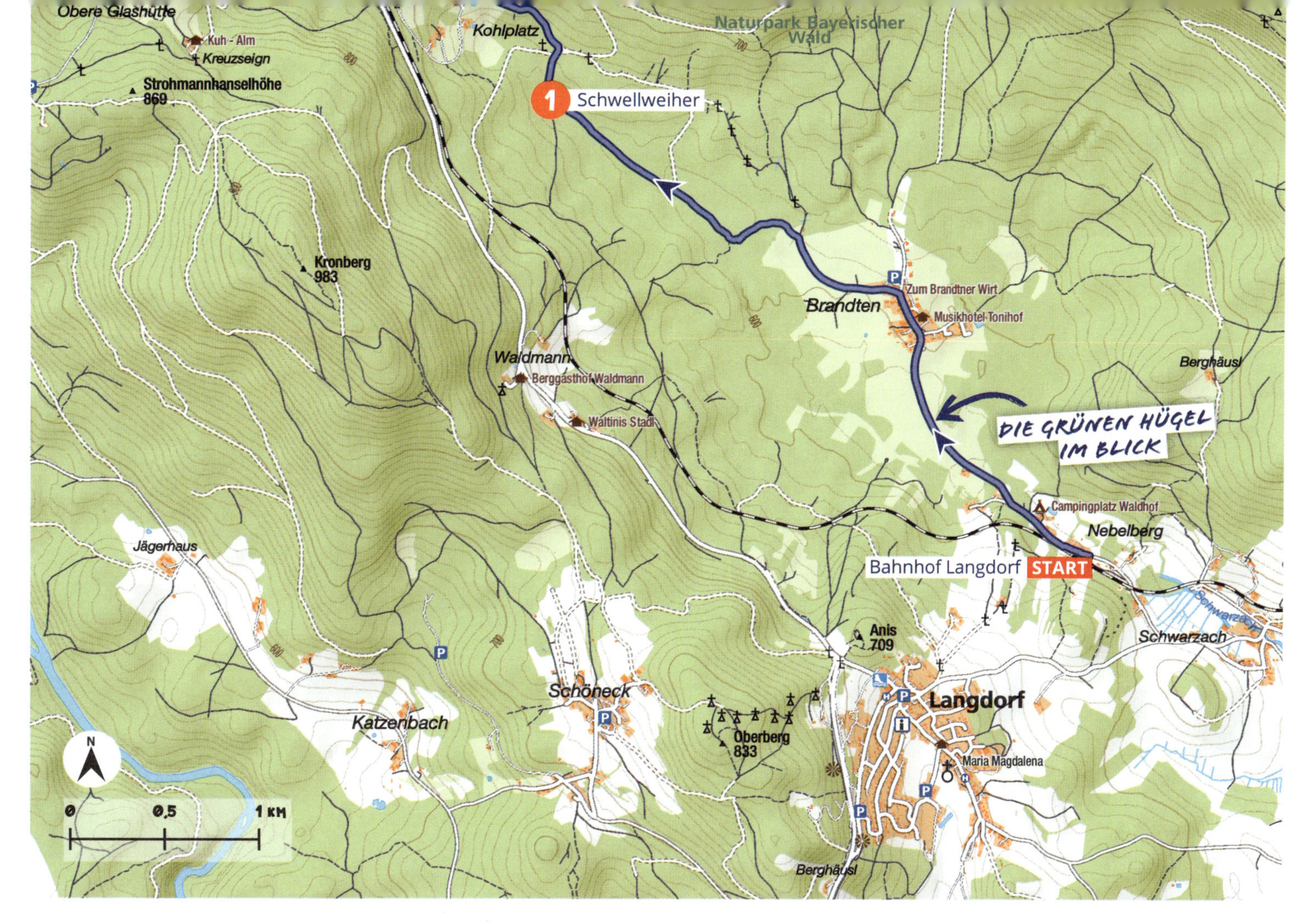

Obere Glashütte
Kuh - Alm
Kreuzseign
Strohmannhanselhöhe
869
Kohlplatz
Naturpark Bayerischer Wald
1 Schwellweiher
Kronberg
983
Brandten
Zum Brandtner Wirt
Musikhotel Tonihof
Waldmann
Berggasthof Waldmann
Waltinis Stadl
Berghäusl
DIE GRÜNEN HÜGEL IM BLICK
Campingplatz Waldhof
Nebelberg
Bahnhof Langdorf
START
Schwarzach
Jägerhaus
Anis
709
Schöneck
Langdorf
Katzenbach
Oberberg
833
Maria Magdalena
Berghäusl
0
0,5
1 KM
N

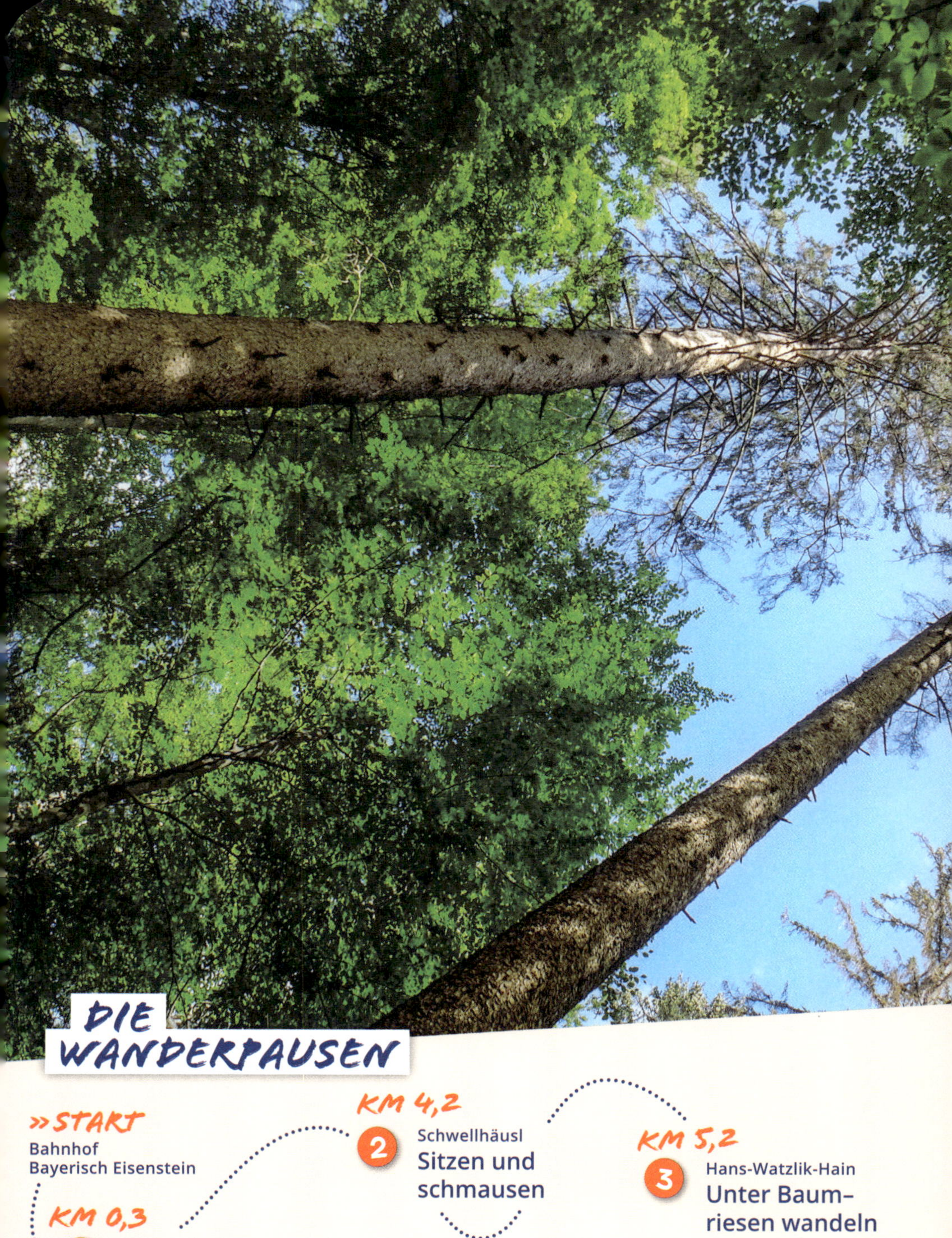

DIE WANDERPAUSEN

» START
Bahnhof
Bayerisch Eisenstein

KM 0,3
1 Bayerisch Eisenstein
Museums-Hopping am Bahnhof

KM 4,2
2 Schwellhäusl
Sitzen und schmausen

KM 5,2
3 Hans-Watzlik-Hain
Unter Baumriesen wandeln

10

DER UR-WALD DER ZUKUNFT

Der Nationalpark zwischen Bayerisch Eisenstein und Ludwigsthal

Auf dieser Tour geht's durch wilden Wald zum Schwellhäusl und den Urwald von morgen. Im Hans-Watzlik-Hain verbirgt sich außerdem die höchste Tanne des Bayerischen Walds, die über 50 Meter hoch in den ostbayerischen Himmel ragt.

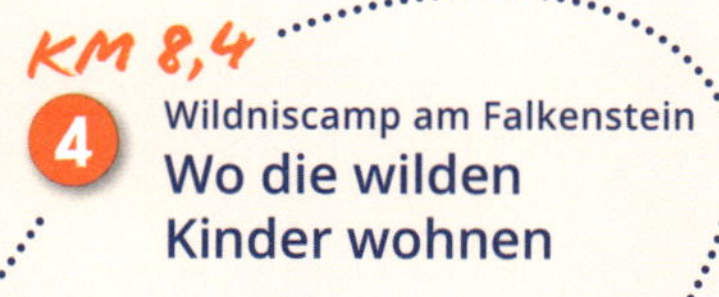

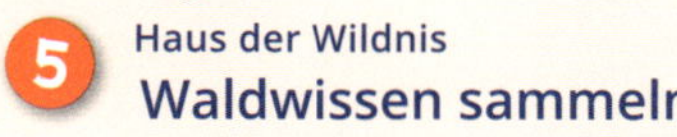

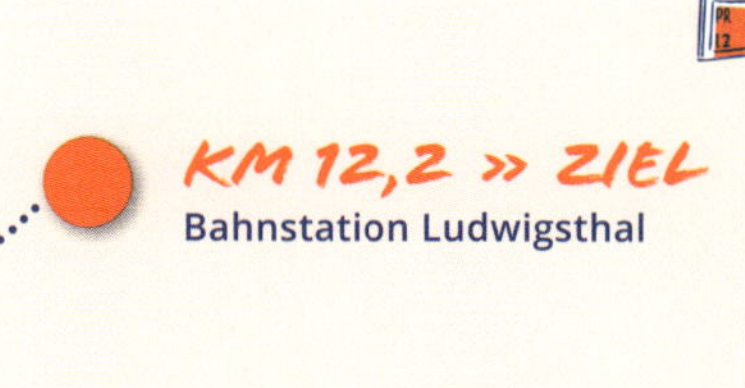

EIN UNGEWÖHNLICHER BAHNHOF, ...

... denkt man bestimmt, wenn man in **Bayerisch Eisenstein** aussteigt. Ganz viele Museen gibt es hier, etwa über Luchs, Fledermaus und Lokomotiven. Doch im Hintergrund wartet der wilde Wald und die Füße tragen einen automatisch hinein ins dichte Grün.

Kaum ist man unterwegs, da stößt man schon auf ein Schild, das vor der dahinter lauernden Wildnis warnt! Ein Urwaldsteig, ein Gebiet also, in dem Kettensägen und Waldarbeiter nichts zu suchen haben. Der schmale Pfad führt vorbei an umgefallenen Riesen, an denen sich tellergroße Pilze gütlich tun. Große Felsbrocken warten am Wegrand und blicken stumm auf Wandernde hinab.

Weiter geht es auf Naturpfaden, die immer wieder von kleinen Quellen aufgeweicht sind. Ein Sprung über das Nass, eine Kletterpartie am Rand – der wilde Wald fühlt sich immer mehr nach Abenteuerspielplatz an. Schließlich tauscht man den Wald kurz gegen eine schimmernde Lichtung mit einem kleinen See, an dessen Rand das **Schwellhäusl** steht.

Alte und junge Bäume wechseln sich im Urwaldgebiet des **Hans-Watzlik-Hains** ab, der sich unweit vom Schwellhäusl befindet. Danach führt der breite Forstweg sanft bergab, vorbei an sprudelnden Bächen und weiter hinein in die Stille des Waldes. Stille? Nur wenn die Spechte gerade Mittagspause machen. Ansonsten hört man sie fleißig ihren Rhythmus auf Baumstämme klopfen. Und im Unterholz raschelt es immer wieder. Mäuse, Frösche – oder vielleicht sogar Größeres?

DIE SPITZE DER HÖCHSTEN TANNE DES BAYERISCHEN WALDS AUSMACHEN

Plötzlich kommt man in der Siedlung Zwieslerwaldhaus heraus. Hübsche Holzhäuser umrahmen die kleine Straße, die durch den Ort hindurchführt. Und im Biergarten des Zwieseler Waldhauses summt das Gelächter und Stimmengewirr der Nationalparkbesucher:innen. Ob man sich wohl kurz dazusetzen soll?

Nicht weit von der Siedlung entfernt taucht das **Wildniscamp Falkenstein** auf, von wo aus man einen Blick auf den Großen Falkenstein (s. Tour 11) erhascht. Durch dichten Wald hindurch, an Bächen und Quellen vorbei, führt der Pfad weiter zum **Nationalparkzentrum Haus der Wildnis.** Durch das Wildtiergehege gelangt man in wenigen Minuten zum Bahnhof, wo man Abschied nehmen muss von diesem einzigartigen wilden Wald.

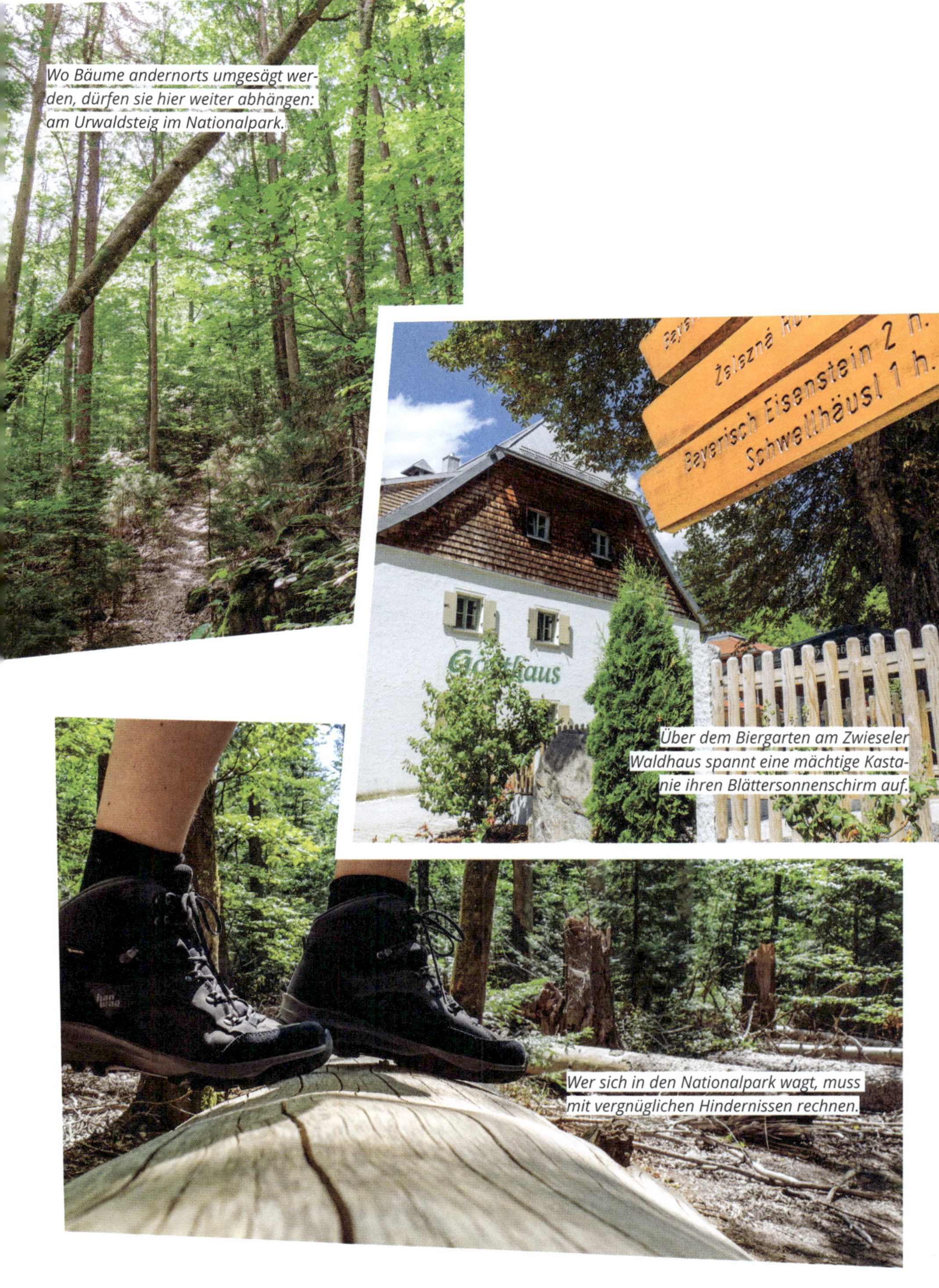

Wo Bäume andernorts umgesägt werden, dürfen sie hier weiter abhängen: am Urwaldsteig im Nationalpark.

Über dem Biergarten am Zwieseler Waldhaus spannt eine mächtige Kastanie ihren Blättersonnenschirm auf.

Wer sich in den Nationalpark wagt, muss mit vergnüglichen Hindernissen rechnen.

WANDERN & GENIESSEN

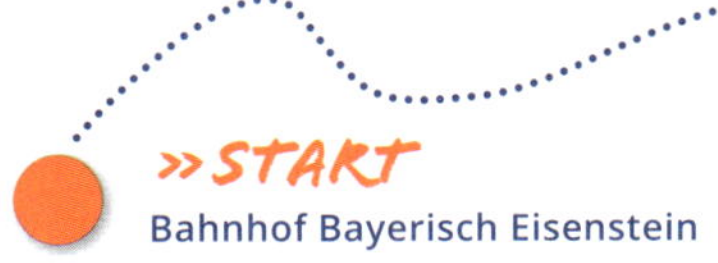

»START

Bahnhof Bayerisch Eisenstein

Vom Bahnhof aus links die Bahnhofstraße entlanggehen. Schmugglerhütte und Grenzglashütte passieren, am Ende der Straße befindet sich das Localbahnmuseum.

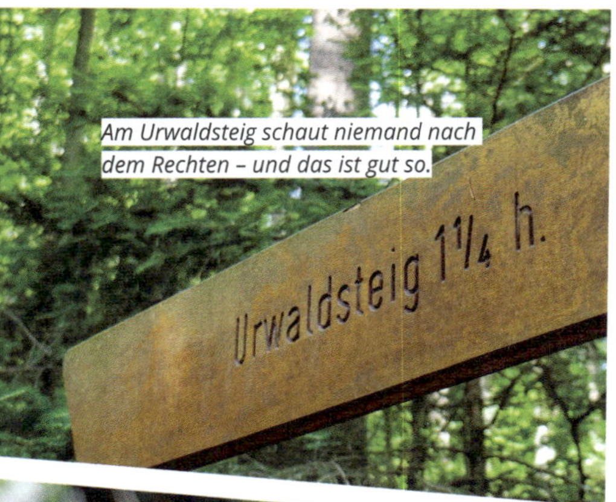

Am Urwaldsteig schaut niemand nach dem Rechten – und das ist gut so.

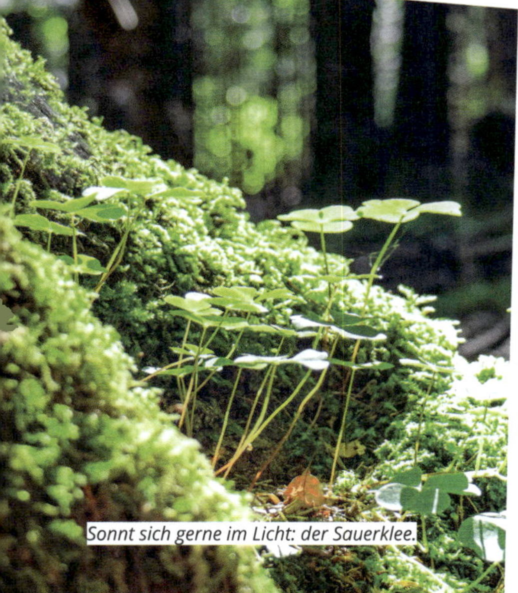

Sonnt sich gerne im Licht: der Sauerklee.

KM 0,3

1 Bayerisch Eisenstein

Museums-Hopping am Bahnhof

Er ist der letzte Stopp vor der Grenze zu Tschechien: Der Bahnhof Bayerisch Eisenstein, der 2017 zum schönsten Tourismusbahnhof Deutschlands gekürt wurde. Wer jetzt schon hungrig ist, kann direkt im Bahnhofsgebäude einkehren. Auch wer Wissensdurst mitgebracht hat, bekommt hier die Gelegenheit, diesen zu stillen: im Europäischen Fledermauszentrum etwa oder in der interaktiven Ausstellung zum Großen Arber (naturparkwelten.de). Nur einen Katzensprung vom Bahnhofsgebäude entfernt, findet man im ehemaligen Post- und Telegraphenamt die Kunstgalerie mit wechselnden Ausstellungen (Mi–So, Fei 11–17 Uhr). Und Eisenbahnfans können sich im Localbahnmuseum an mehr als 20 historischen Fahrzeugen sattsehen (wechselnde Öffnungszeiten im Jahresverlauf, einsehbar auf blv-online.eu/mu_opening/index.php/).

Nach dem Localbahnmuseum links in die Hohenzollernstraße abbiegen. Dem Forstweg in den Wald hineinfolgen und die zweite Abzweigung nach rechts nehmen (Maus-Symbol). Beim nächsten querenden Forstweg geradeaus drüber in den Urwaldsteig. An dessen Ende links halten. An der nächsten Gabelung weiter links auf dem Forstweg laufen. Kurz nach der Hütte Hochbergsattel gabelt sich der Weg, hier zunächst rechts gehen, dann gleich wieder links in den Waldpfad einbiegen (Richtung Schwellhäusl). Nach 100 m zweigt rechts ein Weg ab. Dieser führt – zwei Forstwege kreuzend – zum Schwellhäusl.

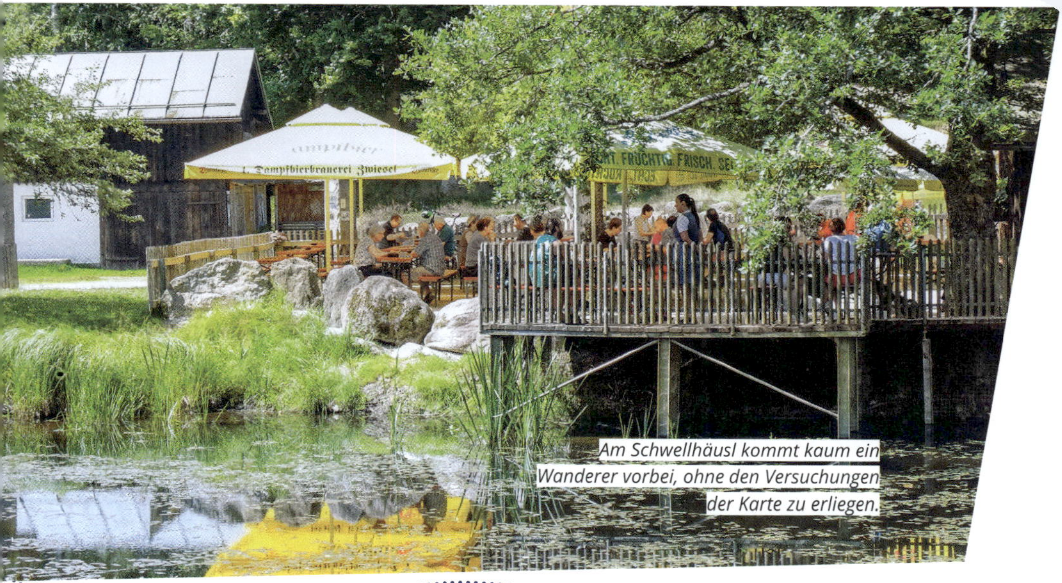

Am Schwellhäusl kommt kaum ein Wanderer vorbei, ohne den Versuchungen der Karte zu erliegen.

KM 4,2

2 Schwellhäusl

Sitzen und schmausen

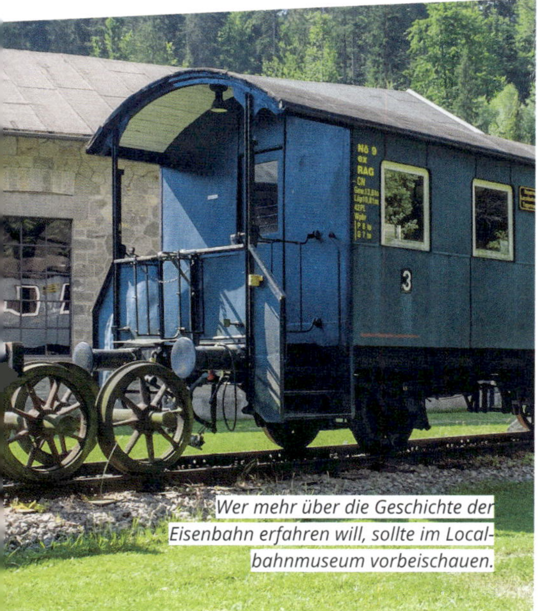

Wer mehr über die Geschichte der Eisenbahn erfahren will, sollte im Localbahnmuseum vorbeischauen.

Eingerahmt von Blumenwiesen und Wald liegt das bereits seit 1828 existierende Schwellhäusl mitten im Nationalpark. Die Terrasse des Gasthauses befindet sich am Ufer einer ehemaligen Trifterklause (ein Überbleibsel der ehemaligen Holztrift, also dem Transport großer Baumstämme über Bäche und Flüsse vom Wald in die Zivilisation). Serviert werden deftige Brotzeiten, aber auch Klassiker wie Schnitzel mit Pommes. Rund um das Schwellhäusl gibt es einiges mehr zu entdecken: einen Abenteuerspielpatz für Kinder, einen kleinen Streichelzoo mit Esel, Ponys und Hasen – und eine Felsen-Sonnenuhr. An der Rückseite des Sonnenuhrfelsens ist eine Kugel angebracht, die zweimal im Jahr leuchtet – nämlich zur Tag- und Nachtgleiche, wenn die Sonne mittags exakt so steht, dass ihre Strahlen durch das Bohrloch fallen und die Glaskugel treffen.

Am nördlichen Ende der Klause entlanglaufen, die Holzhütte und das Urwald-Schild passieren. Dem Forstweg so lange folgen, bis rechts ein etwas versteckter Pfad kombiniert mit einem Warnschild zum Urwaldgebiet abzweigt. Auf diesem kommt man in den Hans-Watzlik-Hain.

KM 5,2

3 Hans-Watzlik-Hain
Unter Baumriesen wandeln

In Deutschland gibt es keine Urwälder mehr, doch im Nationalpark Bayerischer Wald soll wieder einer entstehen. Der Hans-Watzlik-Hain ist 38 Hektar groß und eines der Urwald-Projektgebiete. In ihm steht auch die »Dicke Tanne«, die mit einem Stammdurchmesser von zwei Metern und einer Höhe von über 50 Metern der stärkste Baum des Bayerischen Walds ist. Auf dem Weg zu ihr hin wandert man bereits an einigen beeindruckend dicken und hohen Nadel- und Laubbäumen vorbei. Da das Motto des Nationalparks »Natur Natur sein lassen« lautet, ist Vorsicht geboten: Morsche Bäume werden nicht gefällt und weggeräumt, da sie ein wichtiger Teil des Ökosystems Wald sind. Das Betreten der Fläche erfolgt also auf eigene Verantwortung.

Nach Durchlaufen des Hans-Watzlik-Hains rechts auf dem Forstweg leicht bergab wandern. An der Kreuzung geht es auf der Zollhausstraße geradeaus weiter, vorbei am Wanderparkplatz und weiter zum Ort Zwieslerwaldhaus. Kurz vor der Bushaltestelle Zwieseler Waldhaus dem rechts abzweigenden Weg folgen, der über den Großen Steinbach und dann als Wiesen- bzw. Waldpfad weiterführt. Nach dem Parkplatz Zwieslerwaldhaus quert man die Straße, um sich dann rechts ein Stück parallel zur Straße zu halten und anschließend die zweite Abzweigung links zum Wildniscamp Falkenstein zu nehmen.

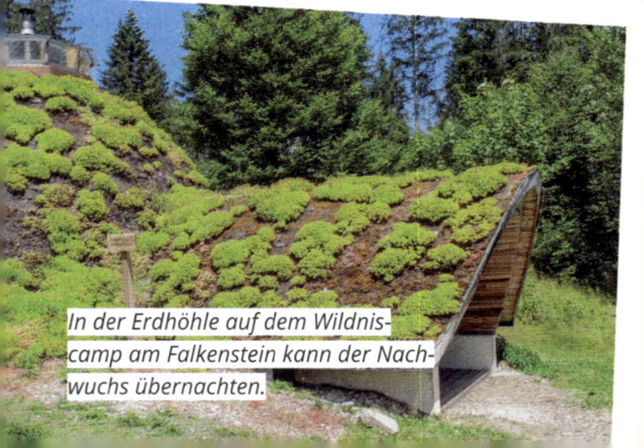

In der Erdhöhle auf dem Wildniscamp am Falkenstein kann der Nachwuchs übernachten.

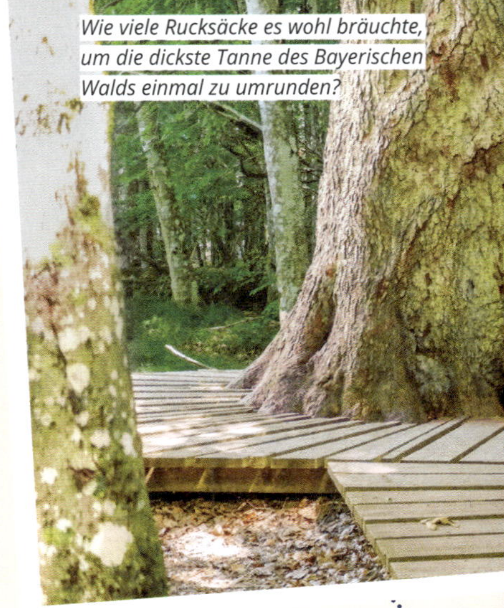

Wie viele Rucksäcke es wohl bräuchte, um die dickste Tanne des Bayerischen Walds einmal zu umrunden?

KM 8,4

4 Wildniscamp am Falkenstein
Wo die wilden Kinder wohnen

Einfache Hütten ohne Strom und fließend Wasser – das Wildniscamp am Falkenstein hält, was der Name verspricht. Mit Blick auf den Falkenstein liegt das Camp eingebettet in von Wald umgebenen Blumenwiesen. Beim Hindurchlaufen kann man die verschiedenen Übernachtungsmöglichkeiten bestaunen: Von Tipi über Jurte bis hin zu Erdhöhle und Baumhaus ist alles dabei. Das Camp bietet vor allem Kindern und Jugendlichen die Möglichkeit, das Ökosystem Wald kennenzulernen. Aber auch private Gruppen und Einzelpersonen können am Wochenende oder in den Ferien dort übernachten – Voraussetzung ist, am Programm teilzunehmen (waldzeit.de).

Der Weg führt geradeaus aus dem Camp heraus. Bei der Abwasseranlage hält man sich ebenfalls geradeaus. Dann dem Symbol Luchsfährte hinein in einen Mischwald folgen. Bei einem kleinen Teich geht es rechts weiter den Waldpfad entlang. Die Luchsfährte mündet auf einer Forststraße, wo Wegweiser den Weg zum Haus der Wildnis weisen.

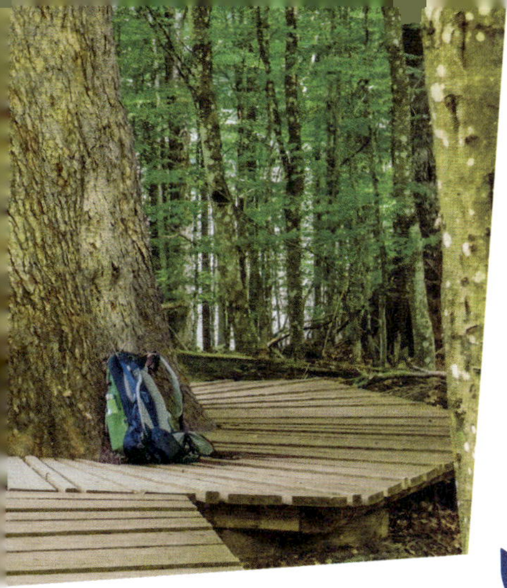

EXTRA INFOS

Im Ort Zwieslerwaldhaus steht das älteste Wirtshaus des Bayerischen Walds: der ● **Gasthof Zwieseler Waldhaus.** In der Gaststube und im Biergarten bekommt man bayerisch-böhmische Spezialitäten, Brotzeit und Süßes serviert. Wer gern mehr von dem guten Essen haben möchte, übernachtet einfach in einem der Zimmer oder Appartements (zwieselerwaldhaus.de).

AUF ZUR DICKSTEN, SCHÖNSTEN TANNE!

KM 11,4

Haus der Wildnis

5 Waldwissen sammeln

Nicht weit von der Bahnstation Ludwigsthal entfernt befindet sich das Nationalparkzentrum Falkenstein. Dort gibt es einiges zu erkunden: Im Haus der Wildnis lernt man eine Menge über den Wald, die einzelnen Baumarten und tierischen Bewohner. Neben einem Kino, das verschiedene Umweltfilme zeigt, gibt es auch den Wurzelgang. Er informiert über Bodenbewohner und ihre Aufgaben. So erfährt man zum Beispiel, dass Himbeersamen 50 Jahre im Boden überleben können oder Fadenwürmer innerhalb von neun Wochen 20 neue Generationen bilden. Ein Restaurant versorgt einen mit Getränken und Essen. Und wer noch Lust auf mehr Entdeckungen hat, geht den Rundweg durch das Tierfreigelände und hält Ausschau nach Wölfen, Luchsen und Urpferden.

Vom Haus der Wildnis aus geht es am Luchsgehege vorbei zur Bahnstation Ludwigsthal.

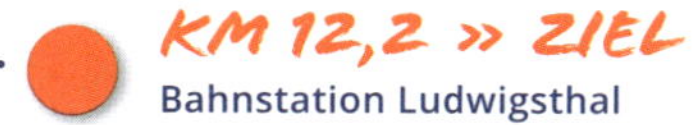

KM 12,2 » ZIEL

Bahnstation Ludwigsthal

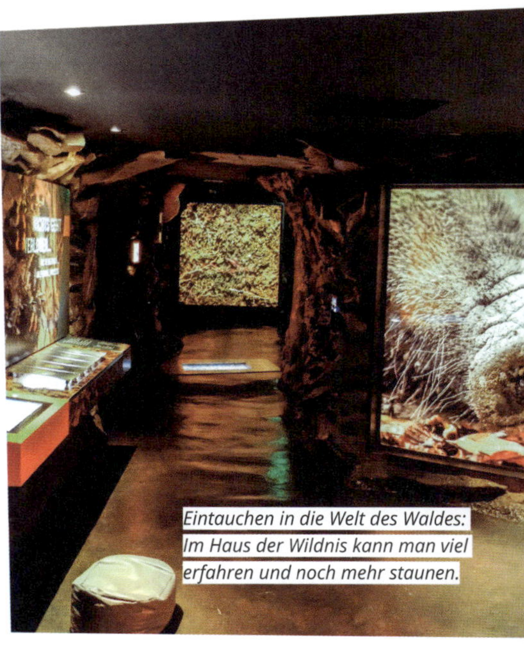

Eintauchen in die Welt des Waldes: Im Haus der Wildnis kann man viel erfahren und noch mehr staunen.

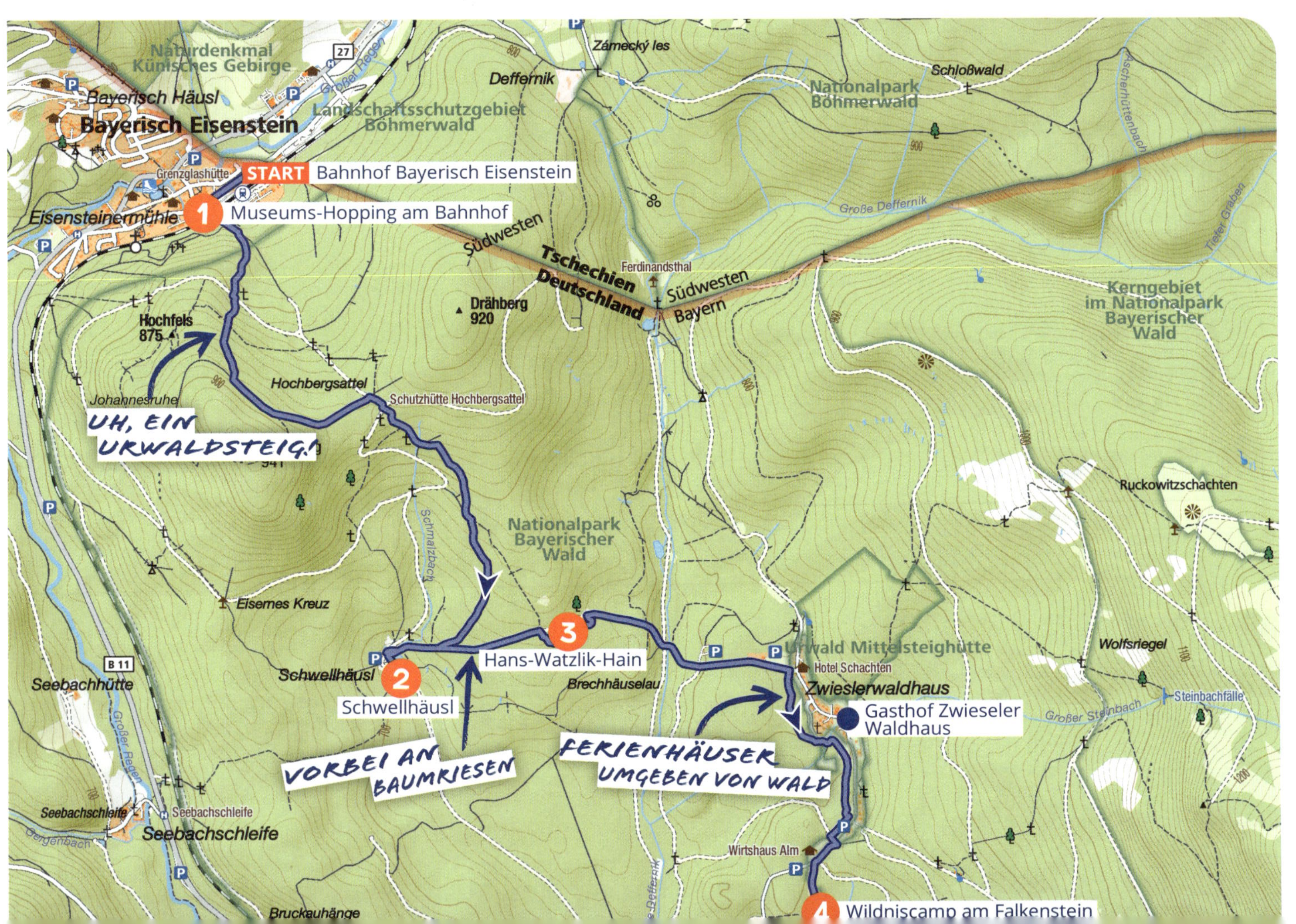
START Bahnhof Bayerisch Eisenstein
1 Museums-Hopping am Bahnhof
2 Schwellhäusl
3 Hans-Watzlik-Hain
Gasthof Zwieseler Waldhaus
4 Wildniscamp am Falkenstein
UH, EIN URWALDSTEIG!
VORBEI AN BAUMRIESEN
FERIENHÄUSER UMGEBEN VON WALD
Bayerisch Eisenstein
Bayerisch Häusl
Naturdenkmal Künisches Gebirge
Landschaftsschutzgebiet Böhmerwald
Grenzglashütte
Eisensteinermühle
Großer Regen
Deffernik
Zámecký les
Schloßwald
Nationalpark Böhmerwald
Große Deffernik
Ascherhüttenbach
Tiefer Graben
Südwesten
Tschechien
Deutschland
Ferdinandsthal
Bayern
Kerngebiet im Nationalpark Bayerischer Wald
Drähberg 920
Hochfels 875
Johannesruhe
Hochbergsattel
Schutzhütte Hochbergsattel
Schmalzbach
Nationalpark Bayerischer Wald
Eisernes Kreuz
Schwellhäusl
Brechhäuselau
Urwald Mittelsteighütte
Hotel Schachten
Zwieslerwaldhaus
Ruckowitzschachten
Wolfsriegel
Großer Steinbach
Steinbachfälle
Wirtshaus Alm
Seebachhütte
Seebachschleife
Gergenbach
Bruckauhänge
B 11
27

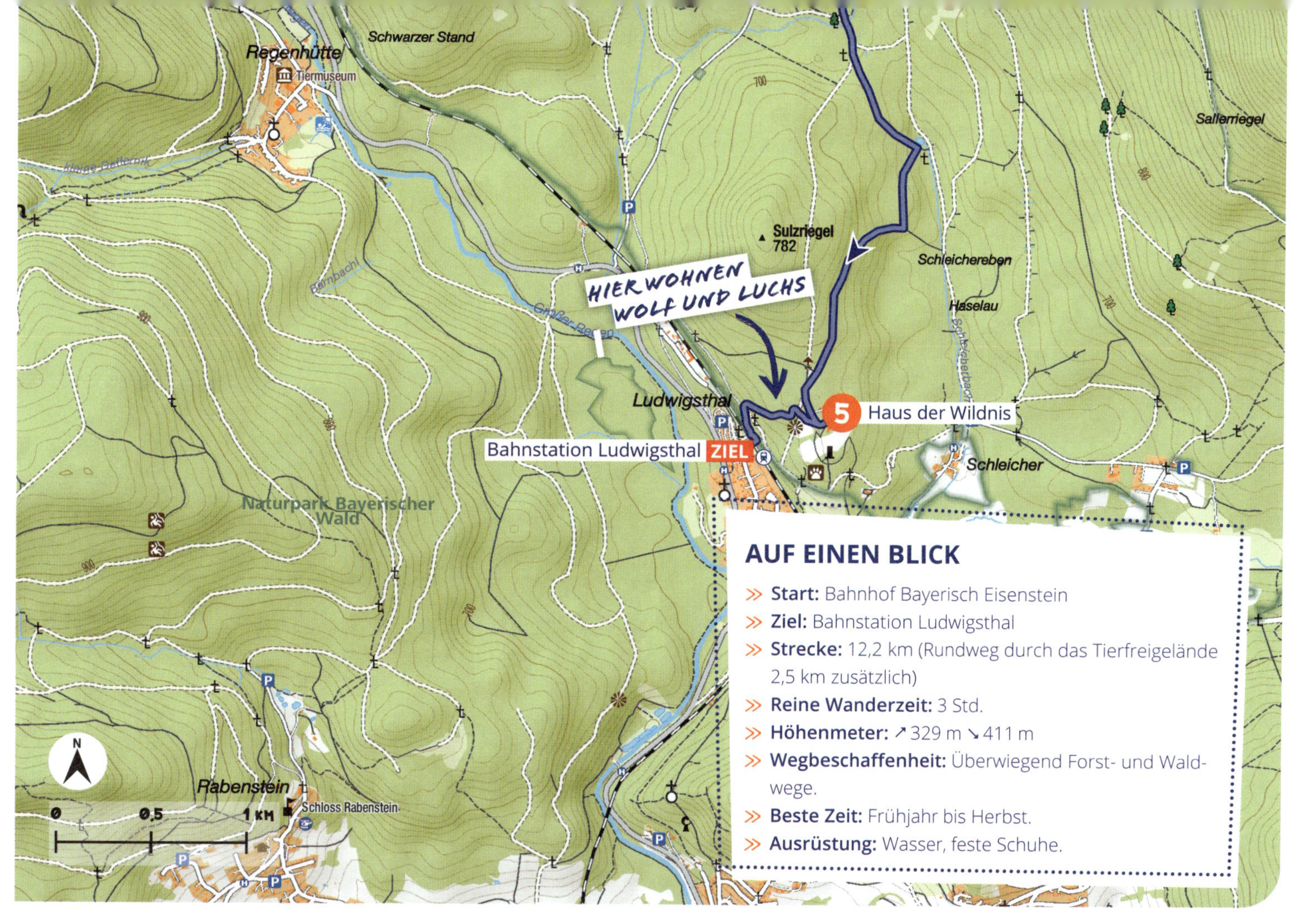

AUF EINEN BLICK

» **Start:** Bahnhof Bayerisch Eisenstein
» **Ziel:** Bahnstation Ludwigsthal
» **Strecke:** 12,2 km (Rundweg durch das Tierfreigelände 2,5 km zusätzlich)
» **Reine Wanderzeit:** 3 Std.
» **Höhenmeter:** ↗ 329 m ↘ 411 m
» **Wegbeschaffenheit:** Überwiegend Forst- und Waldwege.
» **Beste Zeit:** Frühjahr bis Herbst.
» **Ausrüstung:** Wasser, feste Schuhe.

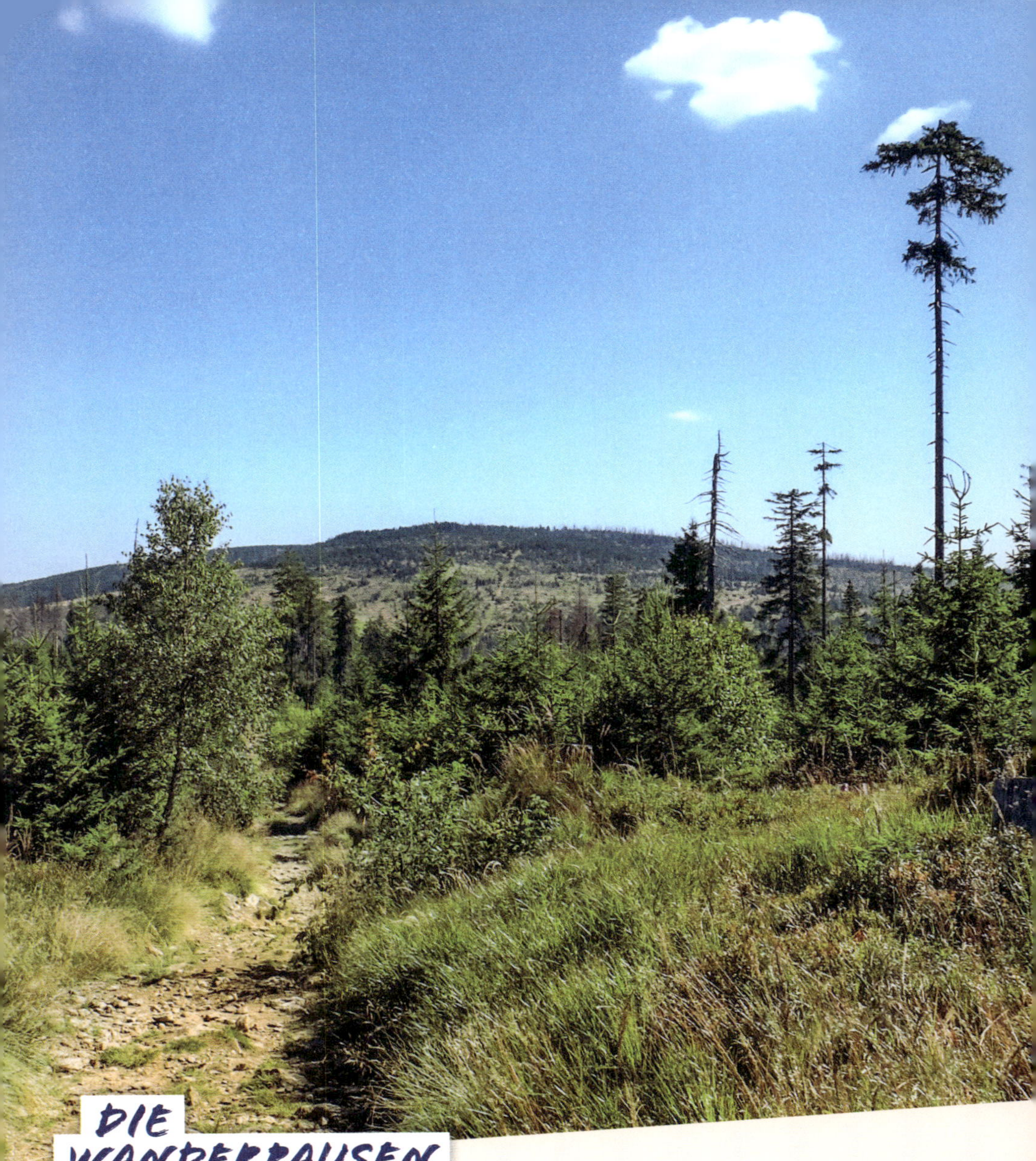

DIE WANDERPAUSEN

»START
Bushaltestelle Scheuereck

KM 3,4
1 Höllbachgspreng
Über Wasser hüpfen

KM 5,6
2 Großer Falkenstein
Gipfel zählen

KM 8
3 Ruckowitzschachten
Kühe auf der Weide

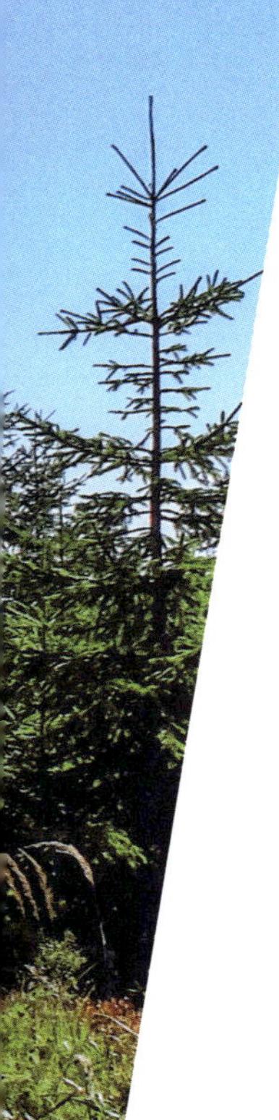

11 DER WILDE GIPFEL

Von Scheuereck zum Großen Falkenstein

Ein höllischer Bach, ein alpiner Steig, ein zerfurchter Berg – der Weg hoch zum Großen Falkenstein ist ein einziges Abenteuer. Hinab zum Zwieseler Waldhaus führt der Weg über einen Schachten und durch zukünftigen Urwald.

KM 10,7

4 Mittelsteighütte
Urwaldgebiet erforschen

KM 11,4

5 Gasthof Zwieseler Waldhaus
Selbst gemachte Marillenknödel

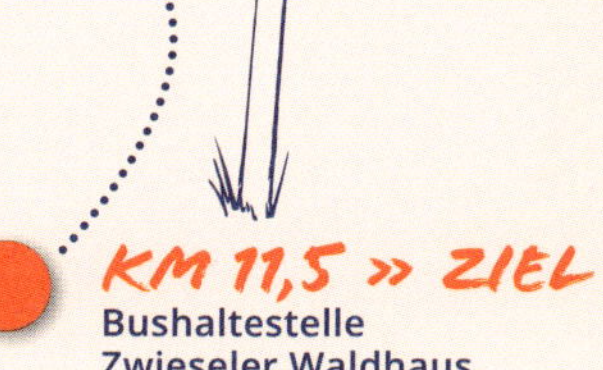

KM 11,5 » ZIEL

Bushaltestelle Zwieseler Waldhaus

GANZ GEMÜTLICH …

… fängt diese Tour am Rande des Nationalparks Bayerischer Wald an. Eingehüllt von Fichten, Buchen und Tannen läuft man einem leichten Anstieg folgend zum Höllbach. Dieser rauscht ein V-förmiges Tal entlang nach unten, seine sprudelnde Quelle: das Höllbachgspreng.

AUF EINEM BAUMSTAMM BALANCIEREND DEN HÖLLBACH ÜBERQUEREN

Dorthin geht es jetzt erstmal, an umgefallenen Bäumen vorbei, die sich quer über den Bachlauf legen. Über Steine hinweg, die dem Weg eine fliesenartige Struktur verleihen. Sonne? Fehlanzeige – zumindest, wenn man frühmorgens losläuft. Denn der Feuerball braucht einfach ein bisschen, bis er über die Hügelketten geklettert ist und seine Strahlen herabschicken kann. Sogar im Sommer.

Kalt ist einem trotzdem nicht, denn bis zum **Höllbachgspreng** hat man schon einige Höhenmeter geschafft. Dort hüpft man dann über den Bachlauf drüber auf die andere Seite und sieht sich der größten Herausforderung des Tages gegenüber: Ein alpiner Steig führt im Zickzack nach oben. Doch je langsamer der Schritt, desto mehr entdeckt man auf dem Weg nach oben. Frösche, die sich im Laub verstecken. Spechte, die rhythmisch das Totholz nach Insekten abklopfen. Bäume, die ihre mächtigen Wurzeln um Steinbrocken schlingen.

Nach dem Gipfel des **Großen Falkensteins** führt der Goldsteig zum Windwurferlebnisweg, einem Überbleibsel des Orkans Kyrill von 2007. Hoch aufragende Wurzelteller, abgebrochene Baumstämme, dazwischen hüfthohes Gras, in dem sich unzählige Vögel verstecken. Ein wirklich mystischer Ort!

Unweit des Windwurferlebniswegs dann eine unerwartete Entdeckung: Im Gras des **Ruckowitzschachtens** liegen Kühe! Das Rote Höhenvieh freut sich über frische Luft und Fernblick – zumindest tut man das selbst, wenn man hier oben unterwegs ist.

Nun geht es nur noch bergab. Nach dem **Urwaldgebiet Mittelsteighütte** ist es nicht mehr weit zum **Zwieseler Waldhaus.** Endlich! Erleichtert und stolz betritt man das letzte Ziel des Tages: den Biergarten. Und bestellt, was das Herz und der knurrende Magen begehren. «

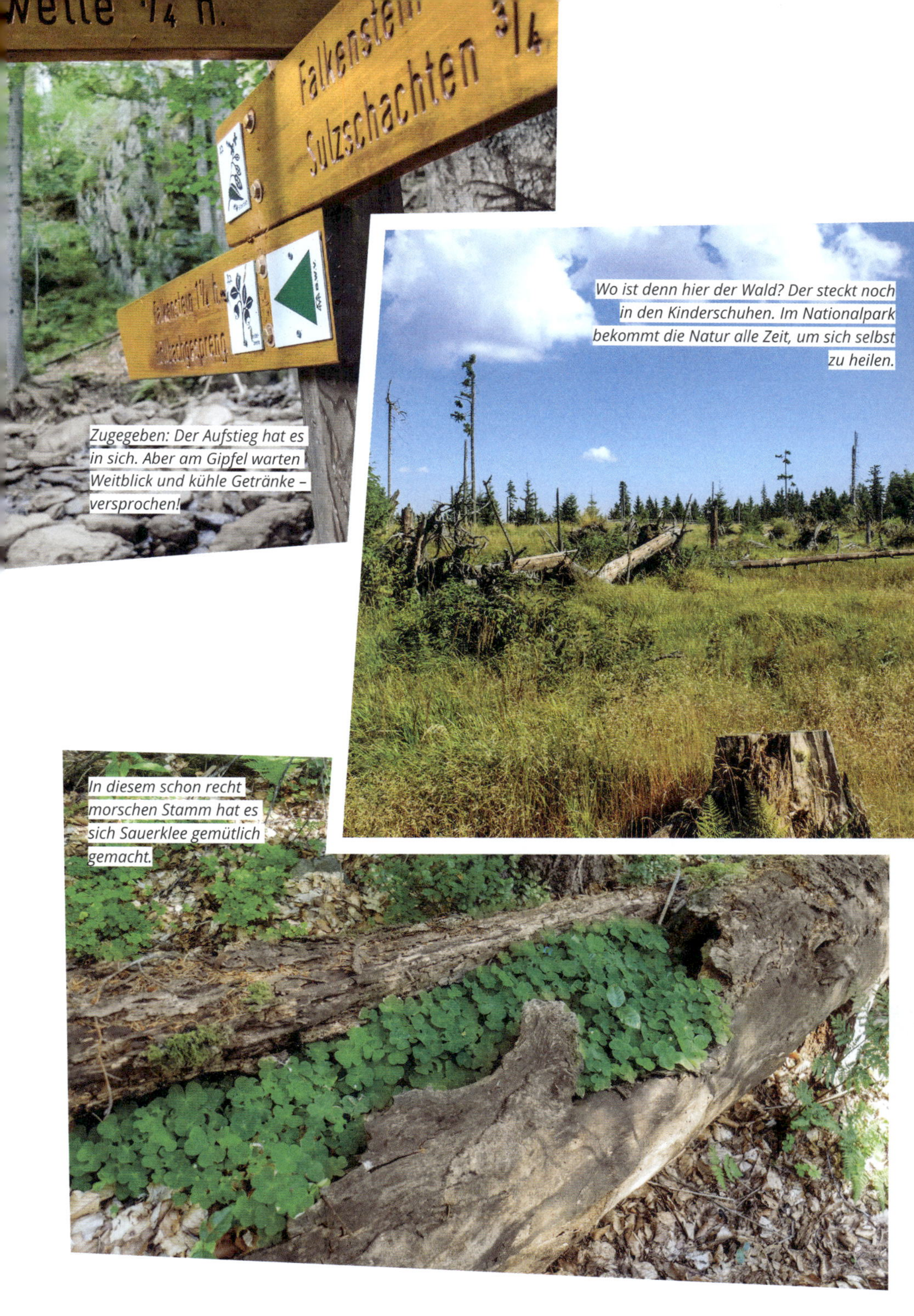

Zugegeben: Der Aufstieg hat es in sich. Aber am Gipfel warten Weitblick und kühle Getränke – versprochen!

Wo ist denn hier der Wald? Der steckt noch in den Kinderschuhen. Im Nationalpark bekommt die Natur alle Zeit, um sich selbst zu heilen.

In diesem schon recht morschen Stamm hat es sich Sauerklee gemütlich gemacht.

WANDERN & GENIESSEN

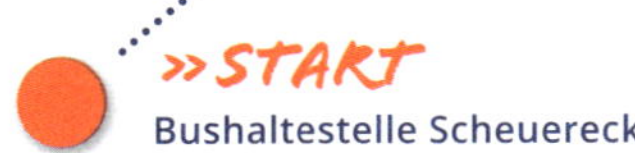

Bushaltestelle Scheuereck

Von Scheuereck aus dem Silberblatt-Symbol bzw. Europäischen Fernwanderweg (grünes Dreieck) in den Wald hinein folgen. Einen Parkplatz passieren und auf einer Brücke den Kolbersbach überqueren. Auf der anderen Seite den Weg bergan wählen. Nach etwa 1,2 km zweigt das grüne Dreieck links vom Forstweg ab und führt auf einen Waldweg, der am Höllbach entlangläuft. Weiter bachaufwärts gehen, bis das Höllbachgspreng erreicht ist.

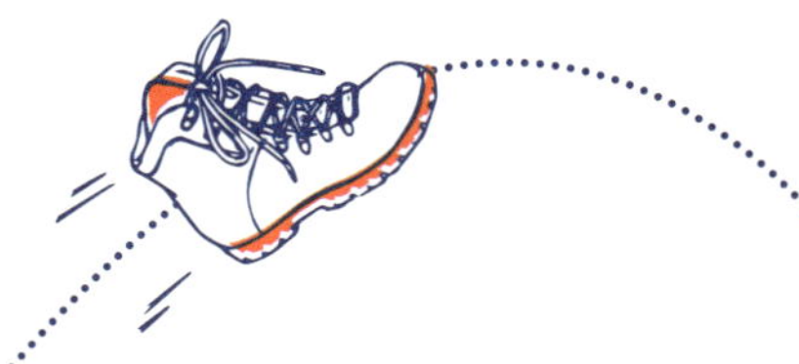

KM 3,4

1 Höllbachgspreng

Über Wasser hüpfen

Am Höllbach ist gar nichts höllisch – eigentlich ist er nur himmlisch, wie er so über Steine und umgefallene Baumstämme hinwegfließt. Am faszinierendsten ist sein Ursprung: das Höllbachgspreng. Die Stelle also, wo das Wasser aus dem Felsen hervorbricht. Weil die haushohen Felswände aus Gneis drumherum so düster aussehen und die darauf wachsenden Flechten so giftgrün leuchten, vermutete man hier früher den Eingang zur Hölle. Dass das Gebiet nur so schwer zugänglich ist, war sein Glück: Schon um 1940 wurde es unter Naturschutz gestellt, wodurch der urwaldähnliche Charakter der Schlucht bewahrt blieb.

Den Bach überqueren und dem Schild »Heidelbeere« folgen. Zunächst geht es nach links, am Hang entlang, dann führt der Weg steil bergauf – der alpine Steig beginnt. Vorsichtig gehen und pausieren, dann schafft man ihn! Der Steig endet auf einem Forstweg. Hier links gehen. Bald ist der Forstweg wieder ein Pfad und führt abwechselnd durch Wiesen und Wald zum Falkenstein Schutzhaus. Der Falkensteingipfel selbst ist nicht ausgeschildert – dazu den mit Bäumen bewachsenen Hügel rechts vom Schutzhaus erklimmen, und schon sieht man das Gipfelkreuz.

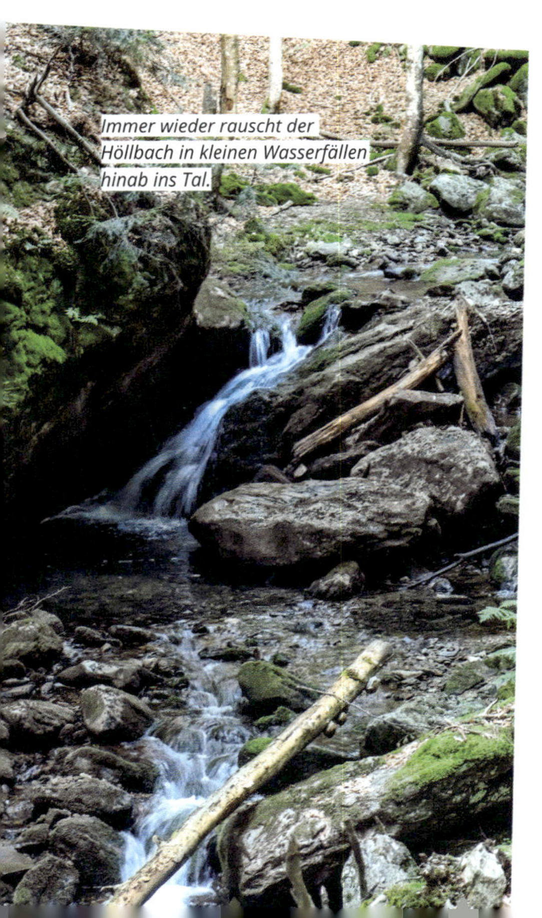
Immer wieder rauscht der Höllbach in kleinen Wasserfällen hinab ins Tal.

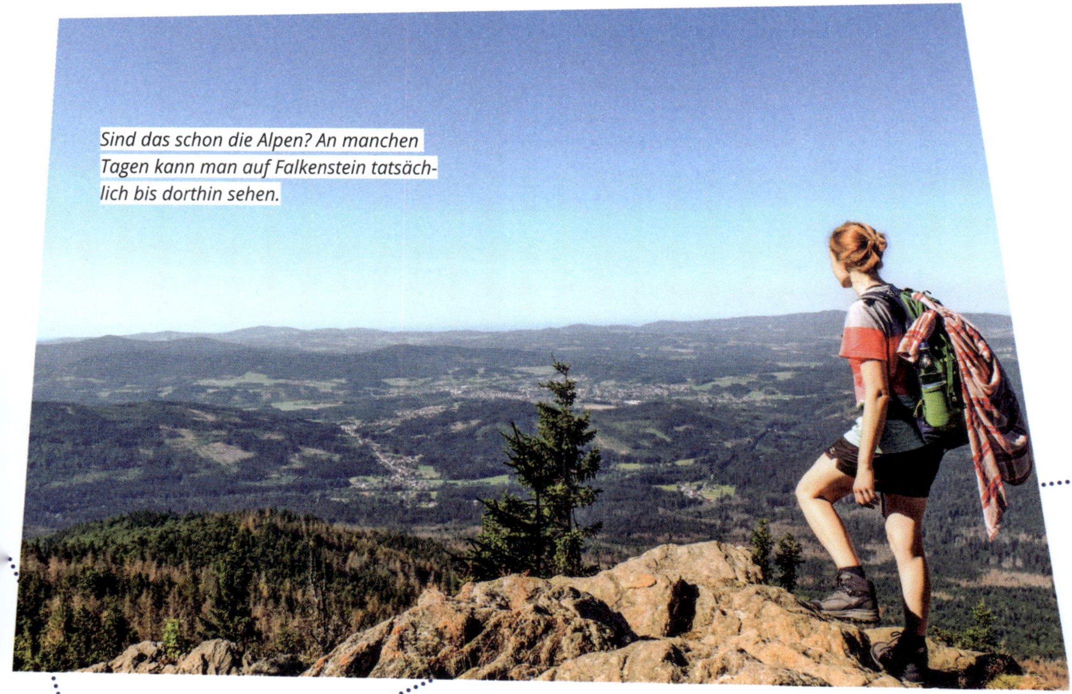

Sind das schon die Alpen? An manchen Tagen kann man auf Falkenstein tatsächlich bis dorthin sehen.

KM 5,6

2 Großer Falkenstein

Gipfel zählen

Eins, zwei, drei – unzählig viele markante Berge des Bayerischen Walds sieht man vom Großen Falkenstein aus. Der Falkensteingipfel selbst misst 1315 Meter und gewährt den Tapferen, die hier hochgeschwitzt sind, einen grandiosen Ausblick auf den Großen Rachel, Großen Arber, Brotjacklriegel, Hohenbogen und so weiter. Eine Gipfelbrotzeit kommt hier gerade recht – auf den vielen hervorstechenden Felsbrocken findet sich immer ein gemütliches Plätzchen, wo man den Blick in die Ferne schweifen lassen und den Proviant mümmeln kann.

Zurück zur Wegkreuzung beim Falkenstein Schutzhaus und dem Goldsteig Richtung Ruckowitzschachten bzw. Zwieseler Waldaus folgen. Nach ca. 700 m zweigt links ein Weg ab. Dieser bringt einen zum Windwurferlebnisweg – einem schmalen Pfad, der durch hohe Gräser verläuft. Nach etwa 300 m endet er auf dem Weg, der nach links zum Ruckowitzschachten führt.

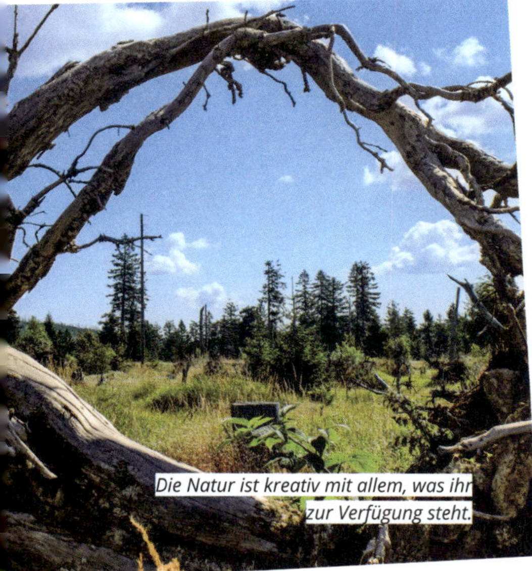

Die Natur ist kreativ mit allem, was ihr zur Verfügung steht.

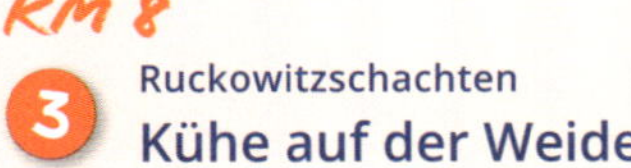

3

Ruckowitzschachten

Kühe auf der Weide

Schachten, das waren früher Kuhweiden. Heute wäre diese Kulturlandschaft im Nationalpark verschwunden, würde man sie nicht künstlich erhalten. Künstlich meint im Fall des Ruckowitzschachtens: mit Hilfe von Kühen. Das Rote Höhenvieh weidet für wenige Wochen im Jahr auf dem Schachten, um zu verhindern, dass fleißige junge Fichten, Ebereschen und Birken sich darauf ausbreiten. In dieser Zeit kann man die Tiere hervorragend beobachten und dabei auf der Holzbank am Rande der Weide sitzen, die zudem einen freien Blick auf all das Grün um einen herum bietet. Und sollten die Kühe gerade nicht da sein: Trotzdem hinsetzen und Landschaft genießen – denn hier oben ist es immer schön!

An der Sitzbank zeigt ein Wegweiser Richtung Zwieseler Waldhaus. Es geht wieder durch Wald, vorbei an großen Windwurfstellen und immer weiter bergab. Eine Fahrradsperre aus Holzbalken zeigt an, dass man das Urwaldgebiet Mittelsteighütte erreicht hat.

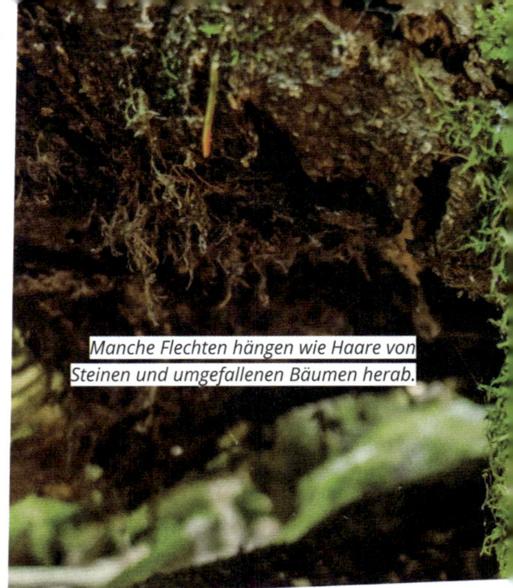

Manche Flechten hängen wie Haare von Steinen und umgefallenen Bäumen herab.

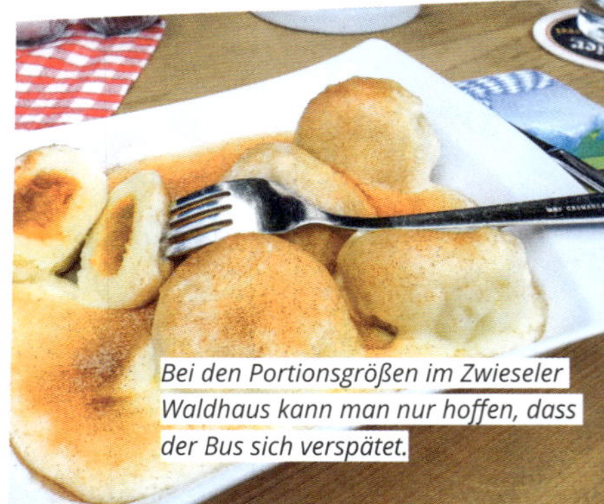

Bei den Portionsgrößen im Zwieseler Waldhaus kann man nur hoffen, dass der Bus sich verspätet.

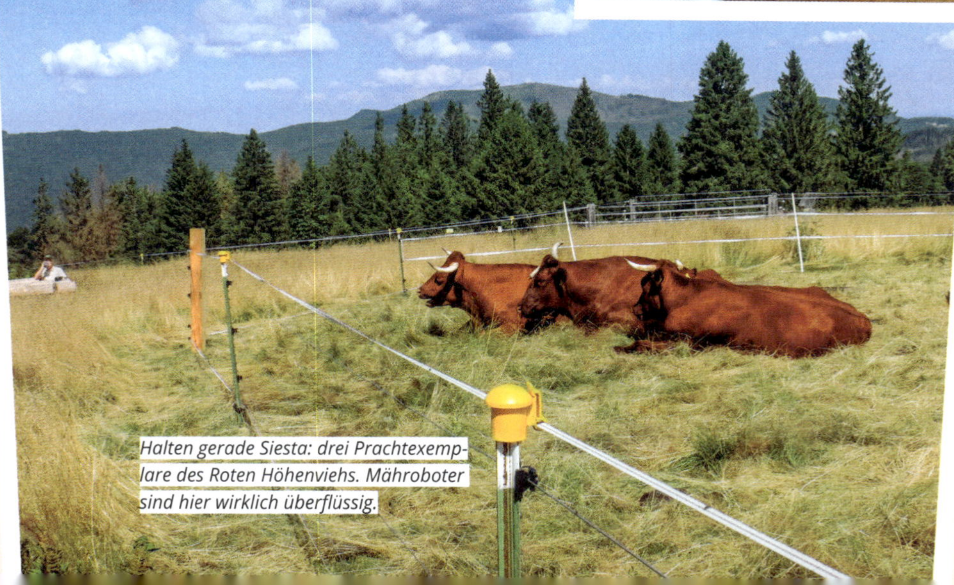

Halten gerade Siesta: drei Prachtexemplare des Roten Höhenviehs. Mähroboter sind hier wirklich überflüssig.

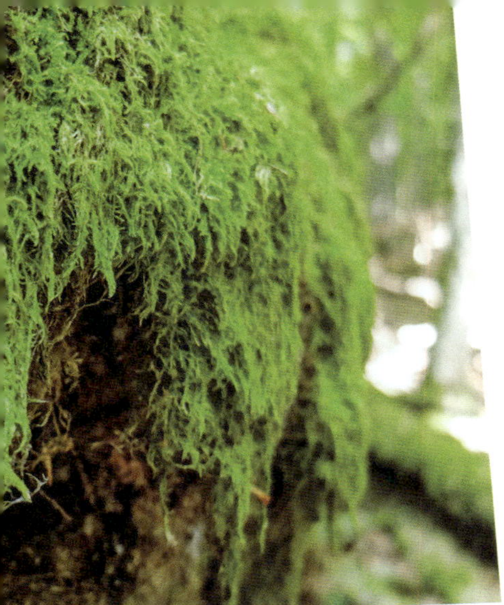

EXTRA INFOS:

Gleich am Startpunkt dieser Tour befindet sich das ● **Rothirschgehege Scheuereck,** wo man Bambi und Co. aus der Nähe betrachten kann. Der Zugang ist kostenlos, ein 300 Meter langer Wanderweg führt durch das Gehege.

KM 10,7

4 Mittelsteighütte

Urwaldgebiet erforschen

Was geschieht eigentlich mit umgefallenen Bäumen? In Wirtschaftswäldern räumt sie der Förster weg, klar. Aber im Urwaldgebiet der Zukunft bleibt Totholz einfach liegen. Hier wird nicht mehr eingegriffen, sodass sich der Wald selbst entwickeln darf. Und wie er das kann, sieht man im Bereich Mittelsteighütte. Unzählige Lebewesen wie Pilze, Käfer, Asseln und Mikroorganismen leben im und vom Totholz und machen die Nährstoffe Pflanzen zugänglich. An einem abgebrochenen Stamm entdeckt man Spechthöhlen, am Boden liegt Holz, überzogen mit weichen Moospolstern, dort liegen Reste, die mal eine stolze Fichte gewesen sein dürften. Und was ist das, was da auf dem ausgehöhlten Baumstamm seine zarten Nädelchen in die Luft streckt? Ein Sämling, ein Baumkind, das seine Chance nutzt ...

Durch das Gebiet Mittelsteighütte führt nur ein Weg, der an einer Infotafel zu demselben endet. Nun geht es auf der rechten Seite des Steinbachs entlang, der Weg endet nach wenigen Metern direkt am Biergarten des Zwieseler Waldhauses.

KM 11,4

5 Gasthof Zwieseler Waldhaus

Selbst gemachte Marillenknödel

Eine mächtige Kastanie spannt ihre Krone über den Biergarten am Zwieseler Waldhaus. Vor Sonnenbrand muss man also keine Angst haben, wenn man sich hier ausruhen will. Überhaupt ist es eine ganz gemütliche Atmosphäre, die vom ältesten Wirtshaus im Bayerischen Wald ausgeht. Die Holztische sind breit genug, um die großen Portionen zu tragen, die hier aufgetischt werden. Und während man das erste Stück Marillenknödel in Vanillesauce tunkt, hört man das Rauschen des Steinbachs, das Klirren der Gläser anderer Wandernder, das Zwitschern der Vögel aus dem Wald – einen idyllischeren Abschluss dieser Tour kann man sich wirklich nicht wünschen.

Um zur Bushaltestelle zu kommen, den Biergarten durchqueren und rechts der Teerstraße bis zum Haltestellenschild laufen (linke Straßenseite).

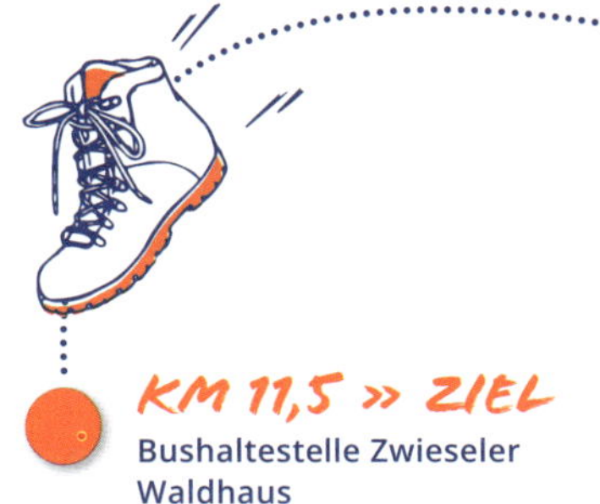

KM 11,5 » ZIEL

Bushaltestelle Zwieseler Waldhaus

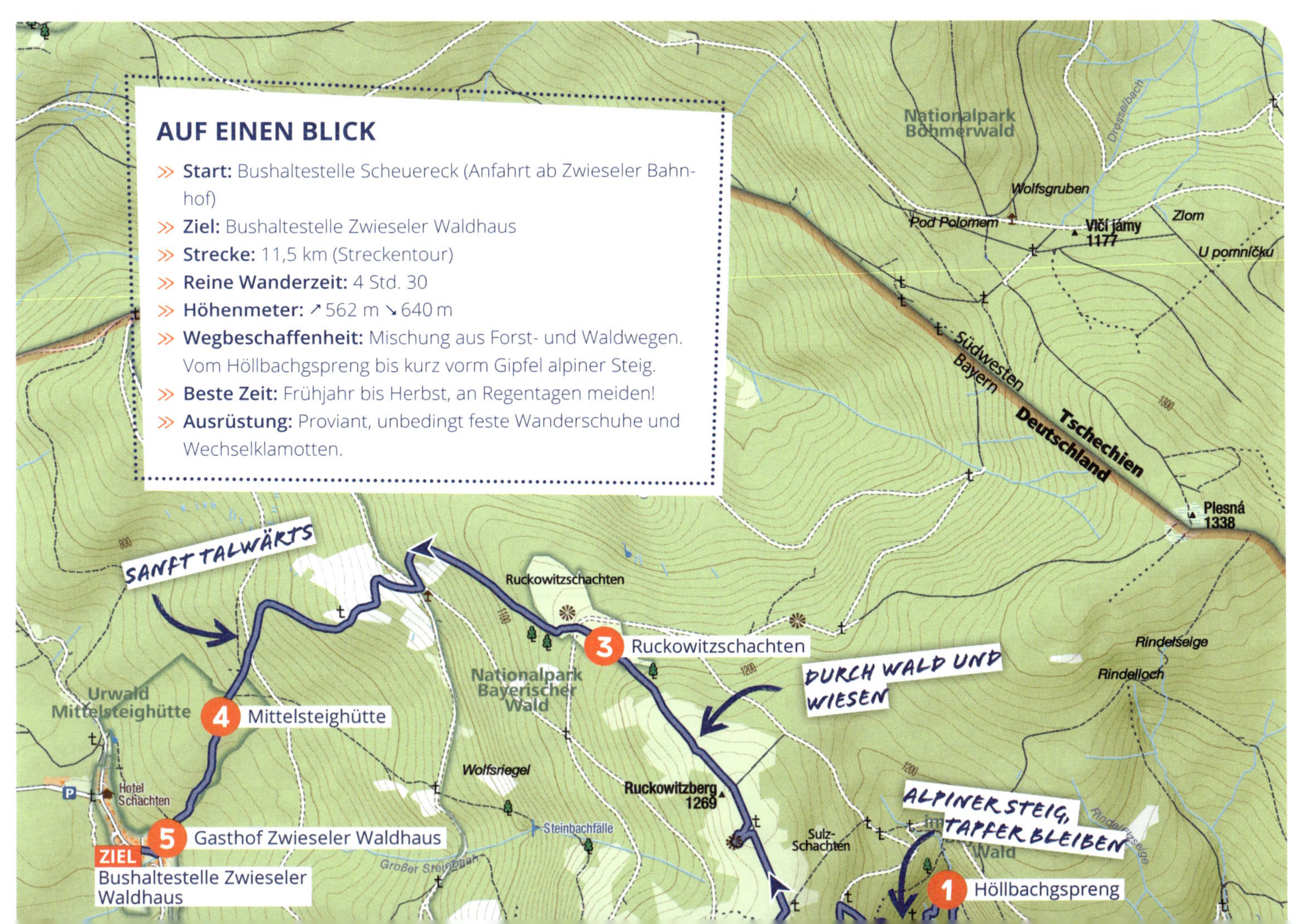

AUF EINEN BLICK

- **Start:** Bushaltestelle Scheuereck (Anfahrt ab Zwieseler Bahnhof)
- **Ziel:** Bushaltestelle Zwieseler Waldhaus
- **Strecke:** 11,5 km (Streckentour)
- **Reine Wanderzeit:** 4 Std. 30
- **Höhenmeter:** ↗ 562 m ↘ 640 m
- **Wegbeschaffenheit:** Mischung aus Forst- und Waldwegen. Vom Höllbachgspreng bis kurz vorm Gipfel alpiner Steig.
- **Beste Zeit:** Frühjahr bis Herbst, an Regentagen meiden!
- **Ausrüstung:** Proviant, unbedingt feste Wanderschuhe und Wechselklamotten.

Nationalpark Böhmerwald
Wolfsgruben
Pod Polomem
Vlčí jámy 1177
Zlom
U pomníčku
Drosselbach
Südwesten Bayern
Tschechien
Deutschland
Plesná 1338
Rindelseige
Rindelloch
SANFT TALWÄRTS
Ruckowitzschachten
3 Ruckowitzschachten
DURCH WALD UND WIESEN
Nationalpark Bayerischer Wald
Urwald Mittelsteighütte
4 Mittelsteighütte
Wolfsriegel
Ruckowitzberg 1269
ALPINER STEIG, TAPFER BLEIBEN
Sulz-Schachten
Hotel Schachten
Steinbachfälle
5 Gasthof Zwieseler Waldhaus
Großer Steinbach
1 Höllbachgspreng
ZIEL
Bushaltestelle Zwieseler Waldhaus

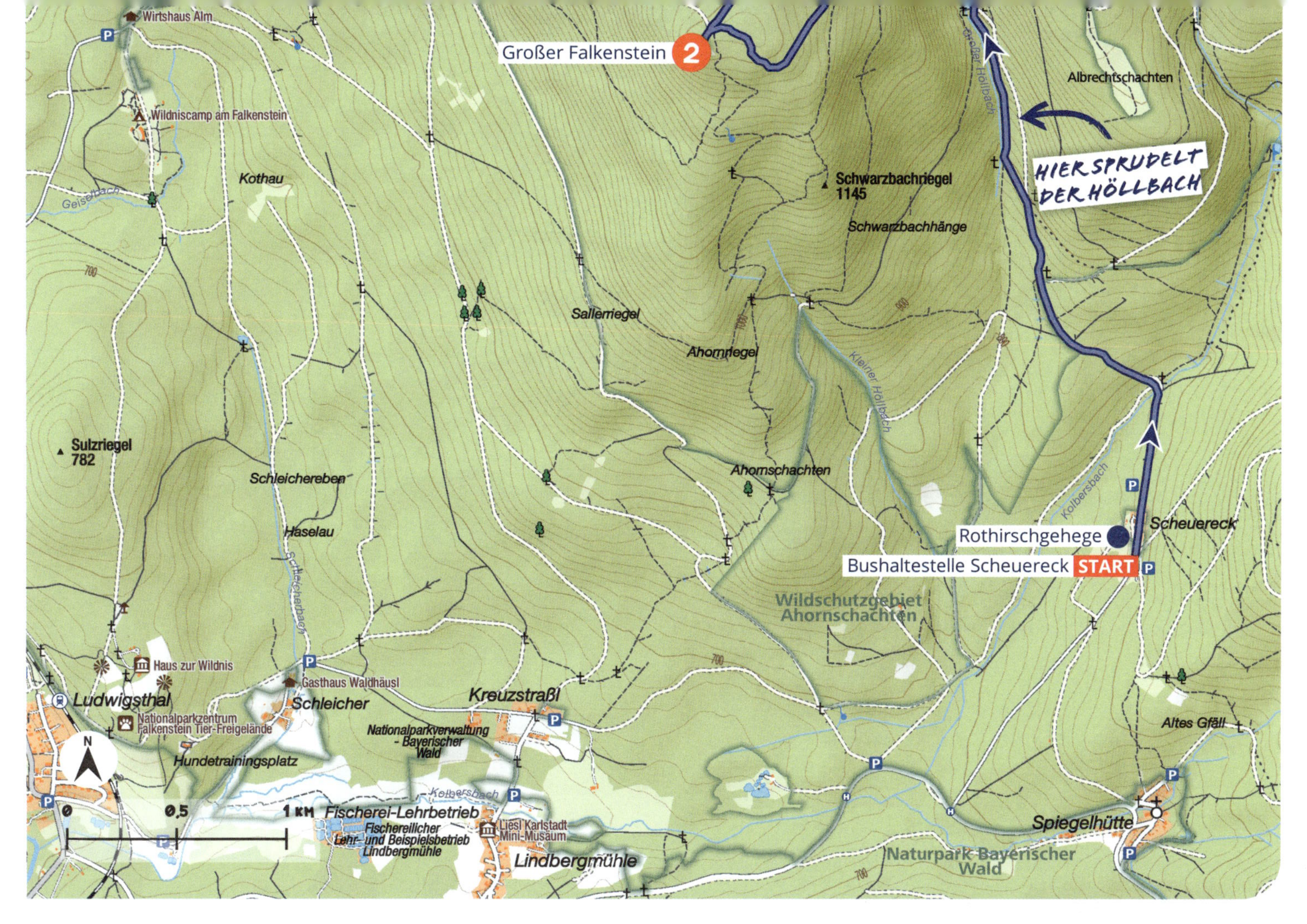

Wirtshaus Alm
Großer Falkenstein 2
Albrechtschachten
Großer Höllbach
HIER SPRUDELT DER HÖLLBACH
Wildniscamp am Falkenstein
Kothau
Geiselbach
Schwarzbachriegel 1145
Schwarzbachhänge
Sallerriegel
Ahornriegel
Kleiner Höllbach
Sulzriegel 782
Schleicherebe n
Ahornschachten
Haselau
Schleicherbach
Kolbersbach
Rothirschgehege
Scheuereck
Bushaltestelle Scheuereck START
Wildschutzgebiet Ahornschachten
Haus zur Wildnis
Gasthaus Waldhäusl
Ludwigsthal
Schleicher
Kreuzstraßl
Nationalparkzentrum Falkenstein Tier-Freigelände
Nationalparkverwaltung - Bayerischer Wald
Altes Gfäll
Hundetrainingsplatz
0
0,5
1 KM
Fischerei-Lehrbetrieb
Fischereilicher Lehr- und Beispielsbetrieb Lindbergmühle
Liesl Karlstadt Mini-Museum
Lindbergmühle
Spiegelhütte
Naturpark Bayerischer Wald

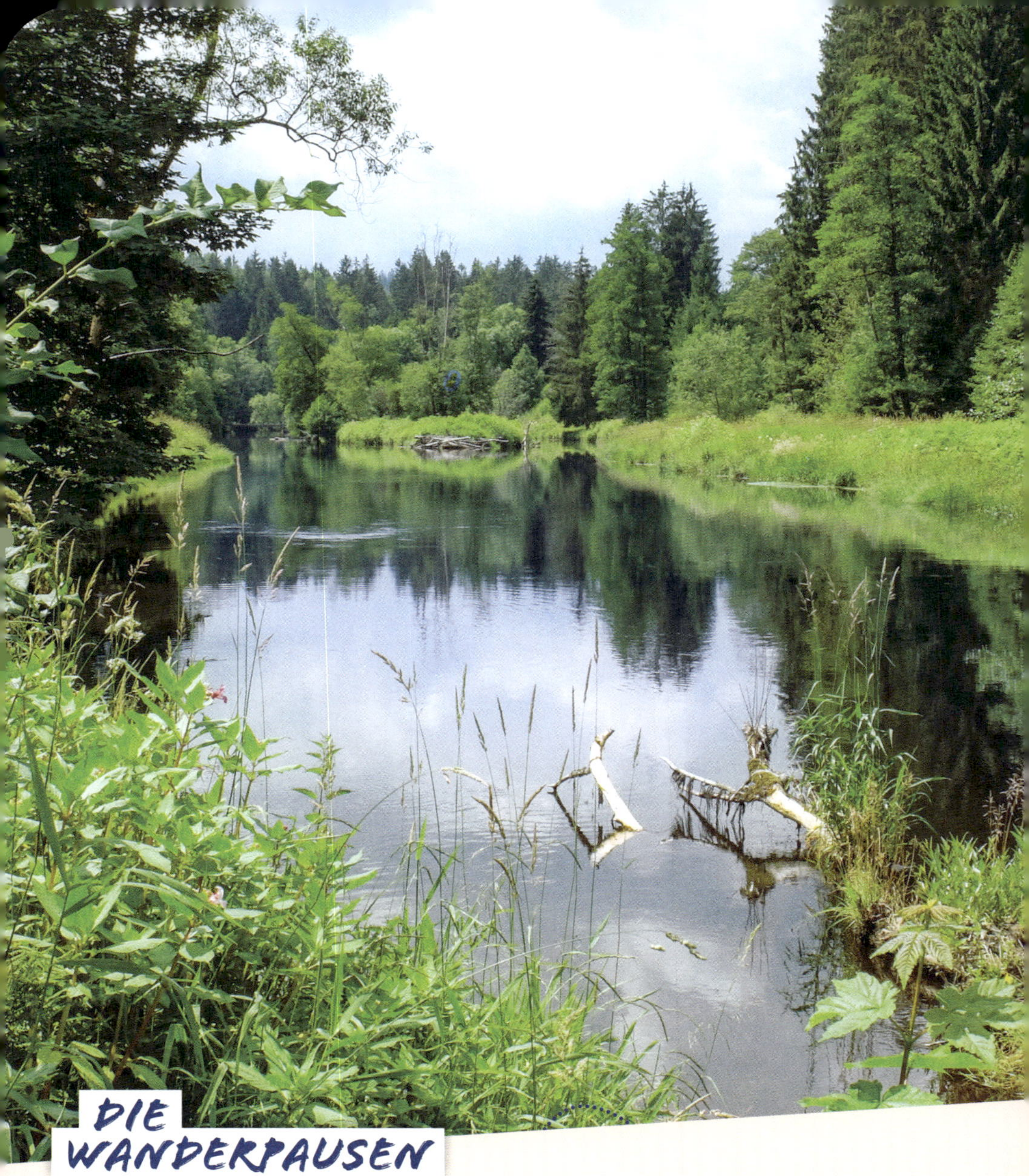

DIE WANDERPAUSEN

» START
Bahnhof Zwiesel

KM 1
1 Stadtpark
Erfrischende Sitzgelegenheit

KM 3,8
2 Paulisäge Zwiesel
Strudelsteine suchen

KM 5,6

Auwald
Durch feuchtes Grün wandern

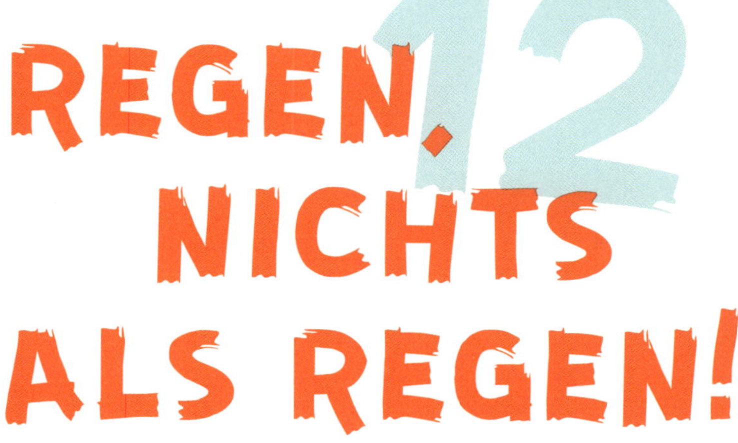

12 Regen. Nichts als Regen!

Am Schwarzen Regen entlang von Zwiesel nach Regen

Auf dieser Flusswanderung kommt man dem Schwarzen Regen ganz nah, entdeckt Auwälder und Feuchtwiesen, Flussinseln und Strudelsteine. Den Anfang und Schluss bilden zwei hübsche Städtchen mit viel Erholungspotenzial.

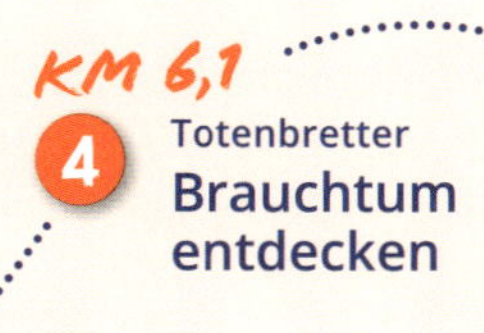

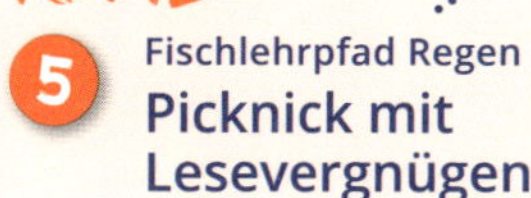

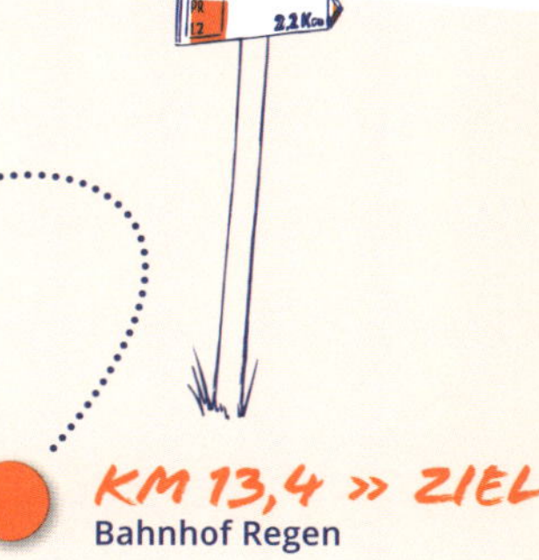

VON REGEN ...

... kann man gar nicht genug haben. Zumindest dann nicht, wenn man den Flusswanderweg am **Schwarzen Regen** entlangläuft. Ein Pfad, der so nah ans rauschende Nass heranführt, ist selten zu finden. Auf diesem Glücksweg von Zwiesel nach Regen kann man sich genau ansehen, wie der Fluss sein Bett formt und gestaltet, und wie vielfältig die Landschaft ist, die aus dieser wilden Kraft hervorgeht.

Am Anfang der Tour scheint der Schwarze Regen noch zahm. In **Zwiesel** fließt er durch den liebevoll gestalteten **Stadtpark,** vorbei an Brunnen, Yoga-Gruppen und Wasserfontänen. Je weiter man sich von der Stadt entfernt, desto spannender wird der Weg. Ganz schmal windet er sich durch Baumstämme hindurch, führt über Wurzeln und Steine hinweg und immer wieder hinab zum Wasser – als würde der Schwarze Regen ihn magnetisch anziehen. In dessen Mitte entdeckt man Inseln, dicht bewachsen von Bäumen, Sträuchern und Gräsern, während sich im Fluss der Flutende Hahnenfuß in der Strömung wiegt. Auch markante Steine tauchen auf, Strudelsteine oder Gletschermühlen genannt, die über Jahrtausende hinweg von Wasser und Sand geformt wurden.

AUF STEINEN SITZEND DEM RAUSCHEN DES FLUSSES VERFALLEN

Im **Auwald** schließlich übernimmt die Farbe Grün. Verschiedene Laubbäume bestimmen das Landschaftsbild, zu ihren Füßen breiten sich Farne und Sumpfgräser aus. Holzbretter helfen über matschige Stellen hinweg, die hier gewollt sind – schließlich ist ein Auwald auf viel Nass angewiesen und darf und will immer wieder überflutet werden.

Man passiert an Fichten gezimmerte **Totenbretter,** läuft mal nah am Fluss, mal etwas weiter davon entfernt, doch immer durch dichten Wald hindurch. Plötzlich reißt einen ein Hupen aus der Traumwelt – von der hohen Eisenbahnbrücke aus ertönt das Warnsignal der Waldbahn und schallt durch die Stille des Waldes.

Nicht mehr lange, dann löst sich die Flusseinsamkeit langsam auf. Der Schwarze Regen wird gestaut, auf dem breiten Gewässer tummeln sich unzählige Enten und Gänse. Schritt für Schritt kehrt man zurück in die Zivilisation, überquert Brücken und durchläuft den **Kurpark der Stadt Regen.** Bunte Häuser schmiegen sich an den Hügel am Rande des Schwarzen Flusses, dem man nochmal zuwinken kann, bevor die Tour am Bahnhof endet.

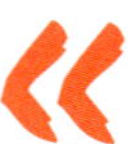

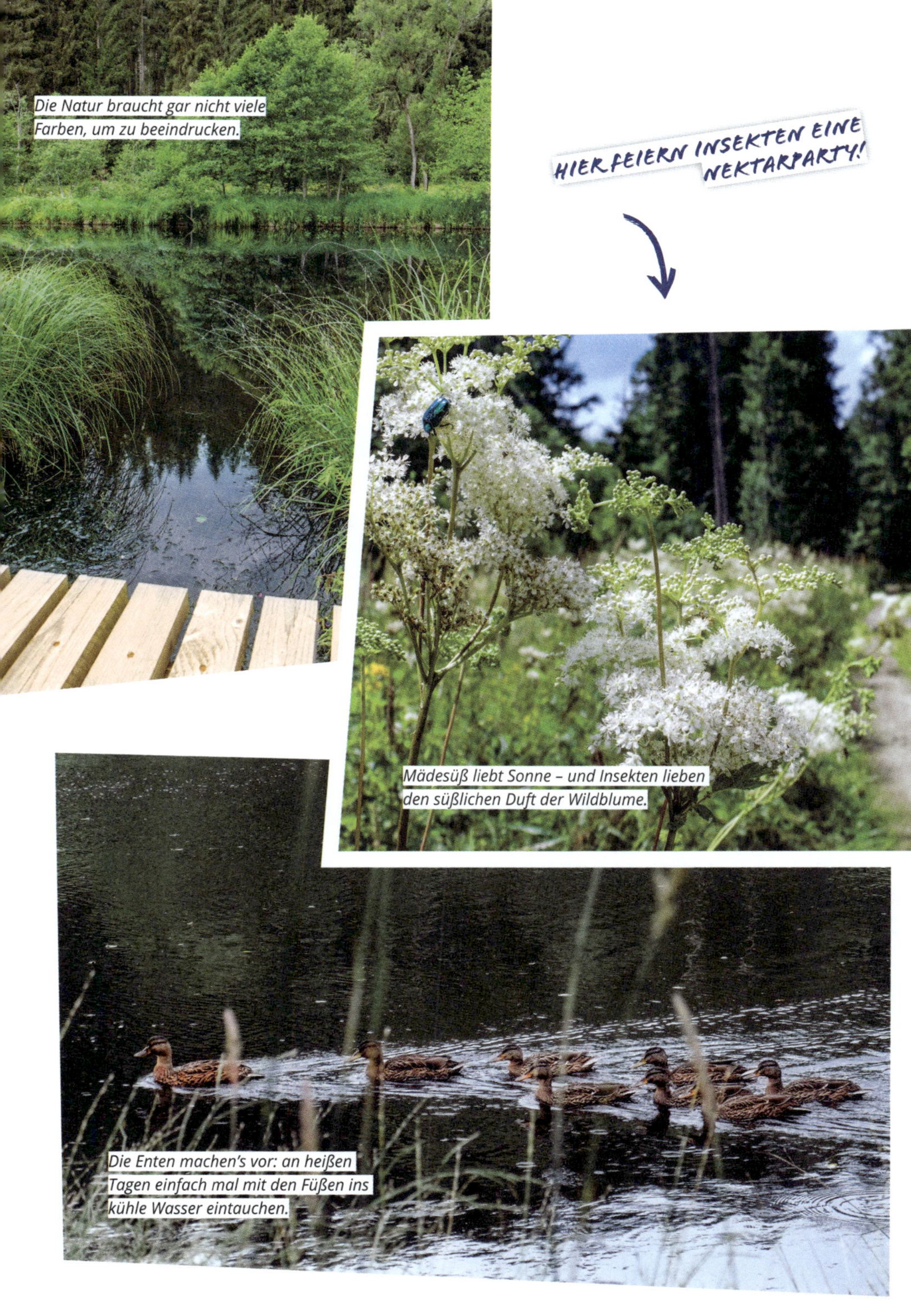

Die Natur braucht gar nicht viele Farben, um zu beeindrucken.

Mädesüß liebt Sonne – und Insekten lieben den süßlichen Duft der Wildblume.

Die Enten machen's vor: an heißen Tagen einfach mal mit den Füßen ins kühle Wasser eintauchen.

WANDERN & GENIESSEN

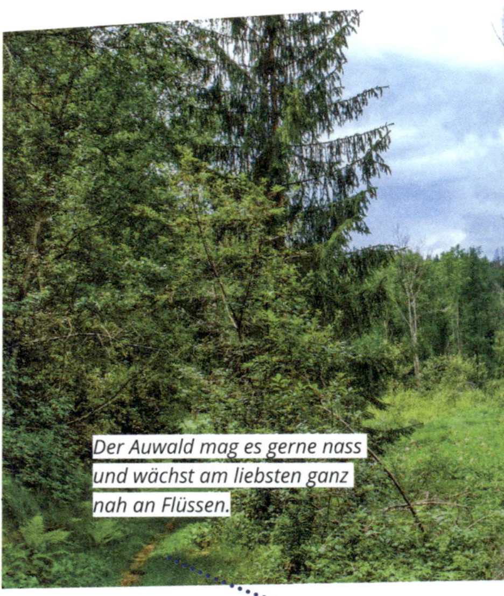
Der Auwald mag es gerne nass und wächst am liebsten ganz nah an Flüssen.

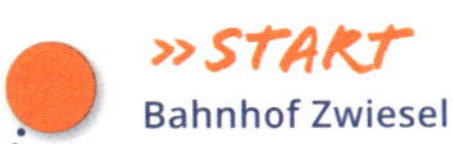

Bahnhof Zwiesel

Am Bahnhof Zwiesel überquert man die Straße und folgt dem Symbol schwarze Wellen auf weißem Grund, das für den Flusswanderweg steht, bis zum Stadtpark.

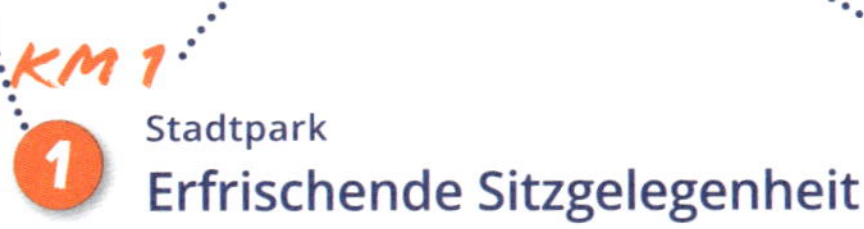

Stadtpark

Erfrischende Sitzgelegenheit

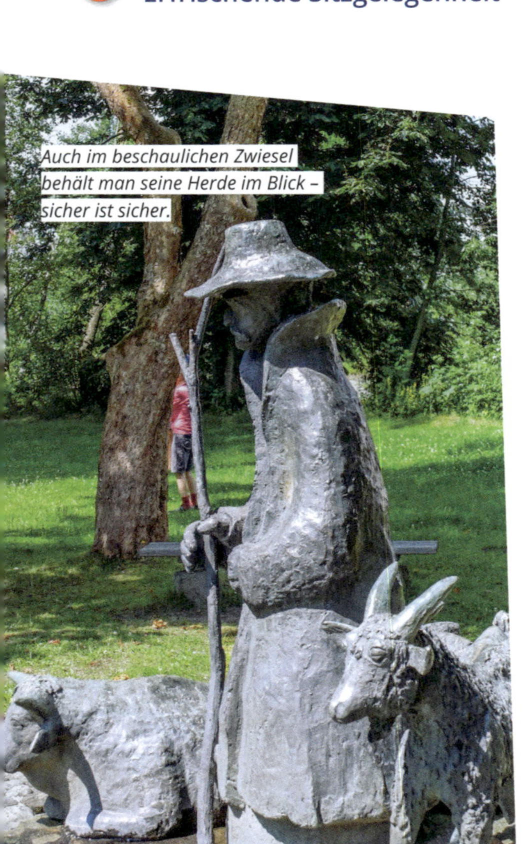
Auch im beschaulichen Zwiesel behält man seine Herde im Blick – sicher ist sicher.

Uralte Baumriesen auf Gras, Holzbrücken über dem Schwarzen Regen, ein Brunnen mit Hirtenskulptur und ein stählerner Drache im Wasser – der Stadtpark in Zwiesel lädt zum Schauen und Verweilen ein. Besonders schön gelegen ist die Parkbank auf Höhe der Wasserfontäne, die an heißen Tagen für eine Abkühlung sorgt. Zwiesel selbst ist eine Glasmacherstadt. Bis heute konzentriert sich die Stadt auf die Produktion von Glas. Wer mag, besucht das Waldmuseum (waldmuseum.zwiesel.de) oder eine Glashütte mit Schauofen, um sich über die traditionelle Handwerkskunst zu informieren.

Nach dem Park führt einen das Symbol des Flusswanderwegs raus aus der Stadt. Nach den letzten Häusern unterquert man eine Straße und gelangt zum Pfad, der nun den Schwarzen Regen begleitet. Nach einer Staustufe gelangt man zum wilderen Teil des Flusses. Ab und zu führt die Route auf kurzen Abschnitten über Feldwege, um dann schnell wieder auf Pfade zu wechseln.

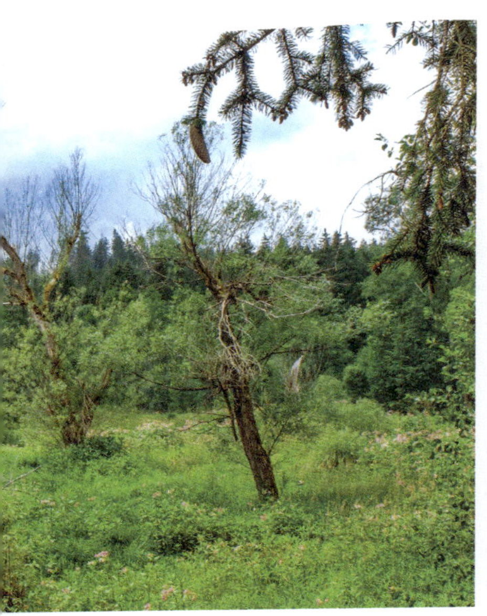

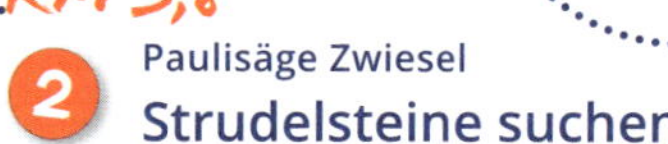

2 Paulisäge Zwiesel
Strudelsteine suchen

Vom Weg aus sind sie gut zu erkennen, diese uralten steinernen Zeitzeugen. Glattpoliert oder mit Einkerbungen versehen – die Strudelsteine, die im Schwarzen Regen liegen, gehen auf das Zeitalter der Gletscher zurück. Das Blockmeer aus Granitsteinen wurde über Jahrtausende hinweg von Wasser und Sand geformt. Das Ergebnis kann auf einem 350 Meter langen Abschnitt des Schwarzen Regens auf Höhe des ● **Klärwerks** Zwiesel bewundert werden. Die Strudelsteine, auch Gletschermühlen genannt, wurden 1977 zum Naturdenkmal ernannt. Bei einer Erkundung also rücksichtsvoll mit ihnen umgehen.

Nach Passieren des Klärwerks geht es kurz über ein Privatgrundstück. Hier unbedingt am Ufer entlanggehen und nicht über die Wiese spazieren. Danach führt das Wellen-Symbol wieder über Stock und Stein am Fluss entlang.

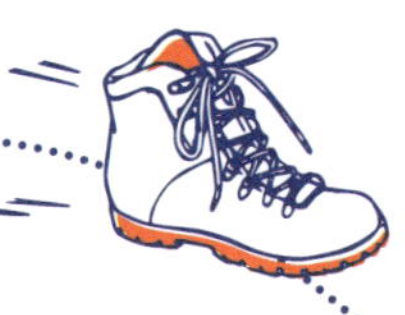

KM 5,6

3 Auwald
Durch feuchtes Grün wandern

Pflanzen, die im Wasser stehen – das ist in einer Aue normal und wichtig. Nicht umsonst werden die in einer Auenlandschaft stehenden Wälder auch Wasserwälder oder Regenwälder Mitteleuropas genannt. Erlen und Weiden, Birken und Ahorne streben dem Himmel entgegen, während ihre Wurzeln im Wasser stehen. Vom Pfad aus entdeckt man jedoch noch mehr: Schilfgras, das ungehindert zwischen den Baumstämmen wuchert, Weißdorne, Hartriegel und Mädesüß, die unbekümmert am Ufer wachsen. Schwebfliegen, Libellen und Schmetterlinge haben diesen immer seltener gewordenen Lebensraum für sich gepachtet und lassen sich auch am Schwarzen Regen leicht auf Blüten und Schilf beobachten

Man bleibt weiter auf der linken Seite der Auwälder und des Flusses und hält Ausschau nach dem Wellen-Symbol.

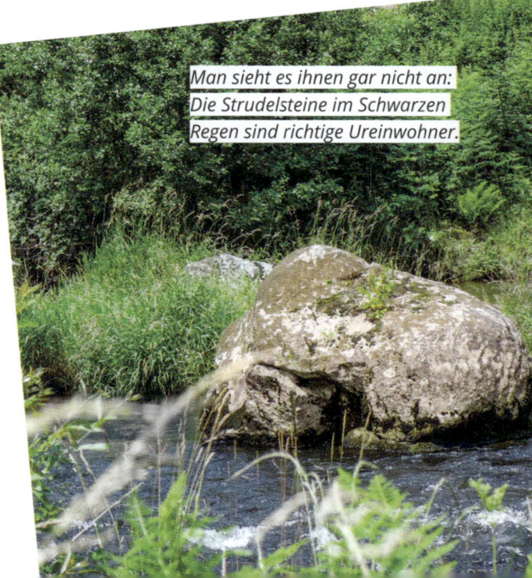

Man sieht es ihnen gar nicht an: Die Strudelsteine im Schwarzen Regen sind richtige Ureinwohner.

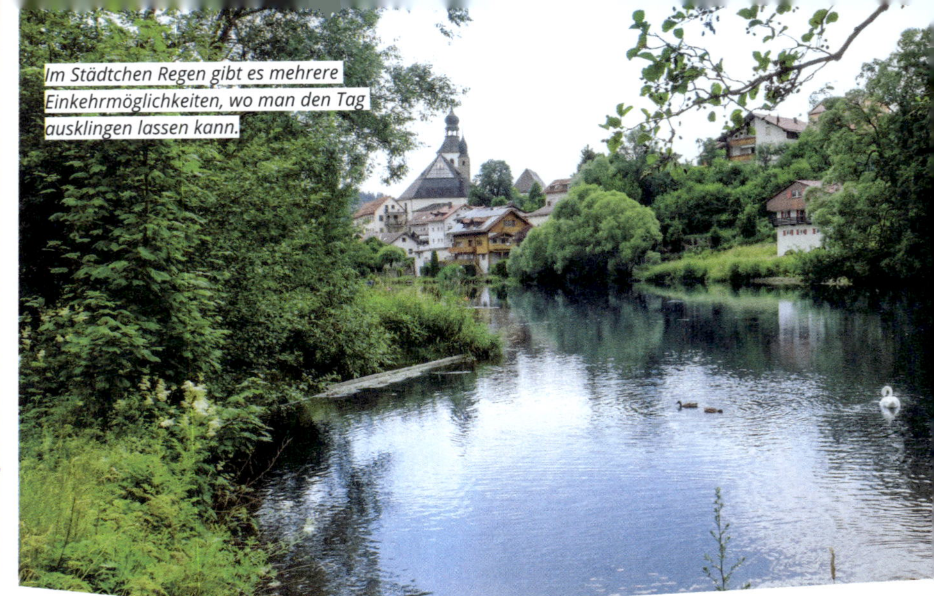
Im Städtchen Regen gibt es mehrere Einkehrmöglichkeiten, wo man den Tag ausklingen lassen kann.

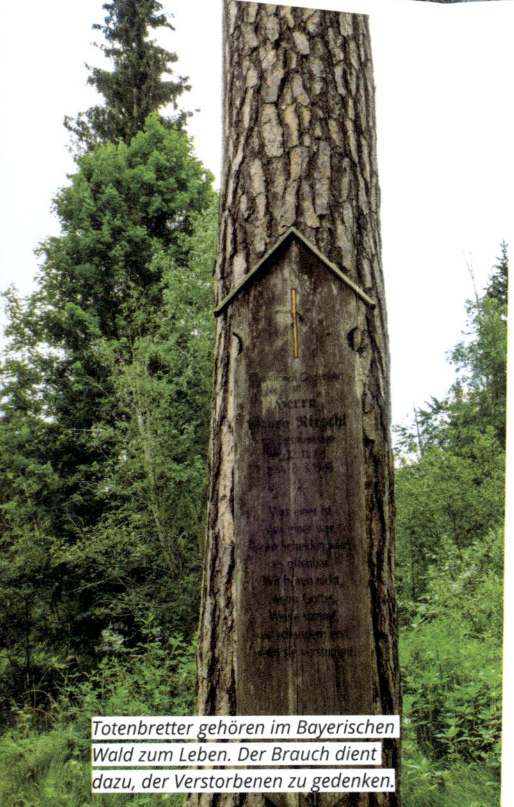
Totenbretter gehören im Bayerischen Wald zum Leben. Der Brauch dient dazu, der Verstorbenen zu gedenken.

KM 6,1

4 Totenbretter

Brauchtum entdecken

Drei ungewöhnliche Konstruktionen stechen einem am Schwarzen Regen ins Auge. An Fichtenstämmen sind Holzbretter gezimmert, auf denen Verstorbenen gedacht wird – sogenannte Totenbretter. Das Brauchtum stammt aus dem 19. Jahrhundert und wird noch heute im Bayerischen Wald gepflegt. An markanten Wegstellen werden teilweise sehr aufwendig gestaltete Gedenkbretter aufgestellt oder angebracht, um so weiterhin an die Toten zu erinnern.

Der Weg verläuft nun mal über Forstwege, dann wieder übernimmt der vertraute Waldpfad die Führung. Nach der Eisenbahnbrücke wieder dicht am Flussufer halten, nicht den Forstweg wählen! Nach dem Fichtenwald kann es stellenweise etwas matschig sein. Der Stausee beginnt und man quert die ● **Heubrücke**, *nach dieser hält man sich links und geht die kleine Teerstraße entlang, die einen nach Regen bringt. Über den* ● **Rodenstocksteg** *gelangt man zum Kurpark.*

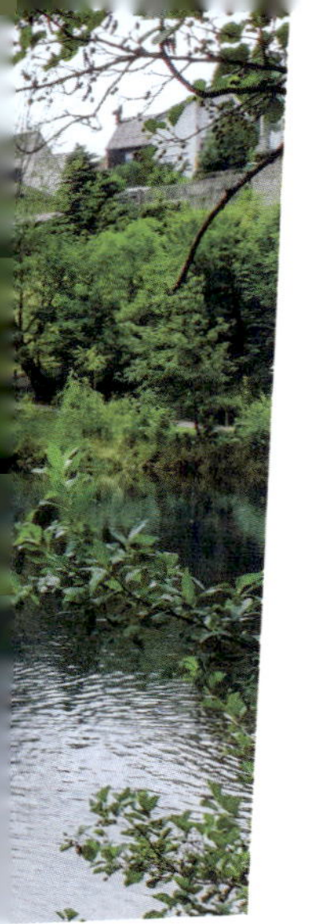

NUR NOCH EIN PAAR METER BIS ZUM ZIEL!

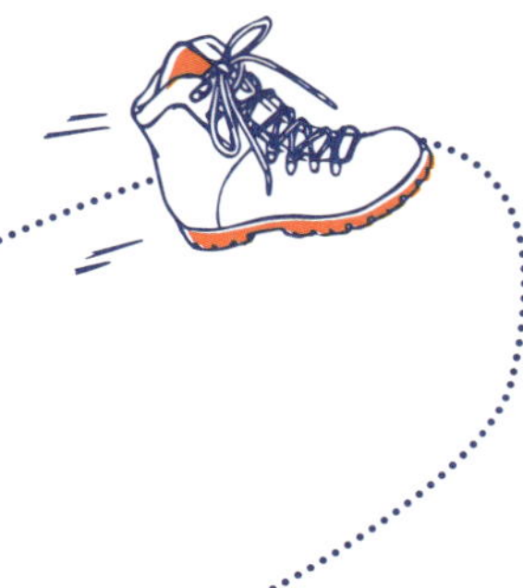

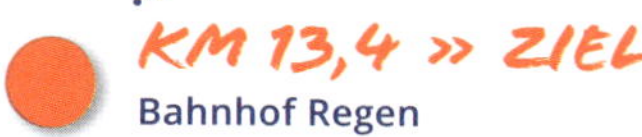

KM 13,4 » ZIEL

Bahnhof Regen

KM 13

Fischlehrpfad Regen

Picknick mit Lesevergnügen

Geschafft! In Regen angekommen, kann man sich im Kurpark auf eine Bank setzen und die vergangenen Wanderstunden Revue passieren lassen. Wer seine Brotzeit nicht schon auf dem Weg aufgegessen hat, lässt sie sich nun im Kurpark schmecken lassen. Gestärkt kann man sich nun noch auf den Fischlehrpfad begeben, dessen Tafeln sich über die gesamte Anlage verteilen. So erfährt man, dass Erlen das Wasser von Phosphor reinigen oder dass der Flussotter bis zu acht Minuten lang tauchen kann. Auch die erstaunliche Entwicklung der Flussperlmuschel von der schmarotzenden Larve hin zum erwachsenen Tier ist auf den Infotafeln festgehalten. Wer eher an Landwirtschaft interessiert ist, sollte das Niederbayerische Landwirtschaftsmuseum (nlm-regen.de) in Regen besuchen.

Das Wellen-Symbol weist den Weg Richtung Bahnhof. Dafür läuft man erst den Schwellenweg, dann die Bahnhofstraße bergauf. Ein Fußweg rechter Hand bringt einen direkt zum Bahnhofsgebäude.

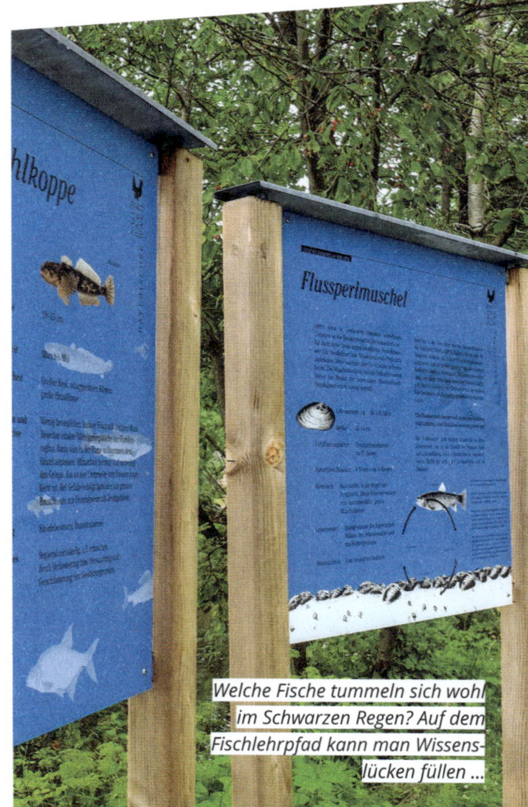

Welche Fische tummeln sich wohl im Schwarzen Regen? Auf dem Fischlehrpfad kann man Wissenslücken füllen ...

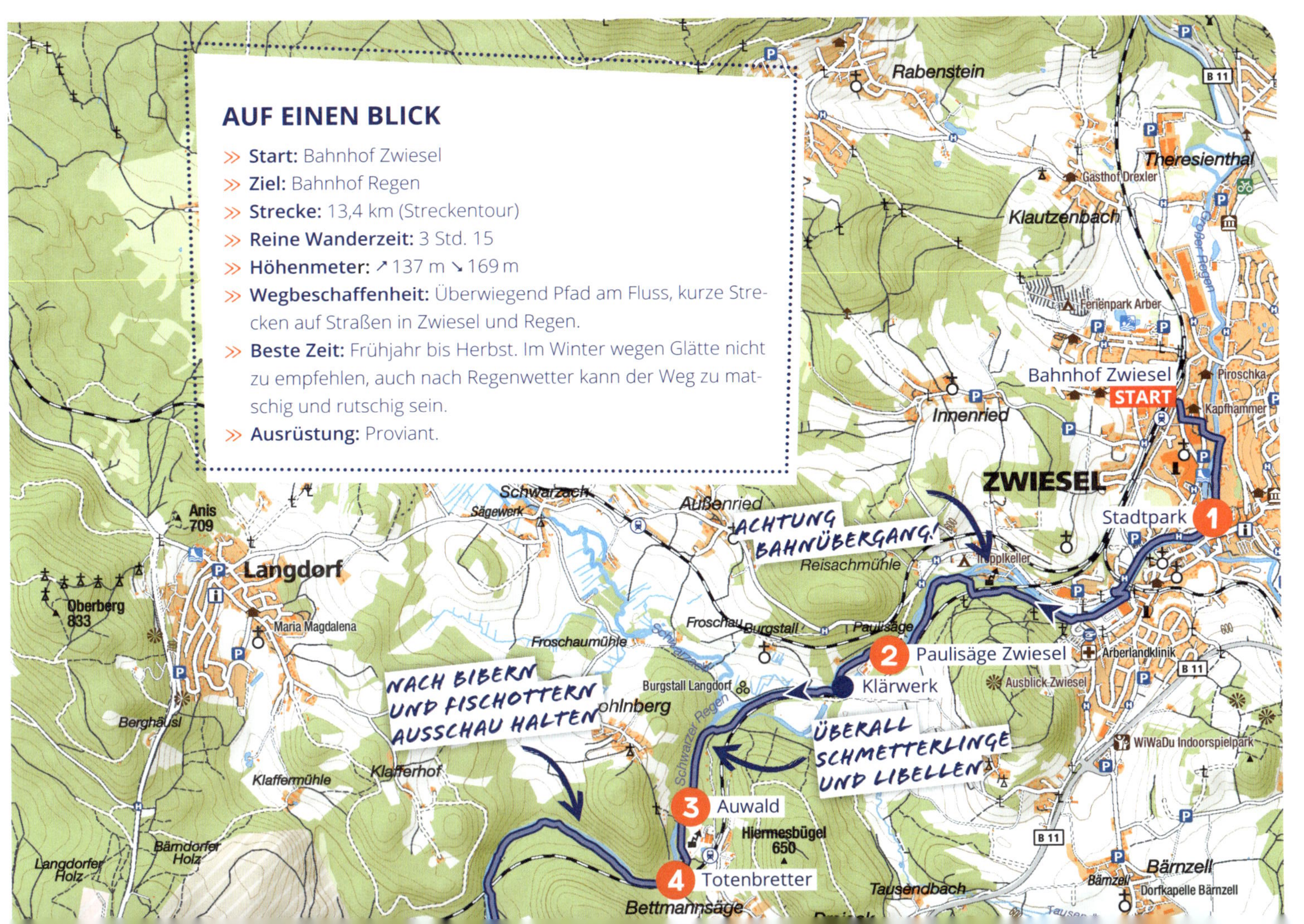

AUF EINEN BLICK

- » **Start:** Bahnhof Zwiesel
- » **Ziel:** Bahnhof Regen
- » **Strecke:** 13,4 km (Streckentour)
- » **Reine Wanderzeit:** 3 Std. 15
- » **Höhenmeter:** ↗137 m ↘169 m
- » **Wegbeschaffenheit:** Überwiegend Pfad am Fluss, kurze Strecken auf Straßen in Zwiesel und Regen.
- » **Beste Zeit:** Frühjahr bis Herbst. Im Winter wegen Glätte nicht zu empfehlen, auch nach Regenwetter kann der Weg zu matschig und rutschig sein.
- » **Ausrüstung:** Proviant.

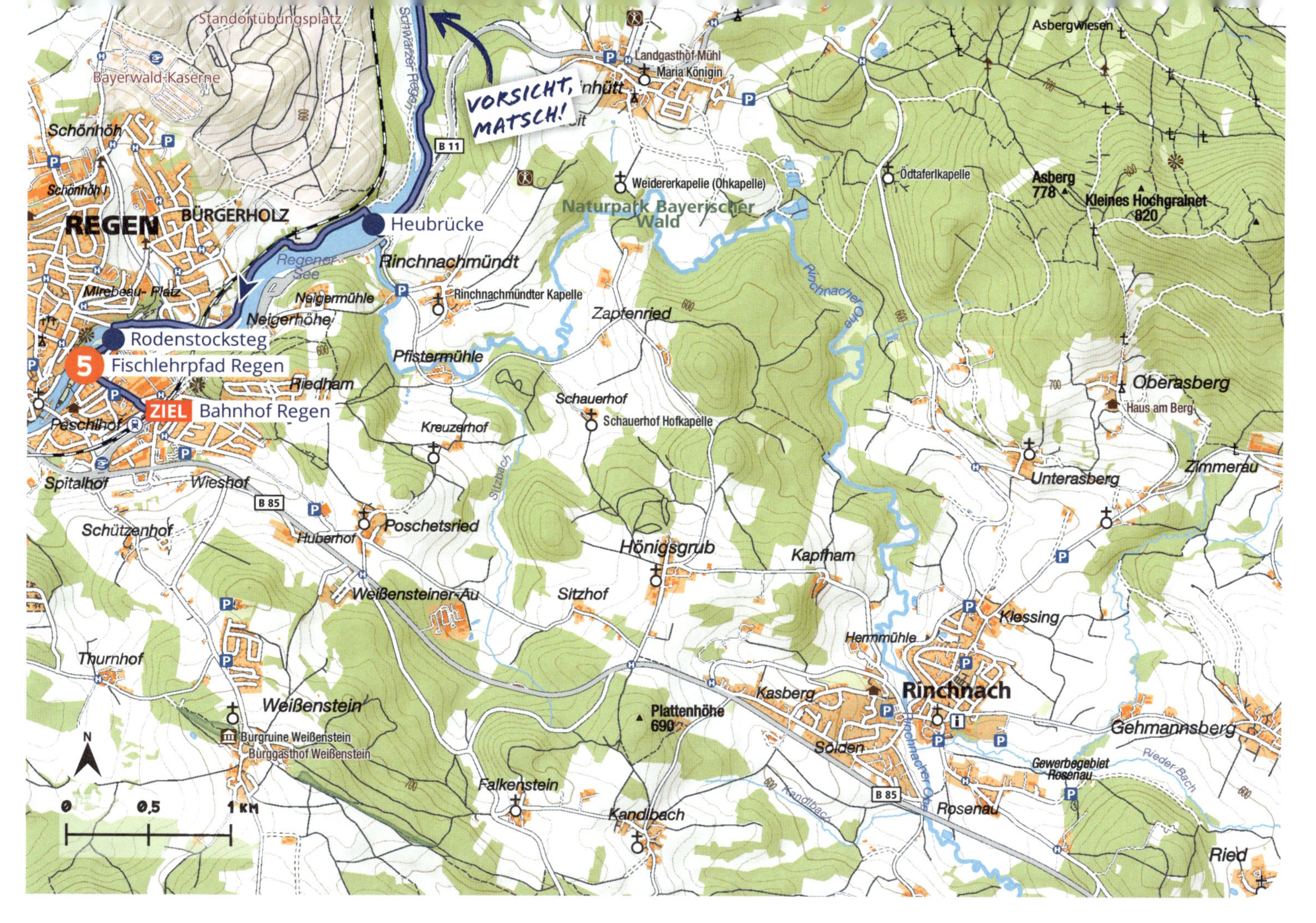

5
Fischlehrpfad Regen
Rodenstocksteg
Heubrücke
ZIEL
Bahnhof Regen
VORSICHT, MATSCH!
Standortübungsplatz
Bayerwald-Kaserne
Schönhöh
REGEN
BÜRGERHOLZ
Mirebeau-Platz
Regener See
Neigermühle
Neigerhöhe
Riedham
Peschlhof
Spitalhof
Wieshof
Schützenhof
Thurnhof
Weißenstein
Burgruine Weißenstein
Burggasthof Weißenstein
Schwarzer Regen
B 11
B 85
Landgasthof Mühl
Maria Königin
Weidererkapelle (Ohkapelle)
Naturpark Bayerischer Wald
Rinchnachmündt
Rinchnachmündter Kapelle
Pfistermühle
Zapfenried
Schauerhof
Schauerhof Hofkapelle
Kreuzerhof
Poschetsried
Huberhof
Weißensteiner-Au
Sitzhof
Sitzbach
Hönigsgrub
Kapfham
Falkenstein
Kandlbach
Plattenhöhe 690
Ödtaferlkapelle
Asbergwiesen
Asberg 778
Kleines Hochgrainet 820
Oberasberg
Haus am Berg
Unterasberg
Zimmerau
Rinchnacher Ohe
Klessing
Hemmmühle
Rinchnach
Kasberg
Sölden
Gehmannsberg
Gewerbegebiet Rosenau
Rieder Bach
Rosenau
Ried
0
0,5
1 KM
N

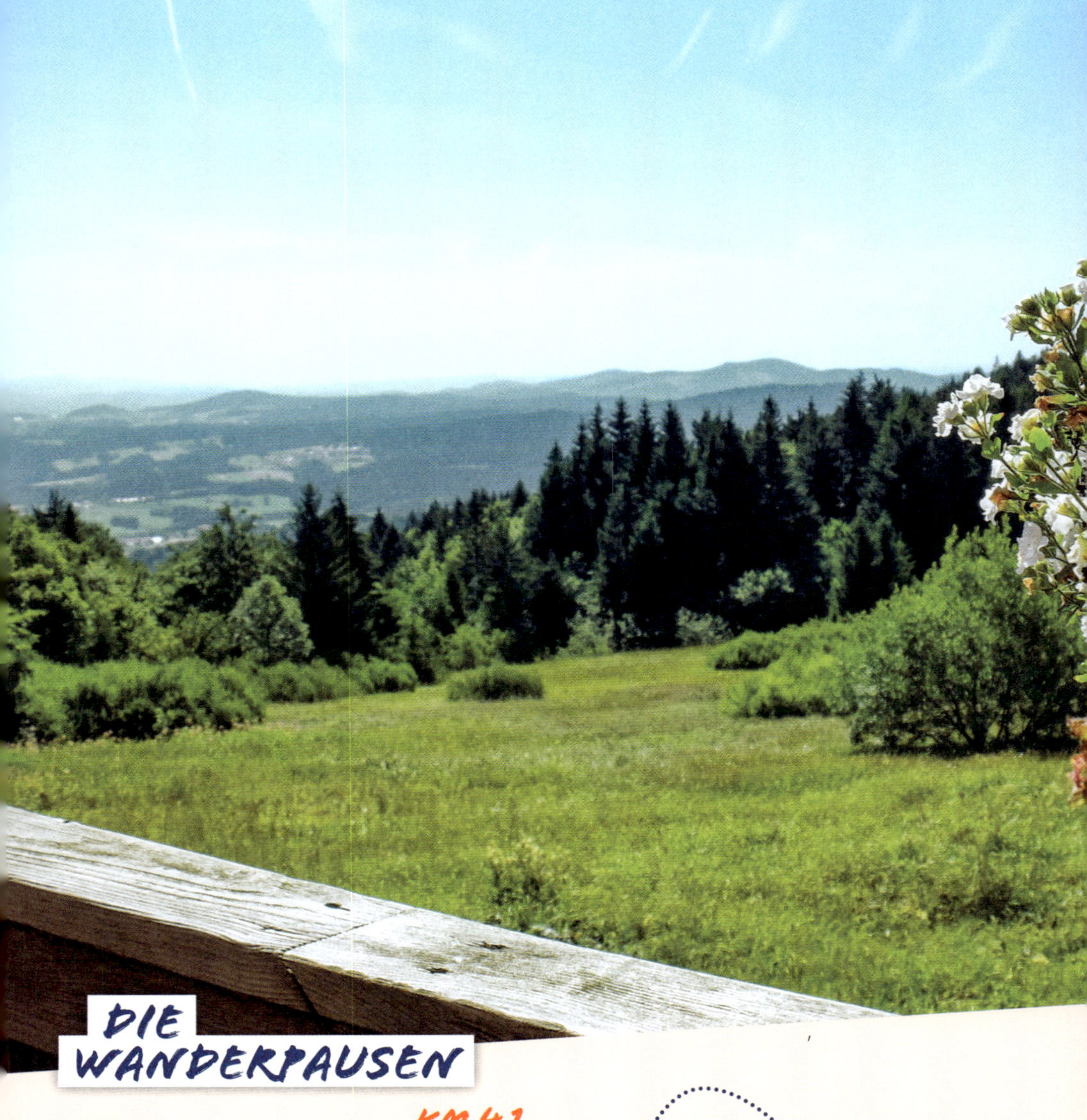

Die Wanderpausen

» Start
Bushaltestelle Rathaus, Bischofsmais

KM 2,7

1 Degenhard-Kapelle
Verschnaufpause im Wald

KM 4,1

2 Landshuter Haus
Auf den Aufstieg anstoßen

KM 4,2

3 Oberbreitenau
Verlassenes Dorf erkunden

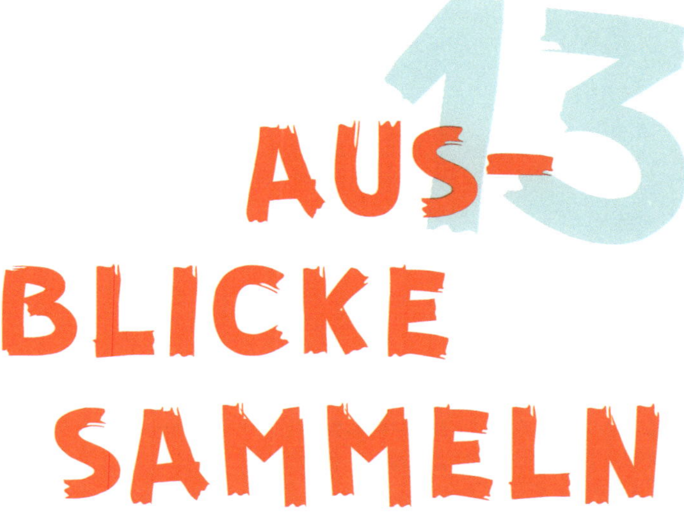

Von Bischofsmais auf den Geißkopf

Ein verlassenes Dorf, eine traumhafte Einkehr, ein steiniger Gipfel und ein Aussichtsturm ergeben eine abwechslungsreiche und fordernde Tour mit vielen Genussmomenten.

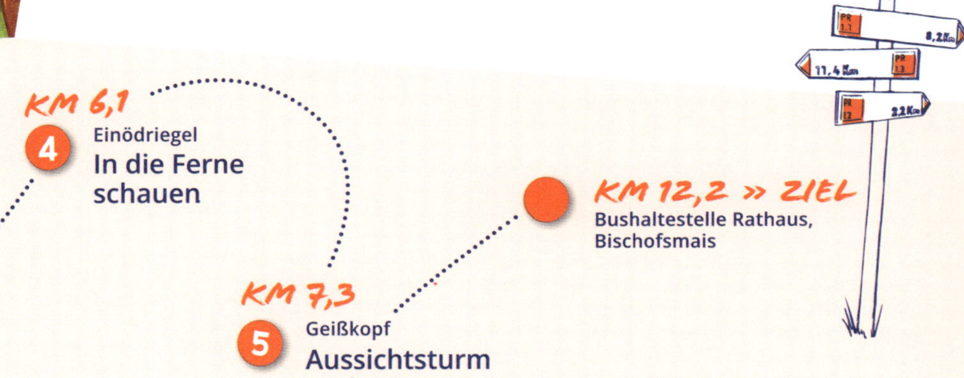

LANGE DAUERT ES NICHT, ...

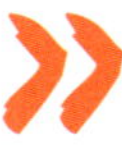

... dann hat man die Straße von Bischofsmais gegen einen Waldweg eingetauscht. Es geht gut bergauf, über Steine und Wurzeln hinweg, die sich neugierig in den Pfad schieben. Immer dichter wird der Wald, immer schneller geht der Atem. An der **Degenhard-Kapelle** kann man eine kurze Pause machen, bevor es weitergeht.

Am Wegesrand tauchen plötzlich Totenbretter auf. Für wen die wohl sind? Die Schrift ist teilweise schon etwas verwittert, doch nach ein paar Minuten weiß man: Die hölzernen Andenken sind für die ehemaligen Bewohner des verlassenen **Bergdorfs Oberbreitenau.** Einige Siedlungsreste kann man in der Nähe vom Gasthaus **Landshuter Haus** entdecken, das oben auf der Ebene thront.

SICH VON BUNTEN BLUMENWIESEN RUND UM DAS LANDSHUTER HAUS BETÖREN LASSEN

Hinter dem Gasthaus lockt der Weg erneut in den Wald und führt kurz darauf an einem Bären vorbei. Natürlich ist es kein echter Bär, sondern einer aus Holz, aber hübsch sieht er aus, mit seinem weißen Fell und seiner roten Nase.

Der gemütliche Waldspaziergang wird von einer kurzen Steigung unterbrochen – man läuft hoch auf den **Einödriegel,** der seinem Namen alle Ehre macht. Am **Geißkopf** hingegen geht es turbulenter zu. Mountainbiker:innen lassen sich hier von der Seilbahn nach oben tragen, um über den Bikepark hinab ins Tal zu rauschen. Auf der Terrasse der Geißkopfhütte kann man sich zwischen den Waghalsigen niederlassen und ihren Geschichten lauschen ...

Nach einem kurzen Abstecher auf den Aussichtsturm bringt einen der schattige Weg zurück zum Landshuter Haus. Vielleicht sollte man nochmal die Gelegenheit nutzen und sich auf die Terrasse setzen? Dabei den Weitblick aufsaugen, die grünen Hügel bewundern – bevor einen der steinige Wurzelweg zurück nach Bischofsmais bringt. «

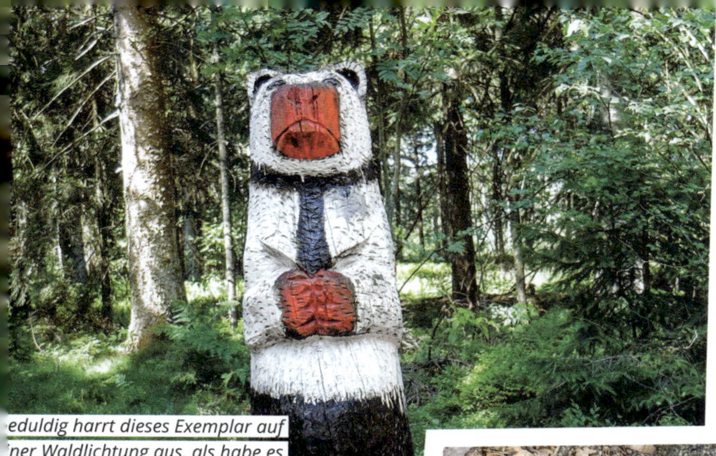

eduldig harrt dieses Exemplar auf ner Waldlichtung aus, als habe es ch vorgenommen, alle persönlich zu egrüßen.

BÄREN GIBT ES HIER OFFENSICHTLICH AUCH!

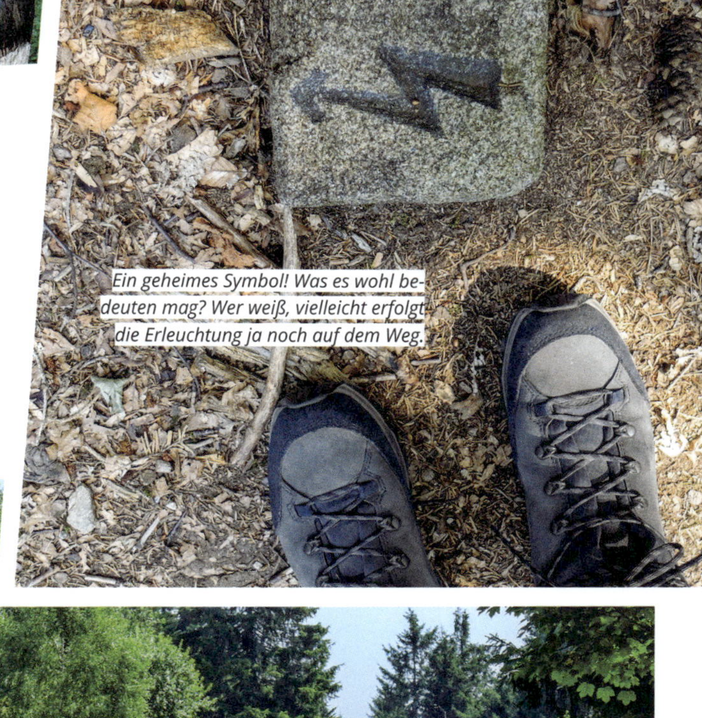

Ein geheimes Symbol! Was es wohl bedeuten mag? Wer weiß, vielleicht erfolgt die Erleuchtung ja noch auf dem Weg.

Natürlich kann man mit dem Fahrrad fahren, aber zu Fuß ist's auch schön!

WANDERN & GENIESSEN

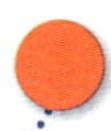

» START

Bushaltestelle Rathaus, Bischofsmais

Der Hauptstraße aus Bischofsmais heraus folgen. An einem Wanderparkplatz vorbei, bis der Wanderweg Nr. 12 bei einer kleinen Häuseransammlung über die Straße weist. Nach Querung der Straße weiter der Nr. 12 in den Wald hinein bergan folgen. Die Beschilderung führt sicher durch den Wald. Nach etwa 2,5 km ist die Degenhard-Kapelle ausgeschildert.

KM 2,7

Degenhard-Kapelle

Verschnaufpause im Wald

Wenn man auf den Bänken vor der Kapelle an der einstigen Zellwiese sitzt, versteht man, wieso deren Gründungsvater diesen Ort wählte. Eine tiefe Ruhe herrscht an diesem Fleckchen Wald. Unweit plätschert das Wasser in eine Tränke – eine wohltuende Abkühlungsmöglichkeit an heißen Tagen. Der Eremit Degenhard zog 1344 Richtung Breitenau, um sich an der Zellwiese niederzulassen. Bis zu seinem Tod 1374 lebte er hier. Die Kapelle, die man heute von außen und innen bewundern kann, ist nicht der originale Bau. Dieser wurde im Dreißigjährigen Krieg zerstört. Doch freiwillige Helfer schafften es, eine neue, mit Holz verkleidete Kapelle zu errichten.

Zurück am Wanderweg Nr. 12 folgt man diesem weiter aufwärts und passiert kurz darauf Totenbretter für die Verstorbenen des Dorfes Oberbreitenau. Wenige Höhenmeter später läuft der Waldweg sanft aus und trifft auf einen Forstweg. Dieser bringt einen direkt zum Landshuter Haus.

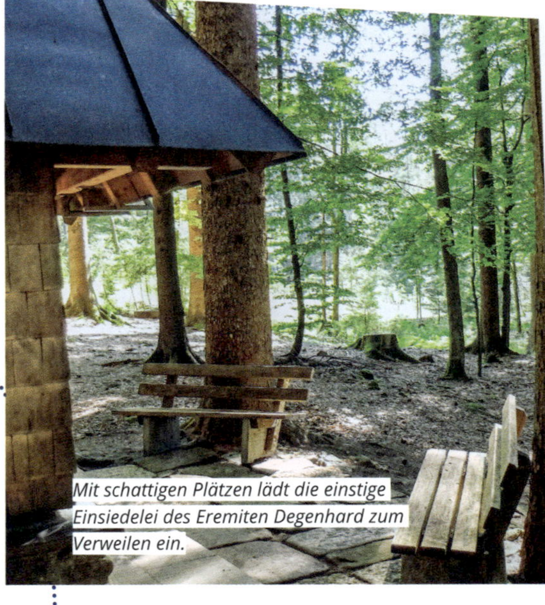

Mit schattigen Plätzen lädt die einstige Einsiedelei des Eremiten Degenhard zum Verweilen ein.

KM 4,1

Landshuter Haus

Auf den Aufstieg anstoßen

Wenn der Aufstieg geschafft ist, wartet schon die Belohnung in Form von kalten Getränken am Landshuter Haus (landshuterhaus.eu). Von der Terrasse der Bergwirtschaft kann man den Brotjacklriegel mit seinem Sendemasten erspähen. Um das Haus herum blühen unzählige Kräuter und Blumen, was den Ort zu einer besonders schönen und bunten Idylle macht, an der man gern länger verweilen möchte.

Rund 100 m vom Landshuter Haus entfernt befinden sich die Ruinen des Dorfes Oberbreitenau.

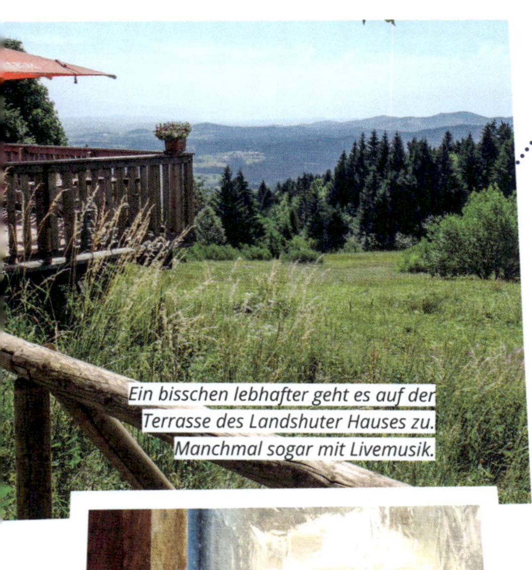

Ein bisschen lebhafter geht es auf der Terrasse des Landshuter Hauses zu. Manchmal sogar mit Livemusik.

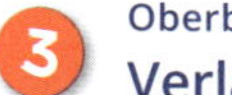

3 Oberbreitenau

Verlassenes Dorf erkunden

Nur einen Steinwurf vom Landshuter Haus entfernt findet man die Überreste des Bergdorfs Oberbreitenau. Einst wohnten hier tapfere Menschen, die jedoch mit Schnee und kargen Böden zu kämpfen hatten. Lediglich Hafer, Kartoffeln und Weißrüben schafften es vom Saatgut zum erntefähigen Lebensmittel. Nach 340 Jahren Besiedelung gab der letzte Bewohner 1925 auf und verkaufte sein Anwesen. Heute können die Umrisse der ehemaligen Gebäude erkundet werden. Die Mauerreste sind noch gut sichtbar, obwohl sie nach und nach von der Natur zurückerobert werden.

Zurück am Landshuter Haus zeigen Schilder in Richtung Geißkopf. Diesen so lange folgen, bis bei einer Gabelung der Wanderweg Nr. 4 nach links abzweigt. Ein zweites Mal trifft man auf Schilder, die den Weg zum Geißkopf anzeigen. Jedoch weiterhin der Nr. 4 Richtung Habischried/Unterbreitenau folgen, bis der Wegweiser »Einödriegel« einen zum Gipfel führt.

In der Degenhard-Kapelle lauert manches Abenteuer …

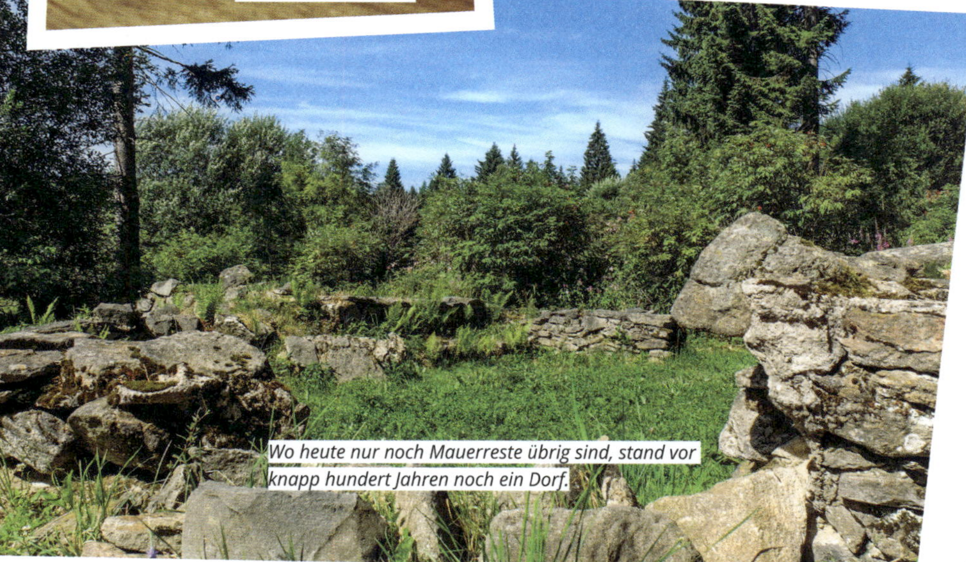

Wo heute nur noch Mauerreste übrig sind, stand vor knapp hundert Jahren noch ein Dorf.

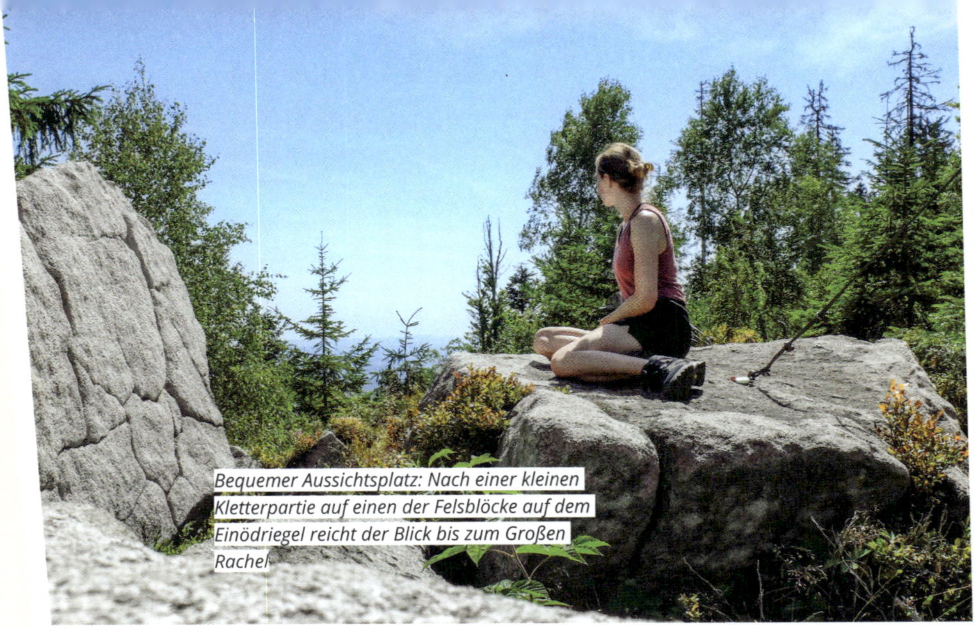

Bequemer Aussichtsplatz: Nach einer kleinen Kletterpartie auf einen der Felsblöcke auf dem Einödriegel reicht der Blick bis zum Großen Rachel

KM 6,1

4 Einödriegel

In die Ferne schauen

Wer auf dem Einödriegel steht, befindet sich auf einer Höhe von 1121 Metern. Obwohl der Gipfel großteils von Fichten und Ebereschen zugewachsen ist, bietet er dennoch einen Ausblick. Diesen erhascht man, indem man auf den Steinblöcken, die um das Kreuz herumliegen, vorsichtig nach vorne klettert. Von dort aus kann man sogar den Großen Rachel (s. S. 149) entdecken, den mit 1453 Metern höchsten Berg im Nationalpark. Auf dem Einödriegel wachsen viele Heidelbeeren, die zu einer Naschpause verführen. Auf den Steinen sitzend, kann man das Gratis-Dessert genießen – und auch die Ruhe, die auf diesem wenig besuchten Aussichtspunkt herrscht.

Es geht auf demselben Weg zurück, bis man das erste Mal auf den Wegweiser »Geißkopf« trifft. Diesem Weg leicht bergauf bis zum Aussichtsturm folgen.

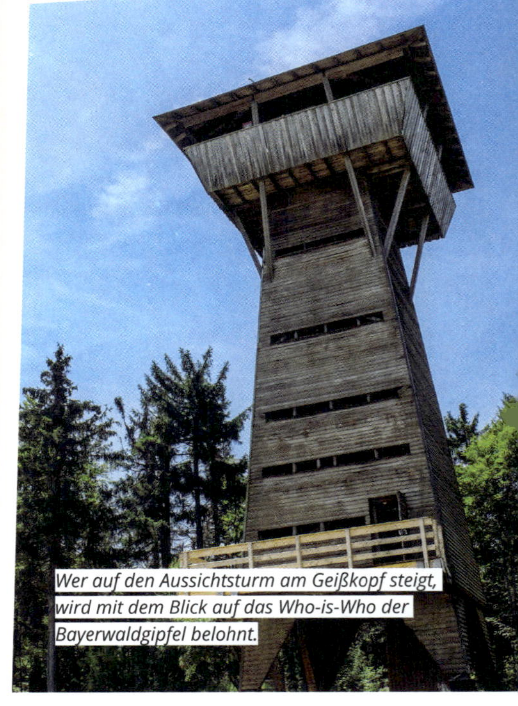

Wer auf den Aussichtsturm am Geißkopf steigt, wird mit dem Blick auf das Who-is-Who der Bayerwaldgipfel belohnt.

KM 7,3

5 Geißkopf

Den Aussichtsturm erobern

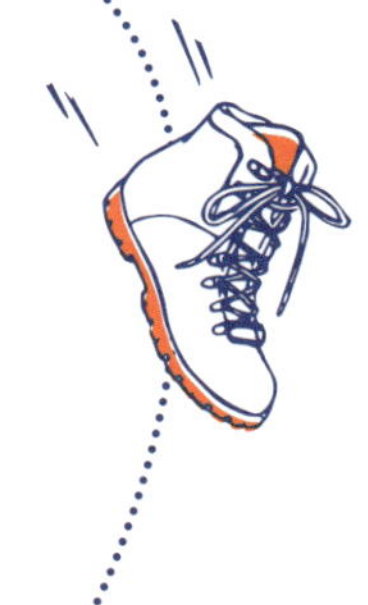

Den Geißkopf ziert ein Aussichtsturm, der fantastische Blicke in den Hinteren Bayerischen Wald hinein und bis rüber nach Tschechien bietet. Hohenbogen, Čerchov, Großer Arber, Falkenstein, Großer Rachel und Lusen – von der Aussichtsplattform aus kann man sie alle entdecken. Eine Panoramatafel hilft bei der Lösung des Rätsels, welcher Berg wohl welcher ist. Am Geißkopf selbst bietet die Geißkopfhütte Abhilfe bei Hunger und Durst. Deftige Mahlzeiten warten hier nicht nur auf Wanderer, sondern vor allem auf Mountainbiker, die hier fleißig den Bikepark nutzen. Eine Seilbahn verbindet Unterbreitenau mit dem Geißkopf.

Am Aussichtsturm vorbei geht der Weg zurück in den Wald und weiter zum Landshuter Haus. Von dort aus den bekannten Weg zurück nach Bischofsmais wählen.

KM 12,2 » ZIEL

Bushaltestelle Rathaus, Bischofsmais

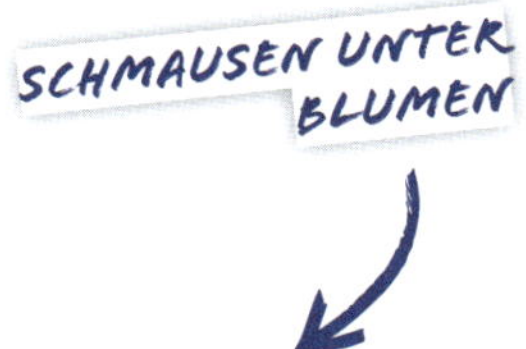

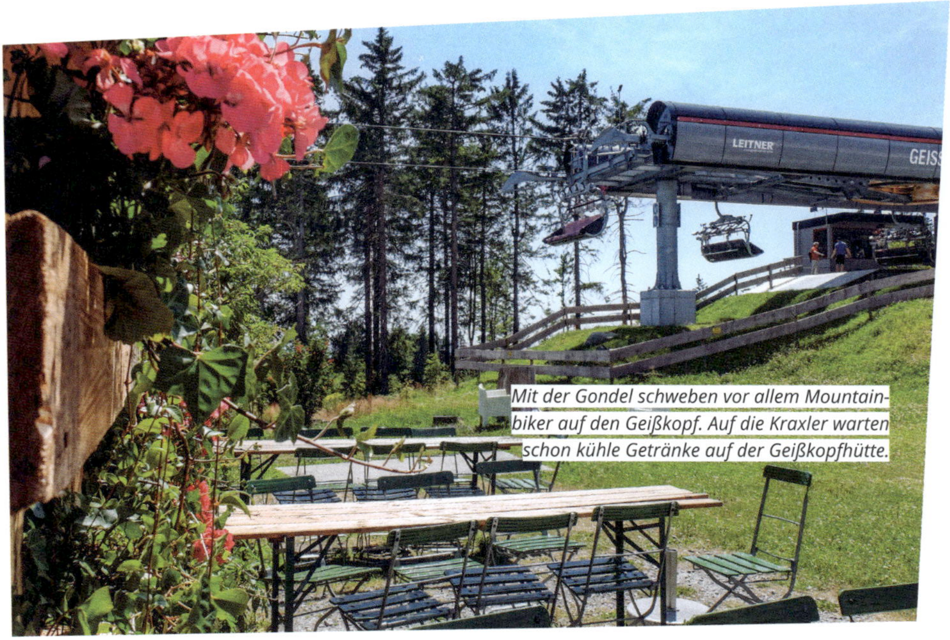

Mit der Gondel schweben vor allem Mountainbiker auf den Geißkopf. Auf die Kraxler warten schon kühle Getränke auf der Geißkopfhütte.

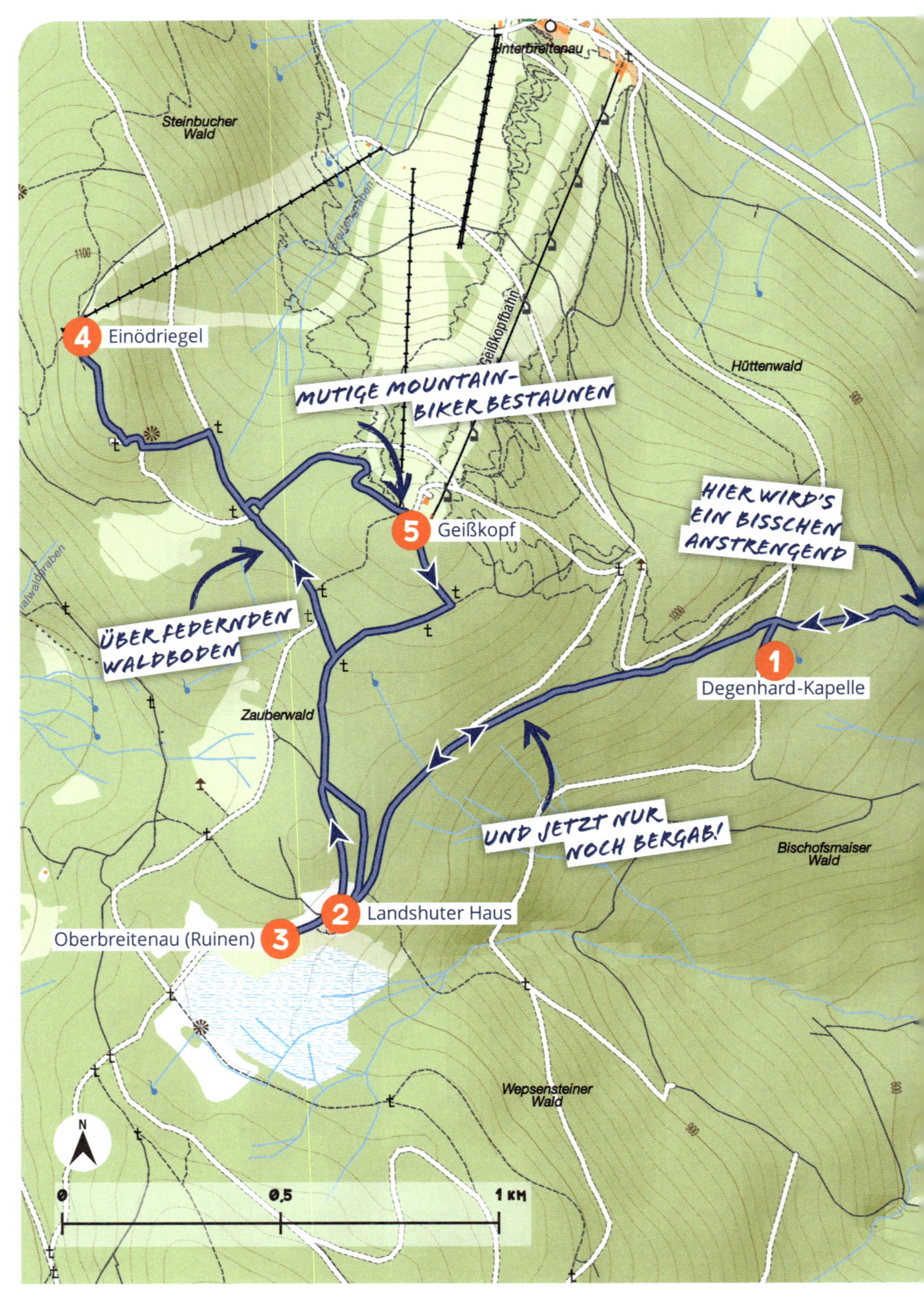

Unterbreitenau
Steinbucher Wald
1100
Breitenaugraben
Geißkopfbahn
4 Einödriegel
MUTIGE MOUNTAIN-BIKER BESTAUNEN
Hüttenwald
900
HIER WIRD'S EIN BISSCHEN ANSTRENGEND
5 Geißkopf
1000
ÜBER FEDERNDEN WALDBODEN
1 Degenhard-Kapelle
Zauberwald
UND JETZT NUR NOCH BERGAB!
Bischofsmaiser Wald
2 Landshuter Haus
Oberbreitenau (Ruinen) 3
Wepsensteiner Wald
900
N
0
0,5
1 KM

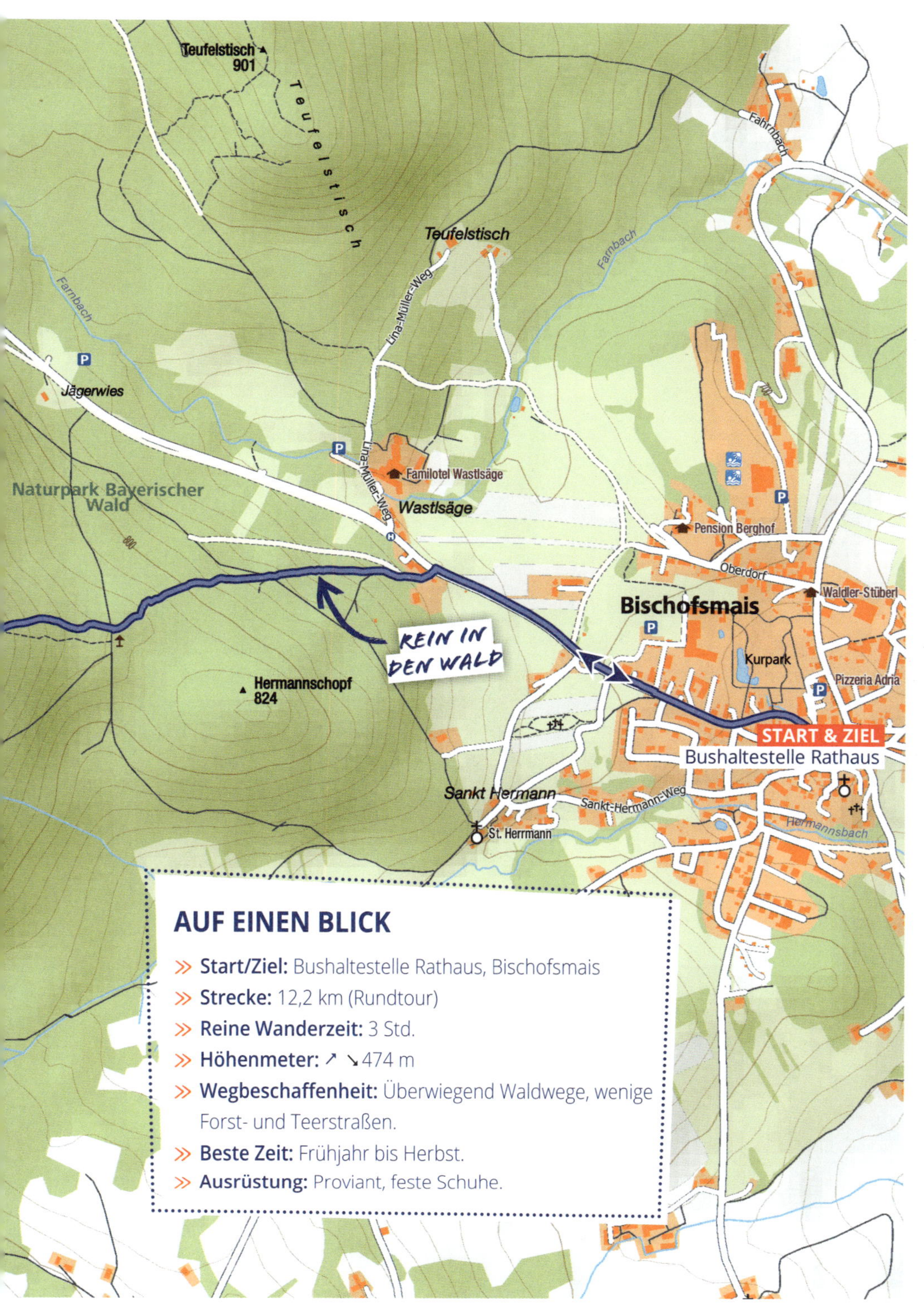

AUF EINEN BLICK

- **Start/Ziel:** Bushaltestelle Rathaus, Bischofsmais
- **Strecke:** 12,2 km (Rundtour)
- **Reine Wanderzeit:** 3 Std.
- **Höhenmeter:** ↗ ↘ 474 m
- **Wegbeschaffenheit:** Überwiegend Waldwege, wenige Forst- und Teerstraßen.
- **Beste Zeit:** Frühjahr bis Herbst.
- **Ausrüstung:** Proviant, feste Schuhe.

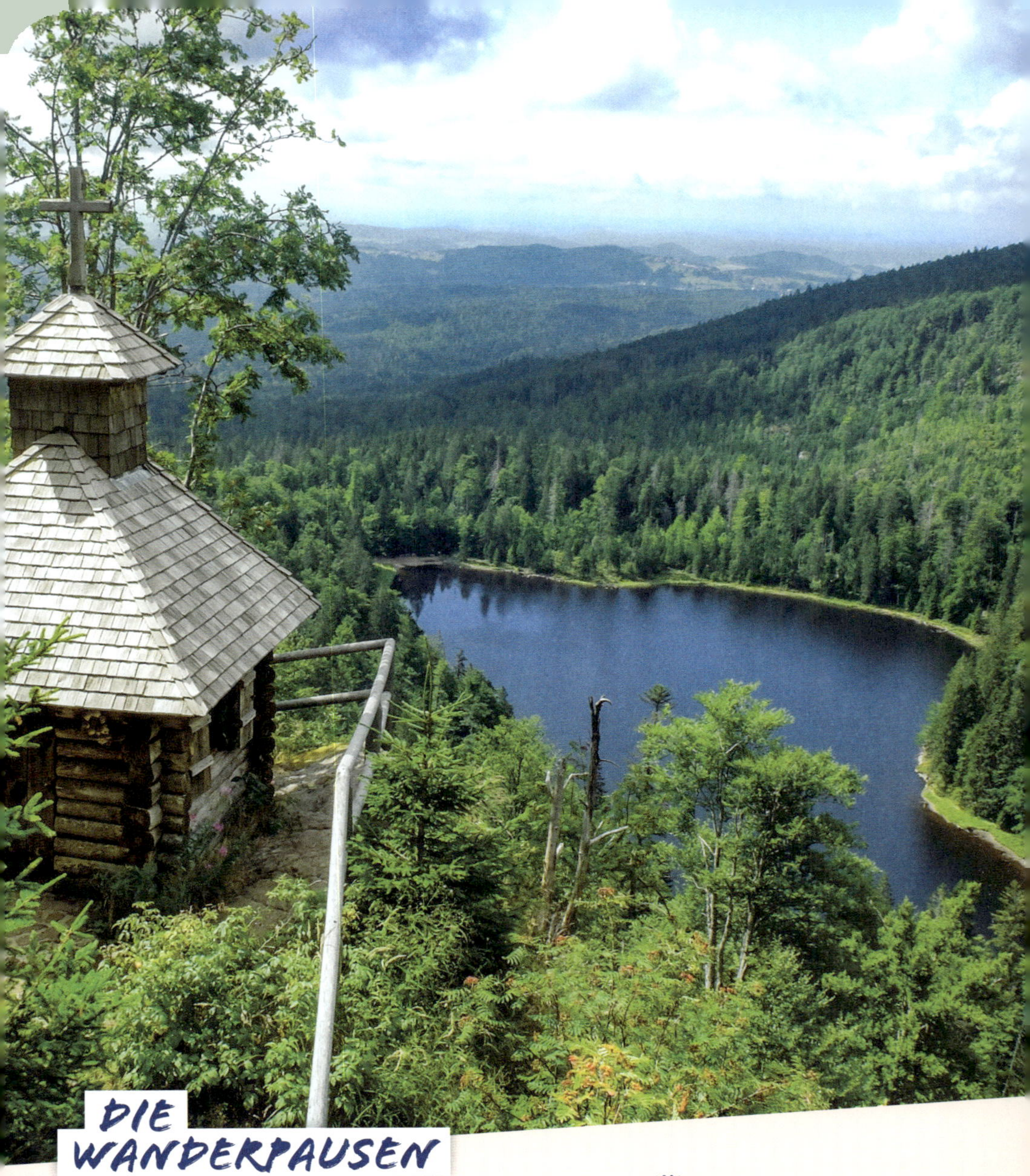

DIE WANDERPAUSEN

» START
Bahnhof Klingenbrunn

KM 1,3
1 Flanitz
Ein kreativer Bach

KM 6,5
2 Großer Rachel
Höhepunkt mit Aussicht

KM 7,9

Rachelkapelle
Den See im Blick

14

DIE NR. 1 IM NATIONALPARK

Von Klingenbrunn zum Großen Rachel

Was für ein Berg! Auf so ein Schmuckstück wie den Großen Rachel trifft man nicht alle Tage. Durch alten Wald geht es hoch auf den Gipfel und über die Rachelkapelle und den See zur Einkehr, der Racheldiensthütte.

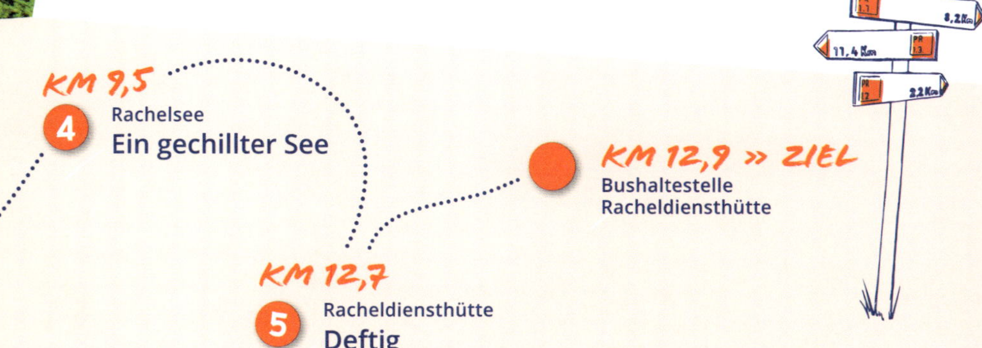

WILLKOMMEN ZUR KUNST-AUSSTELLUNG …

… am Fuße des Rachels! Die Künstlerin: die **Flanitz.** Die Kunstobjekte: von Moosen überzogene Steine, die aussehen wie Sitzpolster, dazu im Wasser liegende Baumstämme, über die das Wasser hinwegsprudelt. Bei jeder Pause entdeckt man eine neue Verrücktheit, die sich der Bach hat einfallen lassen. Und nicht selten muss man über umgefallene Baumstämme kraxeln, die sich einem faul in den Weg legen.

VON DER RACHELKAPELLE WEIT UNTER SICH DEN RACHELSEE GLITZERN SEHEN

Schade dann, wenn der Wegabschnitt entlang der Flanitz endet. Zumindest hört man sie noch lange rauschen. Doch mit jedem Schritt wird der eigene Atem lauter, es geht ganz schön bergauf. Da hilft nur: stehenbleiben, Herzschlag beruhigen, Wald bestaunen. Weitergehen. Man will ja zum Gipfel, zur Rachelkapelle, zum See und – ins Wirtshaus.

Irgendwann entlässt einen der Wald auf eine nahezu baumfreie Fläche. Komisch sieht das aus, all das hohe Gras und die abgestorbenen Fichten darin. Trockenheit, Stürme und schließlich Borkenkäfer haben für dieses Landschaftsbild gesorgt. Und doch: Dazwischen sieht man neues, frisches Grün aufblitzen, ein Versprechen, dass hier schon bald wieder ein Wald stehen wird. Doch so lange kann man nicht warten, denn der Gipfel ruft ja! Wenn das Waldschmidthaus auftaucht, ist es nicht mehr weit bis zur Spitze des **Großen Rachels** (1453 Meter). Noch ein wenig schwitzen, dann ist es da, das Gipfelkreuz, und mit ihm eine grandiose Aussicht.

Ein weiteres Feld mit Zahnstocherfichten liegt vor einem, bevor man die **Rachelkapelle** erreicht. Hoch oben thront sie über dem **Rachelsee,** als wäre sie die wahre Königin des Bayerischen Walds. Der See hingegen ist die Ruhe pur. Kein Wunder, dass man selbst ganz gelassen wird, wenn man an seinen Ufern steht.

So schön es in der Natur ist, so schön ist es auch, endlich an der **Racheldiensthütte** anzukommen. Der Weg dorthin macht es einem zum Glück leicht: Es geht bergab, an einem Bächlein vorbei und durch schattigen Wald hindurch. Diese Einkehr ist so beliebt, dass man seinen Platz unter den Schirmen vielleicht mit anderen teilen muss. Aber das macht nichts – denn hier trifft man nur auf weitere Nationalparkbegeisterte, die das bestätigen werden, was man selbst soeben erlebt hat: dass der Weg über den Rachel zur Diensthütte mit der beste ist, den man je ausprobiert hat. «

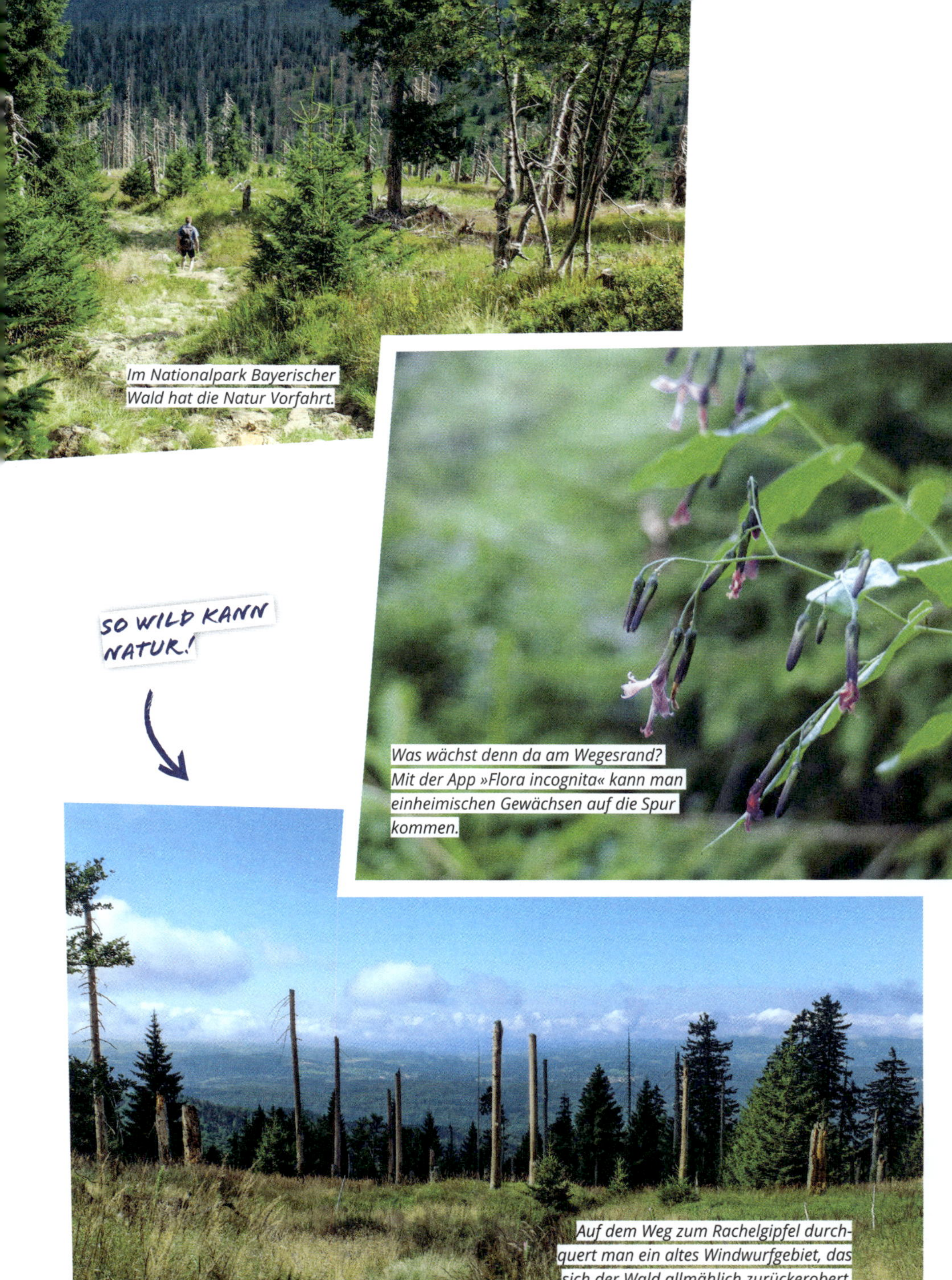

Im Nationalpark Bayerischer Wald hat die Natur Vorfahrt.

Was wächst denn da am Wegesrand? Mit der App »Flora incognita« kann man einheimischen Gewächsen auf die Spur kommen.

Auf dem Weg zum Rachelgipfel durchquert man ein altes Windwurfgebiet, das sich der Wald allmählich zurückerobert.

WANDERN & GENIESSEN

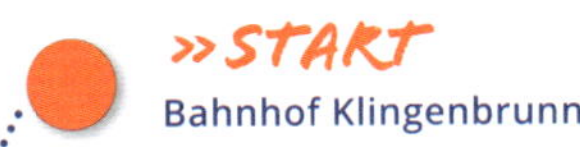

Bahnhof Klingenbrunn

Vom Bahnhof an begleitet einen das Bärlapp-Symbol sicher bis zur Flanitz. Dafür über den Bahnübergang laufen und der Forststraße folgen, bis kurz nach dem Parkplatz ein Pfad links abzweigt. Dieser verläuft parallel zur Straße, trifft dann auf einen Forstweg, dem man nach links folgt, um kurz darauf erneut auf einen Pfad zu stoßen. Dieser führt auf der rechten Seite der Flanitz entlang.

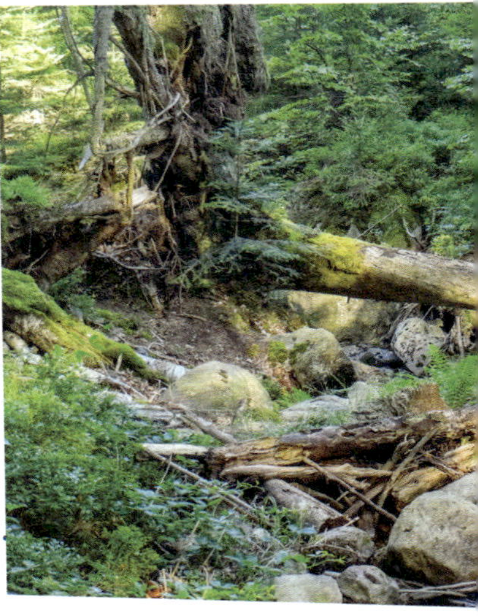

KM 1,3

1 Flanitz

Ein kreativer Bach

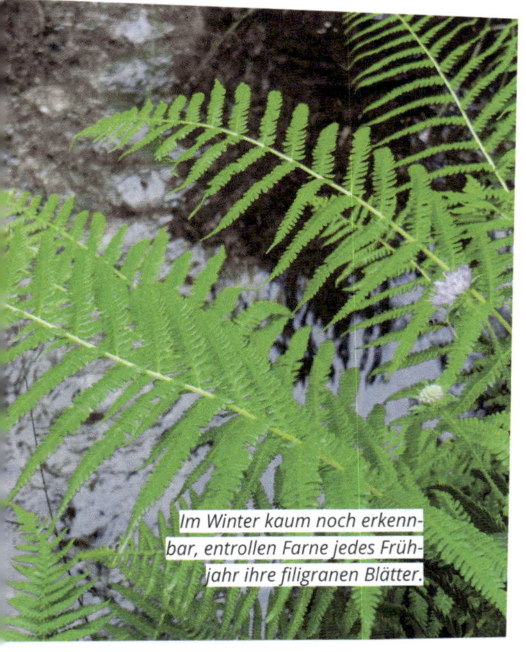

Im Winter kaum noch erkennbar, entrollen Farne jedes Frühjahr ihre filigranen Blätter.

Es gibt nicht mehr viele klare Gewässer in Deutschland, doch die Flanitz gehört definitiv zu dazu. Wenn man sich ganz nah ans Ufer stellt, kann man jeden einzelnen Stein auf dem Grund des Wassers zählen. Den glasklaren Bach und die chaotisch anmutende Waldstruktur drumherum wissen auch anspruchsvolle Gesellen wie Fischotter, Wasseramsel und Sperlingskauz zu schätzen. Übrigens: Wer frühmorgens an der Flanitz entlangspaziert, wird bestimmt ein wenig frieren, selbst im Sommer. Das liegt an der besonderen Lage des Flanitztals, das in sternklaren Nächten niedrige Temperaturen garantiert.

Nach Verlassen der Flanitz endet der Pfad auf einem Forstweg, dem man für kurze Zeit nach links bergan folgt, bis erneut ein Wegweiser mit »Großer Rachel« auf einen Pfad in den Wald weist. Diesem immer bergauf folgen. Hat man den Wald hinter sich gelassen, geht es auf schmalem Weg durch eine baumfreie Zone, die von hohen Gräsern erobert wird. Bald schon stößt man auf einen Forstweg, dem man nach links bis zum Waldschmidthaus folgt. Von dort sind es nur noch gut 15 Minuten bis zum Gipfel.

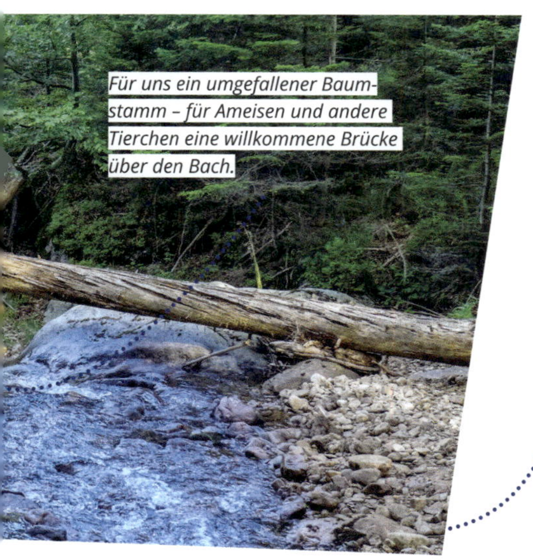
Für uns ein umgefallener Baumstamm – für Ameisen und andere Tierchen eine willkommene Brücke über den Bach.

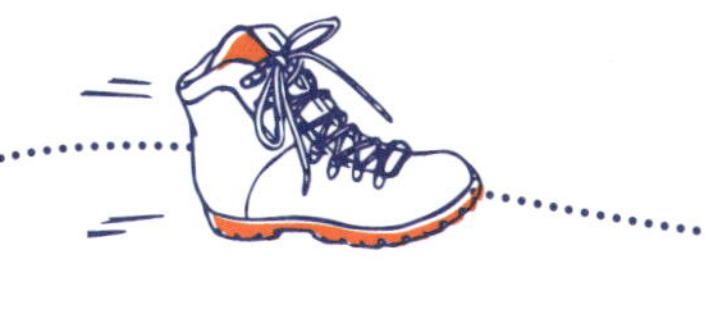

KM 6,5

2 Großer Rachel

Höhepunkt mit Aussicht

Wer sich auf die Spitze des Großen Rachel hochgekämpft hat, kasnn zu Recht stolz auf sich sein. Schließlich überragt er mit seinen 1453 Metern die Umgebung und ist damit der höchste Gipfel im Nationalpark Bayerischer Wald. Und was für eine Aussicht sich von hier oben bietet! Weit unten erstrecken sich die Wälder des Nationalparks. Richtung Osten kann man einfach über die Grenze nach Tschechien gucken, stört niemanden. Apropos stören: An schönen Tagen kann es hier schon ein bisschen lebhaft zugehen. Also lieber früh am Morgen aufbrechen oder einen Tag unter der Woche wählen, um die Stille, die eigentlich hier herrscht, auch wirklich in vollen Zügen genießen zu können.

Vom Gipfel aus führt ein Pfad nun bergab in Richtung Rachelsee. Der Abstieg ist uneben und sollte langsam angegangen werden. Nach einer Weile trifft man auf einen Wegweiser, der die Rachelkapelle ankündigt. Diesem nach rechts folgen und kurz darauf steht man an der Kapelle.

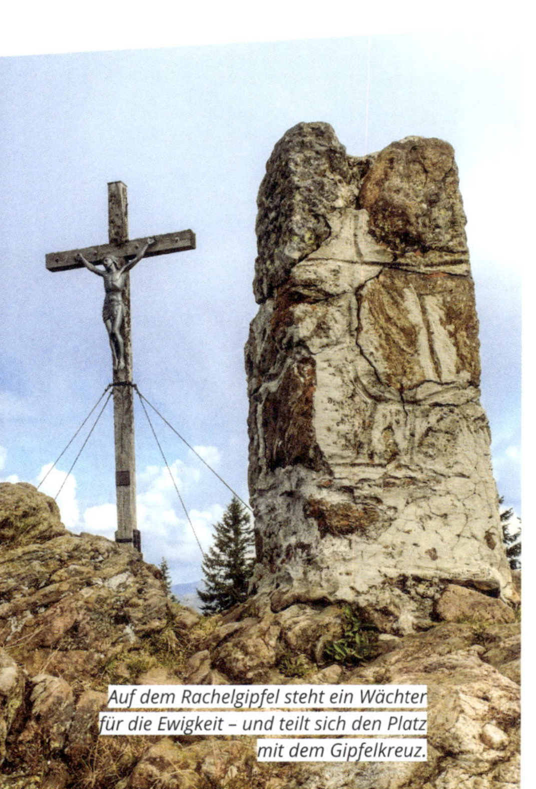
Auf dem Rachelgipfel steht ein Wächter für die Ewigkeit – und teilt sich den Platz mit dem Gipfelkreuz.

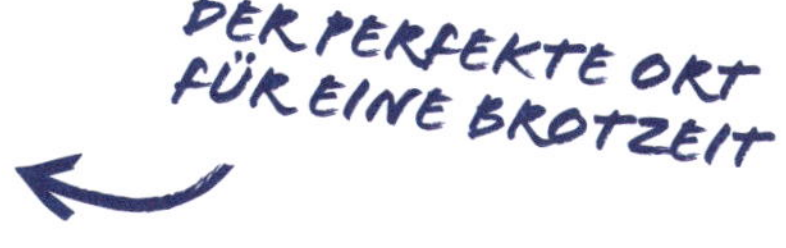

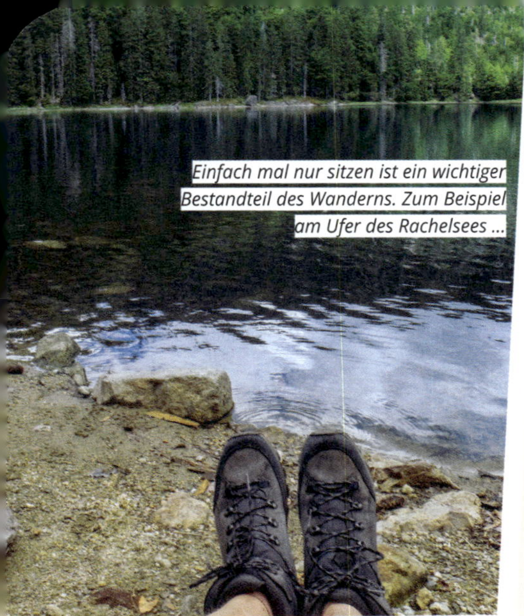

Einfach mal nur sitzen ist ein wichtiger Bestandteil des Wanderns. Zum Beispiel am Ufer des Rachelsees …

KM 7,9

3

Rachelkapelle

Den See im Blick

Der Himmel blau, die Wälder grün, der See fast schwarz, die Kapelle steinern. An einem strahlend schönen Tag ist die Entstehungsgeschichte der Rachelkapelle kaum zu glauben: Als 1885 der Forstmeister Ludwig Leythäuser auf einer Dienstrunde durch den Wald ritt, geriet er in dichte Nebelschwaden. Plötzlich scheute sein Pferd und wollte partout nicht mehr weitergehen. Also stieg Leythäuser ab und sah, dass er vor einem tiefen Abgrund stand. Glück gehabt! Als Dank ließ der Forstmeister diese Kapelle bauen, die sich heute hübsch auf Fotos macht und ein unglaublicher Aussichtspunkt mit Blick auf den See und den Wald weit, weit unten ist.

Von der Kapelle führt ein kleiner Pfad zurück auf den zuvor verlassenen Weg. Hier rechts weiter bergab steigen, an einer Trinkwasserquelle vorbei und dem Goldsteig-Symbol (gelber Weg auf weißem Grund) folgen. Bald schon ist der Rachelsee erreicht.

KM 9,5

4

Rachelsee

Ein gechillter See

Steile Felswände mit Bergfichtenwald, am Ufer seltene Schnabel-Segge und Wollgras – der Rachelsee ist ein einziges Naturwunder. Ums Ufer herum kann man zwar nicht spazieren, das würde die empfindliche Flora und Fauna zerstören. Doch am südlichen Rand kann man sich hinsetzen, das dunkle Gewässer beobachten und in Gedanken eine Reise in die Vergangenheit antreten. Entstanden ist der See nämlich durch die letzte Eiszeit. Einst wälzte sich hier ein Gletscher in Richtung Tal, der durch die Erderwärmung schmolz. Zurück blieb ein Rest Wasser – der heutige Rachelsee. 13,5 Meter ist der See tief und 5,7 Hektar groß. Wer gute Augen hat, kann von hier aus die Rachelkapelle erspähen, die sich schüchtern im Gewirr der Fichten versteckt.

Vom Rachelsee aus den kürzeren Weg Richtung Racheldiensthütte wählen (45 Minuten, Symbol Specht). Es geht hinab zur grünen Landschaft des Seebachs und am Eiszeit-Lehrpfad entlang. Danach folgen ca. 2 km über einen steinigen Weg bergab, bis man die Racheldiensthütte erreicht.

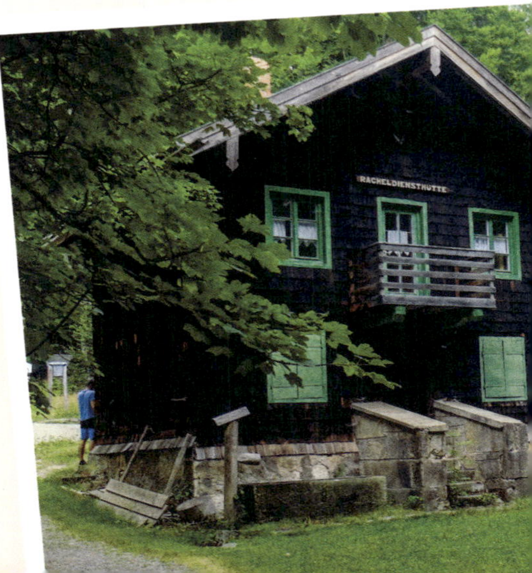

KM 12,7

5 Racheldiensthütte

Deftig schlemmen

Mehr als 100 Jahre hat die Racheldiensthütte (Mai–Ende Oktober tgl. 9.30–18 Uhr) schon auf dem Buckel. Als die Waldarbeiten im Bayerischen Wald anfingen, musste natürlich auch eine Versorgungsstelle für die fleißigen Männer her. So kam es, dass an dieser Stelle im Wald eine hübsche Holzhütte gebaut wurde. Mit dem aufkommenden Tourismus ergänzte man die Racheldiensthütte um ein weiteres Gebäude, und mit der Zeit wurde die Verköstigung immer ausgefeilter. So stehen auf der Karte nicht nur Gerichte mit Fleisch, auch vegetarische Alternativen werden angeboten. Und selbstverständlich Kuchen, der ja bekanntlich den Magen schließt (oder war das etwas anderes mit »K«...).

Von der Racheldiensthütte dem Wegweiser zur Bushaltestelle folgen (ca. 200 m).

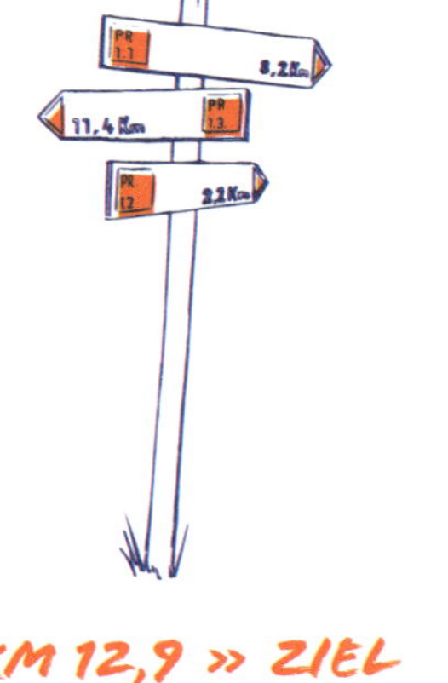

KM 12,9 » ZIEL

Bushaltestelle Racheldiensthütte

AUF DIE GABEL, FERTIG, LOS!

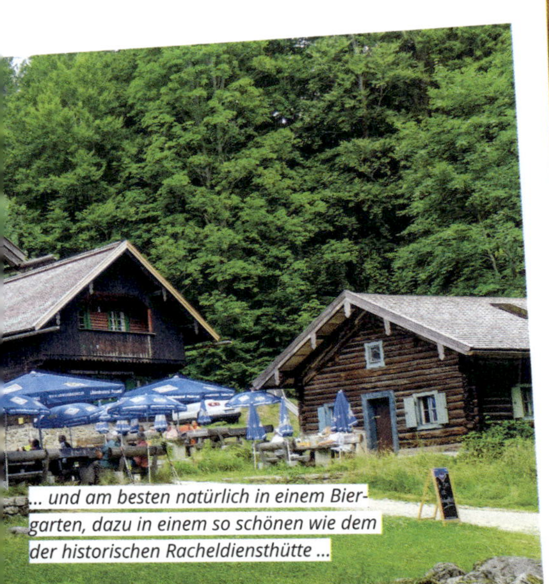

... und am besten natürlich in einem Biergarten, dazu in einem so schönen wie dem der historischen Racheldiensthütte ...

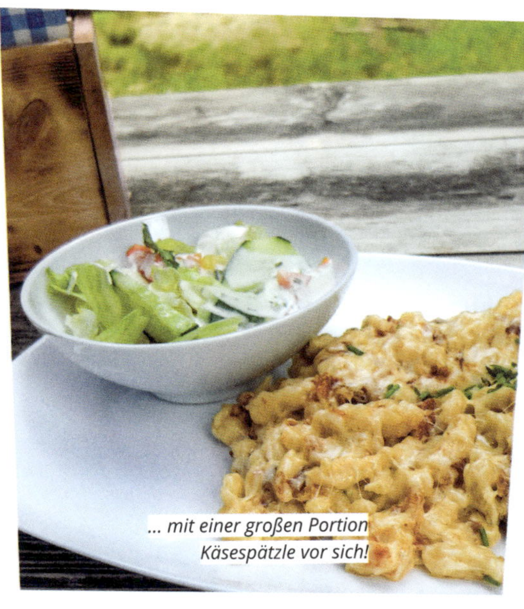

... mit einer großen Portion Käsespätzle vor sich!

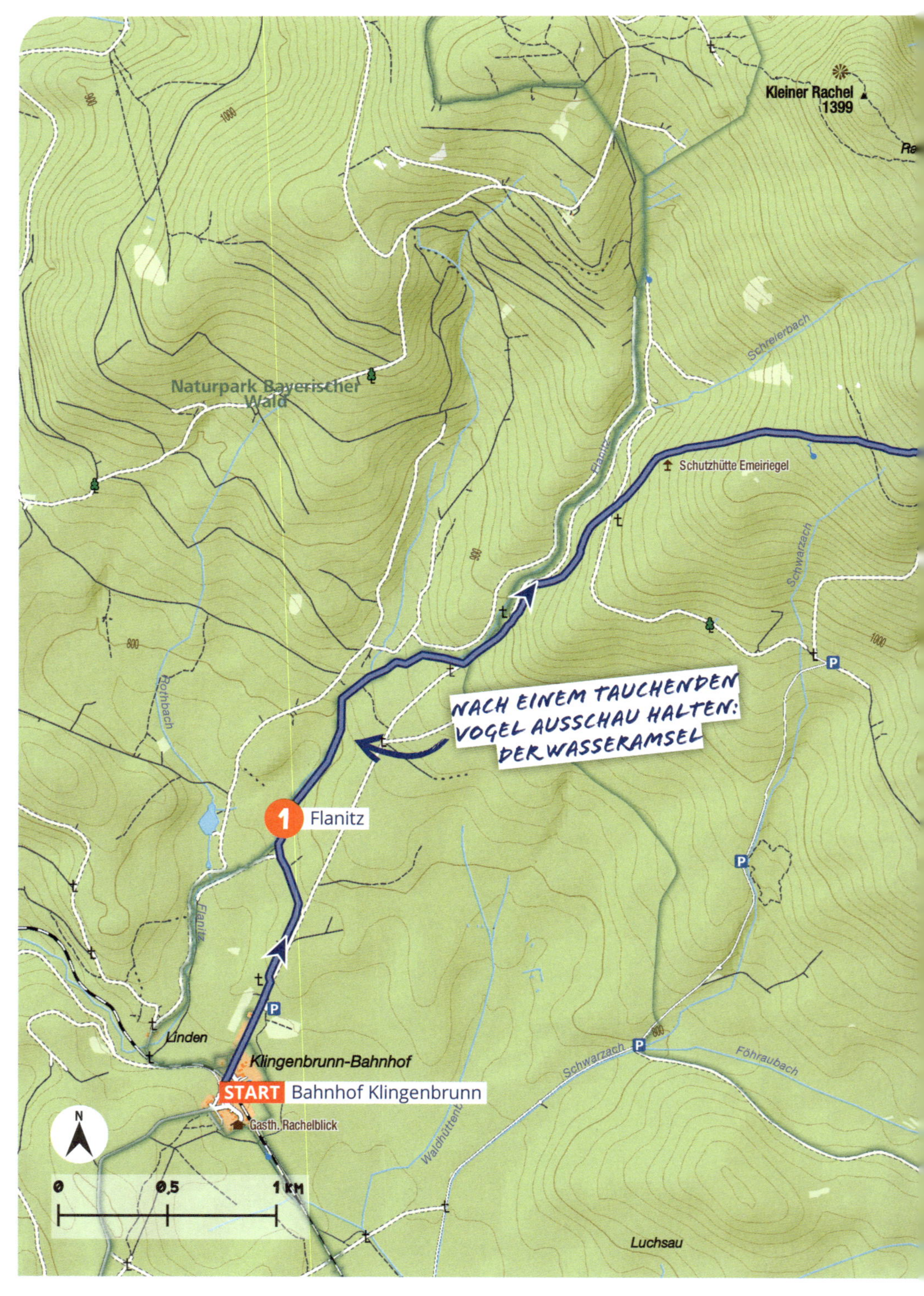
Kleiner Rachel
1399
Naturpark Bayerischer Wald
Schreierbach
Flanitz
Schutzhütte Emeiriegel
Schwarzach
Rothbach
NACH EINEM TAUCHENDEN VOGEL AUSSCHAU HALTEN: DER WASSERAMSEL
1 Flanitz
Linden
Klingenbrunn-Bahnhof
START Bahnhof Klingenbrunn
Gasth. Rachelblick
Schwarzach
Föhraubach
N
0
0,5
1 KM
Luchsau
900
1000
800

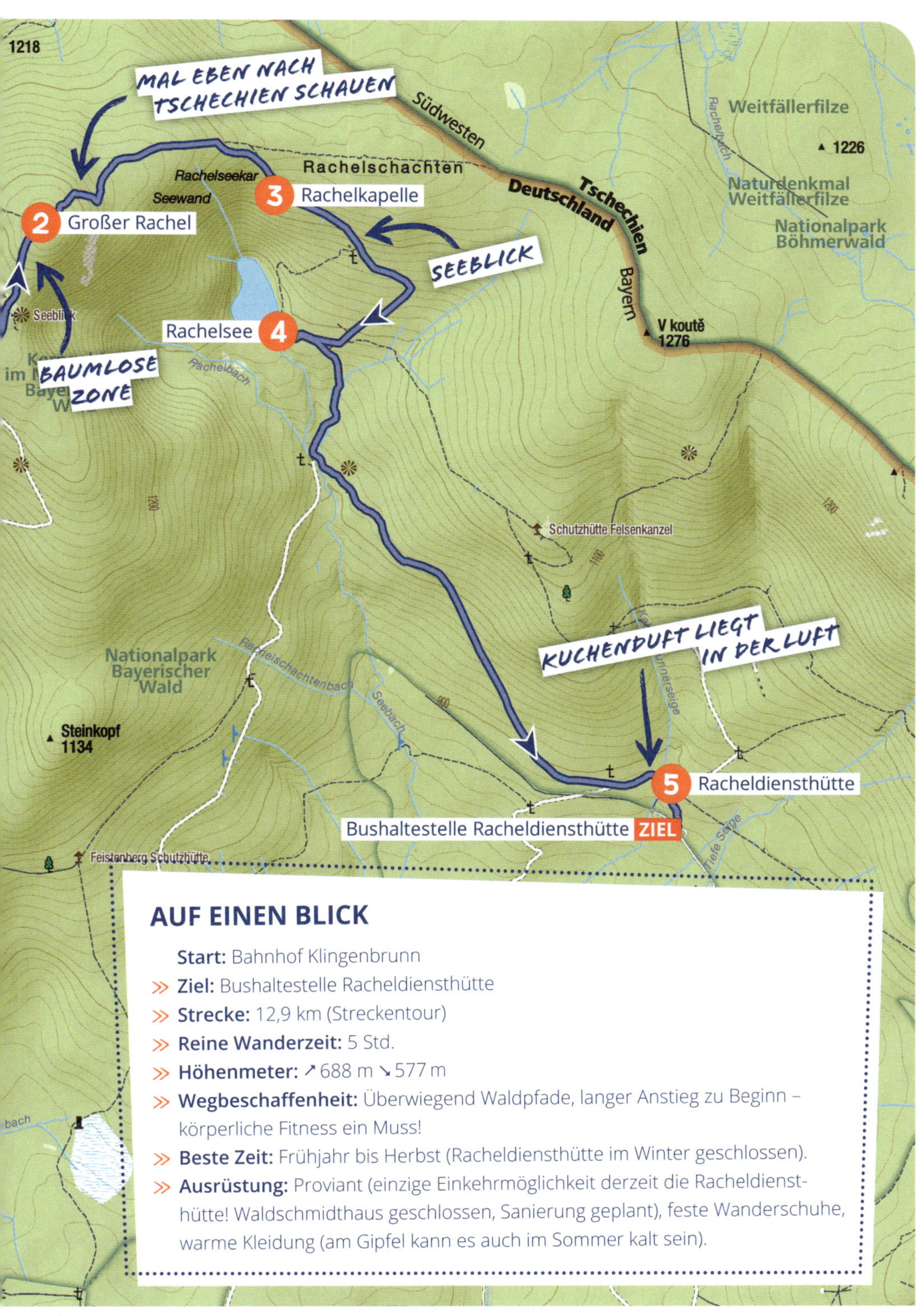

AUF EINEN BLICK

Start: Bahnhof Klingenbrunn

» **Ziel:** Bushaltestelle Racheldiensthütte

» **Strecke:** 12,9 km (Streckentour)

» **Reine Wanderzeit:** 5 Std.

» **Höhenmeter:** ↗ 688 m ↘ 577 m

» **Wegbeschaffenheit:** Überwiegend Waldpfade, langer Anstieg zu Beginn – körperliche Fitness ein Muss!

» **Beste Zeit:** Frühjahr bis Herbst (Racheldiensthütte im Winter geschlossen).

» **Ausrüstung:** Proviant (einzige Einkehrmöglichkeit derzeit die Racheldiensthütte! Waldschmidthaus geschlossen, Sanierung geplant), feste Wanderschuhe, warme Kleidung (am Gipfel kann es auch im Sommer kalt sein).

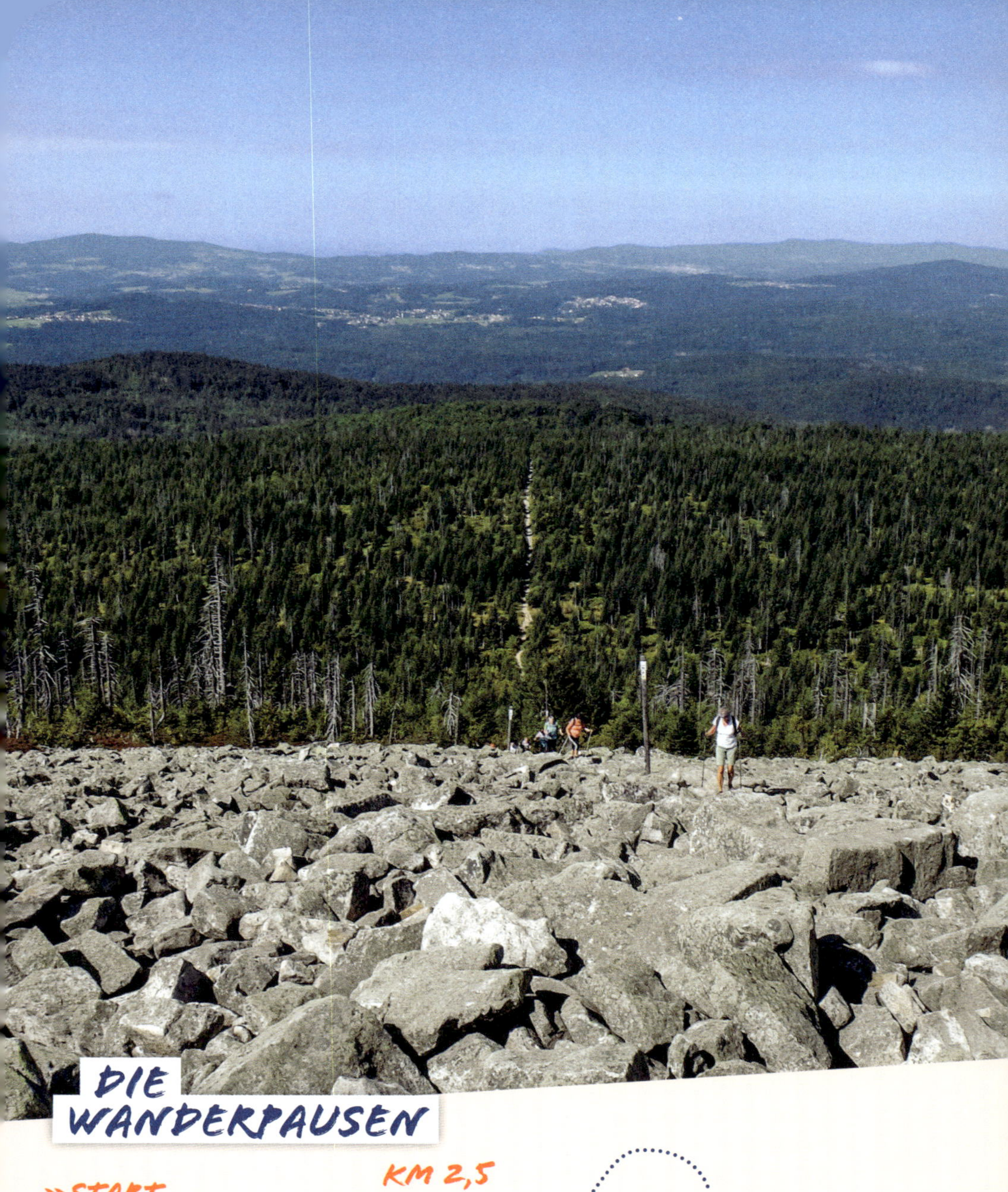

DIE WANDERPAUSEN

» START
Bushaltestelle Waldhäuser Kirche

KM 1,8
1 Martinsklause
Frühstück in der Morgensonne

KM 2,5
2 **Der Stille lauschen**

KM 3,1
3 Hochwaldsteig
Durch junge Bäume wandeln

15 TEUFLISCHE FELS-BROCKEN

Von Waldhäuser über den Lusen nach Finsterau

Auf dieser Tour durchquert man wilden Wald, hüpft über Bäche hinweg und steigt auf der Himmelsleiter hinauf zum Lusen. Dort gibt es Weitsicht und Kuchen, bevor es wieder hinab ins Tal geht.

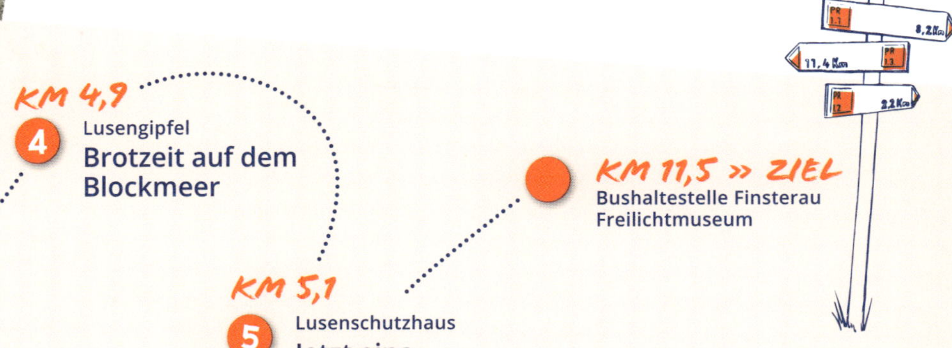

DER KÜHLE WALD ...

... tut gut. Vor allem an Sommertagen, an denen sich die Hitze bereits am Morgen ankündigt. Schon wenige Meter nach dem Beginn hat er einen also in Beschlag genommen, der Bergmischwald am Fuße des Lusens. Links und rechts des Forstwegs erheben sich riesige Fichten, immer wieder begleitet von Buchen, und gucken geduldig auf einen herab.

An der **Martinsklause** verschluckt das dunkle Wasser die Sonnenstrahlen. Am Ende des künstlichen Sees wartet ein Wurzelpfad. Hoch, immer höher geht es hinauf, am stillen **Teufelsloch** vorbei und noch weiter nach oben. Ein paar Mal lichtet sich der Wald und gewährt Ausblicke hinab ins ferne Tal.

Dann taucht der **Hochwaldsteig** auf, der auf den **Lusen** (1373 m) hinaufführt. Stufe um Stufe kämpft man sich auf der Himmelsleiter nach oben, bis das **Gipfelkreuz** erreicht ist. Nur schwer kommt man vom dritthöchsten Berg des Nationalparks Bayerischer Wald wieder los, der Ausblick von hier wirkt beinahe hypnotisierend. Wie gut, dass man den Abschied im **Lusenschutzhaus** noch etwas hinauszögern kann.

SICH DEN WEITBLICK VOM LUSENGIPFEL AUS SCHMECKEN LASSEN

Auf der Ostseite des Lusens klettert man vorsichtig über die Steine hinab und kommt dabei der tschechischen Grenze ganz nah. Fast bis zum Ziel begleitet einen nun der Kleine Schwarzbach bergab. Er rauscht und gurgelt, fließt über umgefallene Baumstämme und Felsen hinweg, als wären sie gar nicht vorhanden. Das Wasser hat an diesem Wegabschnitt Vorfahrt, nicht selten überquert man matschige und überflutete Stellen.

Irgendwann verlässt man den Bach, lässt sich an Weiden und Wiesen vorbeitreiben. Ein paar Häuser kündigen sanft das Nahen der Zivilisation an, die einen endgültig am Ende der Tour wiederhat – am **Freilichtmuseum Finsterau.** «

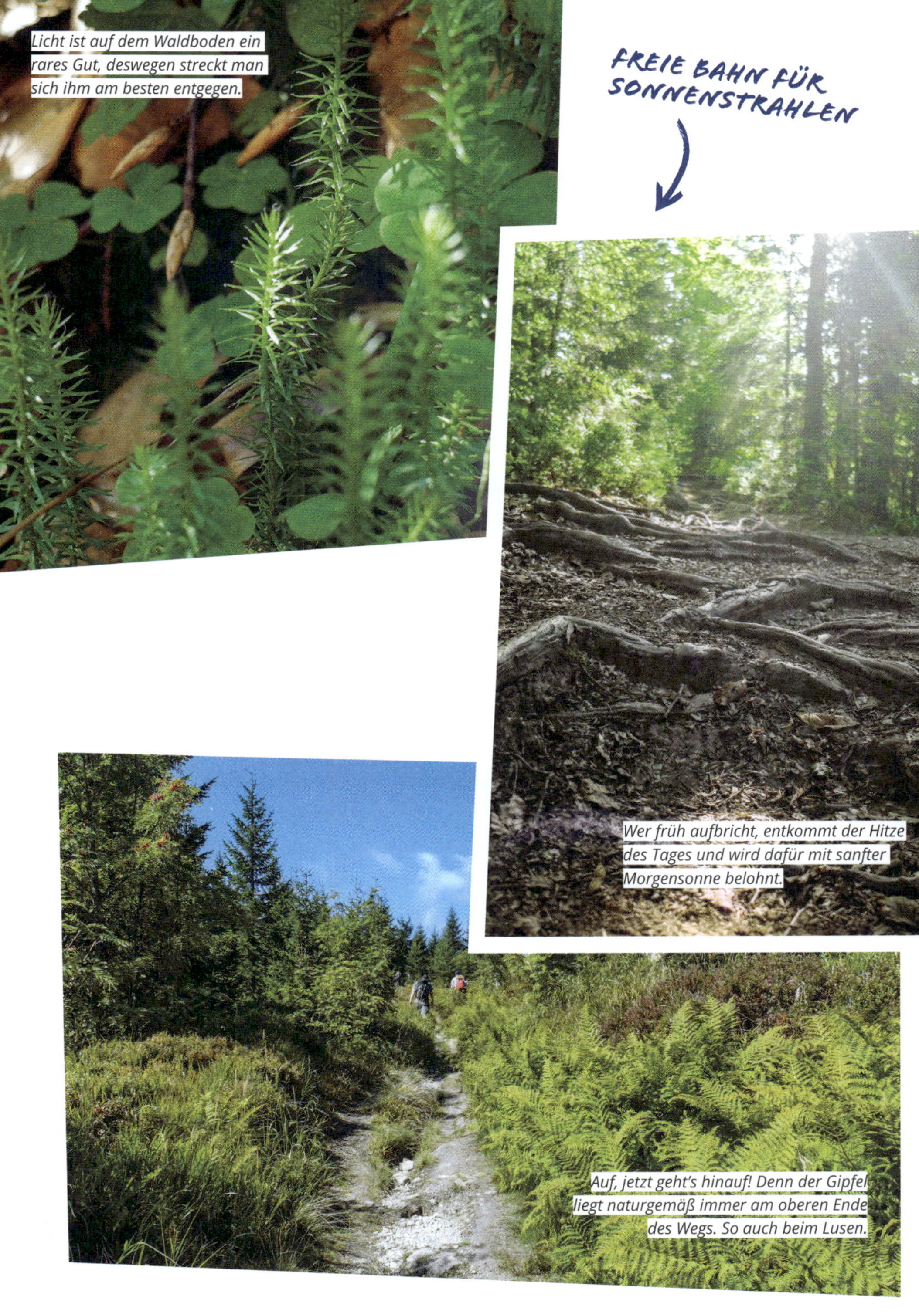

Licht ist auf dem Waldboden ein rares Gut, deswegen streckt man sich ihm am besten entgegen.

Wer früh aufbricht, entkommt der Hitze des Tages und wird dafür mit sanfter Morgensonne belohnt.

Auf, jetzt geht's hinauf! Denn der Gipfel liegt naturgemäß immer am oberen Ende des Wegs. So auch beim Lusen.

WANDERN & GENIESSEN

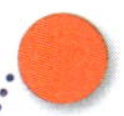

» START

Bushaltestelle Waldhäuser Kirche,

Von der Bushaltestelle in Waldhäuser aus der Straße aufwärts folgen. Am Feuerwehrhaus führt der Weg in den Wald. Ab nun dem Weg mit dem Symbol Zaunkönig folgen, der nach dem kurzen Stück befestigter Straße nach links zur Martinsklause abzweigt.

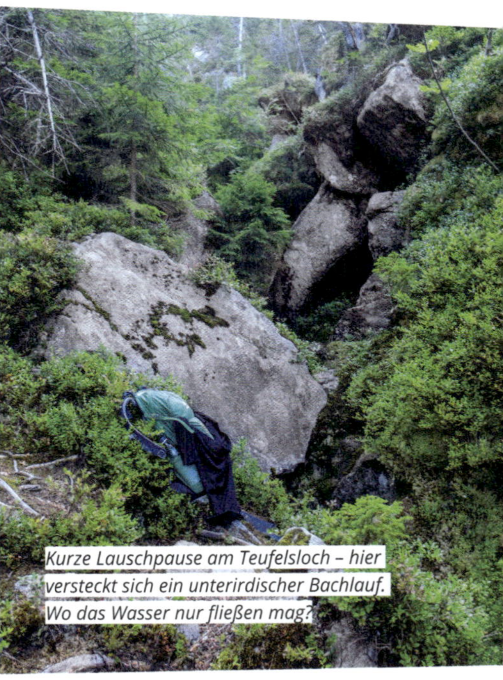

Kurze Lauschpause am Teufelsloch – hier versteckt sich ein unterirdischer Bachlauf. Wo das Wasser nur fließen mag?

KM 1,8

Martinsklause

1 Frühstück in der Morgensonne

Kaum ist man dem Forstweg entkommen, taucht ein kleiner, dunkler See auf. Das Wasser liegt still und träge da in der Sonne, die Bäume stehen wie Wächter am Ufer. Die Martinsklause ist ein Überbleibsel aus der Zeit der Holztrift, als kräftige Männer unter Lebensgefahr Holzstämme vom Berg hinab ins Tal transportierten. Dafür wurden Bäche aufgestaut, um mit den gesammelten Wassermassen das Holz leichter und schneller bergab zu bekommen. Diese Wasserspeicher nennt man Klausen, die Martinsklause am Fuße des Lusen ist also eine davon. An ihrem Ufer steht eine einsame Hütte, zwei Bänke bieten Platz, um erstmal das Frühstück auszupacken und sich zu sonnen.

An der Klause entlanglaufen und dort den Schildern Richtung Lusen und Teufelsloch nach rechts bergauf folgen. Nach einem Anstieg trifft man erneut auf Schilder, wo der linke Weg zum Rachel, der rechte zum Teufelsloch führt.

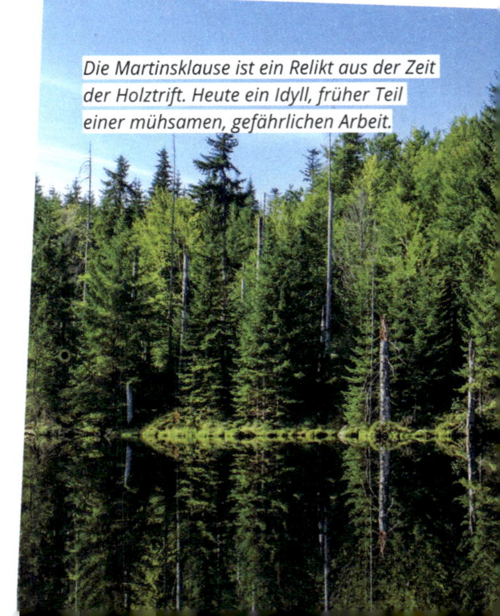

Die Martinsklause ist ein Relikt aus der Zeit der Holztrift. Heute ein Idyll, früher Teil einer mühsamen, gefährlichen Arbeit.

KM 2,5

2 Teufelsloch
Der Stille lauschen

Auf einmal ist er weg! Eben war der Bach noch da, nun ist er verschwunden – kein Rauschen, kein Plätschern, nichts. Nur lauter riesige Granitblöcke sind hier zu finden, und ganz viel Stille. Am Teufelsloch, so glaubten die Leute einst, geht es nicht mit rechten Dingen zu. Wie sonst sollte es möglich sein, dass der Bach weiter oben urplötzlich verschwindet und erst mehrere Meter weiter unten wieder auftaucht? Am unterirdischen Bachlauf stehend, kann man heute noch rätseln – und sich wohlig gruselnd verschiedenen Erklärungen hingeben.

Vom Teufelsloch steigt man weiter bergauf über Steine und Wurzeln hinweg. Die Stelle, ab der der Pfad auf einem Holzsteg verläuft, verrät den Beginn des Windwurfwegs.

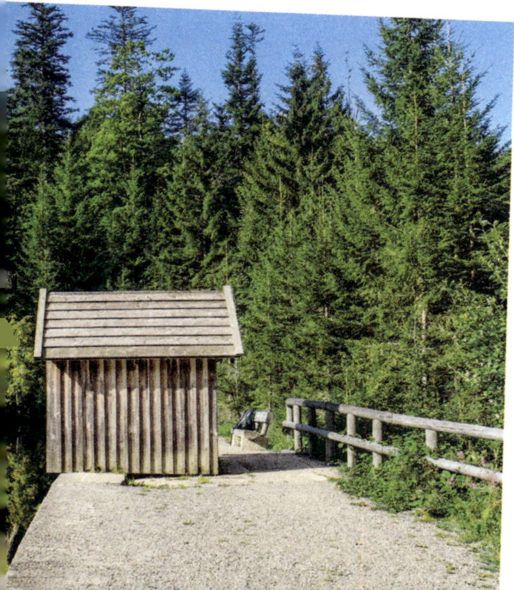

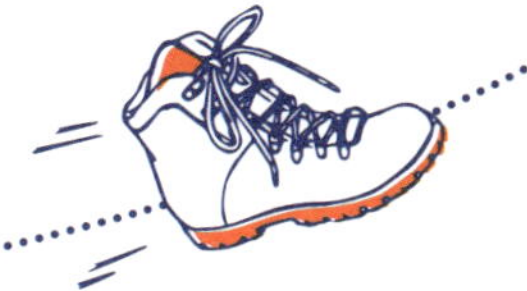

KM 3,1

3 Hochwaldsteig
Durch junge Bäume wandeln

Grün, grün, grün – überall schießen junge Fichten, Eschen und Birken aus dem Boden und hüllen den Hochwaldsteig in ihr kräftiges Farbenkleid ein. Kaum zu glauben, dass das gesamte Areal um den Lusen herum vor wenigen Jahrzehnten ein apokalyptisches Bild bot. Doch 1983/1984 begann der Borkenkäfer seinen Siegeszug – er nutzte die trockenen Sommerjahre aus, um sich durch sämtliche Bäume des Bergfichtenwalds zu fressen. Zurück ließ er Abertausende Baumgerippe, der Auslöser für eine hitzige Diskussion. Chemikalien sprühen? Totholz entfernen? Die Nationalparkverwaltung entschied sich dagegen und ließ der Natur ihren Willen. Und siehe da: Heute wächst ein widerstandsfähiger, bunt gemischter Wald heran, den man vom Hochwaldsteig aus begutachten kann.

Der Holzsteg führt durch jungen Wald hindurch und endet an der Skulptur der Glasarche. Die Schutzhütte dort umrunden und dann dem breiten Weg in Richtung Lusen folgen. Nach wenigen Hundert Metern sieht man dessen Gipfel bereits durch die Bäume hindurch. Über die Himmelsleiter und das Blockmeer gelangt man zum höchsten Punkt.

GANZ SCHÖN EINSAM

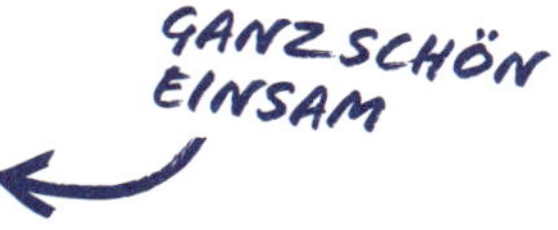

KM 4,9

4 Lusengipfel

Brotzeit auf dem Blockmeer

Schritt für Schritt, Stufe für Stufe ... Der Lusen lässt sich nicht einfach so erobern. Wer den Sommerweg wählt, um auf sein kahles Haupt zu steigen, muss über die Himmelsleiter hinauf. Und die hat es in sich! Und am Ende noch eine Kletterei über die ganzen Granitblöcke. Angeblich eine Hinterlassenschaft des Teufels, der hier einst einen mit Steinen gefüllten Sack fallen ließ, als er die Kirchenglocke von Waldhäuser vernahm. Heute weiß man, wie das Blockmeer wirklich entstand: Vor Jahrtausenden drang Wasser in die schmalen Spalten des Gipfelgesteins und dehnte sich bei Frost aus, wodurch Teile weggesprengt wurden. Während man sich die Brotzeit auf den Steinen sitzend schmecken lässt, kann der Blick über die weite Landschaft schweifen. Überall sind grüne Hügel zu sehen, im Norden der Rachel, im Osten Tschechien, im Süden bei gutem Wetter sogar die Alpen!

Dem Wegweiser zum Lusenschutzhaus folgen. Es befindet sich nur knapp 30 Höhenmeter unterhalb des Gipfels.

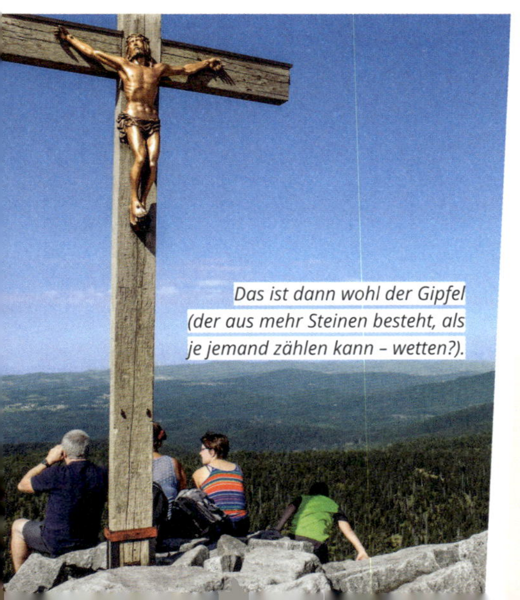

Das ist dann wohl der Gipfel (der aus mehr Steinen besteht, als je jemand zählen kann – wetten?).

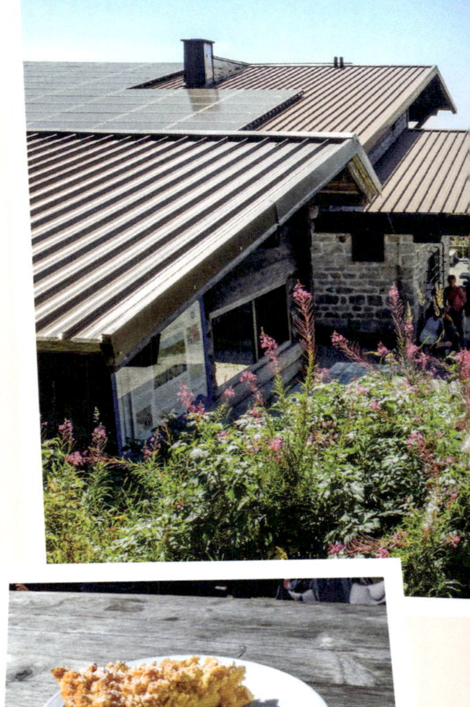

Herrlich, so ein Apfelkuchen!

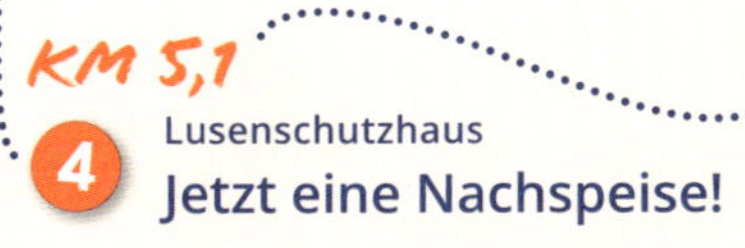

KM 5,1

4 Lusenschutzhaus

Jetzt eine Nachspeise!

Gar nicht weit vom Gipfel entfernt schmiegt sich das Lusenschutzhaus an die Seite des Berges. Eine herrliche Einkehr nach all der Plackerei! Auf gemütlichen Holzbänken sitzen bestimmt schon einige Gäste. Kein Wunder: Das Essen schmeckt gut und die Wirtsleute sind herzliche Gastgeber. Wer sich bereits am Gipfel eine Brotzeit einverleibt hat, sollte zumindest auf einen Kuchen im Lusenschutzhaus einkehren. Übernachten kann man hier übrigens auch (s. ExtraInfos).

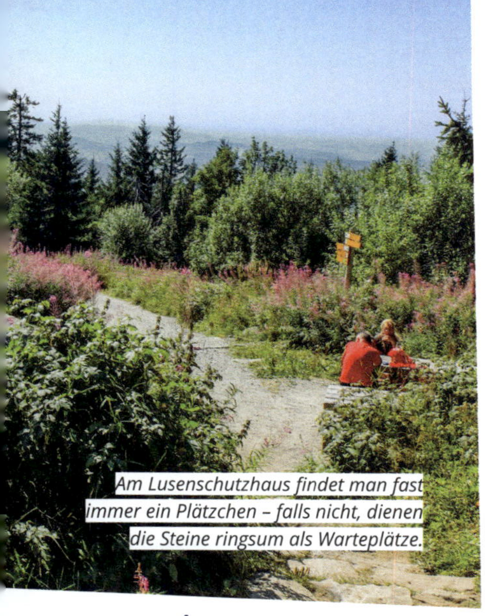

Am Lusenschutzhaus findet man fast immer ein Plätzchen – falls nicht, dienen die Steine ringsum als Warteplätze.

EXTRA INFOS:

Das **Lusenschutzhaus** (s. Stopp 4), nur einen Steinwurf vom Gipfel entfernt, bietet die Gelegenheit, im Nationalpark zu übernachten. In Mehrbettzimmern mit schönen Holzbetten schläft es sich besonders gut. Ein besonderes Schmankerl: Wer hier übernachtet, kann sowohl Sonnenuntergang als auch -aufgang auf dem Lusen miterleben. (lusenschutzhaus.de).

Wie haben die »Waidler« gelebt, bevor es Netflix, Autos, Internet & Co. gab? Wie haben die Menschen aus dem Bayerischen Wald gearbeitet, ihren Alltag gestaltet? Im ● **Freilichtmuseum Finsterau** findet man auf all das eine Antwort. Dabei entstand das Museum auf ungewöhnliche Art und Weise: Aus der Region wurden verschiedene Gebäude ab- und hier wieder aufgebaut. So kann man heute Bauernhäuser, eine Dorfschmiede, eine Kapelle und ein Straßenwirtshaus begutachten. Wer Lust hat, einen Brotbackkurs zu machen oder bei einem Musikantenabend dabei zu sein, sollte das Programm im Auge behalten – es werden auch verschiedene Märkte im Museum organisiert. (freilichtmuseum.de)

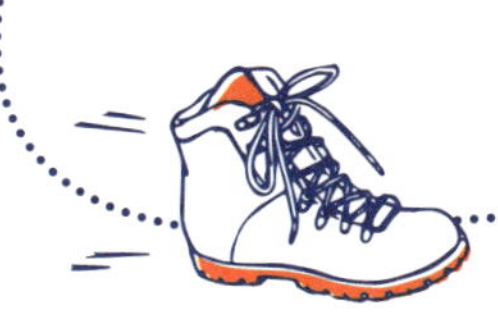

Zurück auf den Lusengipfel. Das Symbol Soldanelle (Alpenglöckchen) führt nun den Weg an. Dort auf der anderen Gipfelseite entlang der Holzpfosten nach unten steigen. Als Nächstes passiert man das Markfleckl mit dem Schild »Freistaat Bayern«. Hier geht es nach rechts auf dem Finsterauer Lusensteig bergab. Der Weg führt direkt durch den Kleinen Schwarzbach hindurch und auf der anderen Bachseite bergab. An der Plöchingersäge zeigt ein Wegweiser in Richtung Finsterau. Es geht weiter am Schwarzbach entlang bergab, bis man am Parkplatz Schwarzbachbrücke ankommt. Dort führt der Weg »Rund ums Freilichtmuseum« mit dem Symbol Waldschaf zum Freilichtmuseum. Hierfür überquert man kurz nach dem Parkplatz den Reschbach, läuft an Feldern und Infotafeln zu Waldschaf und Flurgestaltung vorbei und biegt schließlich links ab. Ein schmaler Pfad läuft am Zaun des Freilichtmuseums entlang, umrundet das Gelände und endet schließlich auf dem Parkplatz samt Bushaltestelle.

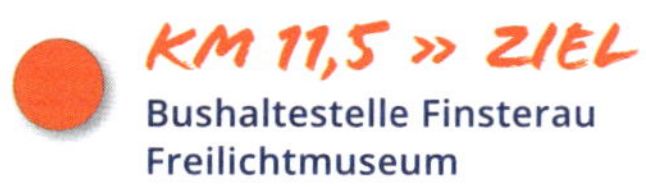

KM 11,5 » ZIEL

Bushaltestelle Finsterau Freilichtmuseum

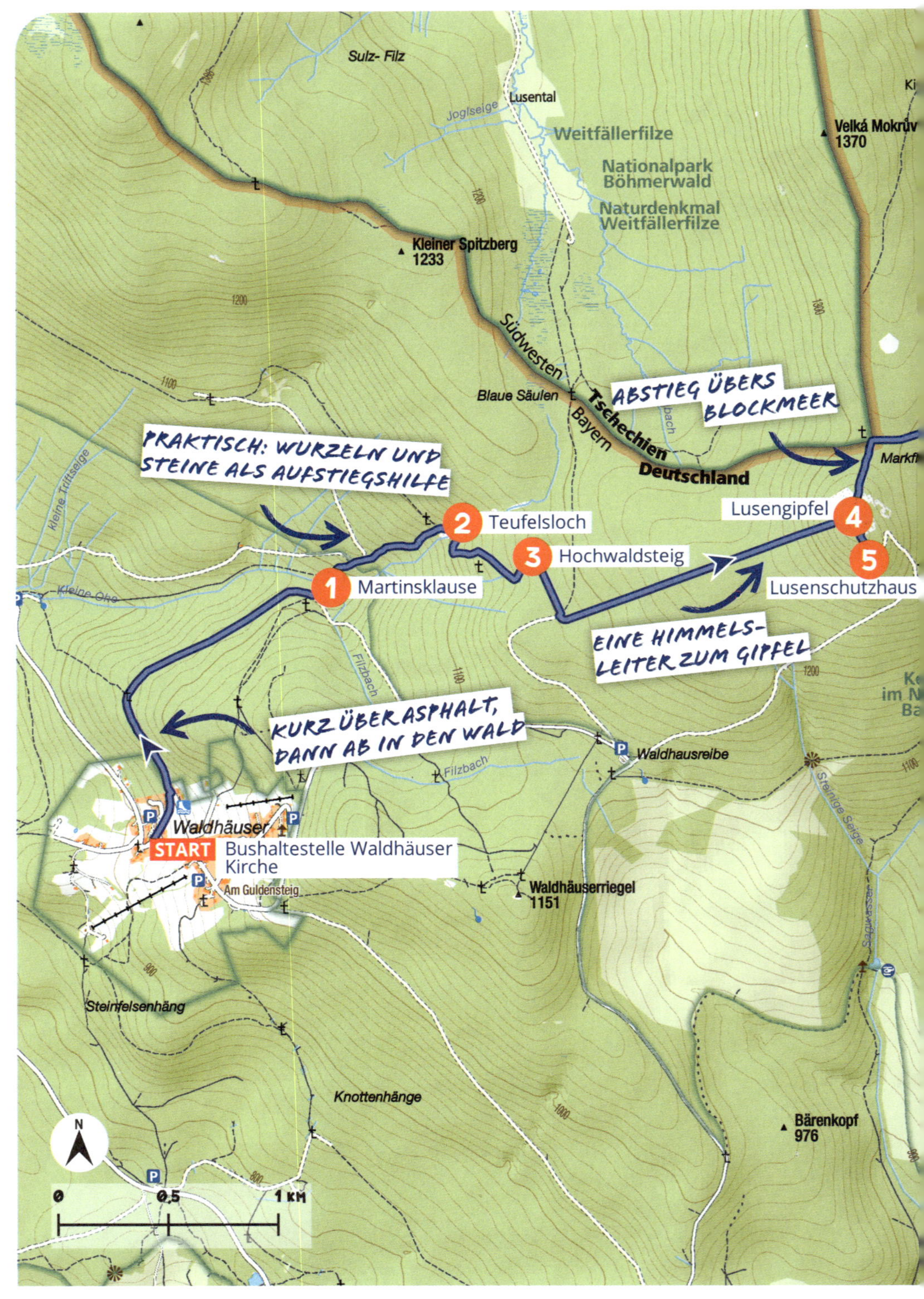

Praktisch: Wurzeln und Steine als Aufstiegshilfe
Abstieg übers Blockmeer
Eine Himmelsleiter zum Gipfel
Kurz über Asphalt, dann ab in den Wald
1 Martinsklause
2 Teufelsloch
3 Hochwaldsteig
4 Lusengipfel
5 Lusenschutzhaus
START Bushaltestelle Waldhäuser Kirche
Waldhäuser
Am Guldensteig
Waldhausreibe
Waldhäuserriegel 1151
Kleiner Spitzberg 1233
Velká Mokrův 1370
Weitfällerfilze
Nationalpark Böhmerwald
Naturdenkmal Weitfällerfilze
Sulz-Filz
Lusental
Joglseige
Blaue Säulen
Südwesten Tschechien
Bayern Deutschland
Kleine Ohe
Kleine Triftseige
Filzbach
Steinige Seige
Steinfelsenhäng
Knottenhänge
Bärenkopf 976
N
0 0,5 1 km

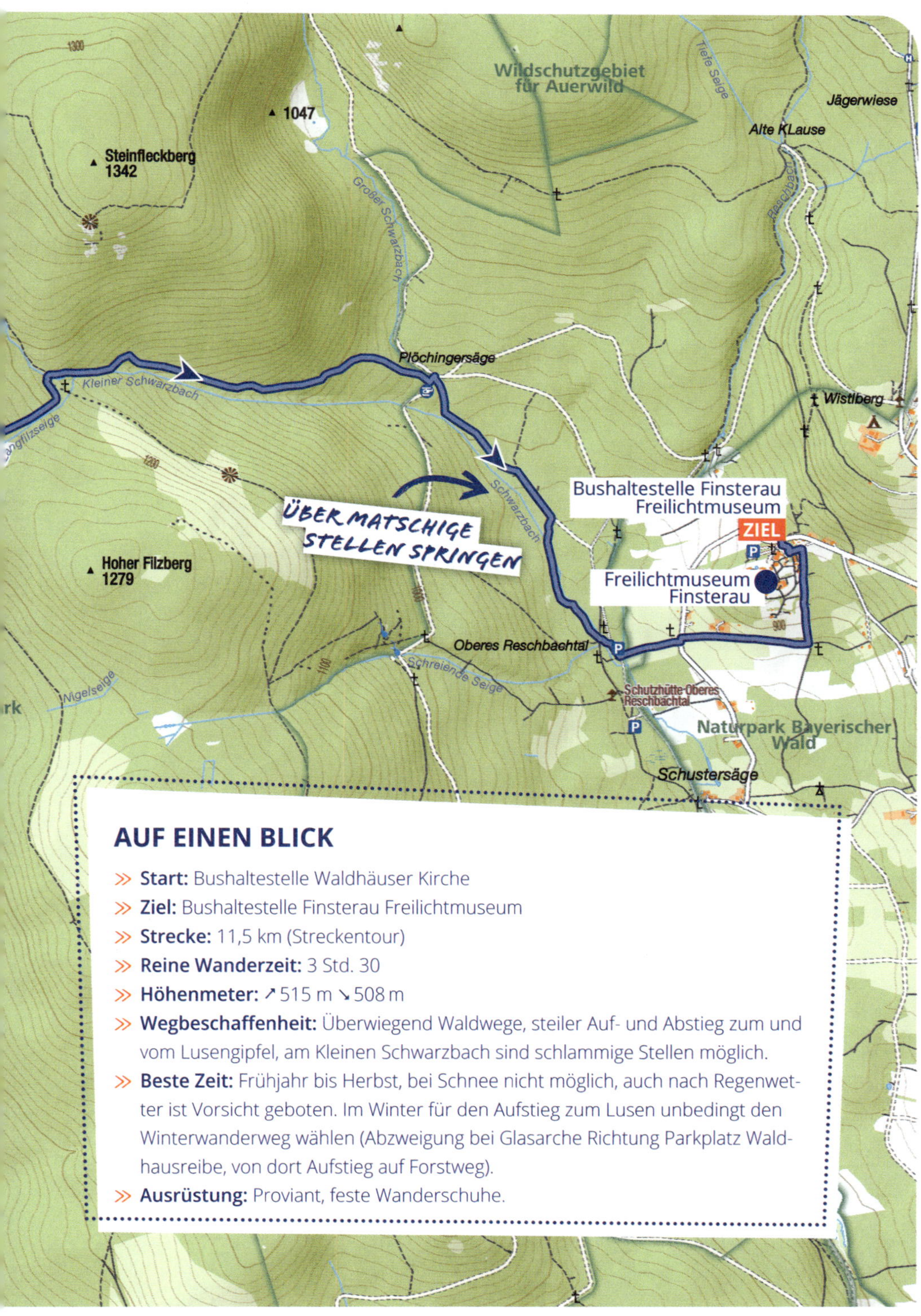

AUF EINEN BLICK

- **Start:** Bushaltestelle Waldhäuser Kirche
- **Ziel:** Bushaltestelle Finsterau Freilichtmuseum
- **Strecke:** 11,5 km (Streckentour)
- **Reine Wanderzeit:** 3 Std. 30
- **Höhenmeter:** ↗515 m ↘508 m
- **Wegbeschaffenheit:** Überwiegend Waldwege, steiler Auf- und Abstieg zum und vom Lusengipfel, am Kleinen Schwarzbach sind schlammige Stellen möglich.
- **Beste Zeit:** Frühjahr bis Herbst, bei Schnee nicht möglich, auch nach Regenwetter ist Vorsicht geboten. Im Winter für den Aufstieg zum Lusen unbedingt den Winterwanderweg wählen (Abzweigung bei Glasarche Richtung Parkplatz Waldhausreibe, von dort Aufstieg auf Forstweg).
- **Ausrüstung:** Proviant, feste Wanderschuhe.

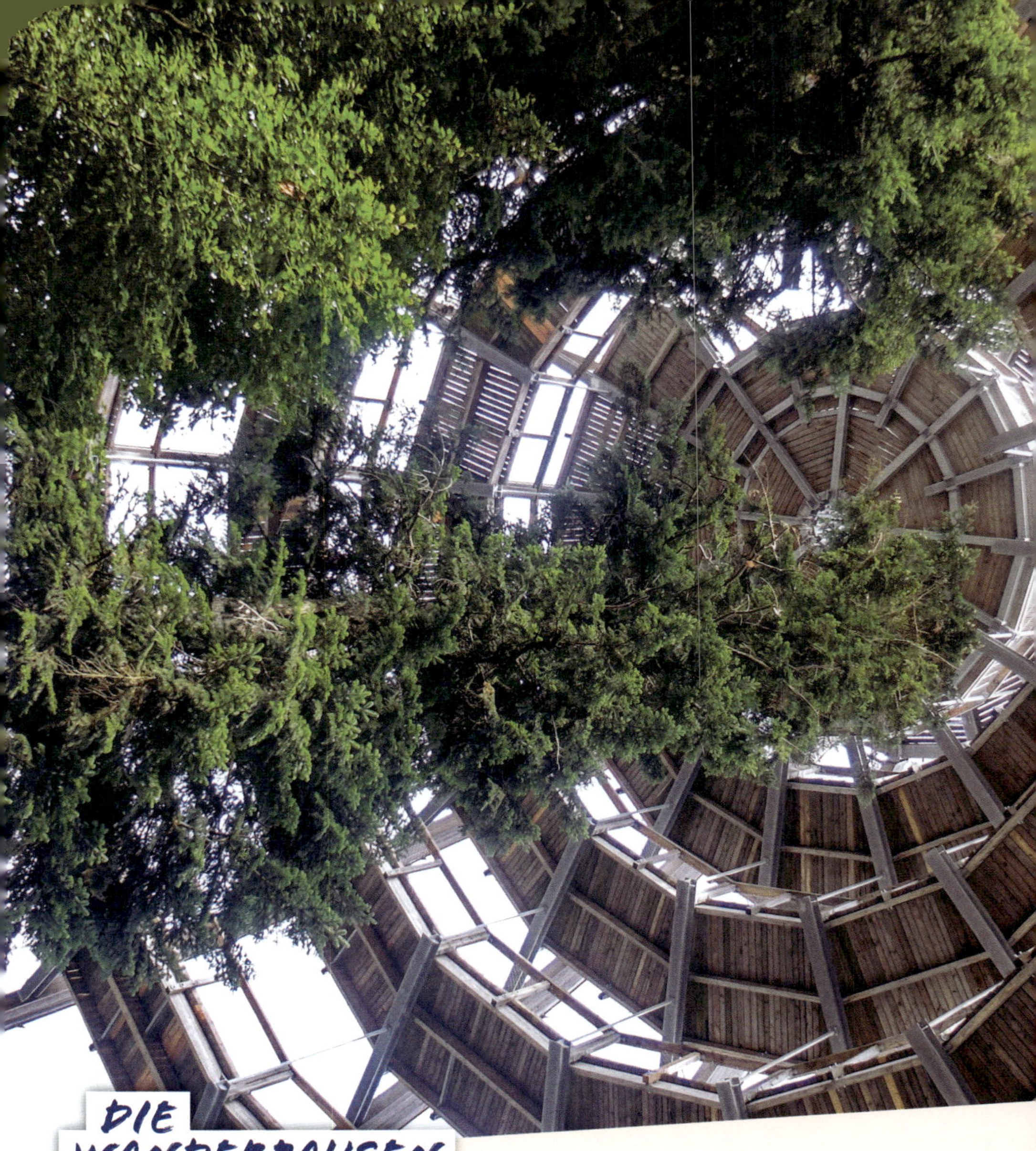

DIE WANDERPAUSEN

» START
Bushaltestelle
Nationalparkzentrum
Lusen

KM 0,2

1 Hans-Eisenmann-Haus
Dem Nationalpark auf der Spur

KM 0,5

2 Pflanzen-Freigelände
Grünzeug unter die Lupe nehmen

KM 1

3 Baumwipfelpfad
Bäumen aufs Dach steigen

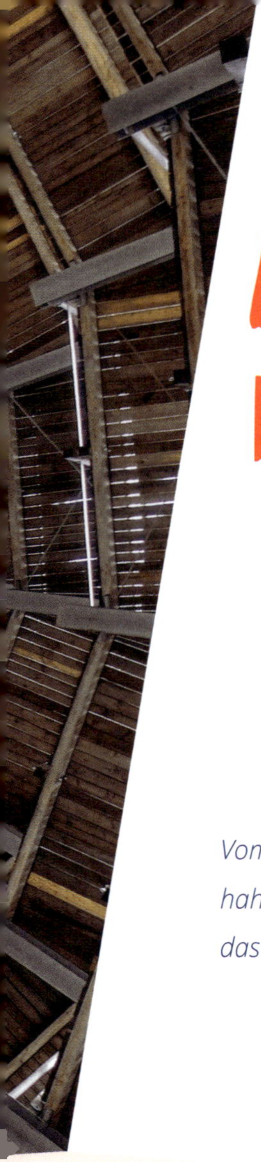

16

HALLO AUERHUHN, HALLO LUCHS!

Baumwipfelpfad und Tier-Freigelände Neuschönau

Vom Baumwipfelpfad aus den Himmel betrachten, einen echten Auerhahn erspähen, Luchs und Wolf auf die Schliche kommen – rund um das Nationalparkzentrum Lusen ist alles möglich.

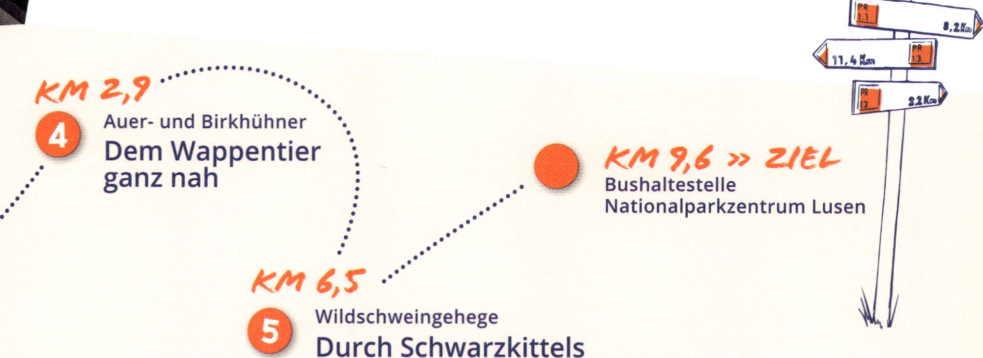

WO SOLL MAN BLOSS ZUERST HINGEHEN?

Zum Baumwipfelpfad? Ins Pflanzen-Freigelände? Oder gleich zu den wilden Tieren? Am Nationalparkzentrum Lusen wird so viel geboten, dass man leicht den Überblick verlieren kann. Also erstmal zurück auf Los: ins **Hans-Eisenmann-Haus,** das Besucherzentrum, in dem sämtliche Infos über den Nationalpark zu bekommen sind.

Nachdem man sich sattgelesen hat, geht es zurück in die Natur. Gleich hinter dem Infozentrum liegt das **Pflanzen-Freigelände.** Hier teilen sich die ganz Kleinen – wie die Fetthenne – mit größeren Exemplaren – etwa der Eibe – den Lebensraum.

Wieder dauert es nur fünf Minuten, dann steht man am Eingang zum **Baumwipfelpfad.** Das fröhliche Gelächter der Besucher:innen, die sich bereits auf dem abenteuerlichen Pfad durch die Baumkronen befinden, dringt einem dabei ins Ohr.

Nachdem man erfolgreich das Baum-Ei erklommen hat, kann man sich erstmal eine kleine Pause gönnen. Am besten verarbeitet man die Eindrücke des bisherigen Tages im Biergarten der Waldwirtschaft, gleich beim Eingang des Baumwipfelpfads. Während der Wind sanft durch die Bäume streicht, schmeckt die gekühlte Apfelschorle besonders gut.

DAS PRACHTVOLLE FEDERKLEID DER AUERHÄHNE VON NAHEM BEWUNDERN

Im Waldgebiet auf der anderen Seite der Nationalparkstraße schließlich lockt das **Tier-Freigelände.** Ruhig ist es hier, zumindest wenn man am Abend durch das Areal läuft und die vielen Tagesausflügler bereits abgereist sind. Eine ganz besondere Atmosphäre macht sich unter den grünen Riesen breit – weiß man doch, dass hier auch Bären wohnen!

Der Weg schlängelt sich vorbei an Bächen und abgebrochenen Baumstämmen, Felsbrocken und jungem Grün. Dabei entdeckt man ein Gehege nach dem anderen, kann dabei Auerhühner, Baummarder und Waldkäuze beobachten. Und, wer besonders viel Glück und Geduld hat: sogar Wölfe und Luchse. «

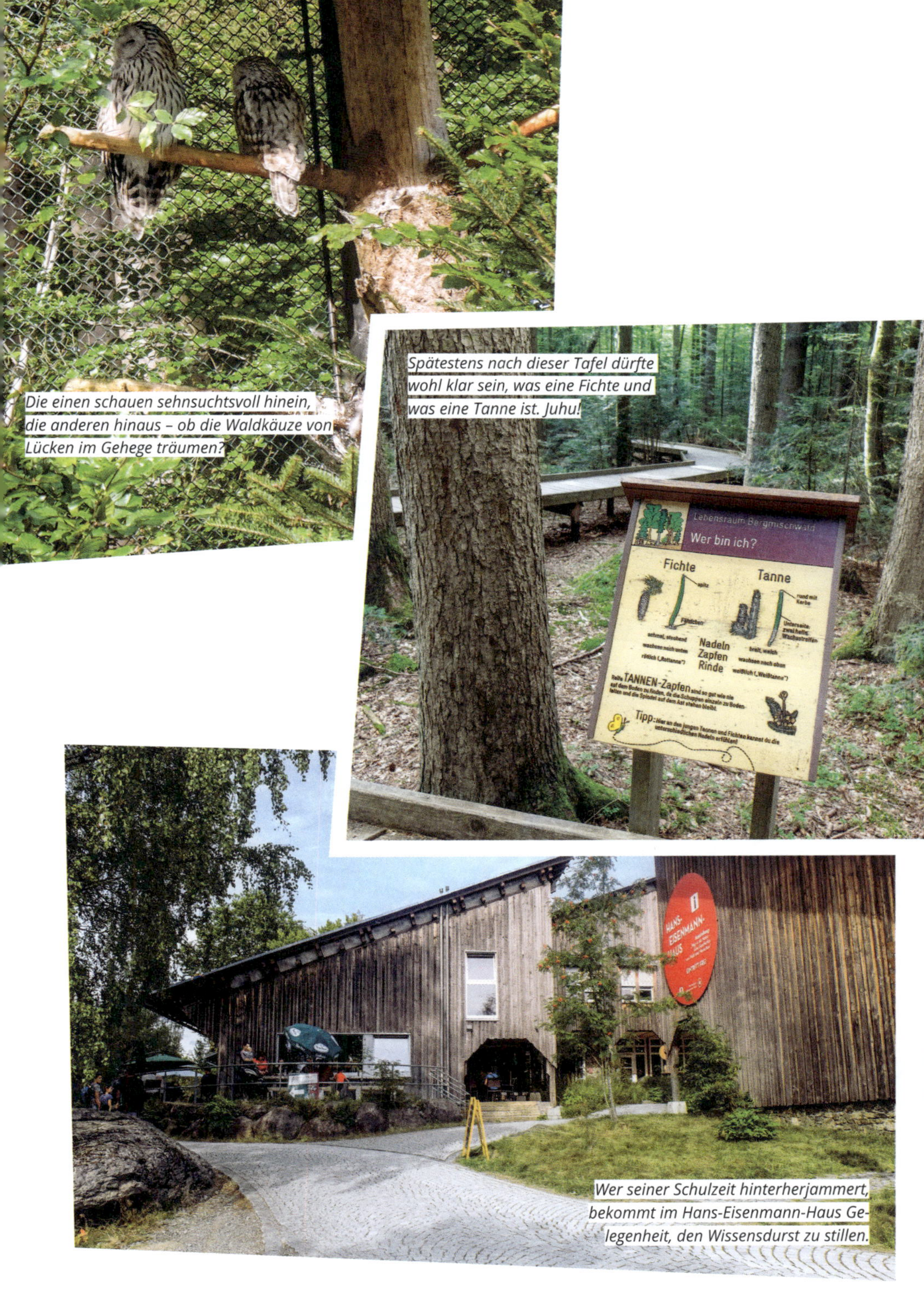

Die einen schauen sehnsuchtsvoll hinein, die anderen hinaus – ob die Waldkäuze von Lücken im Gehege träumen?

Spätestens nach dieser Tafel dürfte wohl klar sein, was eine Fichte und was eine Tanne ist. Juhu!

Wer seiner Schulzeit hinterherjammert, bekommt im Hans-Eisenmann-Haus Gelegenheit, den Wissensdurst zu stillen.

WANDERN & GENIESSEN

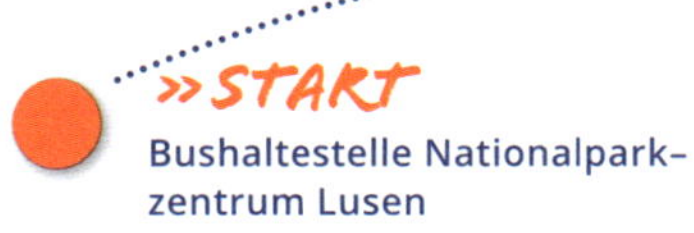

» START

Bushaltestelle Nationalpark-zentrum Lusen

Von der Bushaltestelle Richtung Hans-Eisenmann-Haus laufen. An der Waldwirtschaft vorbei weiter bergauf, bis man vor dem Gebäudekomplex aus Holz steht.

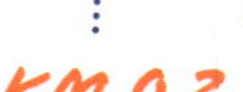

KM 0,2

Hans-Eisenmann-Haus

Dem Nationalpark auf der Spur

Was bedeutet uns eigentlich der Wald? Und woher kommen die romantischen Bilder, die wir von ihm im Kopf haben? Welche Tiere leben in ihm und welche Spuren hinterlassen sie? Und wie wirkt sich der Klimawandel auf den Nationalpark aus? Wer sich bereits solche oder ähnliche Fragen gestellt hat, findet die Antworten im Hans-Eisenmann-Haus. Das Besucherzentrum ist benannt nach dem ehemaligen bayerischen Minister für Ernährung, Landwirtschaft und Forsten, der sich bis zu seinem Tod für den Nationalpark Bayerischer Wald eingesetzt hat. Neben Dauer- und Wechselausstellungen kann man sich auch Filme anschauen und im Café Eisenmann mit Kaffee und Kuchen eindecken. (nationalpark-bayerischer-wald.de.)

Das Hans-Eisenmann-Haus durch den hinteren Eingang verlassen. Nach links wenden und kurz darauf befindet man sich schon am Eingang des Pflanzen-Freigeländes. Dieses ist weitläufig und kann natürlich nach eigenem Interesse erkundet werden.

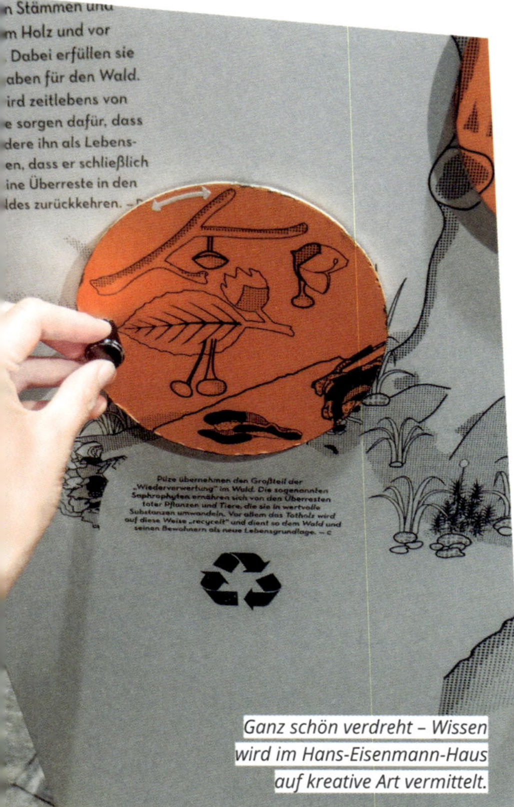

Ganz schön verdreht – Wissen wird im Hans-Eisenmann-Haus auf kreative Art vermittelt.

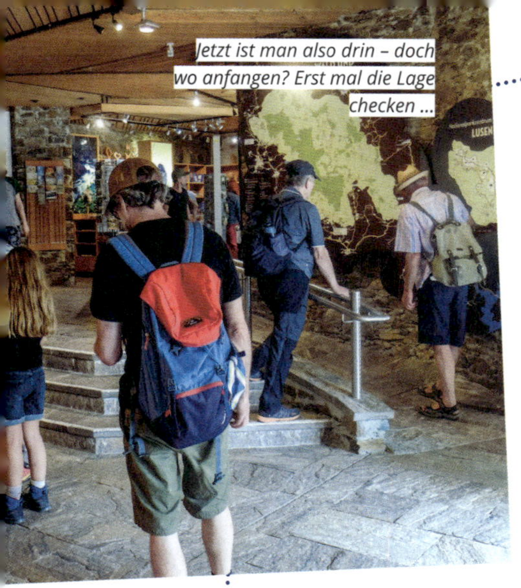

Jetzt ist man also drin – doch wo anfangen? Erst mal die Lage checken …

KM 0,5

2 Pflanzen-Freigelände

Grünzeug unter die Lupe nehmen

Wer versuchen will, alle Pflanzen zu zählen, die im Pflanzen-Freigelände wachsen, muss geduldig sein: Über 700 Arten gibt es hier zu entdecken. Harmlose Gesellen sind darunter, etwa die Walderdbeere, die Preiselbeere oder der Mauerpfeffer. Doch Vorsicht, es kann auch ganz schön giftig werden! Der Eisenhut ist vielleicht hübsch anzusehen, aber essen sollte man ihn auf keinen Fall. Was gibt es sonst noch auf den vier Hektar zu entdecken? Einen Bergbach zum Beispiel, dessen Gluckern man lauschen kann, ein Hochmoor, dem man ganz nah kommen darf. Und bei einer Pause auf einer Parkbank kann man Vögel beobachten, die auf der Suche nach Futter oder einer Abkühlung sind.

Zurück zum Hans-Eisenmann-Haus und dann wieder Richtung Waldwirtschaft laufen. Dabei jedoch den linken Abzweig nehmen, um so am Hochmoor vorbeizukommen. Nach der Waldwirtschaft dann links, um zum Eingang des Baumwipfelpfads zu gelangen.

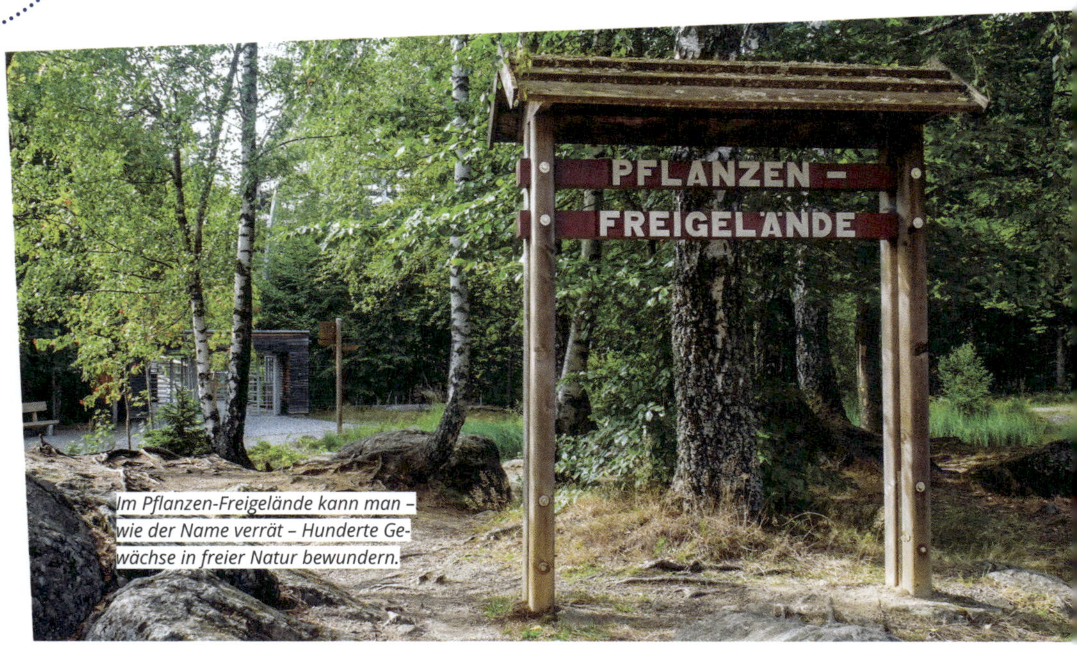

Im Pflanzen-Freigelände kann man – wie der Name verrät – Hunderte Gewächse in freier Natur bewundern.

KM 1

3

Baumwipfelpfad

Bäumen aufs Dach steigen

Huch, das ist aber ganz schön hoch! Auf dem Baumwipfelpfad läuft man an Fichten und Buchen vorbei und ohne, dass man es merkt, ist man plötzlich sehr weit entfernt vom Erdboden. Wer da einen Blick übers Geländer nach unten riskiert, sieht Eichhörnchen danach bestimmt mit anderen Augen. Die huschen ja ständig auf dieser Höhe herum, springen von Ast zu Ast, ohne Angst zu haben … Etwa 1,3 Kilometer lang ist der Pfad und schlängelt sich auf einer Höhe von 8–25 Meter durch die Baumriesen hindurch. Dabei gibt es ein paar Wegabzweigungen, die kleine Abenteuer bieten – auf wackligen Holzbalken über den Abgrund gehen zum Beispiel. Und am Ende dann das Highlight: Das 44 Meter hohe Baum-Ei, von dessen Aussichtsplattform aus man wirklich über den Wipfeln des Waldmeeres steht (baumwipfelpfade.de/bayerischer-wald/).

Nach dem Ausgang nach links wenden, erneut das Hans-Eisenmann-Haus passieren und hinab zur Straße laufen. Diese queren und vorm ● **Café Waldstüberl** *nach links abbiegen. Das Symbol des Gehege-Rundwegs führt durch das Tier-Freigelände. Der Weg verläuft ein kurzes Stück auf Holzbohlen an Infotafeln zu Fichten und Tannen vorbei, dann zweigt er nach links in Richtung »Auerhuhn« ab.*

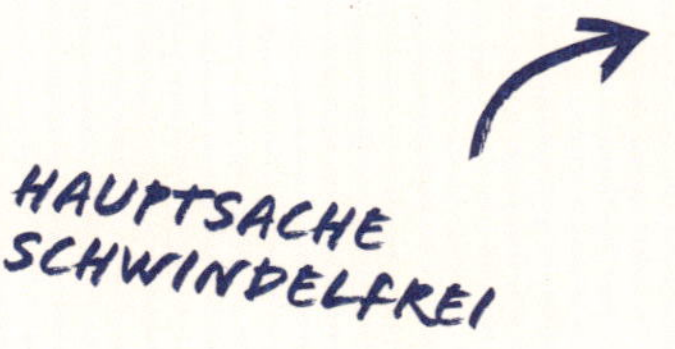

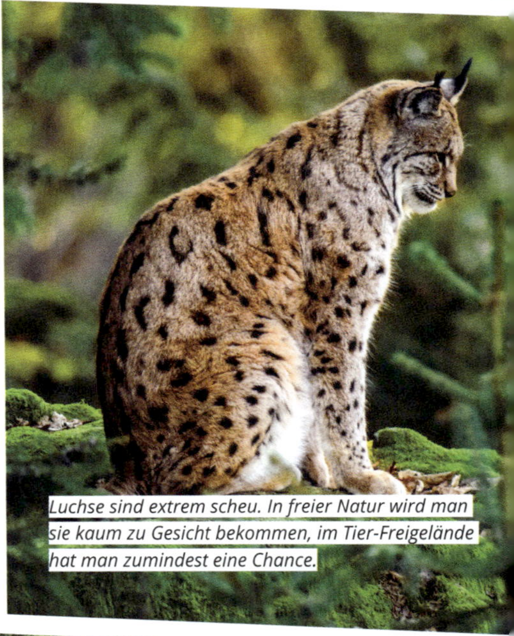

Luchse sind extrem scheu. In freier Natur wird man sie kaum zu Gesicht bekommen, im Tier-Freigelände hat man zumindest eine Chance.

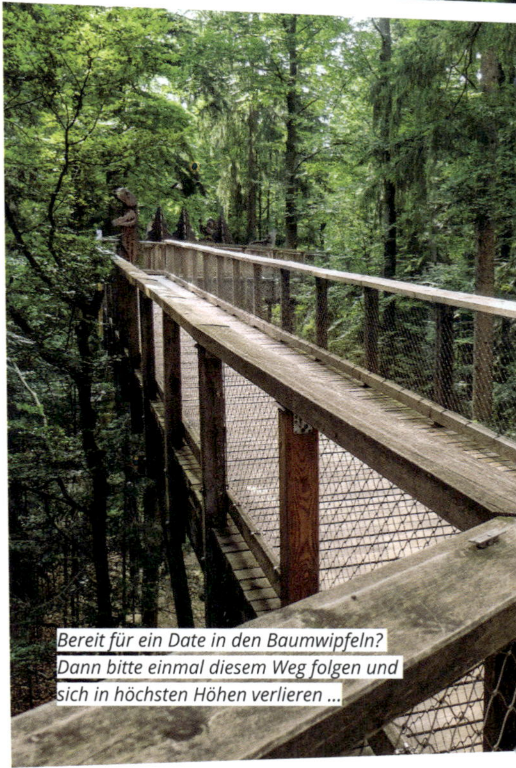

Bereit für ein Date in den Baumwipfeln? Dann bitte einmal diesem Weg folgen und sich in höchsten Höhen verlieren …

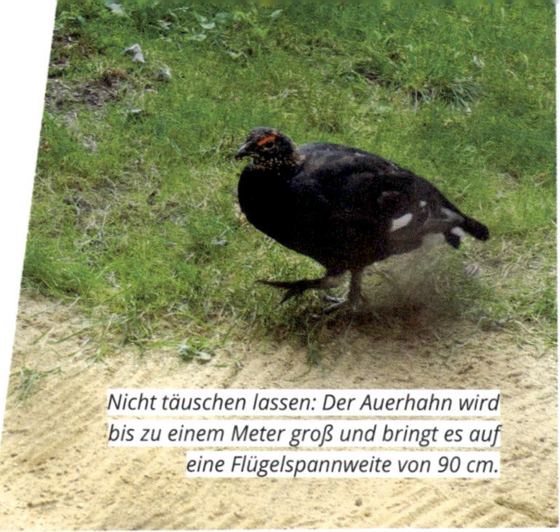

Nicht täuschen lassen: Der Auerhahn wird bis zu einem Meter groß und bringt es auf eine Flügelspannweite von 90 cm.

EXTRA INFOS:

Nach der Tour über den Baumwipfelpfad und durch das Tier-Freigelände kann man in der ● **Waldwirtschaft** die Eindrücke bei Süßem oder Herzhaftem Revue passieren lassen. Bei schönem Wetter im lauschigen Biergarten, sonst in der urigen Gaststube (erlebnis-gastronomie-gmbh.de/de/waldwirtschaft.)

KM 2,9

4 Auer- und Birkhühner

Dem Wappentier ganz nah

Immer wieder begegnen einem im Nationalpark die Schilder: »Wegegebot zum Schutz des Auerhuhns«. Die scheuen Brutvögel gibt es nur noch ganz selten, weshalb man sie vermutlich nie zu Gesicht bekommen wird. Aber Halt! Im Tier-Freigelände hat man die Möglichkeit, das Wappentier des Bayerischen Walds zu entdecken. Gleich zu Beginn des Gehegewegs taucht eine Voliere auf, die ein Pärchen beherbergt. Überwiegend braun gefiedert ist das Weibchen, der Auerhahn hingegen schillert, was die Federn hergeben. Da ihr natürlicher Lebensraum – lichte Nadelmischwälder, Moore, Windwurfareale – durch Forstwirtschaft und Bauprojekte schwindet, kann man nicht sagen, wie lange die fasanenartigen Vögel überleben werden. Deswegen unbedingt etwas mehr Zeit in der Voliere verbringen und die großen Waldvögel beobachten.

Nach der Voliere führt der Gehege-Rundweg mit dem gelben Tiersymbol weiter durch das Gelände. Auf dem Weg zum Wildschweingehege passiert man die Lebensräume von Bibern, Mardern, Elchen, Greifvögenl, Bären, Käuzen, Rotwild und Fischottern. Schließlich erreicht man das Tor zum Reich der Wildschweine.

KM 6,5

5 Wildschweingehege

Durch Schwarzkittels Wohnzimmer laufen

Und wer bist jetzt du? Das scheinen die Wildschweine zu fragen, wenn man durch ihr Gehege läuft. Richtig gelesen: Bei den Wildschweinen führt der Weg nicht außen herum, sondern mitten durch das Gelände hindurch. Wer auf der Strecke den aktiven Waldbewohnern begegnet, bleibt einfach ruhig und gelassen, macht keinen Lärm oder hektische Bewegungen. Dann gucken sie nur, während man selbst zurückguckt. Und sich mutig und zur Natur gehörig fühlt, weil man sich mitten unter Wildschweinen befindet.

Nachdem man das Gehege durchlaufen hat, geht es weiter zu Wildkatze, Wolf, Uhu und Luchs. Danach endet der Rundweg am ● **Café Waldstüberl.** *Von dort aus zurück zur Straße gehen, nach rechts wenden und nach wenigen Metern ist die Bushaltestelle erreicht.*

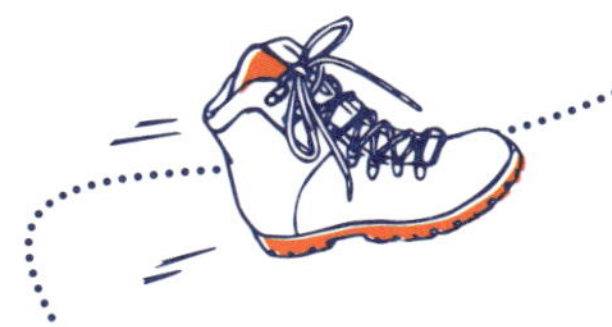

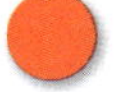

KM 9,6 » ZIEL

Bushaltestelle Nationalparkzentrum Lusen

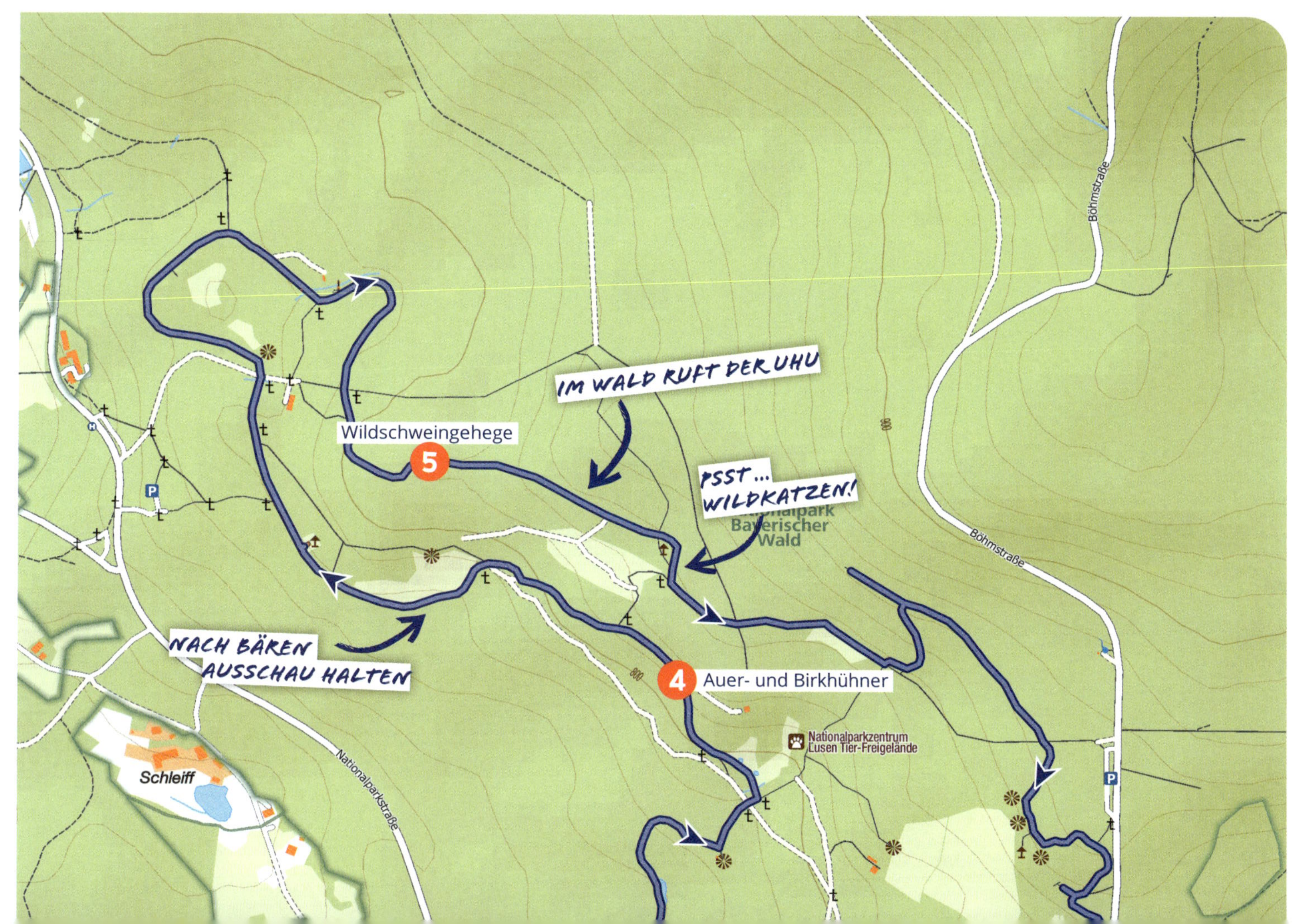

Böhmstraße
IM WALD RUFT DER UHU
Wildschweingehege
5
PSST ... WILDKATZEN!
Nationalpark Bayerischer Wald
NACH BÄREN AUSSCHAU HALTEN
4
Auer- und Birkhühner
Nationalparkzentrum Lusen Tier-Freigelände
Schleiff
Nationalparkstraße

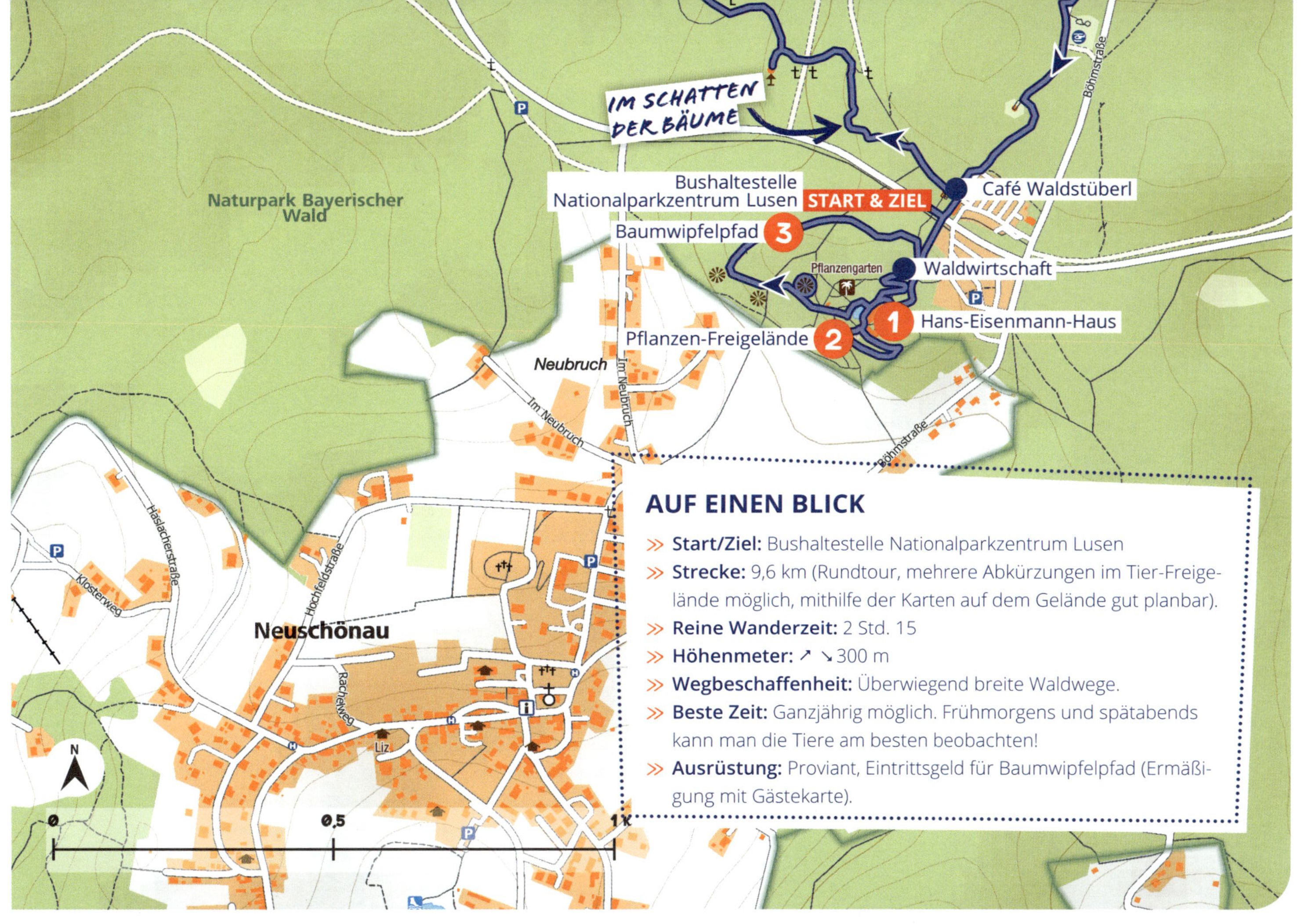

AUF EINEN BLICK

» **Start/Ziel:** Bushaltestelle Nationalparkzentrum Lusen
» **Strecke:** 9,6 km (Rundtour, mehrere Abkürzungen im Tier-Freigelände möglich, mithilfe der Karten auf dem Gelände gut planbar).
» **Reine Wanderzeit:** 2 Std. 15
» **Höhenmeter:** ↗ ↘ 300 m
» **Wegbeschaffenheit:** Überwiegend breite Waldwege.
» **Beste Zeit:** Ganzjährig möglich. Frühmorgens und spätabends kann man die Tiere am besten beobachten!
» **Ausrüstung:** Proviant, Eintrittsgeld für Baumwipfelpfad (Ermäßigung mit Gästekarte).

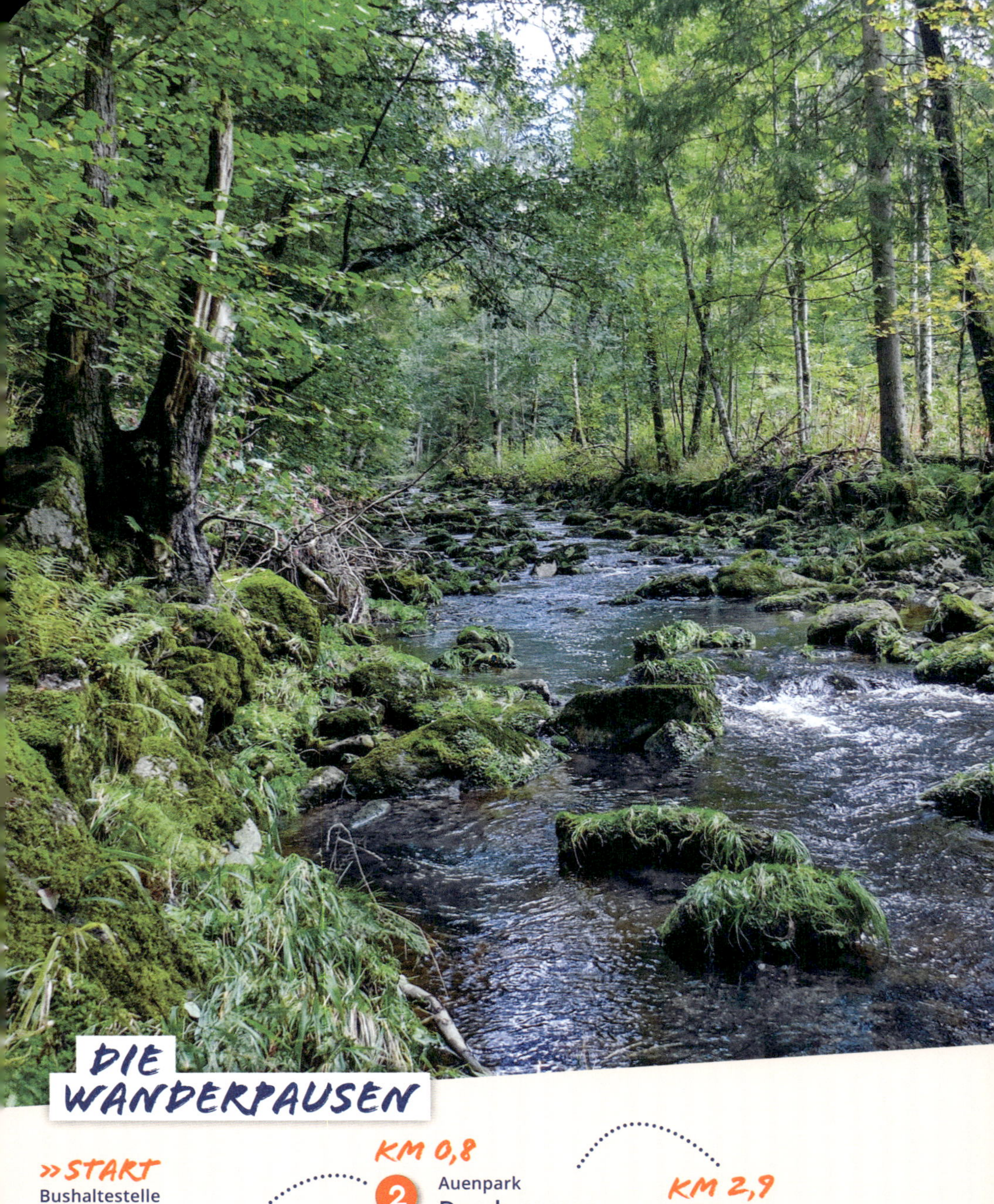

DIE WANDERPAUSEN

» START
Bushaltestelle Landratsamt

KM 0,3
1 Museum im Schloss & Mini-Café
Unterwegs in Freyung

KM 0,8
2 Auenpark
Durch nasses Grün schlendern

KM 2,9
3 Aussichtskanzel Augustin
Dem Fluss lauschen

17

DURCH TIEFGRÜNE SCHLUCHTEN

Die Buchberger Leite bei Freyung

Im schattigen Tal entlang von Wasser wandeln, weit weg von Stress und Lärm: Bei dieser gemütlichen Tour wandert man durch die Buchberger Leite bis Ringelai und genießt unendlich viel Natur.

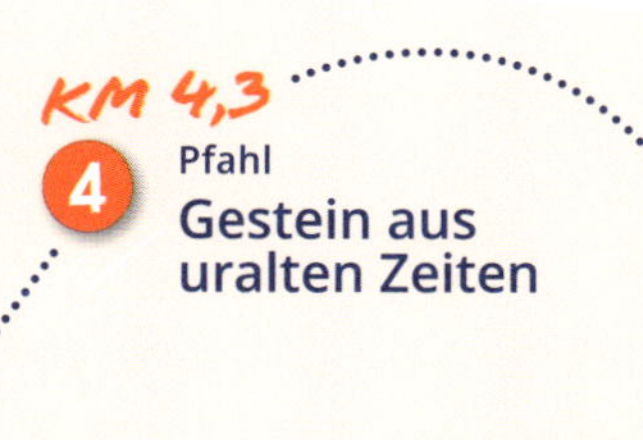

KM 4,9

5 Kleiner Wasserfall

Berauschende Pause

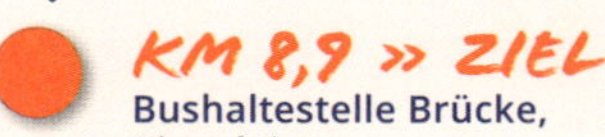

ERST IST DA DIE STADT, ...

... hübsch inmitten der Region Bayerischer Wald: Freyung schmückt sich mit alten, bunten Häusern, hübschen **Cafés** und dem **Museum** Jagd Land Fluss. Fluss – das ist das Stichwort, der Beweggrund dieser Tour. Denn es geht hinab in eine der schönsten Schluchtenlandschaften Bayerns: in die Buchberger Leite. Nur wenige Hundert Meter nach dem **Auenpark** fängt sie an, verzaubert mit allen Grüntönen der Natur. Dabei ist der Pfad an sich schon ein Hingucker: uneben, gespickt mit Steinen, die aus dem Boden zu wachsen scheinen.

Immer tiefer geht es in die vom Wasser gegrabene Schlucht hinein. Am Wegesrand tauchen kleine Wasserfälle auf, Bänke und die **Aussichtskanzel Augustin** bieten sich zur Rast an. Selbst im Sitzen entdeckt man immer etwas Neues – Pilze auf Baumstämmen, Felsen, denen Efeu aus den Löchern wächst ... Oder Augen schließen und nur dem Fluss lauschen.

GANZ INS RAUSCHEN DER WOLFSTEINER OHE EINTAUCHEN

100 Meter tief liegt das Flussbett. Dafür haben die beiden Flüsse gesorgt, die sich das Geotop **Pfahl** teilen, das durch die Buchberger Leite verläuft: Reschbach und Saußbach, die schließlich die Wolfsteiner Ohe bilden. Immer wieder führen Brücken über die munteren Flüsse. Die Füße bleiben also trocken, während sich die Wurzeln der Bäume satttrinken. Einige der Bäume sind uralt. Die Flechten, die von ihren teils abgestorbenen Ästen herabhängen, vermitteln den Eindruck, als sei hier die Zeit stehen geblieben.

Kurz nach einem **kleinen Wasserfall** hat es die Wolfsteiner Ohe plötzlich eilig. Beschwingt fließt sie bergab, umrundet einige Flusssteine und erschafft Stromschnellen. Auch die Vögel scheinen an diesem Abschnitt munterer zu sein. Am besten mal innehalten und genauer hinsehen – vielleicht entdeckt man ja eine der selten gewordenen Wasseramseln?

Ruhiger wird es erst wieder beim Felsentunnel. Dieser führt direkt durch den Pfahl hindurch. Ist man auf der anderen Seite angelangt, taucht das imposante Karbidwerk auf. Nun geht es am linken Flussufer entlang bis zur Hängebrücke. Die ist zwar nicht lang, wippt dafür aber ganz ordentlich. Bald danach endet der Waldweg, entlässt einen am Rand von **Ringelai.** Die Ortsmitte ist schnell erreicht, zur Bushaltestelle ist es nicht weit. Dann heißt es schon: Abschied nehmen von der Buchberger Leite – doch bestimmt nicht für immer.

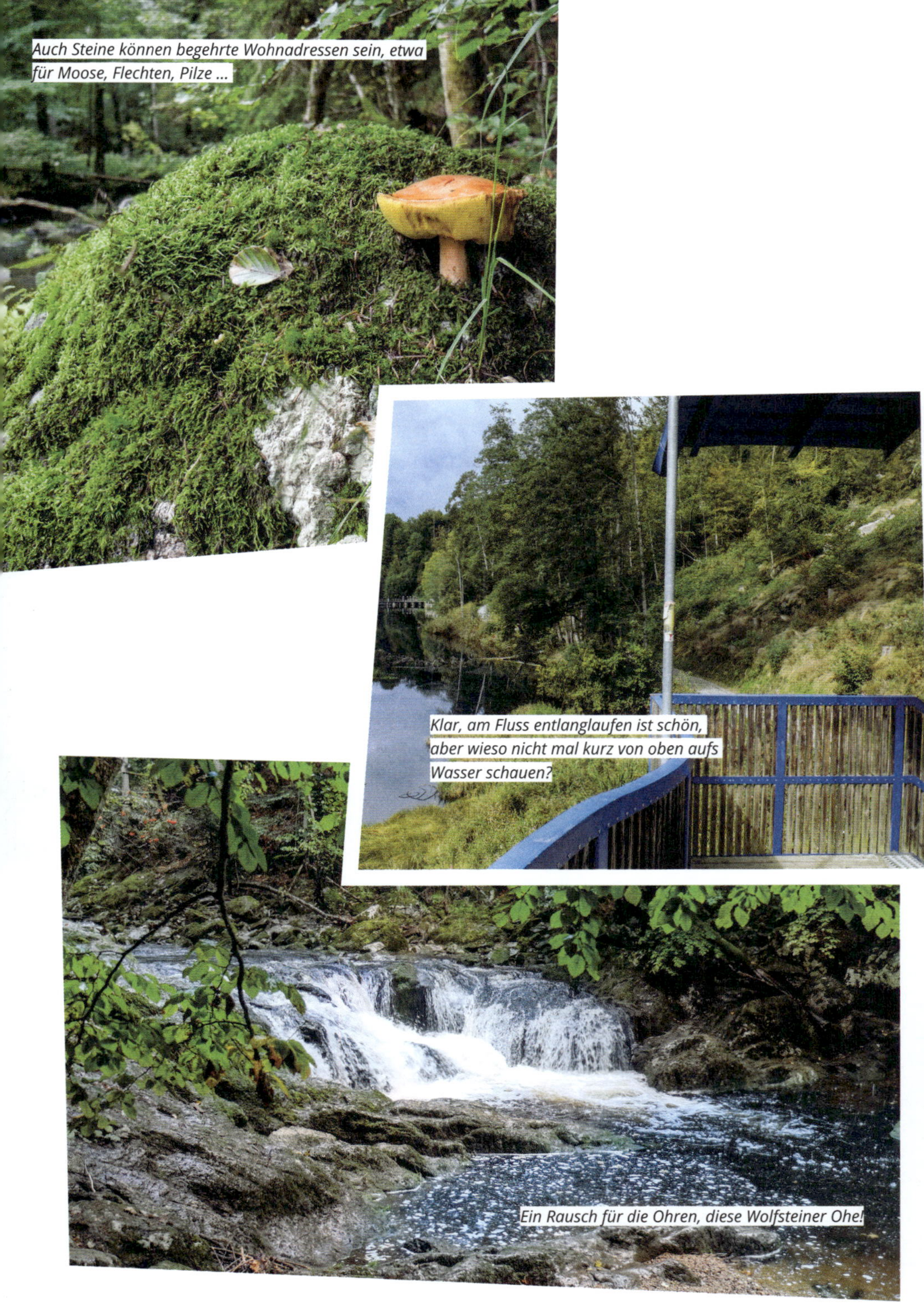

Auch Steine können begehrte Wohnadressen sein, etwa für Moose, Flechten, Pilze ...

Klar, am Fluss entlanglaufen ist schön, aber wieso nicht mal kurz von oben aufs Wasser schauen?

Ein Rausch für die Ohren, diese Wolfsteiner Ohe!

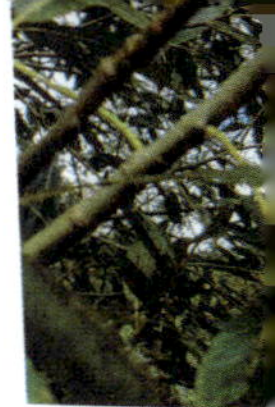

WANDERN & GENIESSEN

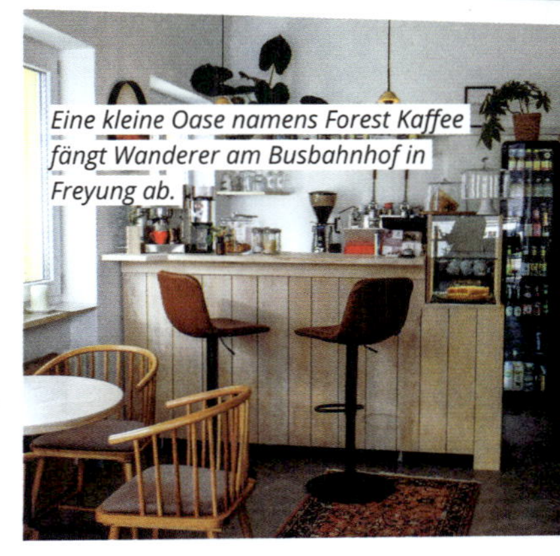

Eine kleine Oase namens Forest Kaffee fängt Wanderer am Busbahnhof in Freyung ab.

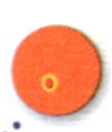

» START

Bushaltestelle Landratsamt, Freyung

Von der Bushaltestelle aus zur Fußgängerampel laufen und die Straße überqueren. Die Wolfkerstraße auf der anderen Seite führt direkt zum Museum Jagd Land Fluss.

KM 0,3

1

Museum im Schloss & Mini-Café

Unterwegs in Freyung

Die Stadt inmitten der grünen Hügel ist ein guter Einstiegsort für den Nationalpark Bayerischer Wald. Vor allem, weil hier das Museum Jagd Land Fluss (jagd-land-fluss.de) zu finden ist. Eingemietet in das Schloss Wolfstein, klärt es über alles auf, was man zum Nationalpark wissen will. Zudem kann man sich im Museum beweisen – zum Beispiel, indem man gegen Wildtiere weitspringt ... Auch Einkehrmöglichkeiten gibt es in Freyung zuhauf. Wer also vor der Tour noch einen Kaffee braucht oder eine Brotzeit mitnehmen möchte, sollte den Busbahnhof aufsuchen. Dort befindet sich ein Kleinod: das ● **Forest Kaffee.** Nicht mehr Plätze als Finger an einer Hand hält das Mini-Café bereit. In der Vitrine warten frische Kuchen, man kann sich Avocadobrote mitnehmen, es gibt verschiedene Limonaden und einen Kaffee, über dessen Geschmack Gäste mit dem Betreiber ins Schwärmen geraten (forest-kaffee.de).

Die Wolfkerstraße zurücklaufen und den Schlosssteig hinabgehen. Der kleine Pfad führt auf der Rückseite einiger Häuser hinab ins Tal und trifft auf den Mittermühlenweg. Hier die Straße überqueren, um in den Auenpark zu gelangen.

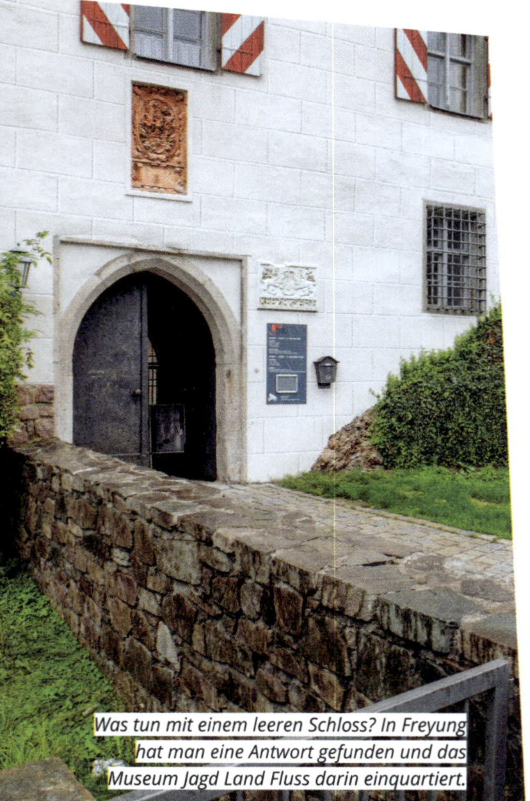

Was tun mit einem leeren Schloss? In Freyung hat man eine Antwort gefunden und das Museum Jagd Land Fluss darin einquartiert.

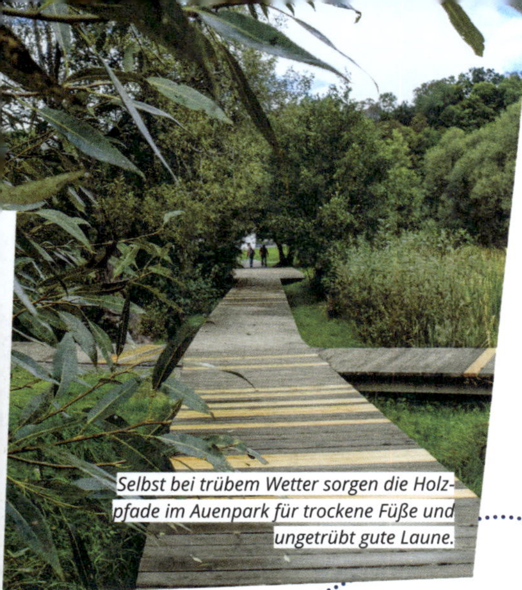

Selbst bei trübem Wetter sorgen die Holzpfade im Auenpark für trockene Füße und ungetrübt gute Laune.

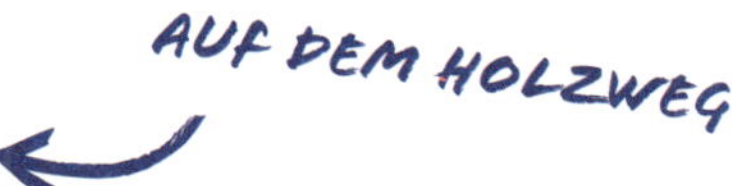

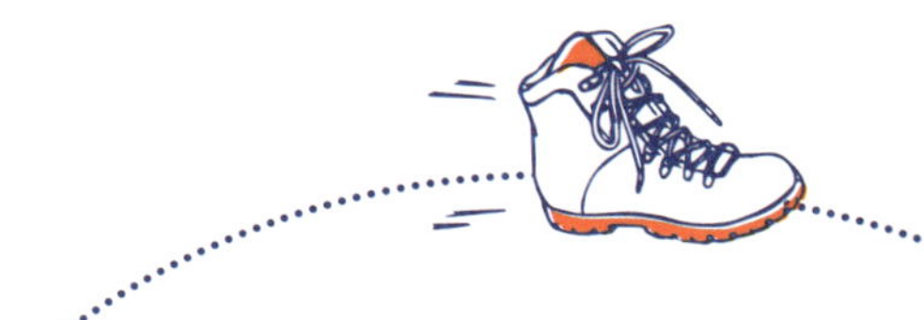

KM 0,8

2 Auenpark

Durch nasses Grün schlendern

Wer bei Auenpark gleich an »Herr der Ringe« denkt, liegt leider nicht ganz richtig. Dennoch ist die Anlage unterhalb des Wolfsteiner Schlosses ein Schmuckstück. Ganz grün schimmern hier die Wiesen, blumige Farbtupfer tauchen dazwischen auf, immer wieder unterbrochen von Wasser. Natürlich muss es hier nass sein – schließlich ist man ja in einer Auenlandschaft, die sich durch eine gewisse Dauerfeuchtigkeit auszeichnet. An heißen Tagen ist dieser Park gleich doppelt schön: In der Kneippanlage kann den Füßen neuer Schwung verpasst werden.

Den Auenpark auf dem Hauptweg bis zu seinem Ende durchlaufen. Man gelangt zu einem Parkplatz. Dort nach rechts wenden und die Brücke über den Saußbach queren. Es geht zunächst an der Karl-Bachl-Kunststoffverarbeitung vorbei und nachdem man die nächste Straße gequert hat, gelangt man an eine Militärzone. Dem Schild »Buchberger Leite" nach links zum Fluss hinab folgen. Nach der Kläranlage tauchen das Seehaus und die Brücke der B12 auf. Unter der Brücke durch laufen – der gleich dahinter liegende Stausee markiert den Anfang der Buchberger Leite. Nun immer dem Pfad bis zur Augustin-Aussichtskanzel folgen.

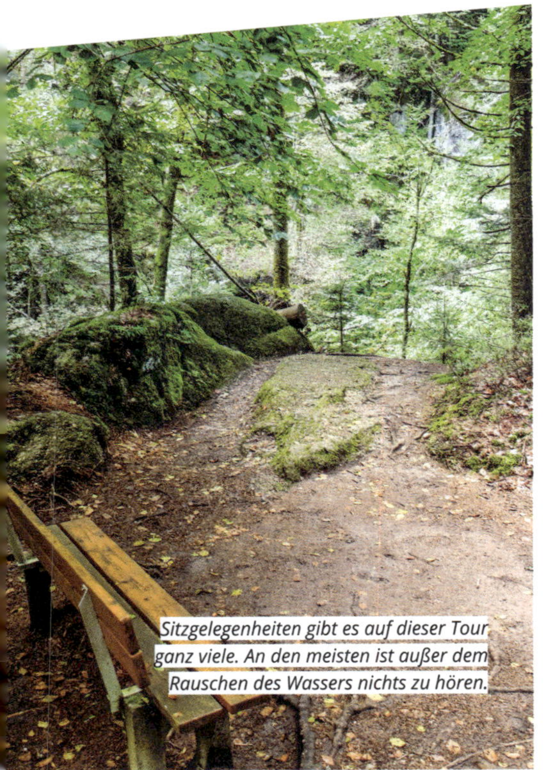

Sitzgelegenheiten gibt es auf dieser Tour ganz viele. An den meisten ist außer dem Rauschen des Wassers nichts zu hören.

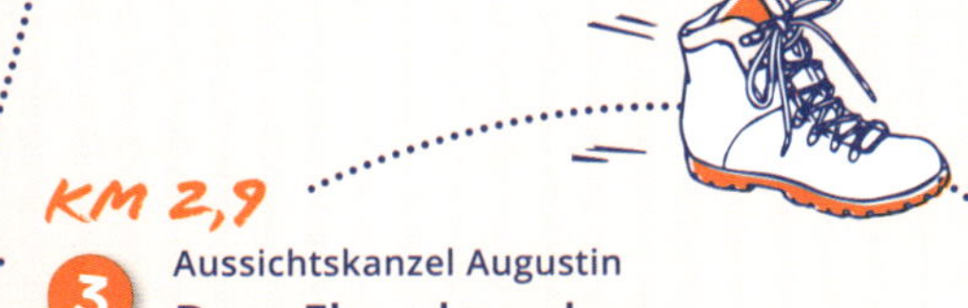

KM 2,9

3 Aussichtskanzel Augustin

Dem Fluss lauschen

Was macht eigentlich ein Waldverein? Diese Frage taucht wohl auf, sobald man das Schild an der Aussichtskanzel Augustin liest, worauf verkündet wird, dass ein Herr Augustin am 31. Mai 1884 die Freyunger Sektion gründete. In Bayern gibt es ganze 59 Sektionen und sie alle kümmern sich um Weg- und Landschaftspflege, den Naturschutz und unterstützen Kunst, Kultur und Brauchtum. Wie wichtig und richtig die Existenz eines Waldvereins ist, sieht man an der Aussichtskanzel. Überall grünt es und dennoch ist die Erhebung nicht zugewachsen. Bestimmt das Verdienst fleißiger Ehrenamtlicher. Ein schönes Fleckchen in der Buchberger Leite. Samt Bank, auf der man Brotzeit oder einfach nur Pause machen kann. Und auch kurz die Augen schließen – und so ungestört dem Rauschen des Flusses zuhören.

Es geht weiter den Fluss entlang. Kurz nach dem Saußbachwerk hilft eine kleine Brücke über einen Kanal rüber. Diesem und dem Saußbach nun flussabwärts folgen. Die nächste große Weggabelung führt einerseits geradeaus, der linke Weg über eine Brücke rüber. Diesen nehmen. Nach ca. 400 m taucht der Pfahl samt Infoschild auf.

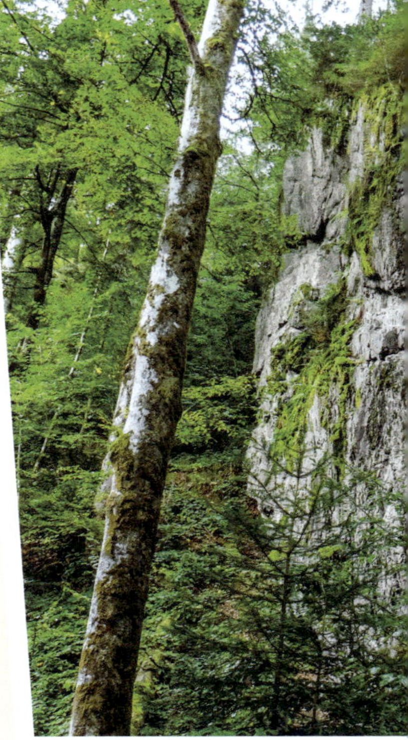

KM 4,3

4 Pfahl

Gestein aus uralten Zeiten

Ganz schön alt ist das Gestein, das so plötzlich neben dem Wanderweg ins Auge sticht. Der Pfahl-Mylonit entstand vor ca. 275 Millionen Jahren und durchläuft den Bayerischen Wald auf etwa 150 Kilometern Länge. Grau glänzt er, ist teilweise mit leuchtendem Moos bewachsen und wird auch an manchen Stellen von frechen Bäumen erobert. Sehen kann man das Gestein nur dank des Wassers – hätte sich die Wolfsteiner Ohe nicht 100 Meter tief eingegraben, wäre der Pfahl nicht so schön erkundbar.

Nun leitet einen der Wanderweg Nr. 3 (roter Kreis) weiter bis zum kleinen Wasserfall.

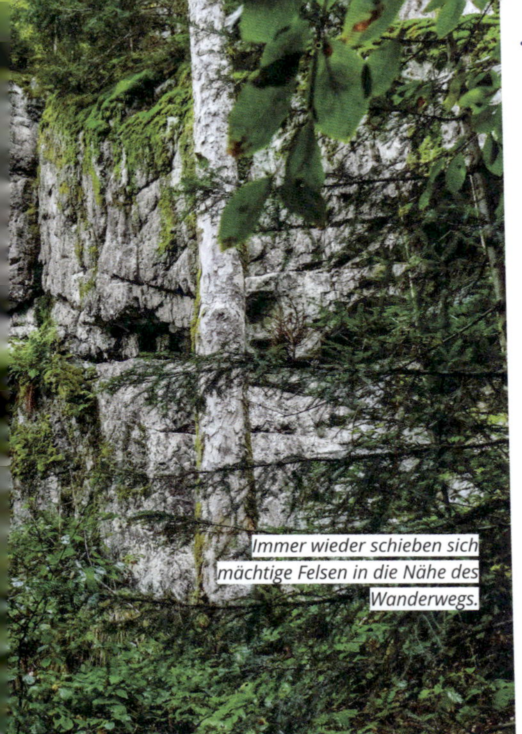

Immer wieder schieben sich mächtige Felsen in die Nähe des Wanderwegs.

KM 4,9

5 Kleiner Wasserfall
Berauschende Pause

Wo der Pfad ganz schmal wird, gebärdet sich das Wasser plötzlich viel lauter und spritziger. Nimmt sich viel mehr Platz, als es den Menschen zugesteht, und springt und purzelt über einen kleinen, natürlichen Steinhaufen hinab. Berauschend ist der Anblick – da lohnt sich doch gleich eine kleine Pause auf dem Kiesbett neben dem Wasserfall. Oder noch besser auf den abgeschliffenen Steinen am Uferrand? Wie auch immer – Hauptsache, man hat den nimmermüden Wasserfall im Blick, der an dieser Stelle der Klamm laut und selbstbewusst den Ton angibt.

Weiter am Fluss entlanggehen. Beim Felsendurchbruch den Tunnel nehmen. Auf der anderen Seite sieht man das Karbidwerk. Nach links und auf dieses zugehen, die Unterführung nehmen und danach sofort rechts abbiegen. Erneut an der Wolfsteiner Ohe entlanggehen. An der Hängebrücke angelangt auf die andere Flussseite wechseln. Sämtliche Abzweigungen ignorieren, der Weg nach Ringelai führt immer direkt am Wasser entlang. Der Pfad führt aus dem Wald hinaus und endet auf einer Teerstraße. Dem Leithenweg nach links folgen. Er führt bis in die Ortschaft Ringelai hinein und endet an der Dorfstraße. Um zur Bushaltestelle Brücke zu gelangen, nach links wenden, die Brücke queren und am Haltestellenschild auf den Rufbus (s. »Auf einen Blick«, S. 184) warten.

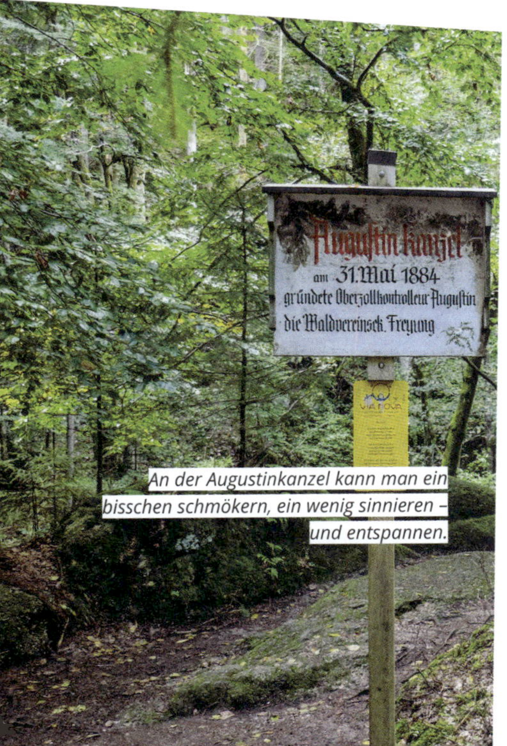

An der Augustinkanzel kann man ein bisschen schmökern, ein wenig sinnieren – und entspannen.

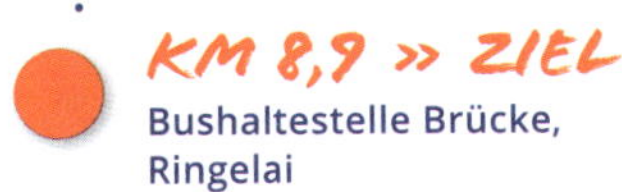

KM 8,9 » ZIEL

Bushaltestelle Brücke, Ringelai

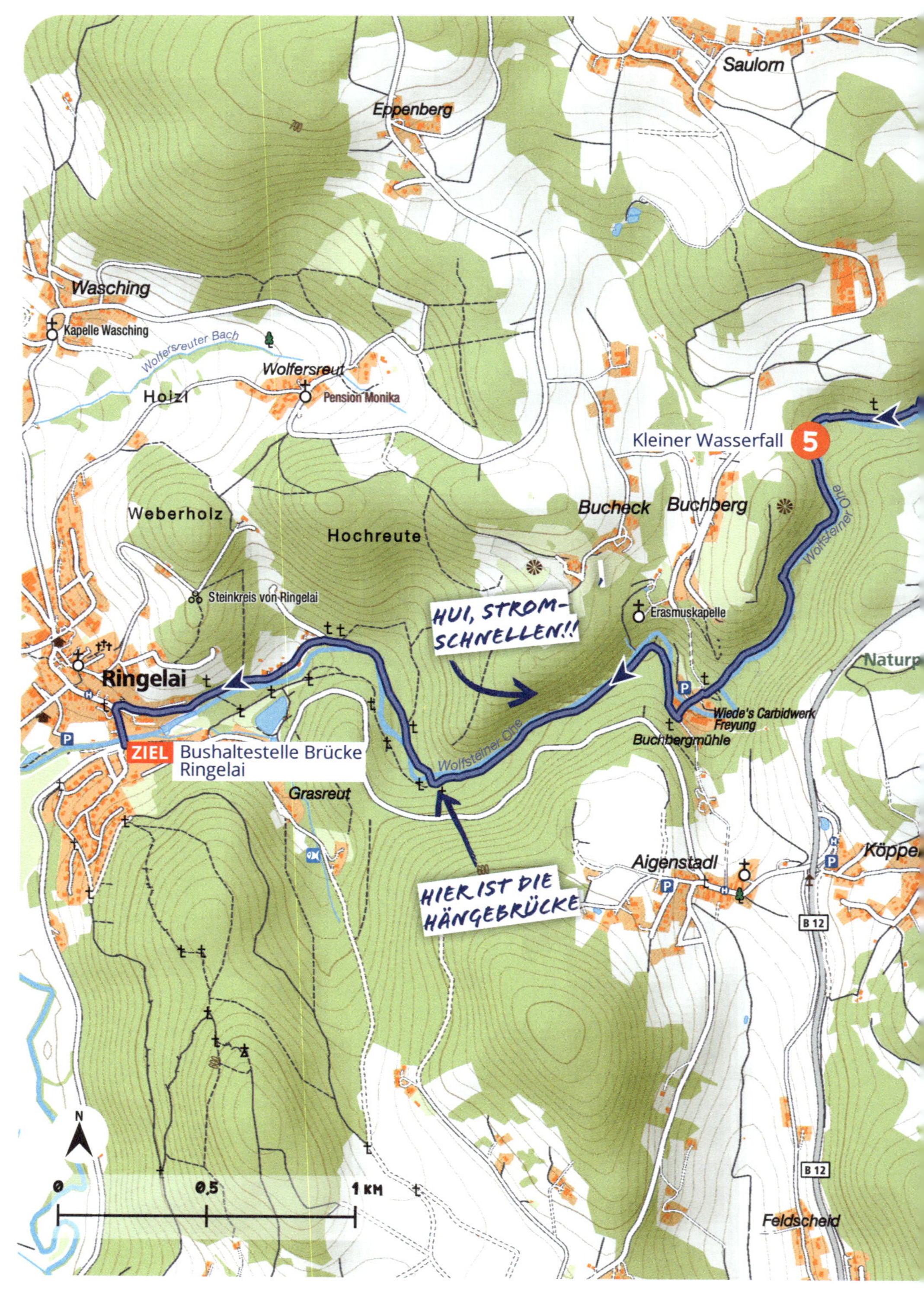

Saulorn
Eppenberg
Wasching
Kapelle Wasching
Wolfersreuter Bach
Wolfersreut
Pension Monika
Hoizl
Kleiner Wasserfall
5
Weberholz
Hochreute
Bucheck
Buchberg
Wolfsteiner Ohe
Steinkreis von Ringelai
HUI, STROM-
SCHNELLEN!!
Erasmuskapelle
Naturp
Ringelai
Wiede's Carbidwerk
Freyung
Buchbergmühle
ZIEL
Bushaltestelle Brücke
Ringelai
Wolfsteiner Ohe
Grasreut
HIER IST DIE
HÄNGEBRÜCKE
Aigenstadl
Köppe
B 12
B 12
Feldscheid
N
0
0,5
1 KM

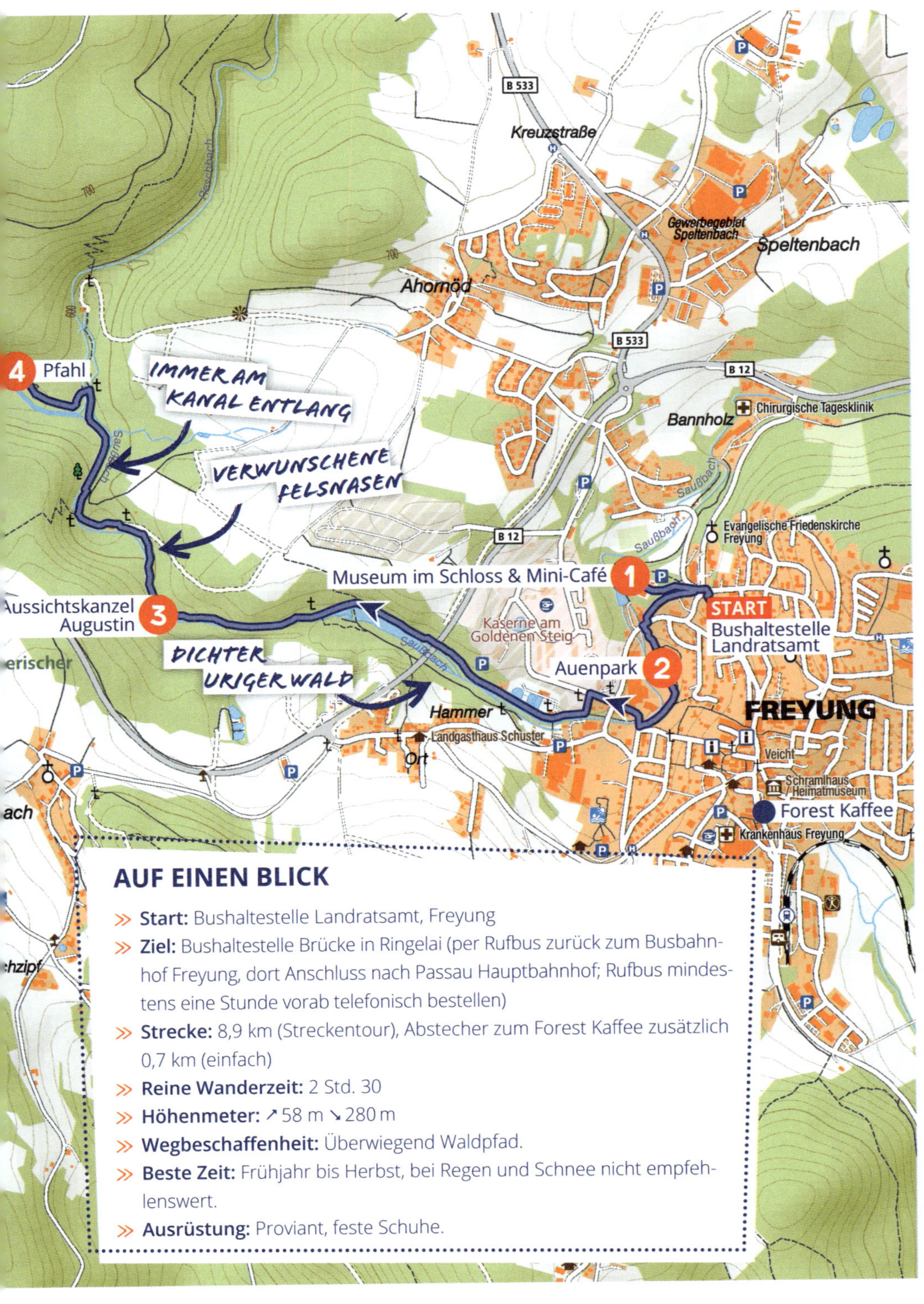

AUF EINEN BLICK

- **Start:** Bushaltestelle Landratsamt, Freyung
- **Ziel:** Bushaltestelle Brücke in Ringelai (per Rufbus zurück zum Busbahnhof Freyung, dort Anschluss nach Passau Hauptbahnhof; Rufbus mindestens eine Stunde vorab telefonisch bestellen)
- **Strecke:** 8,9 km (Streckentour), Abstecher zum Forest Kaffee zusätzlich 0,7 km (einfach)
- **Reine Wanderzeit:** 2 Std. 30
- **Höhenmeter:** ↗ 58 m ↘ 280 m
- **Wegbeschaffenheit:** Überwiegend Waldpfad.
- **Beste Zeit:** Frühjahr bis Herbst, bei Regen und Schnee nicht empfehlenswert.
- **Ausrüstung:** Proviant, feste Schuhe.

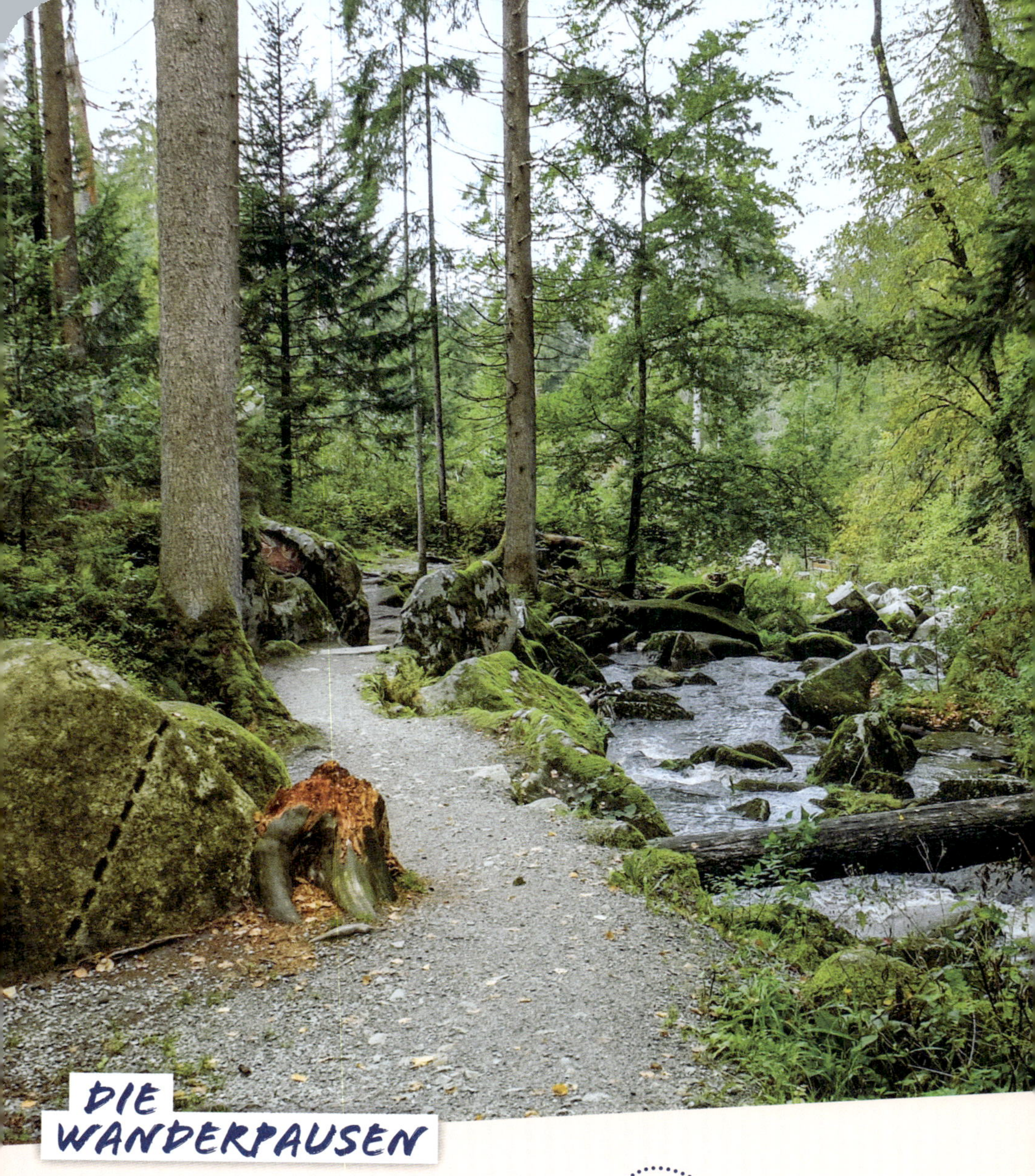

DIE WANDERPAUSEN

» START
Busbahnhof Waldkirchen

KM 2,1
1 Karolikapelle
Grüne Ruheoase

KM 4,2
2 Saußbachklamm
Rauscherlebnis für die Ohren

KM 4,4
3 Haller-Alm
Einkehr im Hexenhäusl

18 IMMER DEM SAUSEN NACH

Die Saußbachklamm bei Waldkirchen

Ein wilder Bach sprudelt zu Füßen der Stadt Waldkirchen munter vor sich hin. In der Klamm versteckt sich die Haller-Alm und lockt Hungrige an. Am Ende wartet der herausgeputzte Stadtplatz.

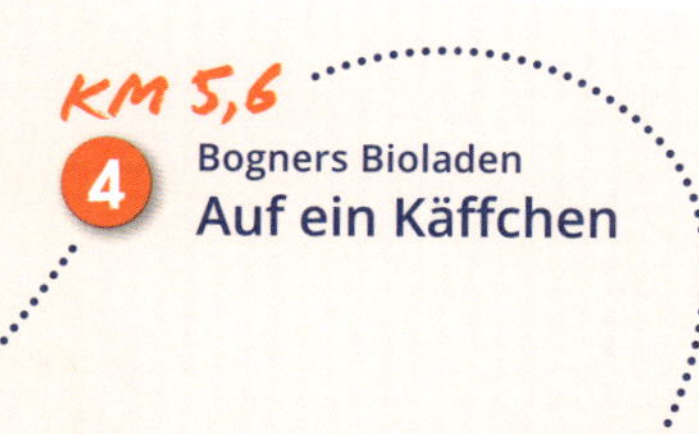

KM 7,2

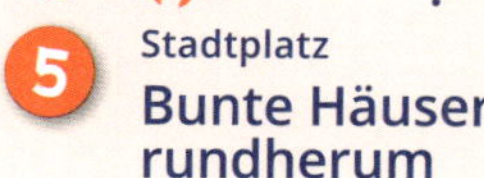

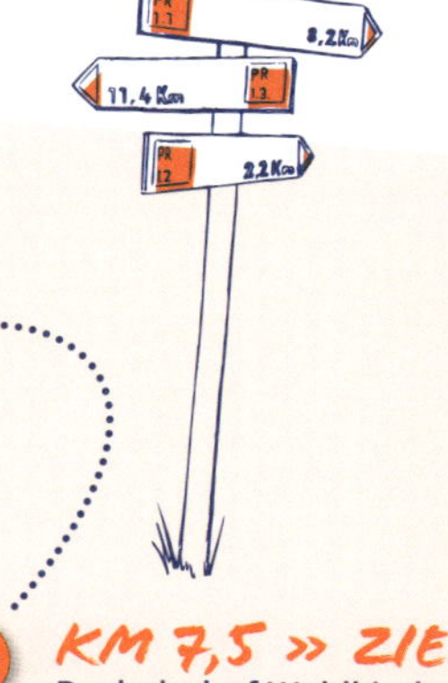

KM 7,5 » ZIEL
Busbahnhof Waldkirchen

SO VIELE HÜGEL, ...

... das erwartet man gar nicht, wenn man die Tour in **Waldkirchen** startet. Geht es doch zunächst durch die Ortschaft, dann den Stadtpark mit den Überbleibseln der Bundesgartenschau hindurch und an verschiedenen Schulen vorbei. Doch nach dem kurzen Aufstieg hoch zur **Karolikapelle** kommt die Überraschung: ein weiter Blick ins leuchtendgrüne Land. Und wenn man schon mal hier ist, nur fünf Minuten entfernt steht eine weitere Kapelle, die Zwieselholzkapelle. Der kurze Abstecher lohnt schon allein wegen der schönen Strecke.

Zurück an der Karolikapelle, verlässt man den Ort über eine Baumallee und folgt ihr hinab zum Hauptdarsteller der Tour: dem **Saußbach.** Da rauscht und gurgelt es gleich zu Beginn. Woher der Geräuschpegel wohl kommt? Ursache dafür ist die Fischtreppe, die den schuppigen Bewohnern des Bachs den Aufstieg erleichtern soll und zugleich dafür sorgt, dass das Wasser mit viel mehr Geschwindigkeit das Gefälle überwindet.

SICH IM DICHTEN GRÜN DER SAUSSBACHKLAMM VERLIEREN

Über Steine und weichen Waldboden geht es nun am sprudelnden Saußbach entlang, der mit seiner Munterkeit auch manch schwere Gedanken hinwegspült. Links und rechts erheben sich Fichten und Buchen, darunter kuscheln sich Steine und umgefallene Baumstämme ins Moos. Farne recken ihre gefiederten Finger in die Höhe und das Springkraut sorgt für bunte Kleckse.

Immer wieder wollen Holzbrücken zum Uferwechsel verleiten. Dem gibt man aber erst nach, wenn es zur **Haller-Alm** geht. Ansonsten bleibt man auf der linken Seite, lässt sich wie das Wasser hinabtreiben, immer geschützt vom satten Blätterdach des Schluchtenwalds. Ganz kühl ist es hier, auch im Sommer – ein Glück, dass das Gebiet unter Schutz steht und ein Rückzugsort für sämtliche Lebewesen geblieben ist!

An **Bogners Bioladen** ist Schluss mit dem Wald-Feeling. Schritt für Schritt nähert man sich wieder Waldkirchen. Schon tauchen die ersten Häuser auf und wenig später steht man am kunterbunten **Stadtplatz.** Jetzt was Deftiges oder Süßes? Gibt's ja beides entlang der bunten Häuserreihe. Nur entscheiden muss man sich, dann kann man gut gesättigt zurück zum Busbahnhof laufen. «

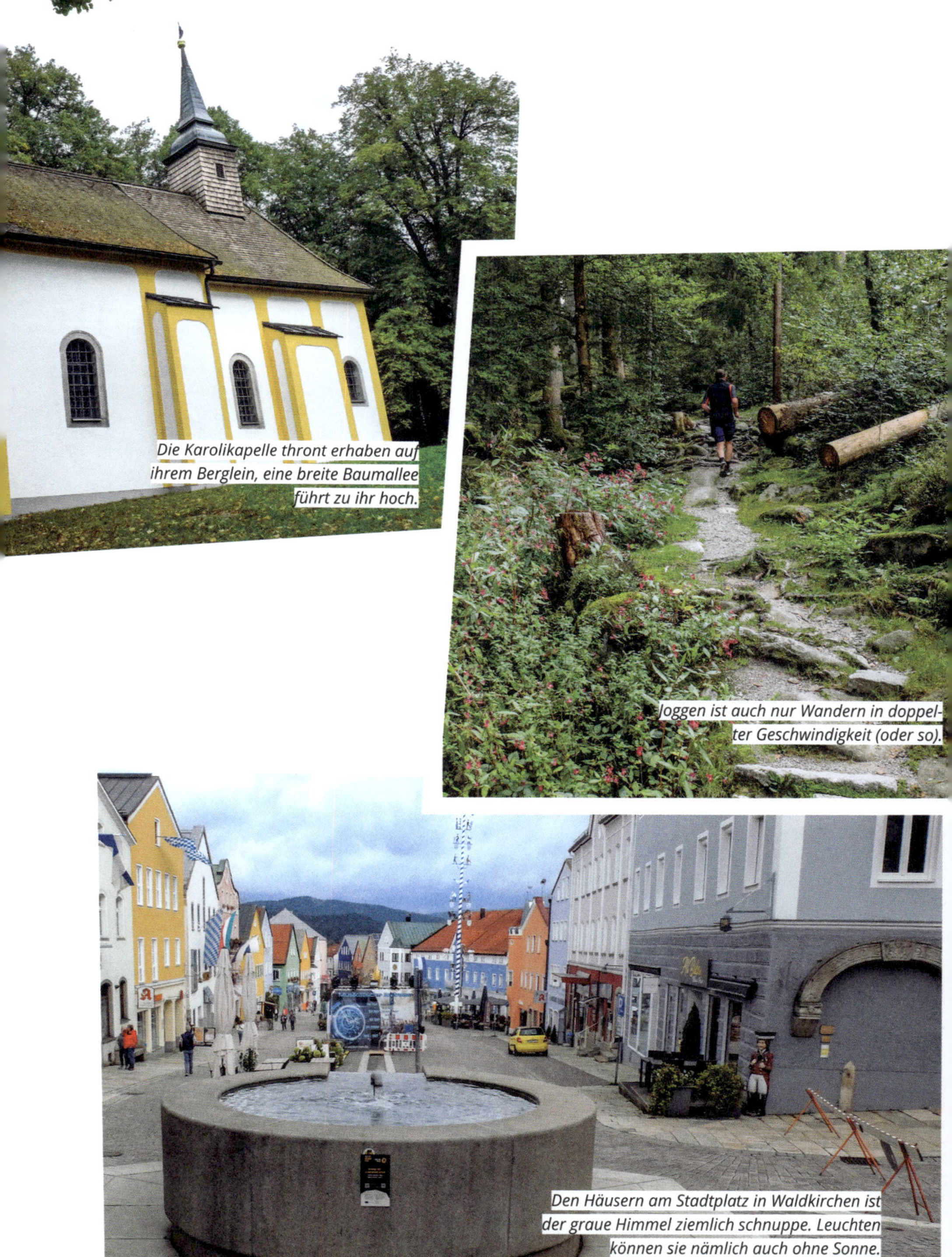

Die Karolikapelle thront erhaben auf ihrem Berglein, eine breite Baumallee führt zu ihr hoch.

Joggen ist auch nur Wandern in doppelter Geschwindigkeit (oder so).

Den Häusern am Stadtplatz in Waldkirchen ist der graue Himmel ziemlich schnuppe. Leuchten können sie nämlich auch ohne Sonne.

WANDERN & GENIESSEN

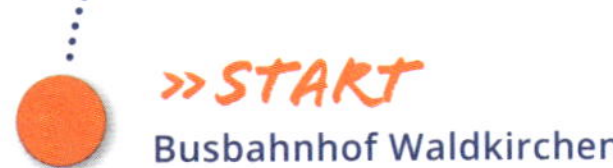

Busbahnhof Waldkirchen

Vom Busbahnhof die Kapellenstraße bergab laufen, nach wenigen Minuten nach rechts in den Marktmühlenweg abbiegen. Nach dem Torbogen zweigt ein Weg links in den Stadtpark ab. Diesen Weg entlanglaufen, um wieder aus dem Stadtpark herauszukommen. Am Ende nach links wenden und der Jahnstraße folgen, bis rechts die Schulstraße bergauf führt. Am Johannes-Gutenberg-Gymnasium vorbei und links weiter bergauf laufen. Bei der Mittelschule die Straße queren und so die Lourdes-Kapelle passieren. Am Kletterwald Waldkirchen vorbei durch den Wald. An dessen Ende führt ein kurzer Feldweg zu einer kleinen Straße. Hier rechts die Frischecker Straße entlang, dann links abbiegen Richtung Altenheim. Vor den Holzhäusern des Altenheims gleich wieder links. Jetzt geht es hoch auf den Karoliberg. An der Linkskurve zweigt ein kleiner Pfad ab. Diesen nehmen, um so auf dem schönen Fußweg zur Karolikapelle zu gelangen.

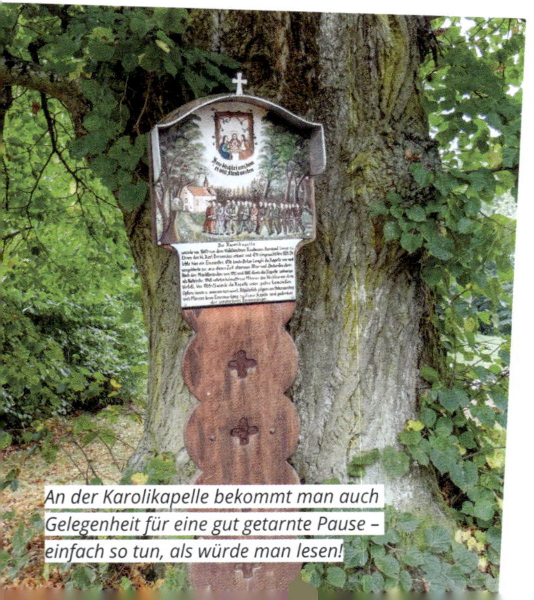

An der Karolikapelle bekommt man auch Gelegenheit für eine gut getarnte Pause – einfach so tun, als würde man lesen!

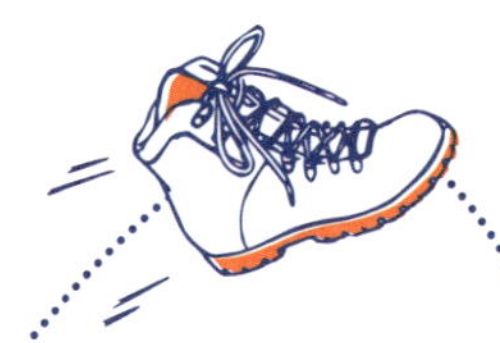

KM 2,1

1 Karolikapelle

Grüne Ruheoase

Eingebettet zwischen altehrwürdigen Baumriesen leuchtet einem etwas gelb und weiß entgegen: die Karolikapelle. Schon seit ewigen Zeiten – so scheint es – steht sie da und blickt hinab auf Waldkirchen. Bänke stehen im Schatten der Bäume, die sattgrüne Wiese verführt zu einer kleinen Verschnaufpause. Ganz viel Ruhe und Stille herrschen an diesem Ort und lädt zu einer kleinen ersten Brotzeitpause ein. Unweit der Kapelle befindet sich ein kleines Heckenlabyrinth. Von dort aus hat man bei gutem Wetter einen wunderschönen Blick über die umliegenden Hügel der Stadt.

Von der Karolikapelle dem Feldweg geradeaus folgen, der bald zum kleineren Pfad führt und in den Wald hineinläuft. Bei der nächsten Weggabelung dem Wegweiser Richtung Zwieselholzkapelle folgen. Auf demselben Weg zurück zur Karolikapelle, um dort die Baumallee nach unten zu laufen. Am Parkplatz Vier Jahreszeiten nach links wenden, an den Tennisplätzen vorbei und weiter bis zu den Wegweisern, die hinab zur Saußbachklamm zeigen. Am Saußbach angelangt den Bach queren, um auf die linke Bachseite zu kommen.

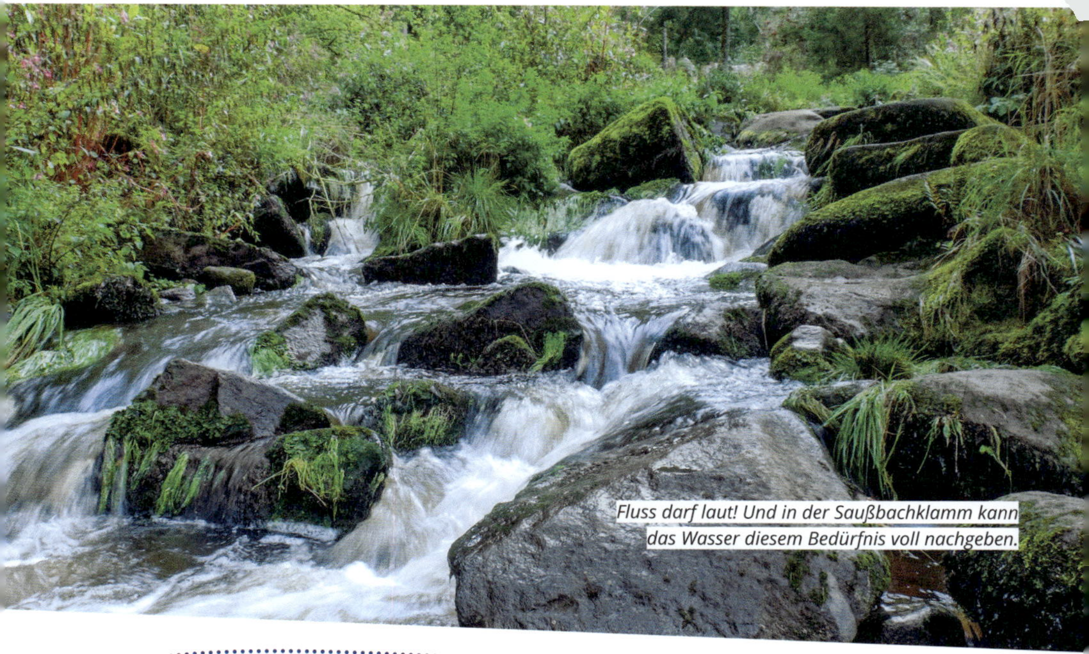

Fluss darf laut! Und in der Saußbachklamm kann das Wasser diesem Bedürfnis voll nachgeben.

KM 4,2

2

Saußbachklamm

Rauscherlebnis für die Ohren

Kaum ist man über die Staubrücke gelaufen, geht es schon los. Das Wasser des Saußbachs fließt frei weg über Steine und umgestürzte Bäume, immer weiter hinab ins Tal. Am Rand fläzen sich größere und kleinere Steine schon so lange, dass sie teilweise mit Moos bewachsen sind. Wer nach einem Regentag hierher kommt, darf sich nicht irreführen lassen: Das aufgeschäumte Wasser sieht dann braun aus, was jedoch auf natürliche chemische Vorgänge zurückzuführen ist. Dass es dem Saußbach gutgeht, merkt man auch an den Bewohnern der Klamm – darunter die Wasseramsel, die es sich nur an klaren, schnell fließenden Gewässern gemütlich macht.

Die Saußbachklamm entlang bachabwärts laufen, bis das Schild über die Brücke zur Haller-Alm weist.

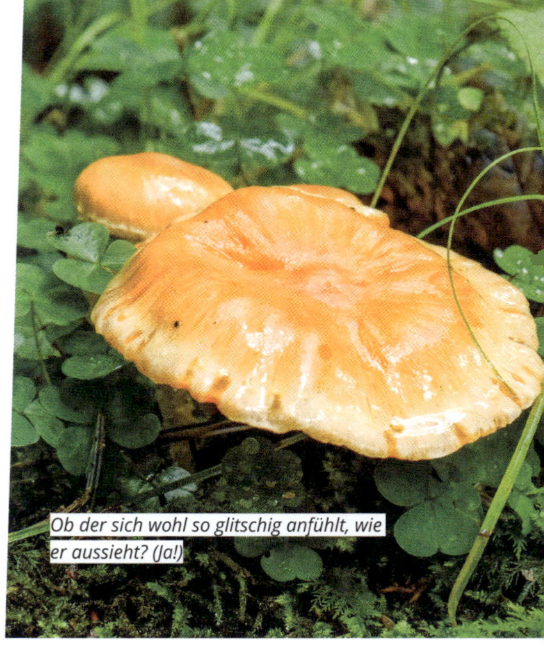

Ob der sich wohl so glitschig anfühlt, wie er aussieht? (Ja!)

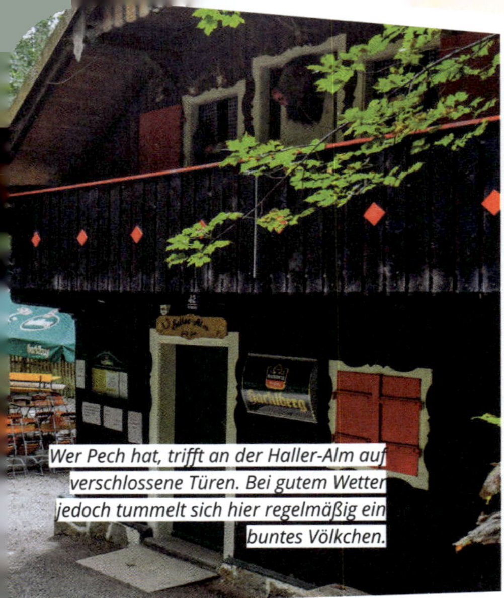

Wer Pech hat, trifft an der Haller-Alm auf verschlossene Türen. Bei gutem Wetter jedoch tummelt sich hier regelmäßig ein buntes Völkchen.

KM 5,6

4 Bogners Bioladen

Auf ein Käffchen

Am Ende der Saußbachklamm wartet eine besondere Einkaufsmöglichkeit: Bogners Bioladen. In dem wunderschönen, 300 Jahre alten Gebäude der Saußmühle sind die Regale gefüllt mit allem, was die heimische Vorratskammer braucht. Doch daneben kann man auch Kaffee bestellen und frisches Gebäck aus der Theke auswählen. Ein paar Tischchen vor dem Laden bieten Gelegenheit, die erworbenen Schätze direkt vor Ort zu verputzen (bognersbio.de).

Nach Bogners Bioladen den Saußbach queren und beim Wasserkraftwerk nach rechts auf die Erlenhain-Straße abbiegen. Diese entlanglaufen, bei einer Gabelung nach rechts gehen, um weiter nach Waldkirchen hinein zu gelangen. Am Ende der Erlenhainstraße trifft man auf die Ringmauerstraße. Hier rechts gehen Richtung Rathaus, auf dessen Höhe die Straße queren, um in die Straße Büchl zu kommen. An der Eisdiele Tiziano vorbei. Die Straße endet kurz oberhalb des Stadtplatzes.

KM 4,4

3 Haller-Alm

Einkehr im Hexenhäusl

Sieht fast aus wie bei Hänsel und Gretel, die Haller-Alm. Ein kleines Hexenhäuschen mitten im Wald, doch anstatt Lebkuchen hängen Speisetafeln an den Außenwänden. Unter großen Schirmen kann man sich mit den geholten Leckereien hinsetzen, über das Klirren des Bestecks hört man immer noch den Saußbach fließen. Einziger Wermutstropfen: Die Haller-Alm ist nur bei schönem Wetter geöffnet und meist nur von Mai bis Oktober bewirtschaftet (aktuelle Öffnungszeiten auf der Website von Waldkirchen: waldkirchen.de).

Zurück auf die linke Bachseite und weiter hinab in Richtung Saußmühle laufen. Nach ca. 1 km kommt man zu Bogners Bioladen.

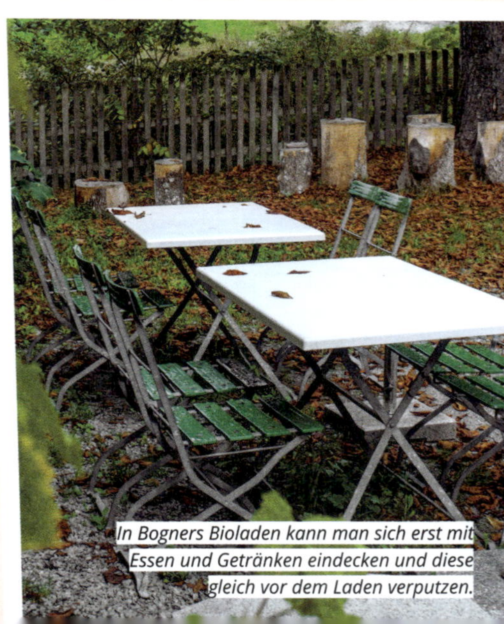
In Bogners Bioladen kann man sich erst mit Essen und Getränken eindecken und diese gleich vor dem Laden verputzen.

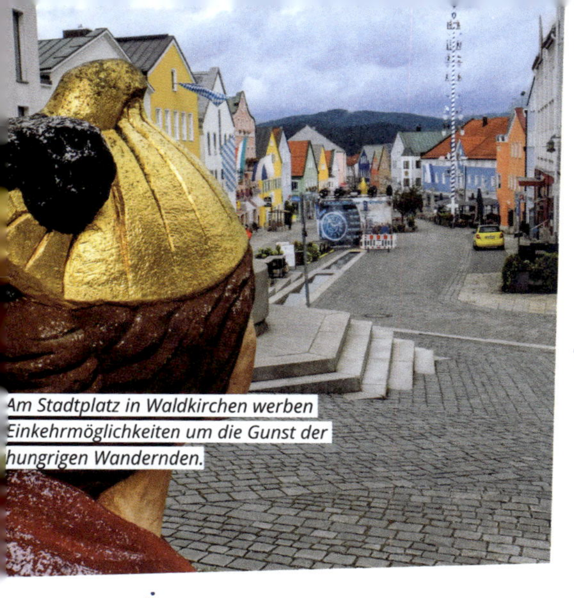

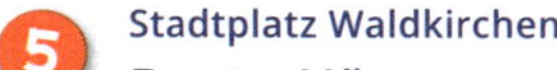

Am Stadtplatz in Waldkirchen werben Einkehrmöglichkeiten um die Gunst der hungrigen Wandernden.

TOURAUSKLANG AM STADTPLATZ VON WALDKIRCHEN

KM 7,5 » ZIEL

Busbahnhof Waldkirchen

KM 7,2

5 Stadtplatz Waldkirchen

Bunte Häuser rundherum

Bunt, bunter, Waldkirchen! Der Stadtplatz ist gesäumt von in allen erdenklichen Farben erstrahlenden Häusern. Hübsch macht sich auch der Brunnen, der am oberen Ende des Platzes vor sich hin plätschert. Über allem thront eine majestätische Kirche – der ›Bayerwalddom‹, offiziell auf den Namen Sankt Peter und Paul getauft. Wenn der Magen knurrt, muss man sich nur ein paar Schritte in den Stadtplatz hineintrauen. Dann drängt sich die Wahl auf – lieber was Bodenständig-bayerisches? Dann auf ins Gasthaus Meindl, das mit seiner eigenen Metzgerei wohl die Herzen aller Nicht-Vegetarier und -Veganer erobern dürfte (metzgerei-meindl.de). Wer's mit den Preisen nicht so genau nimmt, kann ins Herzstück gehen, wo Burgunderbraten oder vegane Thai-Currys locken (herzstueck-waldkirchen.de).

Am Ende seinem Ende mündet der Stadtplatz in die Bahnhofstraße. Hier nach rechts und kurz darauf wieder rechts in die Kapellenstraße abbiegen, die zum Busbahnhof führt.

EXTRA INFOS:

● **Eiscafé Tiziano:** Die Eismanufaktur verwendet für ihre Eissorten Biomilch aus der Region – und diese besondere Zutat hat der Eisdiele bereits mehrere Preise eingebracht (waldkircheneiscafe.com).

Wer Fan feiner Spirituosen ist, sollte einen kleinen Abstecher zum neuen Stammsitz der ● **Brennerei Penninger** nicht scheuen. Kurz nach Bogners Bioladen findet man die Produktionsstätte des bayerischen Spirituosenherstellers, der bereits seit 1905 im Geschäft ist. Neben diversen Schnäpsen und Whiskys gibt es auch verschiedene Essigsorten zu kaufen, im Besuchergebäude wartet ein kleines, kostenloses Museum und die Brasserie **Schrot und Spelzen** verwöhnt mit frisch geröstetem Kaffee und warmen und kalten Speisen (penninger.de).

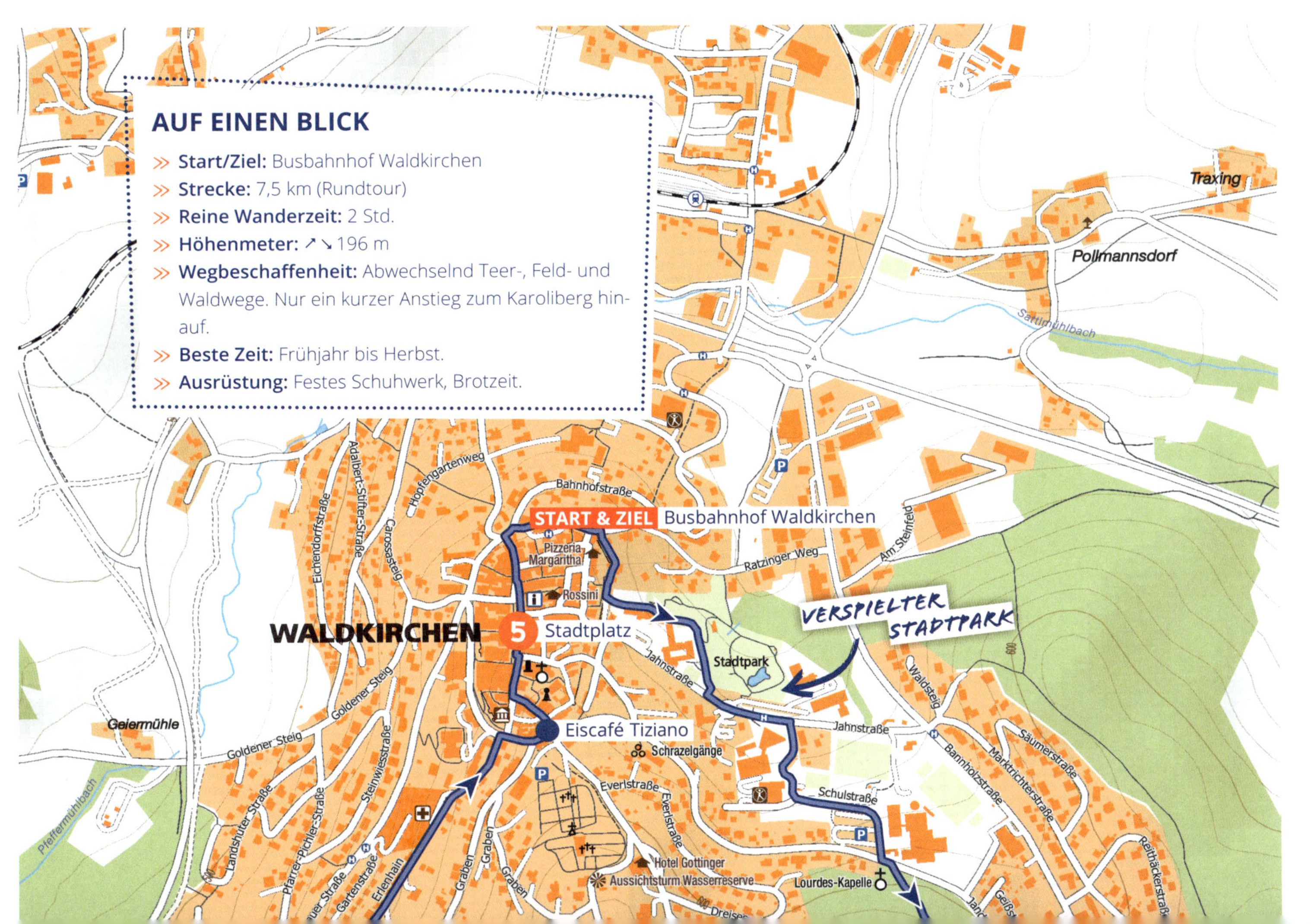

AUF EINEN BLICK

- **Start/Ziel:** Busbahnhof Waldkirchen
- **Strecke:** 7,5 km (Rundtour)
- **Reine Wanderzeit:** 2 Std.
- **Höhenmeter:** ↗↘ 196 m
- **Wegbeschaffenheit:** Abwechselnd Teer-, Feld- und Waldwege. Nur ein kurzer Anstieg zum Karoliberg hinauf.
- **Beste Zeit:** Frühjahr bis Herbst.
- **Ausrüstung:** Festes Schuhwerk, Brotzeit.

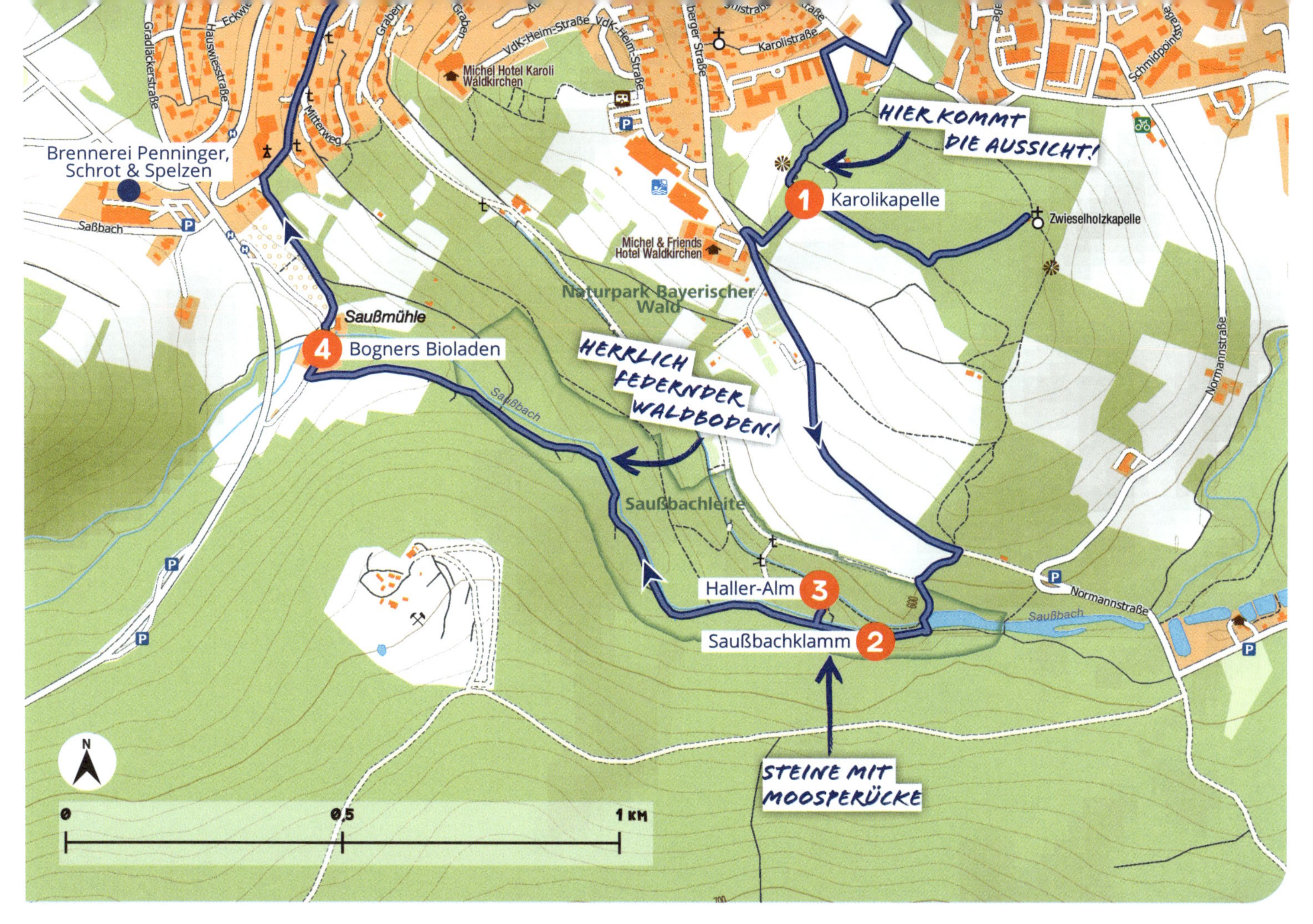

HIER KOMMT DIE AUSSICHT!
Karolikapelle
Zwieselholzkapelle
Michel Hotel Karoli Waldkirchen
Michel & Friends Hotel Waldkirchen
Naturpark Bayerischer Wald
Brennerei Penninger, Schrot & Spelzen
Saßbach
Saußmühle
Bogners Bioladen
HERRLICH FEDERNDER WALDBODEN!
Saußbach
Saußbachleite
Haller-Alm
Saußbachklamm
STEINE MIT MOOSPERÜCKE
Normannstraße
Karolistraße
VdK-Heim-Straße
Mitterweg
Graben
Hauswiesstraße
Gradläckerstraße
Schmidpointstraße
N
0
0,5
1 KM

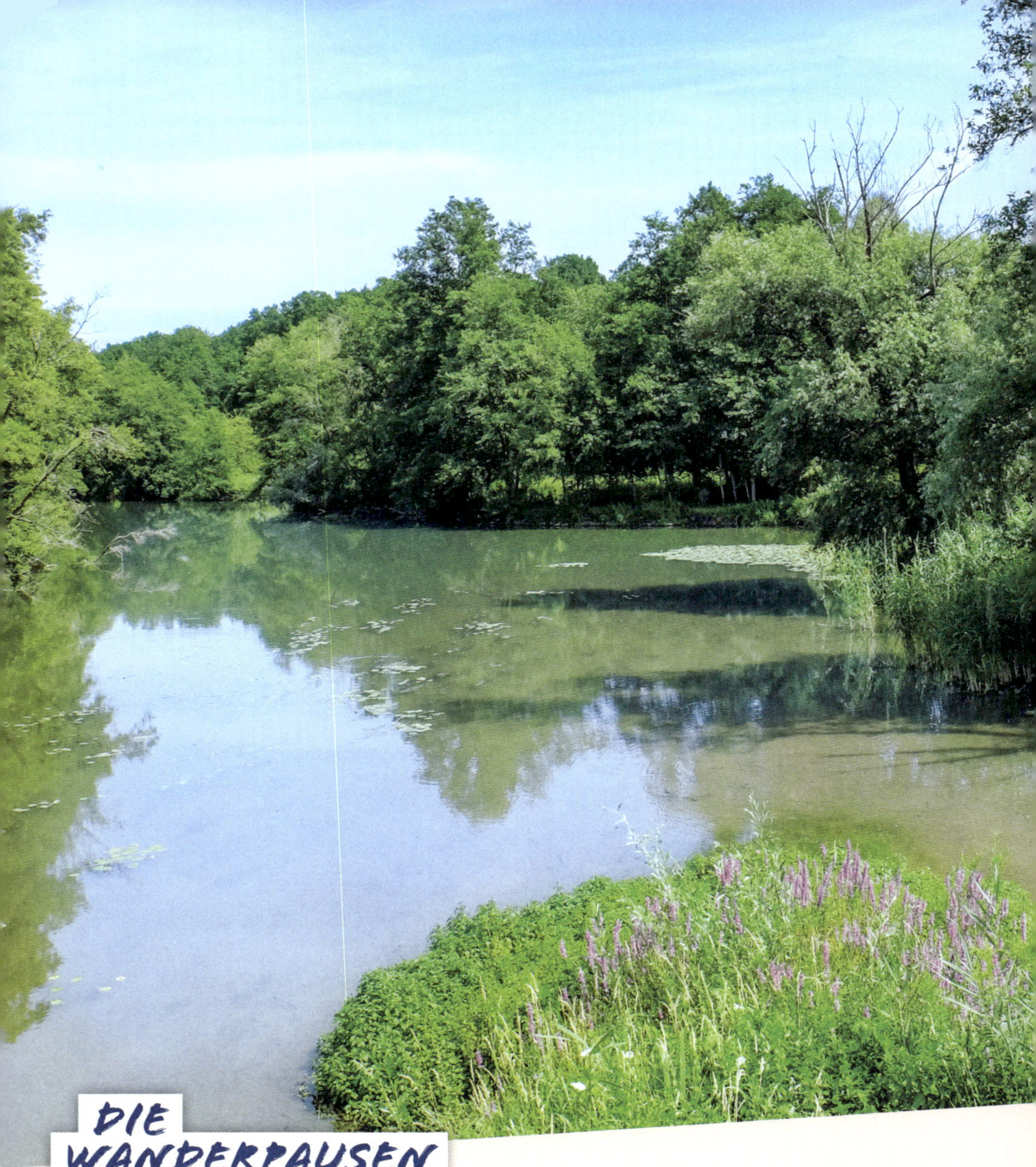

DIE WANDERPAUSEN

» START
Bahnhof Vilshofen

KM 0,9
1 Ginkgopark
Unter exotischen Bäumen wandeln

KM 3,7
2 Granit-Themenweg
Die Narben des Kalvaribruchs

KM 5,5
3 Taferlsee
Blaupause am Wasser

19

EIN STEIN-REICHES FLUSSTAL

An der Vils bei Vilshofen

Einst wurde an der Vils Granit aus den Felsen gesprengt, heute gehört das Flusstal wieder Bäumen und Tieren. Doch die Natur hat nicht alle Spuren verschwinden lassen. Auf dem Granit-Themenweg bei Vilshofen erkundet man Vergangenheit und Gegenwart.

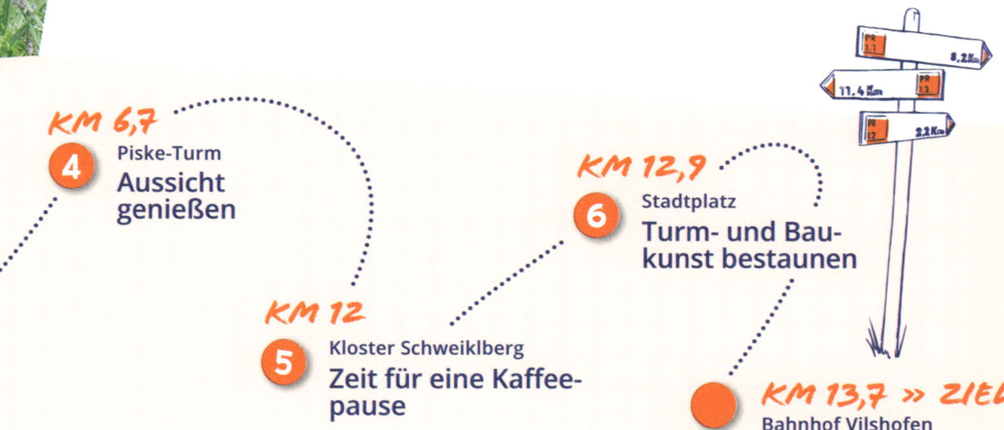

BAUM AN BAUM AN BAUM …

… reiht sich im **Bürgerpark** von Vilshofen**.** Hier schießen **Ginkgos** aus dem Boden wie mancherorts Pilze. Hübsch sieht das aus, wie ihre ungewöhnlich geformten Blätter im Wind flattern. Entlang des Parks fließt gemächlich die Vils. Nach den letzten Häusern von Vilshofen kommt man dem Fluss näher, auch wenn er sich weiterhin gern hinter Bäumen und Büschen versteckt. Ganz ruhig und friedlich geht es im Wald an der Vils zu. Kaum zu glauben, dass es hier vor einigen Jahrzehnten noch ganz anders ausgesehen hat …

Einst war das Flusstal eine einzige Kette von Granitabbrüchen. Große Ausbuchtungen in den Felsen, Mauer- und Gebäudereste, Eisenbahnbrücken – überall lassen sich Spuren dieser Zeit entdecken. Wie schnell sich die Natur wieder ausgebreitet hat, ist bewundernswert. Überall stehen hohe Bäume, von vielen könnte man glauben, sie seien bereits uralt. Ganz knorrig sind ihre Stämme, weit gefächert die Kronen. Dabei hat der **Granitabbau** fast den gesamten Wald vernichtet. Der Auwald und Eichen-Hainbuchen-Wald an beiden Flussufern musste fast ganz neu entstehen. Ziemlich jung ist auch noch der **Taferlsee,** einst der Kahlhamerbruch, der heute Heimat verschiedener Fischarten ist.

AM TIEFBLAUEN WASSER DES TAFERLSEES SITZEN UND DIE SONNE GENIESSEN

Hinter dem ehemaligen Granitgebiet wird es plötzlich ganz laut: Ein Vogelkonzert umwirbt die Ohren, wenn man sich dem **Piske-Turm** nähert. Er wurde zur Naturbeobachtung in einem Areal errichtet, das renaturiert wurde und zahlreichen Tier- und Pflanzenarten ein Refugium bietet. Danach geht es zurück in den Wald. Erneut umfängt einen die Stille, nur sanft klingt das Rauschen der Vils zu einem hoch. Immer wieder zweigen kleine Pfade ab und führen in ehemalige Steinbrüche hinein, die jedoch fast nicht mehr zu erkennen sind.

Am Waldrand schließlich läuft der Weg an Feldern vorbei und nähert sich wieder der Stadt Vilshofen. Doch noch ist es nicht soweit. Ein letzter Abstecher wartet: Hoch auf dem Hügel lockt das **Kloster Schweiklberg** mit einer Kaffee- und Kuchenpause.

Erst danach stehen die letzten wenigen Hundert Meter an, um zum **Stadtplatz** von Vilshofen zu gelangen. Auf dem Weg zum Bahnhof überquert man sie dann nochmal: die Vils, die kurz nach der Brücke ganz ruhig in die Donau mündet. «

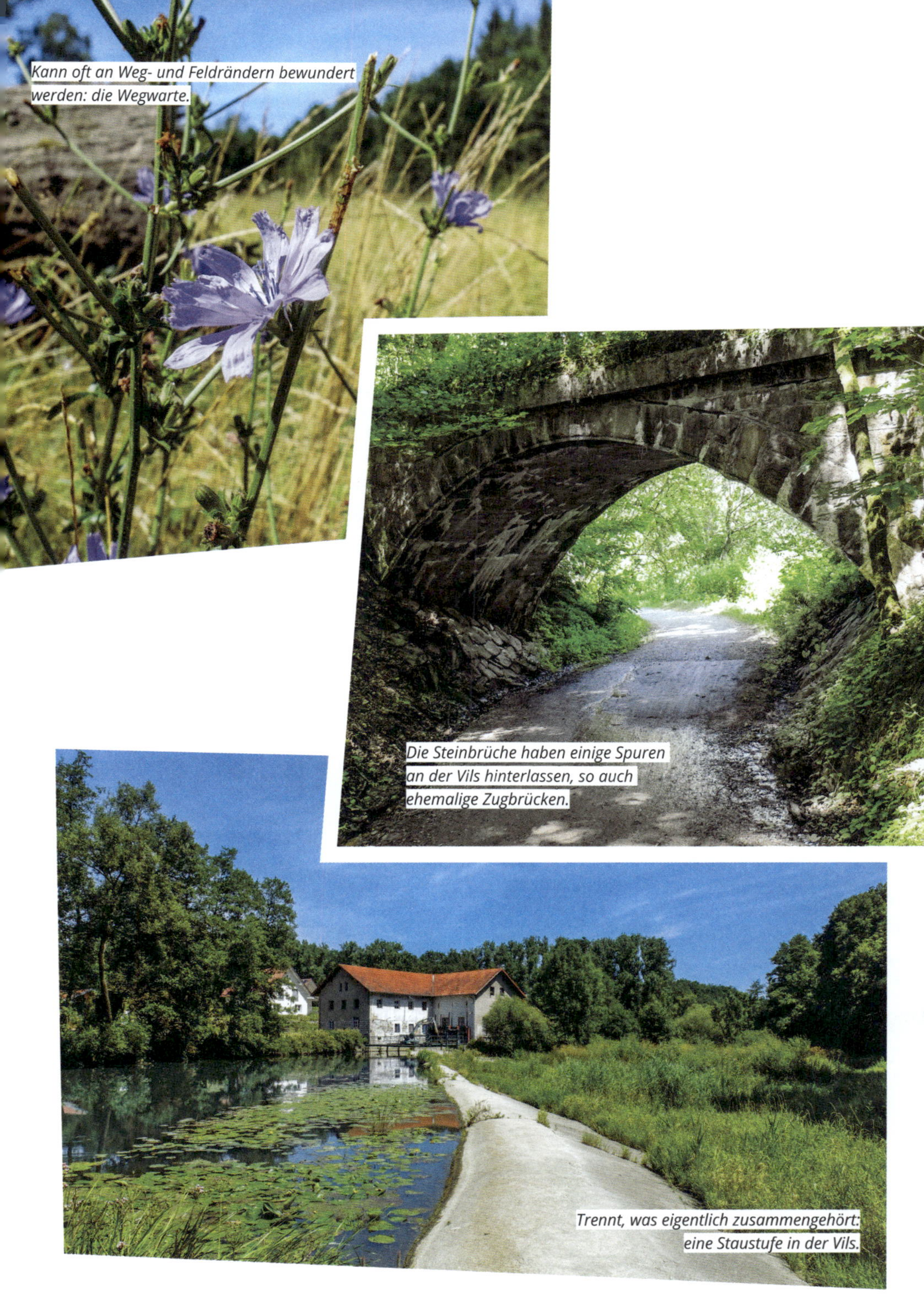

Kann oft an Weg- und Feldrändern bewundert werden: die Wegwarte.

Die Steinbrüche haben einige Spuren an der Vils hinterlassen, so auch ehemalige Zugbrücken.

Trennt, was eigentlich zusammengehört: eine Staustufe in der Vils.

WANDERN & GENIESSEN

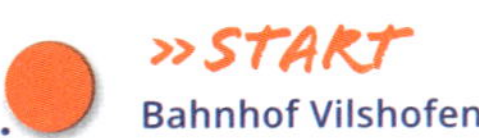

»START

Bahnhof Vilshofen

Noch in der Bahnunterführung den Ausgang Richtung Krankenhaus wählen. Oben an der Straße angekommen, nach rechts wenden und den Durchgang beim Tattoostudio »Tattoofabrik« nehmen. Die dahinterliegende Straße queren, nach links gehen und in den Wittelsbacherring einbiegen. Nach der Feuerwehr zweigt nach rechts ein unbeschilderter Weg ab. Diesen entlanggehen, bis man beim Ginkgopark herauskommt.

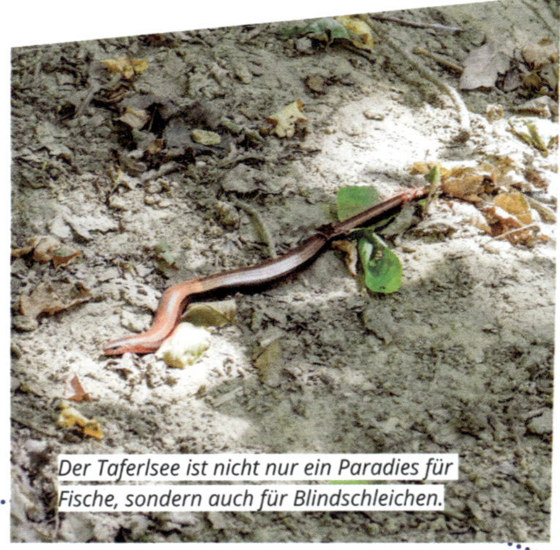

Der Taferlsee ist nicht nur ein Paradies für Fische, sondern auch für Blindschleichen.

KM 0,9

1 Ginkgopark

Unter exotischen Bäumen wandeln

Während sich die meisten Leute zu einem besonderen Ereignis Blumen schenken, schenkte sich die Stadt Vilshofen zu ihrer 800-jährigen Stadterhebung nicht weniger als 365 Ginkgobäume. Diese grüne Armada wurde von den Bürgern selbst gepflanzt und steht seit 2006 im Bürgerpark an der Vils hübsch verteilt auf der Wiese. Unter den noch jungen Bäumen kann man auf Panoramastühlen sitzen und die Landschaft genießen, ein Spielplatz für die Kleinen und ein Trimm-dich-Pfad für die Großen sind ebenfalls vorhanden.

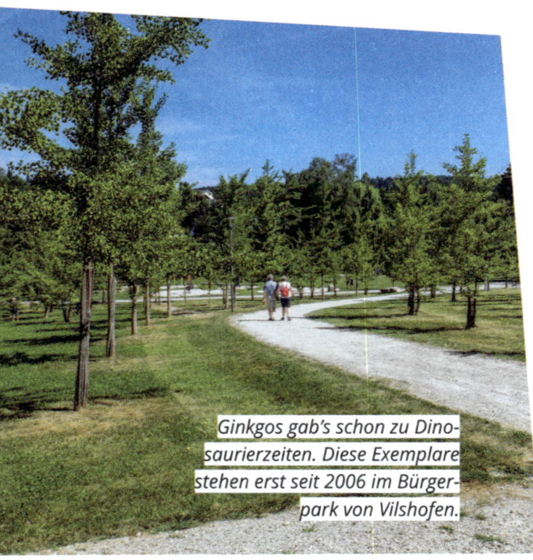

Ginkgos gab's schon zu Dinosaurierzeiten. Diese Exemplare stehen erst seit 2006 im Bürgerpark von Vilshofen.

Im Ginkgopark nach unten zum Ufer der Vils laufen. Dieser flussaufwärts folgen, bis der Park zu Ende ist. Nach rechts gehen, am Schwimmbad dem Wegweiser »Start Permanenter IVV-Wanderweg« folgen. Der Weg führt hinter Gärten vorbei, durch ein kurzes Waldstück hindurch. Schließlich passiert man ein paar letzte Häuser, bevor man das Kraftwerk erreicht. Ab hier führt die Beschilderung »DVV« immer am Wasser entlang. Infotafeln des Granit-Themenwegs bieten zusätzliche Orientierungshilfe.

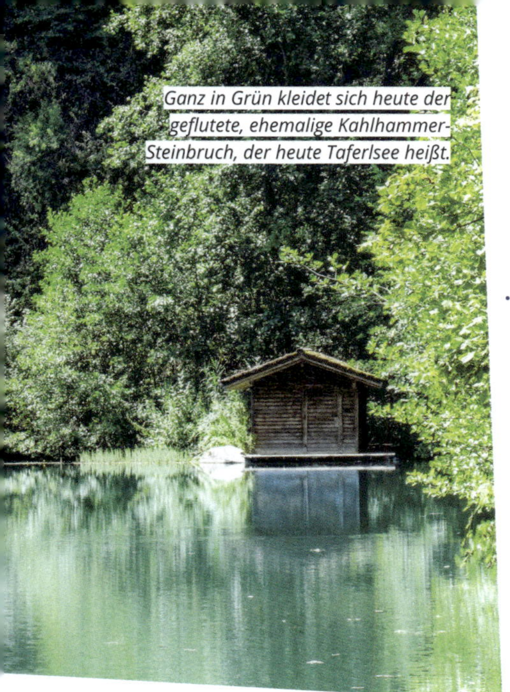
Ganz in Grün kleidet sich heute der geflutete, ehemalige Kahlhammer-Steinbruch, der heute Taferlsee heißt.

KM 3,7

2 Granit-Themenweg
Die Narben des Kalvaribruchs

Viel vom Kalvaribruch selbst kann man heute nicht mehr sehen – seit seiner Schließung 1943 hat sich der Wald sein ursprüngliches Revier kontinuierlich zurückerobert. Doch das Gebäude der ehemaligen Elektrozentrale steht noch. Kein Wunder, ist es doch selbst aus widerstandsfähigem Granit gebaut. Die Ruine enthielt einst Transformatoren und Aggregate für Presslufthammer und ist frei zugänglich. Ein schmaler Trampelpfad führt zu ihr hin. Durch zwei Zimmer kann man hindurchgehen und dabei die Vergänglichkeit menschlicher Bauwerke anschauen.

Weiter geht es flussaufwärts an der Vils entlang. Immer wieder tauchen Granit-Infotafeln auf, die zu Lesepausen einladen.

KM 5,5

3 Taferlsee
Blaupause am Wasser

Dicke, große Fische schwimmen völlig furchtlos heran, sobald man sich auf die Bänke am Taferlsee setzt. Der einstige Kahlhammerbruch war der einzige im Vilstal, dessen Abbau in die Tiefe ging. 20 Meter grub man sich hinab und Wasser flutete immer wieder das entstandene Loch. Als man den Abbruch 1939 einstellte, füllte man ihn mit Abraum, sodass der heutige Taferlsee nur noch 11 Meter tief ist. Um den See herum leben viele Schlangen, die man mit etwas Glück entdecken kann. Zwar kann man den Taferlsee nicht umrunden, doch kleine Pfade führen noch zu anderen Uferstellen, die ebenfalls schöne Ausblicke auf das tiefblaue Wasser bieten.

Erneut flussaufwärts laufen, bis der kleine Ort Liessing erreicht ist. Hier in Richtung Brücke laufen und dem Schild »Zum Aussichtsturm« nach links folgen.

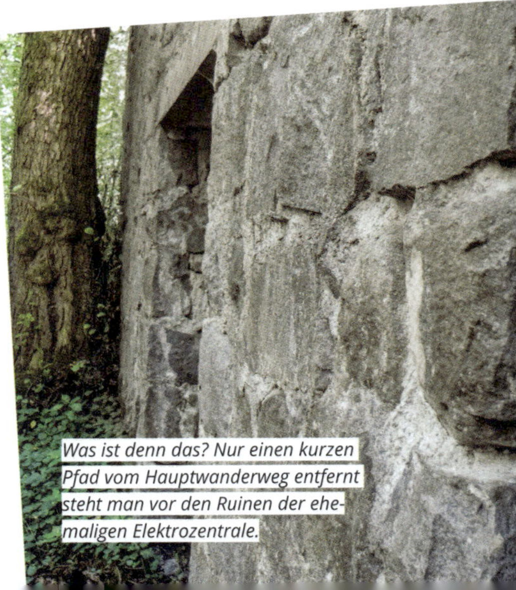
Was ist denn das? Nur einen kurzen Pfad vom Hauptwanderweg entfernt steht man vor den Ruinen der ehemaligen Elektrozentrale.

KM 12

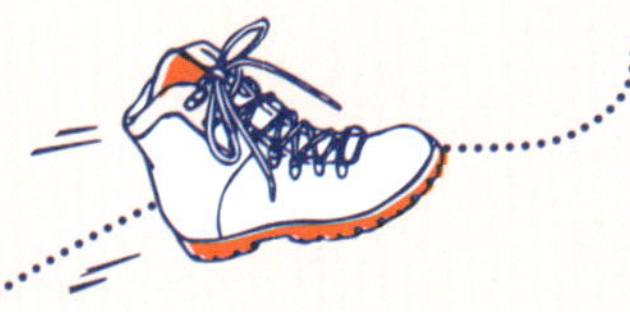

KM 6,7

4 Piske-Turm

Aussicht genießen

Wie wild und artenreich die Vils früher gewesen sein muss, kann man vom Aussichtsturm Piske erahnen. Auf zehn Meter Höhe überblickt man einen kleinen Teil des Altwasserarms, der im Zuge der Renaturierung wieder an den Fluss angeschlossen wurde. Ab den 1940ern wurde der Fluss begradigt, um Überflutungen zu vermeiden. Damit verarmte jedoch die Biodiversität, der Fluss grub sich immer weiter ein. Man erkannte den Fehler – und beschloss, zumindest auf einem kleinen Gebiet der Vils ihre Würde zurückzugeben. So schmiegen sich heute Erlen und Birken ans Ufer, begleitet von Brennnesselfeldern, Schilf und vielen verschiedenen Blumen. Im Wasser fühlen sich Karpfen und Hecht wohl, Enten verteidigen ihr Revier, der Eisvogel schießt durch den Auwald – mit etwas Glück und viel Geduld lassen sich noch mehr Bewohner vom Turm aus entdecken.

Zurück geht's auf demselben Weg zur Brücke, die einen über die Vils bringt. Kurz nach der Brücke geht es rechts ab, der Via-Nova-Pilgerweg und die DVV-Schilder führen einen flussabwärts. Nach einer Weile geht es aus dem Wald hinaus und an Feldern entlang. Bei einem Rastplatz nicht dem Schild »Zum Kloster Schweiklberg« folgen, sondern weiter bergab gehen. Kurz vorm Kraftwerk biegt ein Weg links ab und führt am Berg hinauf in Richtung Kloster. Oben angelangt, am Zaun eines Sportplatzes vorbeigehen und zum Kloster laufen.

5 Kloster Schweiklberg

Höchste Zeit für eine Kaffeepause

Auf dem Berg über Vilshofen thront das Kloster Schweiklberg mit seinen 51 Meter hohen Zwiebeltürmen. Während der Gebetszeiten ist die Abteikirche öffentlich zugänglich. Nachmittags lohnt sich ein Abstecher ins Café (klosterhof-schweiklberg.de/kloster-terrasse). Mit Kaffee und Kuchen ausgestattet, kann man auf der Terrasse sitzen. Im selben Gebäude befindet sich auch ein Klosterladen (schweiklberg.de), in dem Produkte aus eigener Herstellung (Bienenwachskerzen, Apfelsaft, Zwetschgenwasser) und von anderen Klöstern angeboten werden. Angeschlossen an den Laden ist das Afrikamuseum, das Kunstgegenstände ausstellt.

Am Kloster vorbeilaufen, den Mönchsfriedhof passieren und den Mühlberg hinablaufen, um auf die Schweiklbergstraße zu gelangen. Dieser nach rechts folgen, bis der Stadtturm mit dahinterliegendem Stadtplatz erreicht ist.

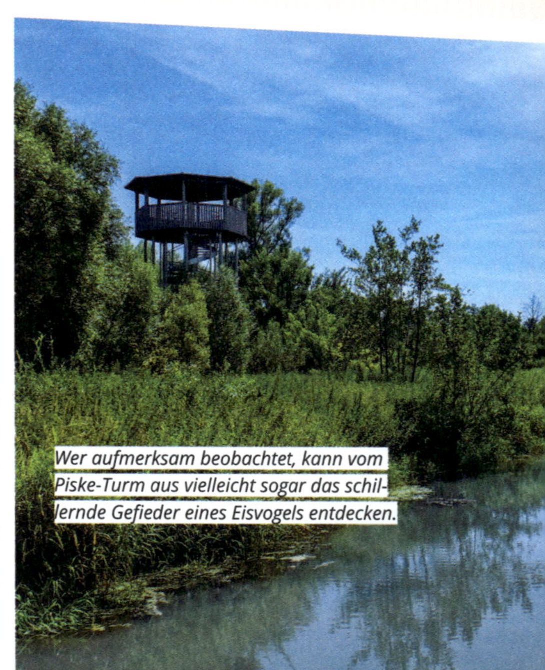

Wer aufmerksam beobachtet, kann vom Piske-Turm aus vielleicht sogar das schillernde Gefieder eines Eisvogels entdecken.

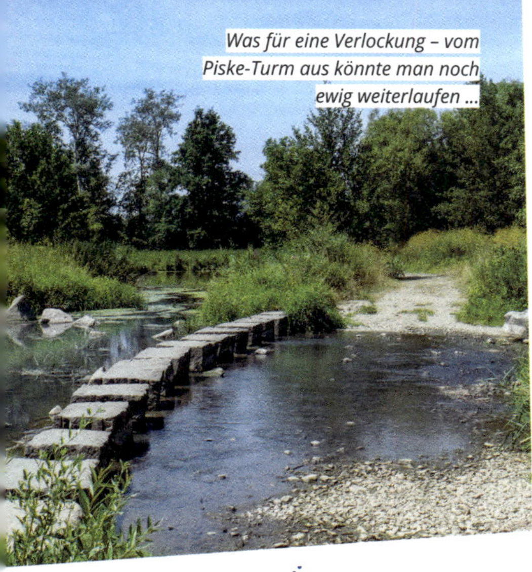

Was für eine Verlockung – vom Piske-Turm aus könnte man noch ewig weiterlaufen ...

EXTRA INFOS:

Nicht nur, wer vergessen hat, Proviant einzupacken, kann sich durch die Theke der ● **Bäckerei Konditorei Stöhr** schlemmen (baeckerei-stoehr.de).

KM 12,9

6 Stadtplatz

Turm- und Baukunst in Vilshofen bestaunen

Wie ein Wächter erhebt sich der Stadtturm am Eingang zum Stadtplatz. In seinem Inneren verbirgt sich die Stadtturmgalerie (Do 16–19, Fr–So 14–17 Uhr), die wechselnde Kunst zur Schau stellt. Im Nachbargebäude schließt sich der Bürgerladen Vilshofen (buergerladen-vilshofen.de) an, wo es neben Lebensmitteln aus der Region auch Snacks und kleine Mittagsgerichte gibt. Hinter dem Stadtturm wartet der Stadtplatz mit seinen bunten Häusern und schmucken Blendfassaden. Unbedingt auch nach oben schauen, wenn man dort entlangläuft! An der Pfarrkirche Sankt Johannes der Täufer befindet sich die Eisdiele und Pizzeria Roma (eiscafe-vilshofen.de), wo man sich mit einem Eis belohnen kann.

Den Stadtplatz entlangflanieren. An der Stadtpfarrkirche Sankt Johannes nach rechts wenden. Die Brücke über die Vils nehmen und die Straße weiterlaufen bis zur Passauer Straße. Diese queren, nach links wenden und nach wenigen Hundert Metern rechts in die Bahnhofsstraße einbiegen.

KM 13,7 » ZIEL

Bahnhof Vilshofen

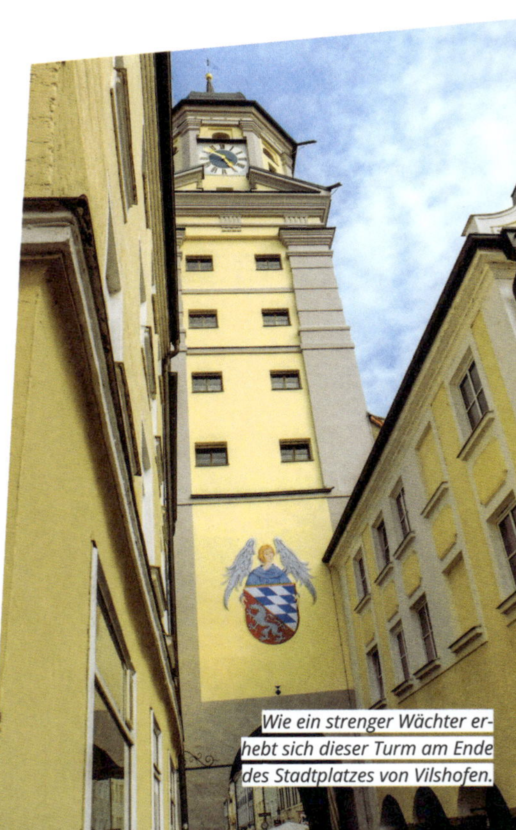

Wie ein strenger Wächter erhebt sich dieser Turm am Ende des Stadtplatzes von Vilshofen.

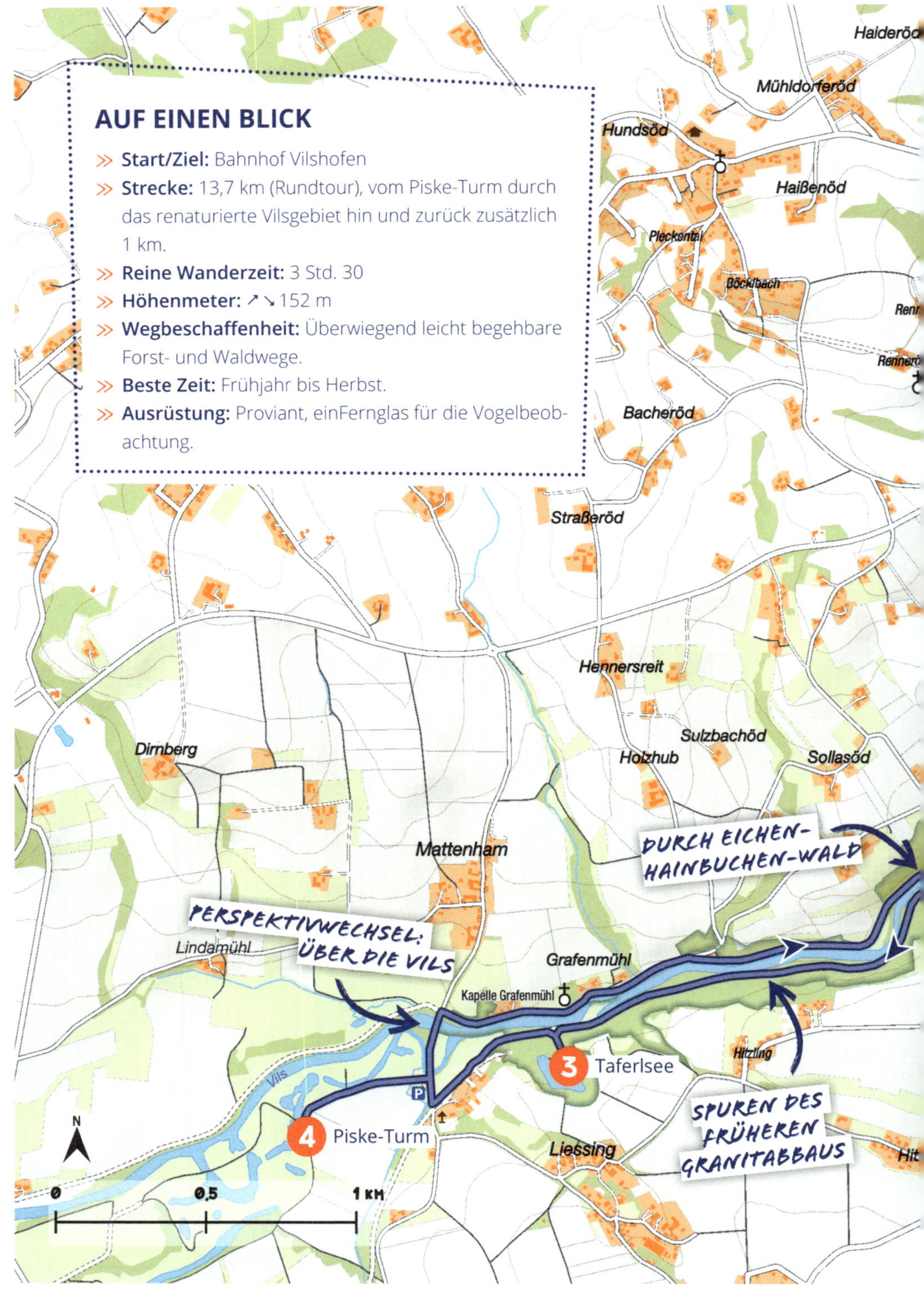

AUF EINEN BLICK

- **Start/Ziel:** Bahnhof Vilshofen
- **Strecke:** 13,7 km (Rundtour), vom Piske-Turm durch das renaturierte Vilsgebiet hin und zurück zusätzlich 1 km.
- **Reine Wanderzeit:** 3 Std. 30
- **Höhenmeter:** ↗↘ 152 m
- **Wegbeschaffenheit:** Überwiegend leicht begehbare Forst- und Waldwege.
- **Beste Zeit:** Frühjahr bis Herbst.
- **Ausrüstung:** Proviant, einFernglas für die Vogelbeobachtung.

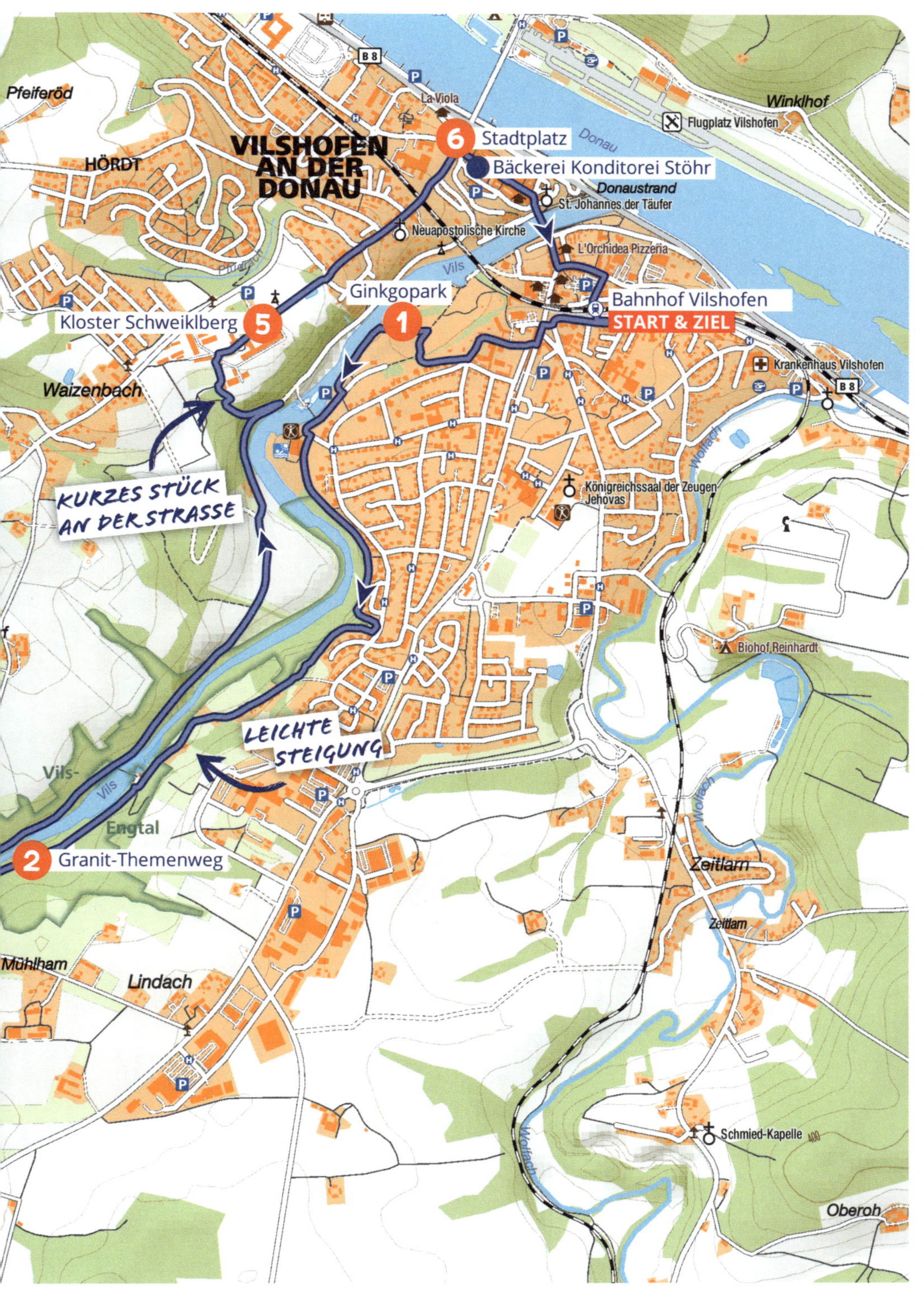

Pfeiferöd
HÖRDT
VILSHOFEN AN DER DONAU
La Viola
B 8
6 Stadtplatz
Bäckerei Konditorei Stöhr
Donau
Flugplatz Vilshofen
Winklhof
Donaustrand
St. Johannes der Täufer
Neuapostolische Kirche
L'Orchidea Pizzeria
Vils
Ginkgopark
Bahnhof Vilshofen
START & ZIEL
Klosters Schweiklberg 5
1
Waizenbach
Krankenhaus Vilshofen
Wolfach
Königreichssaal der Zeugen Jehovas
KURZES STÜCK AN DER STRASSE
Biohof Reinhardt
LEICHTE STEIGUNG
Vils-
Engtal
2 Granit-Themenweg
Zeitlarn
Mühlham
Lindach
Schmied-Kapelle
Oberoh

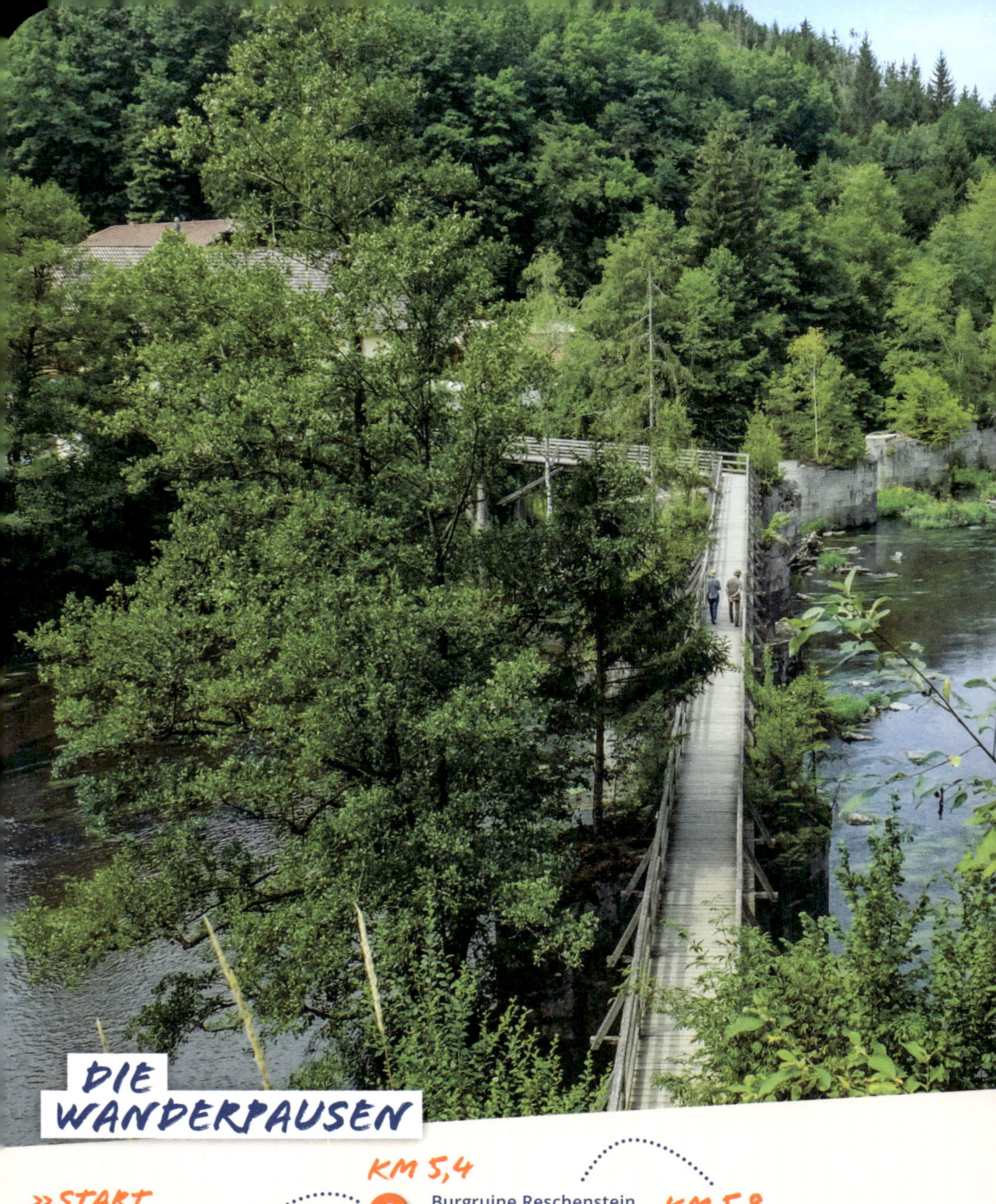

DIE WANDERPAUSEN

» START
Bahnhof Passau

KM 2,2
1 Veste Oberhaus
Über Burgmauern spähen

KM 5,4
2 Burgruine Reschenstein
Ritterspuren entdecken

KM 5,8
3 Gasthaus Zur Triftsperre
Kraft tanken

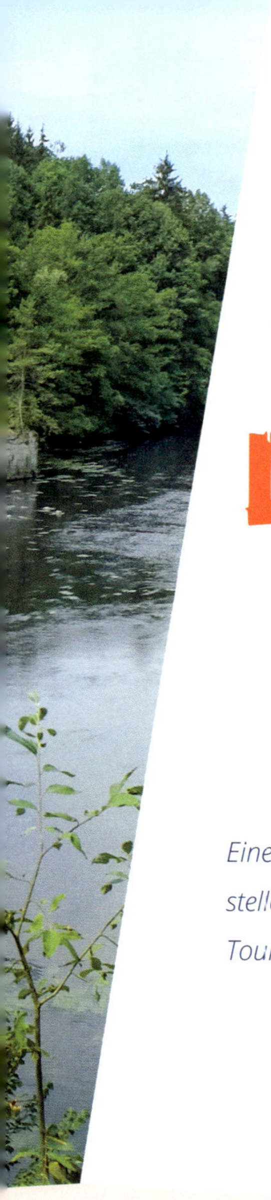

20

EIN FLUSS LÄSST SICH TREIBEN

Das Ilztal bei Passau

Eine Veste hoch über der Donau, dahinter das Ilztal mit lockenden Badestellen, verwunschenem Biergarten und abenteuerlichen Trifttunnel. Die Tour bei Passau ist ein gut zu meisterndes Abenteuer.

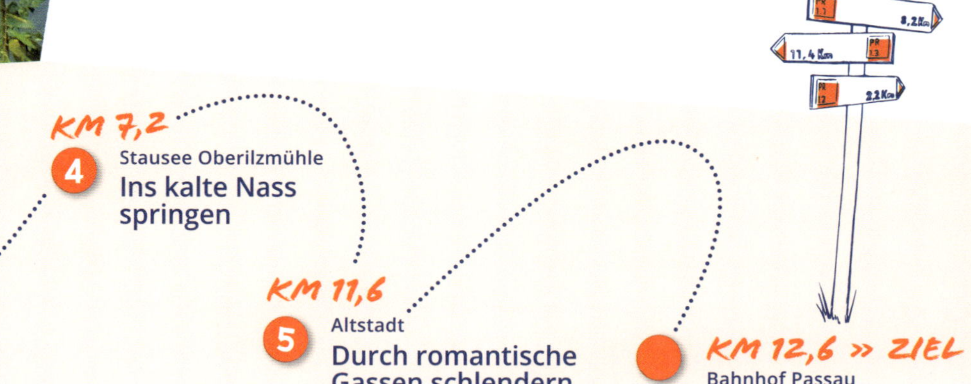

VON EINER GASSE ZUR NÄCHSTEN, ...

... von einem Fluss zum anderen – in der Altstadt von Passau könnte man sich mit Absicht verlieren. Doch den besten Blick auf die Stadt hat man von der **Veste** aus. Viele Treppenstufen führen hinauf, und auf dem Weg nach oben kann man bei Atempausen Eidechsen beobachten, die sich auf den Felsen sonnen.

Nach dem strahlend weißen Labyrinth der Veste lässt man die Stadt Schritt für Schritt hinter sich. Ein langer Abstieg führt hinab ins Tal der Ilz. Der beherrschende Gedanke: Wie gut, dass man diese Steigung später nicht bergauf meistern muss. Eine Badestelle lockt in Hals zu einem Stopp, doch noch ist es nicht Zeit für einen Sprung in den Fluss.

Apfelbäume entlang des Feldwegs verströmen einen süßen Duft und wecken Vorfreude auf die baldige Einkehrmöglichkeit. Zunächst taucht jedoch die **Burgruine Reschenstein** auf. Ein schmaler Pfad verläuft unterhalb der ehemaligen Burgmauern entlang und führt schließlich hinab ins Flusstal. Auf einem langen Holzsteg schafft man die Überquerung der Ilz, ohne unfreiwillig nass zu werden. Auf der anderen Seite wartet die **Gastwirtschaft Zur Triftsperre,** die erfolgreich Hunger und Durst beseitigt.

VOM HOLZSTEG AUS DIE WASSERMASSEN DER ILZ BESTAUNEN

Von der Wirtschaft führt ein Waldweg flussaufwärts zum Wasserkraftwerk. am **Stausee Oberilzmühle,** der auch ein perfekter Badeplatz ist. Nach dem Sonnenbad geht es zurück bis zum Holzsteg, wo eine kleine Mutprobe wartet: ein lediglich 3,21 Meter breiter Tunnel. Gebaut wurde dieser für die ehemalige Holztrift. Steinerne Treppenstufen führen hinab ins Dunkle. Langsam tastet man sich in Richtung Tageslicht vor, das Wasser gluckert leise. Kühle Luft legt sich auf die Haut, bis man – endlich – auf der anderen Seite des Hügels herauskommt.

Es geht zurück nach Hals, wobei man auf dem Weg etwas Kurioses bemerkt: Man folgt der Ilz erneut flussaufwärts, obwohl diese doch eigentlich zur Donau hinabfließen sollte. Das liegt an der 180-Grad-Drehung, die die Ilz bei Hals macht, bevor sie nach ein paar Hundert Metern erneut eine Kehrtwende hinlegt und schließlich bei Passau in die Donau mündet – wohin es nun zurückgeht, in die **Altstadt** mit ihren schönen, verlockenden Gassen.

«

WANDERN & GENIESSEN

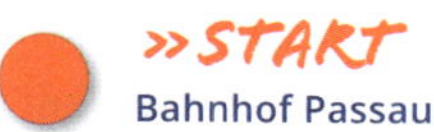

»START
Bahnhof Passau

Die Bahnhofstraße nach rechts in Richtung Altstadt laufen. Über den Ludwigsplatz in die Ludwigstraße einbiegen. An deren Ende nach rechts wenden und die Straße Rindermarkt entlanglaufen, bis links die Schlosserstiege zur Donau hinführt. An der Fritz-Schäffer-Promenade in Richtung Hängebrücke laufen. Die Donau überqueren und die Fußgängerampel nehmen. Der Ludwigsteig führt einen zur Veste Oberhaus hinauf (an der ersten Gabelung nach rechts laufen, an der zweiten Gabelung geradeaus hoch zum Inneren der Veste).

KM 2,2

1 Veste Oberhaus

Über Burgmauern spähen

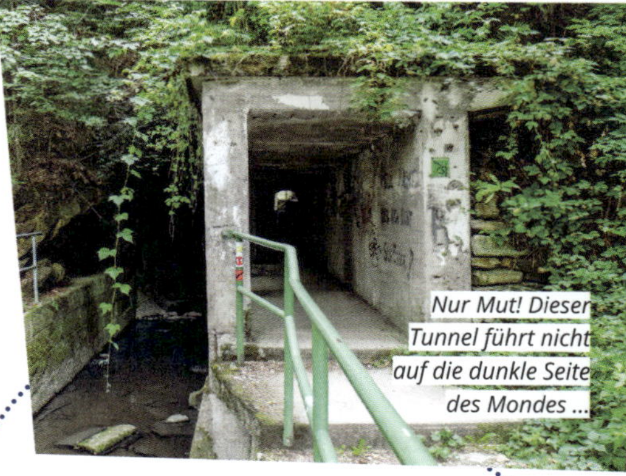

Nur Mut! Dieser Tunnel führt nicht auf die dunkle Seite des Mondes ...

Mit 65 000 Quadratmetern umbauter Fläche gehört die Veste Oberhaus zu den größten Burganlagen Europas. Wie ein Platzhirsch nimmt sie bereits seit 1219 den Georgsberg am linken Donauufer ein. Über Treppen gelangt man auf mehreren Wegen hoch zur Veste, kleine Scharten in den Mauern lassen einen immer wieder Blicke auf Passau erhaschen. Neben Aussichtsturm und Observatorium ist die Veste auch die Location für Burgenfestspiele und Sommerkino. Im Oberhausmuseum gibt es Ausstellungen über das Leben im Mittelalter, Zünfte und Handwerke, doch auch die Geschichte Passaus wird erzählt (oberhausmuseum.de). Von der Terrasse der Gaststätte Das Oberhaus (tgl. 11–23 Uhr) aus blickt man hinab in die Stadt.

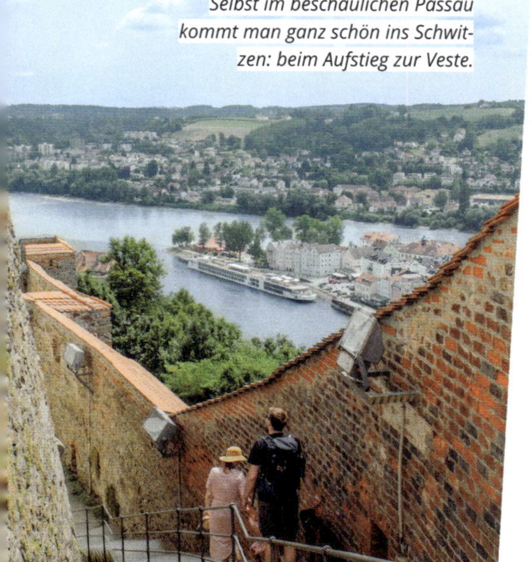

Selbst im beschaulichen Passau kommt man ganz schön ins Schwitzen: beim Aufstieg zur Veste.

Vom Parkplatz bei der Gaststätte der Teerstraße in Richtung WC folgen. Anschließend den Sportplatz passieren und weiter dem Rennweg folgen, bis man auf die Goldsteig-Markierung (gelber Weg auf weißem Grund) trifft. Diese leitet einen über die Straße und immer bergab ins Tal der Ilz. Sobald man die Brücke bei Hals überquert hat, nach links wenden, kurz darauf nach rechts (Wegmarkierung: blaues Rechteck mit Nr. 23). Dieser Weg führt bis zur Burgruine Reschenstein.

KM 5,4

2 Burgruine Reschenstein
Ritterspuren entdecken

Hoch über der Ilz ist der perfekte Platz, um sich häuslich niederzulassen – fand man zumindest im Mittelalter und baute auf dem Hügel an der Ilzschleife eine Burg. Von Reschenstein ist heute nicht mehr viel übrig. Seit geraumer Zeit ist die Burg dem Verfall preisgegeben, doch noch Ende des Zweiten Weltkriegs diente sie als Flüchtlingslager. Heute trotzen noch einige Mauerreste und der Bergfried dem Appetit der Natur und verführen zu einer kleinen Spurensuche. Überall auf dem Hügel entdeckt man noch Reste der Vergangenheit, während der links am Hang verlaufende Steig einen über die mit dem Fels verschmolzenen Überbleibsel der Mauern staunen lässt.

Nach der Burgruine weiter den Hang entlanglaufen, bei der ersten Gabelung links bergab gehen. Bei der zweiten Gabelung ebenfalls links halten. Über den Holzsteg drüber zur Gastwirtschaft Zur Triftsperre.

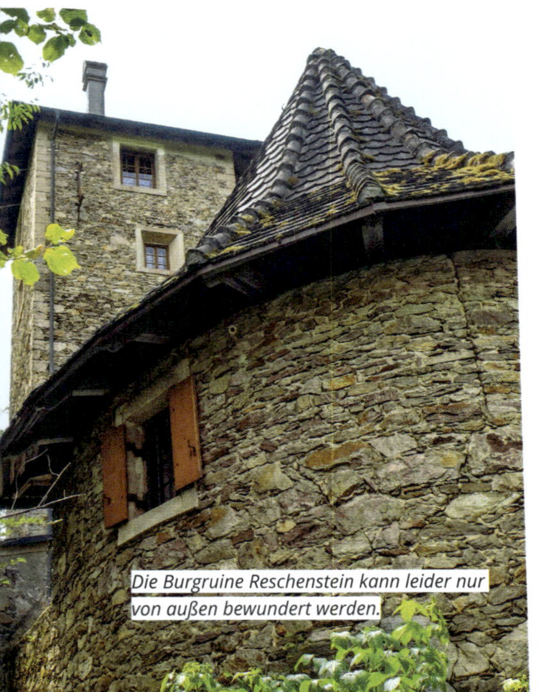

Die Burgruine Reschenstein kann leider nur von außen bewundert werden.

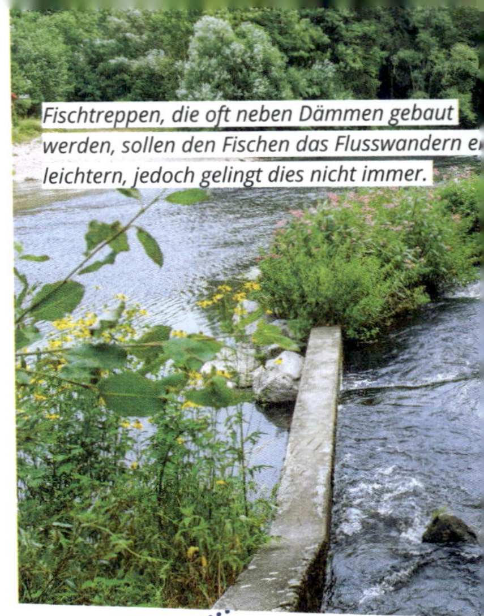

Fischtreppen, die oft neben Dämmen gebaut werden, sollen den Fischen das Flusswandern erleichtern, jedoch gelingt dies nicht immer.

KM 5,8

3 Gasthaus Zur Triftsperre
Kraft tanken

Lieber unter Bäumen oder Weinreben sitzen? Im Biergarten des Gasthauses Zur Triftsperre ist beides möglich (zur-triftsperre.de). Da sich das Wirtshaus direkt an der Ilz befindet, lauscht man beim Essen dem Rauschen des Flusses. Am Steg, der über die Wassermassen führt, klärt eine Holztafel über die Geschichte der Holztrift auf. Vor der Erfindung von Eisenbahn und LKWs transportierte man das geschlagene Holz per Wasserstraße aus dem Wald in die Stadt. Dafür baute man Bäche aus, schuf Querkanäle und Triftsperren, um das Holz am Bestimmungsort zu sammeln. Eine solche ist am anderen Ende des Stegs zu sehen, der dazugehörige Tunnel ist 115,5 Meter lang, etwas mehr als 3 Meter breit und lediglich 2,33 Meter hoch. Auf dem Rückweg durchquert man diesen, um auf die andere Seite des Hangs zu gelangen.

Vom Gasthaus flussaufwärts dem Goldsteig folgen. Dieser bringt einen bis zum Kraftwerk und Stausee Oberilzmühle.

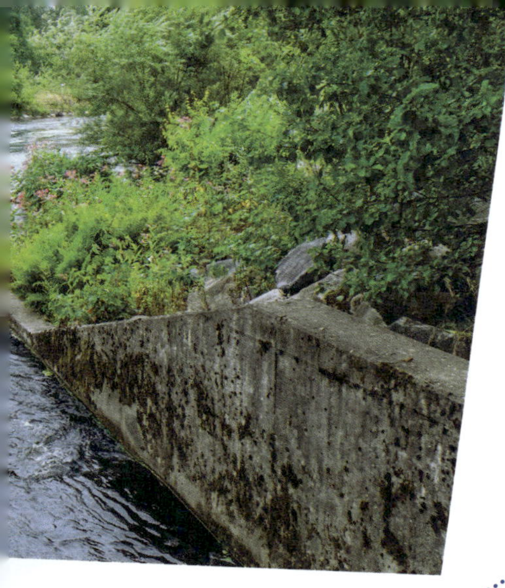

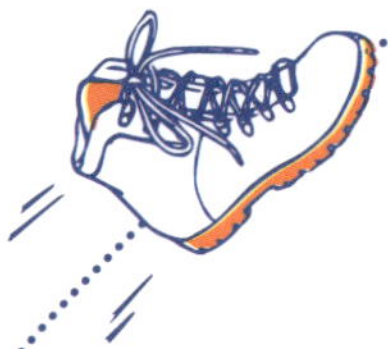

KM 7,2

4

Stausee Oberilzmühle

Ins kalte Nass springen

Das gewaltige Flusskraftwerk Oberilzmühle, das die Fluten der Ilz zurückhält, lässt sich vom Flussufer aus betrachten. Man kann es aber auch betreten und von der Brücke aus einen Überblick über das Flusstal und den Stausee gewinnen. Auf der linken Seite des Wasserkraftwerks befindet sich eine Fischtreppe, die erbaut wurde, um den Fischen die Aufwärtswanderung zu ermöglichen. 13,1 Höhenmeter müssen sie unter gewaltiger Anstrengung überwinden, um zu Futter- und Laichplätzen zu gelangen. Oberhalb des Kraftwerks befindet sich die Badestelle, von wo aus man in die Fluten der Ilz hüpfen kann, um anschließend auf der Liegewiese in der Sonne zu trocknen.

Zurück zum Gasthaus Zur Triftsperre auf demselben Weg. Über den Holzsteg drüber und nun durch den Triftsperrentunnel. Auf der anderen Seite nach rechts wenden, um nach Hals zu gelangen. Hier über die Brücke, erst nach rechts, dann gleich wieder nach links in die Ortsmitte gehen. Die Brauhäusgasse bringt einen zur Ilz. Hier rechts dem Flusslauf folgen, bis das Schild »Fußweg zur Stadtmitte« auftaucht. Der Weg führt ein kurzes Stück leicht aufwärts, bis er auf eine Teerstraße trifft. Dieser nach links bis zum Tunnel der B 12 folgen. Nachdem der Tunnel durchquert ist, geht es erneut über die Fußgängerampel und Hängebrücke zurück zur Altstadt von Passau.

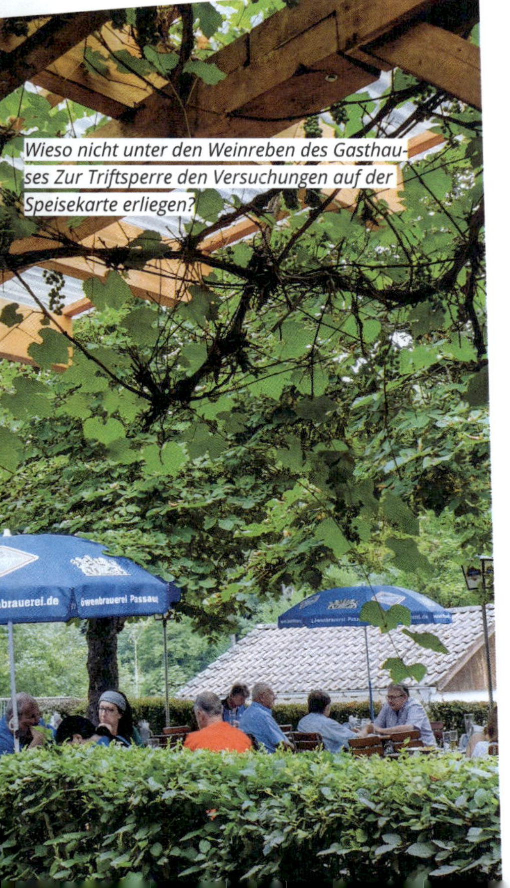

Wieso nicht unter den Weinreben des Gasthauses Zur Triftsperre den Versuchungen auf der Speisekarte erliegen?

KM 11,6

5 Altstadt

Durch Passaus romantische Gassen schlendern

Drei Flüsse umarmen die Stadt unweit der Grenze zu Österreich. An vielen Ecken versprüht Passau mediterranen Flair, sodass bei einem Besuch leicht Urlaubsgefühle hochkommen. Besonders auffällig ist natürlich der Dom Sankt Stephan, der die größte Orgel der Welt beherbergt. Am Residenzplatz wiederum kann man am Wittelsbacher Brunnen sitzen und Eis schleckend die barocken Häuserfassaden begutachten – ein Bioeis gibt's im Eis Ladn in der Rosengasse. Wer die Kunst nicht links liegen lassen will, geht ins Museum Moderner Kunst (mmk-passau.de). Der Schwerpunkt der Kunstsammlung liegt auf dem 20. und 21. Jahrhundert.

Auf der Altstadtseite in die Lukas-Kern-Straße einbiegen, dann rechts in die Jesuitengasse laufen, um links in die Michaeligasse und wieder rechts in die Schustergasse einzubiegen. Diese führt zum Residenzplatz. Hier links halten, um der Innbrückgasse hinab zum Inn zu folgen. Gleich nach dem Stadttheater rechts in die Straße Unterer Sand einbiegen. An der Gabelung zur Grabengasse befindet sich das Restaurant Goldenes Schiff (s. Extra Infos). Die Grabengasse trifft nach einigen Hundert Metern auf die Ludwigstraße. Hier links abbiegen, um über den Ludwigsplatz und die Bahnhofstraße zurück zum Bahnhof zu gelangen.

ZUM ABSCHLUSS NOCHMAL RICHTIG SCHLEMMEN

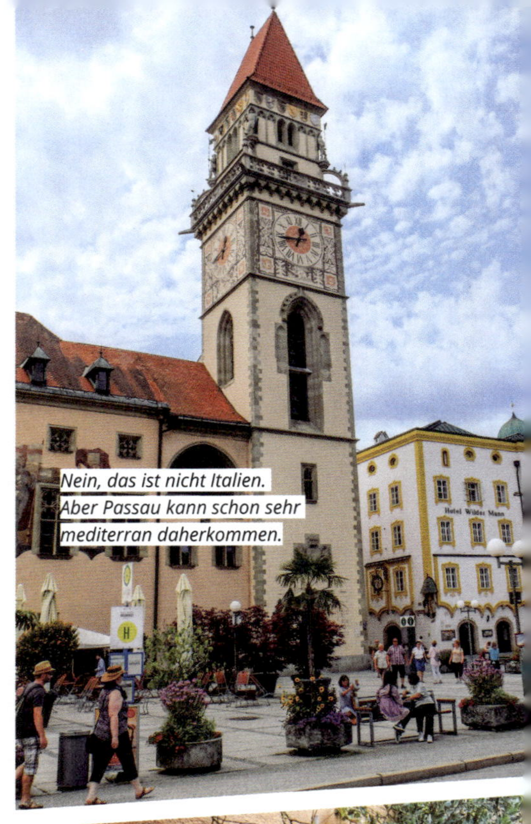
Nein, das ist nicht Italien. Aber Passau kann schon sehr mediterran daherkommen.

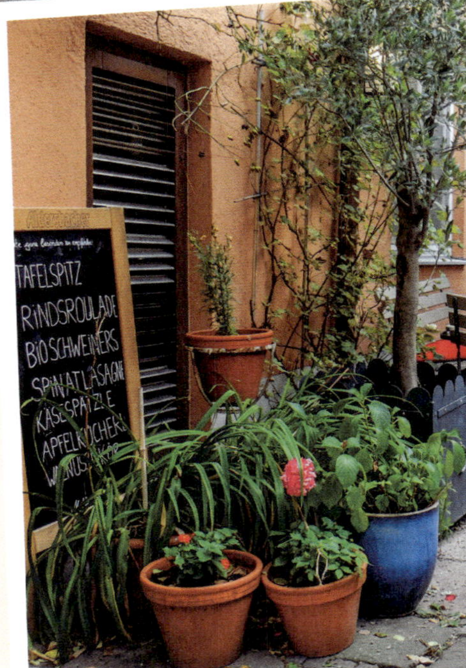

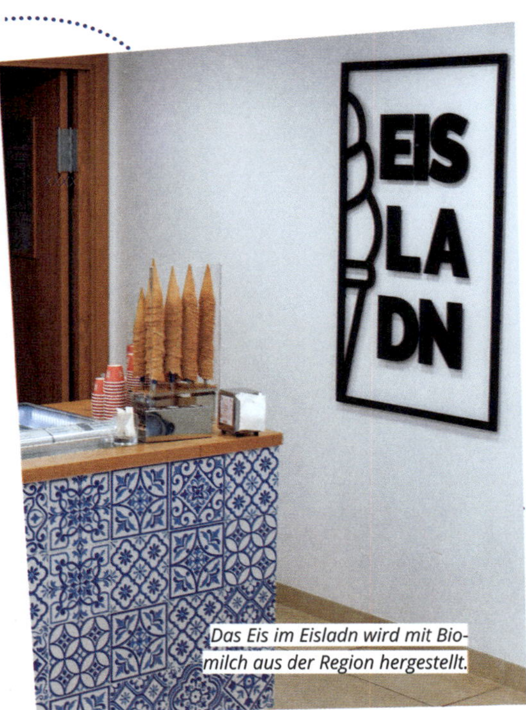

Das Eis im Eisladn wird mit Biomilch aus der Region hergestellt.

EXTRA INFOS:

Unweit vom Theater hält das Restaurant ● **Goldenes Schiff** Bio- und Slow-Food-Gerichte bereit, die man entweder in der Gaststube oder im Innenhof genießen kann (goldenesschiff.de).

Mehrere leckere Milcheissorten und Sorbets in Bioqualität helfen in der Bioeisdiele ● **Eis Ladn** über heiße Tage hinweg (eisladn.de).

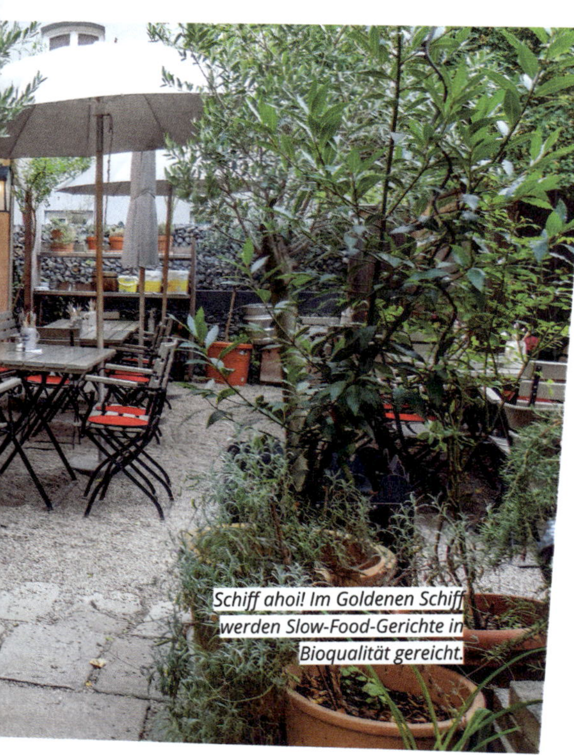
Schiff ahoi! Im Goldenen Schiff werden Slow-Food-Gerichte in Bioqualität gereicht.

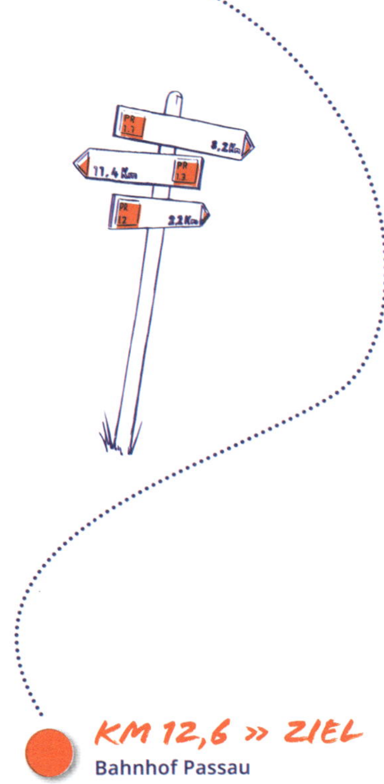

KM 12,6 » ZIEL
Bahnhof Passau

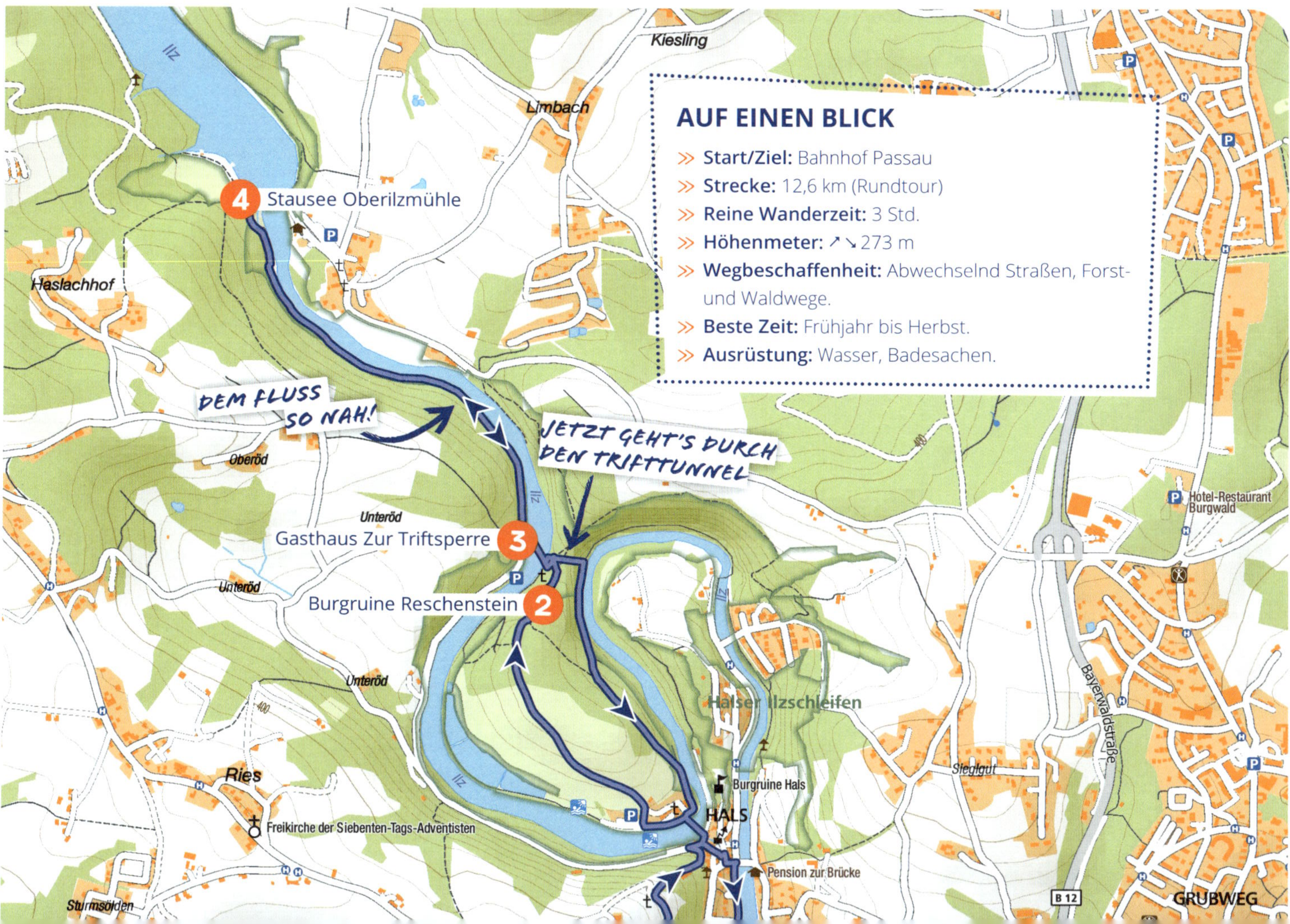

AUF EINEN BLICK

- » **Start/Ziel:** Bahnhof Passau
- » **Strecke:** 12,6 km (Rundtour)
- » **Reine Wanderzeit:** 3 Std.
- » **Höhenmeter:** ↗↘273 m
- » **Wegbeschaffenheit:** Abwechselnd Straßen, Forst- und Waldwege.
- » **Beste Zeit:** Frühjahr bis Herbst.
- » **Ausrüstung:** Wasser, Badesachen.

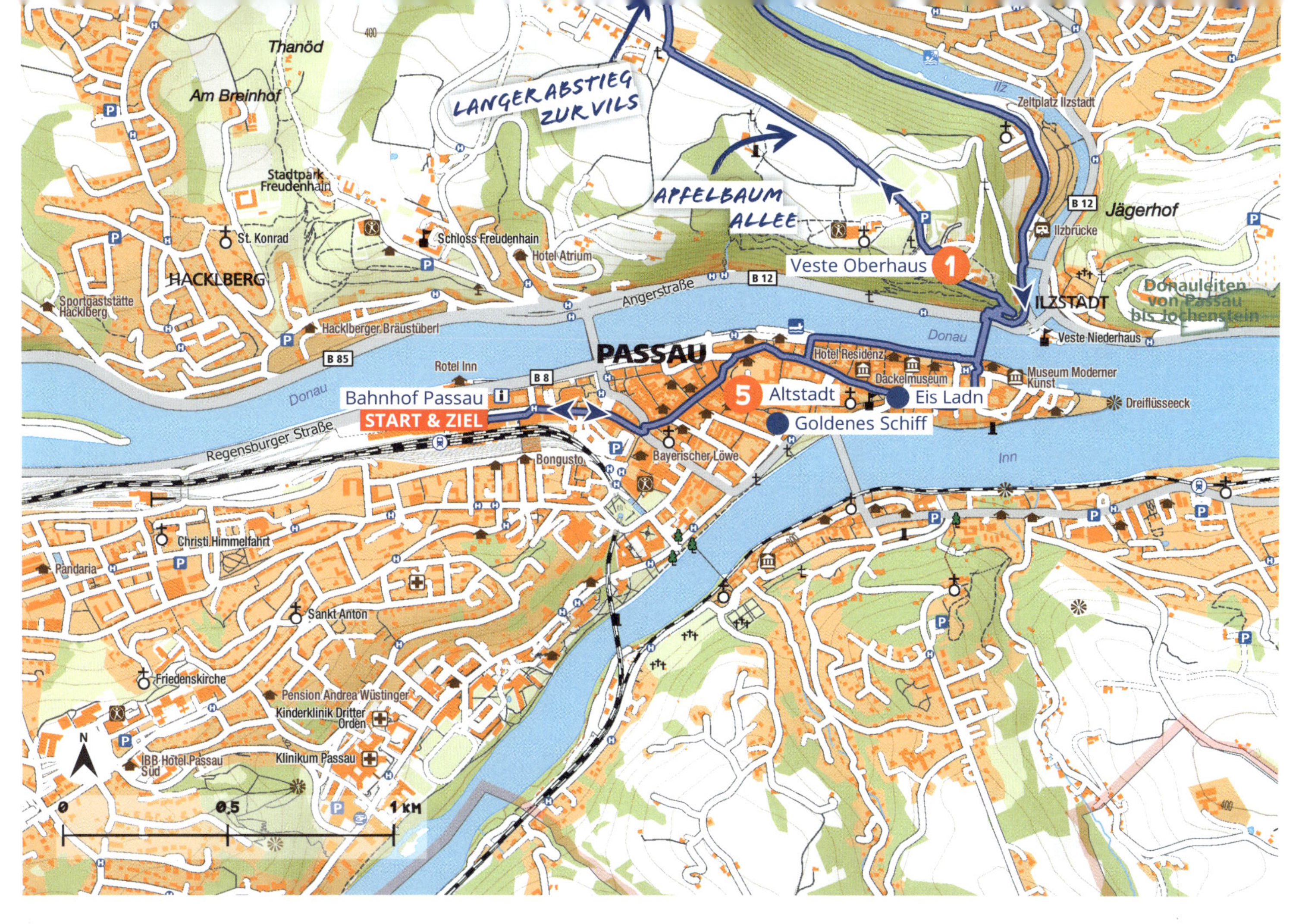

Thanöd
Am Breinhof
LANGER ABSTIEG ZUR VILS
APFELBAUM ALLEE
Zeltplatz Ilzstadt
Ilz
Jägerhof
B 12
Ilzbrücke
Stadtpark Freudenhain
St. Konrad
Schloss Freudenhain
Hotel Atrium
Veste Oberhaus
1
HACKLBERG
Angerstraße
ILZSTADT
Donauleiten von Passau bis Jochenstein
Sportgaststätte Hacklberg
Hacklberger Bräustüberl
Donau
Veste Niederhaus
B 85
PASSAU
Hotel Residenz
Museum Moderner Kunst
Dackelmuseum
Rotel Inn
B 8
5
Altstadt
Eis Ladn
Dreiflüsseeck
Bahnhof Passau
START & ZIEL
Goldenes Schiff
Regensburger Straße
Bayerischer Löwe
Inn
Bongusto
Christi Himmelfahrt
Pandaria
Sankt Anton
Friedenskirche
Pension Andrea Wüstinger
Kinderklinik Dritter Orden
Klinikum Passau
IBB Hotel Passau Süd
N
0
0,5
1 KM
400

AUCH NOCH GANZ NÜTZLICH

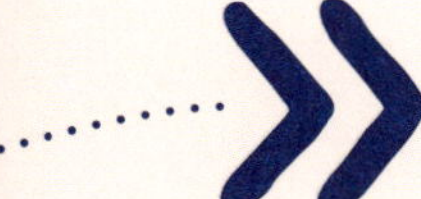

ORTSREGISTER

IMPRESSUM

» **Text:**
Melanie Wolfmeier

» **Cover- und Buchgestaltung:**
Carolin Weidemann, Köln, www.weidemann-design.com

» **Lektorat & Produktion:**
Silvia Engel, Köln

» **Projektmanagement:**
Susanne Heimburger, Tamara Siedler

» **Fotos:**
Titelfoto: Mauritius Images/Daniel Kieslinger Photo; Fotos Innenteil: Melanie Wolfmeier mit folgenden Ausnahmen: Michael Schuster, Regensburg (S. 17 Mitte, 37 u.); Shutterstock: V. Lacovoni (S. 30), L. Hercigonja (S. 68), P. Fodor (S. 170)

» **Kartografie**
©KOMPASS-Karten GmbH, kompass.de unter Verwendung von ©OpenStreetMap Contributors, osm.org/copyright

» **S. 222 / 223:**
Marie Geißler (Illustration), Jens Bey (Text)

Printed in Poland

1. Auflage 2024

ISBN 978-3-616-03229-0

www.dumontreise.de

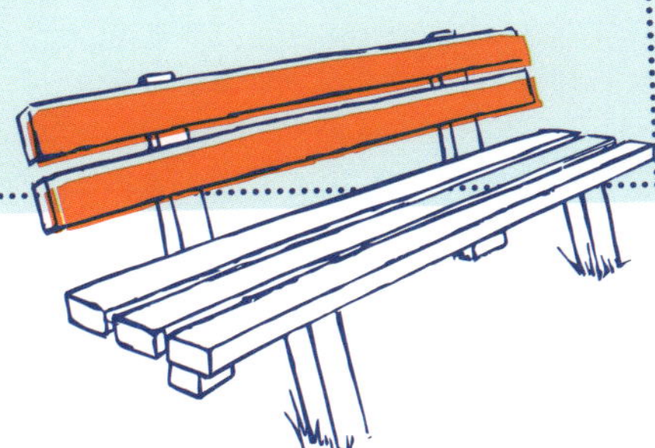

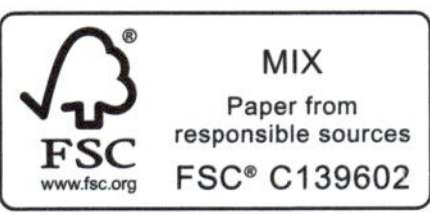

RECHTS ODER LINKS? IMMER WISSEN, WO'S LANGGEHT!

» *TOURENVERLAUF*

GPX-Daten zum kostenlosen Download
www.dumontreise.de/wanderzeit/bayerischer-wald

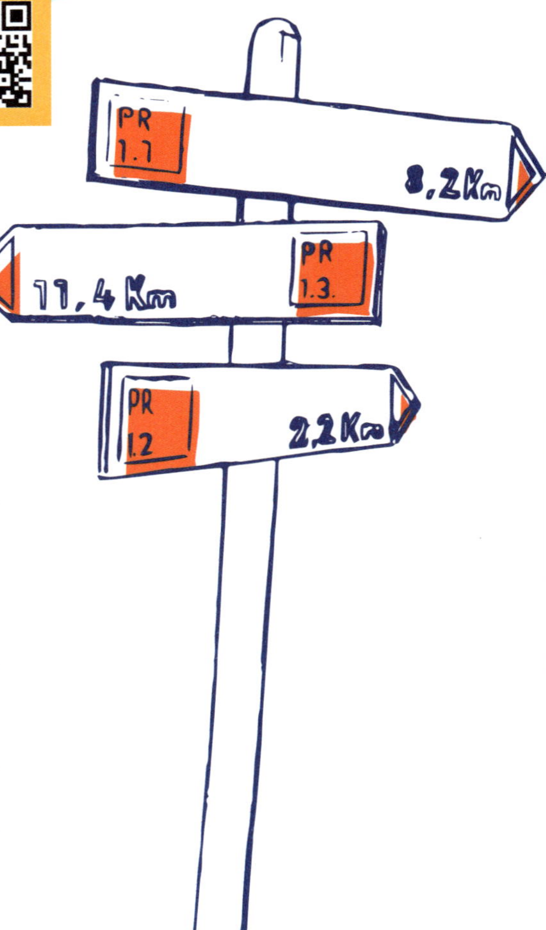

GPX-DOWNLOAD AUFS SMARTPHONE – SO GEHT'S

» Voraussetzung:
Eine Outdoor-App muss installiert sein, z. B. KOMPASS, Outdooractive oder Komoot. Zum Einlesen des QR-Codes benötigen ältere Android-Geräte eine QR-Code-App. Bei neueren Android- und iOS-Geräten ist diese Funktion in der Kamera integriert.

» Daten downloaden:

1. Den QR-Code einlesen oder die Webadresse im Browser eingeben, um auf die Wanderzeit-Website zu gelangen.
2. Die gewünschte Tour zum Download anklicken.
3. Bei iOS-Geräten werden die GPX-Daten direkt mit der vorab installierten App verknüpft. Bei Android-Geräten muss ggf. noch ein Weiterleiten-Button geklickt werden (z. B. oben rechts im Display). Manche Apps zeigen den Tourverlauf starr an, andere haben eine Navigationsfunktion dabei.

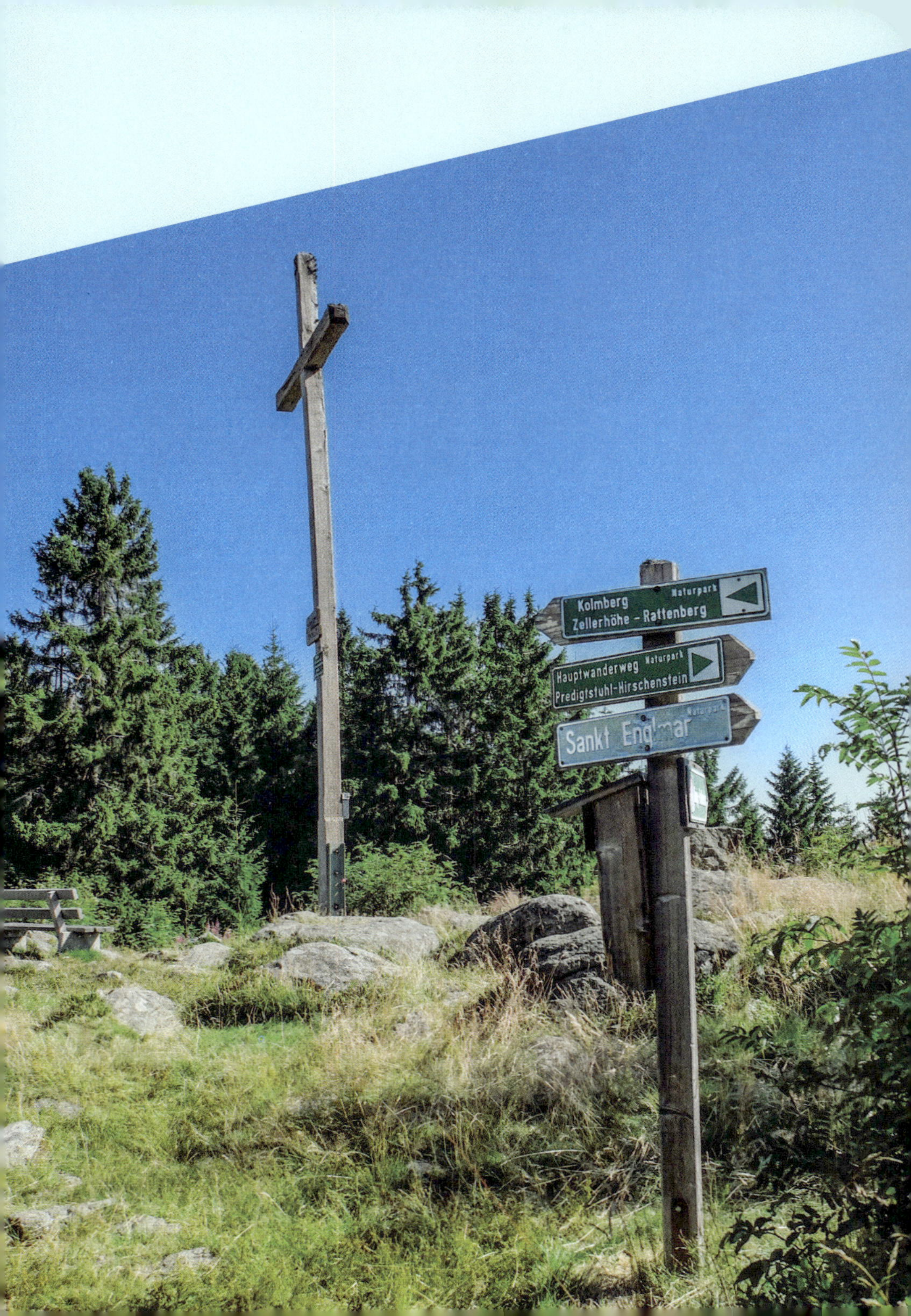
Kolmberg
Naturpark
Zellerhöhe - Rattenberg
Hauptwanderweg
Naturpark
Predigtstuhl-Hirschenstein
Naturpark
Sankt Englmar

WEITERWANDERN ...

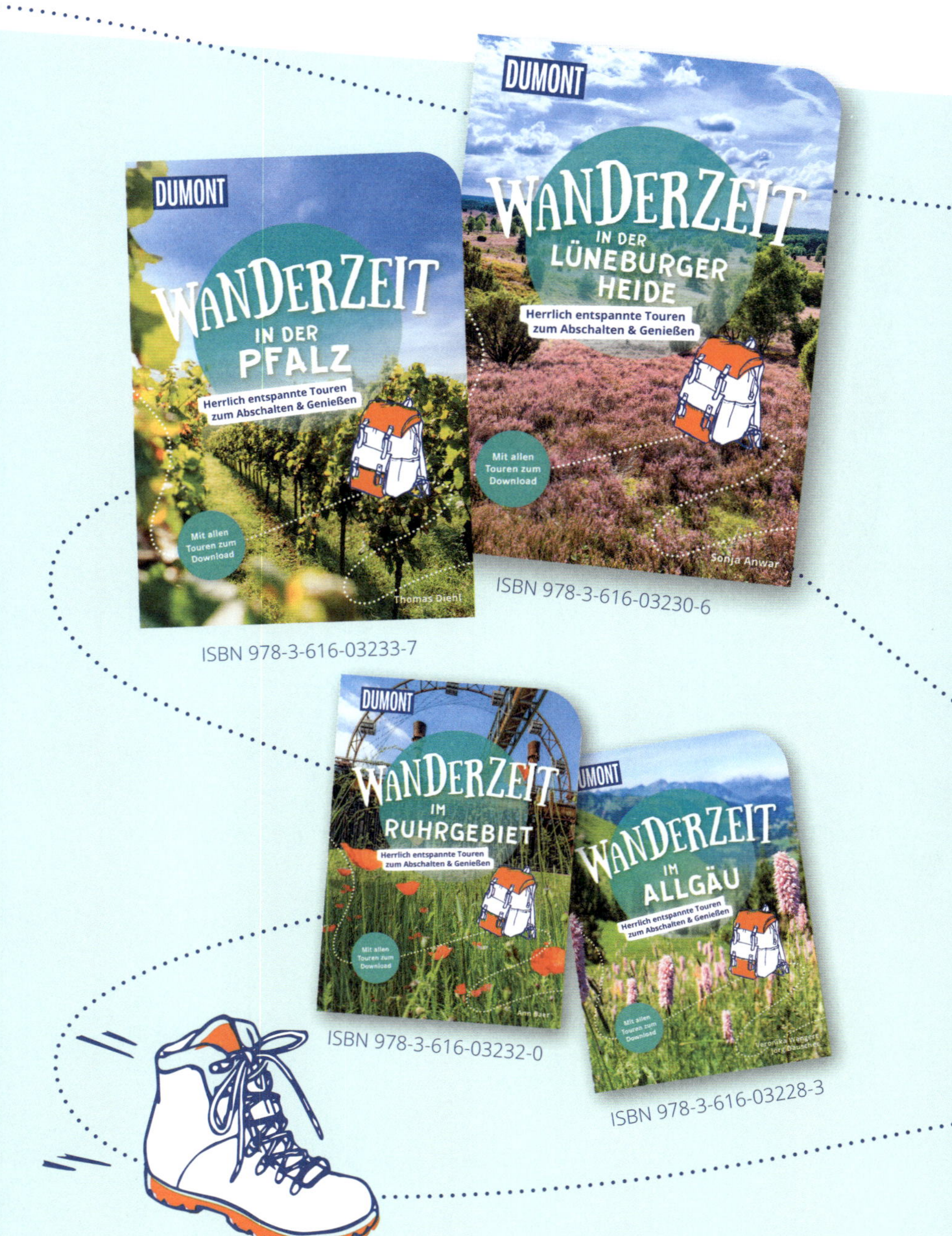

ISBN 978-3-616-03233-7

ISBN 978-3-616-03230-6

ISBN 978-3-616-03232-0

ISBN 978-3-616-03228-3

… ODER LIEBER MAL RADELN?

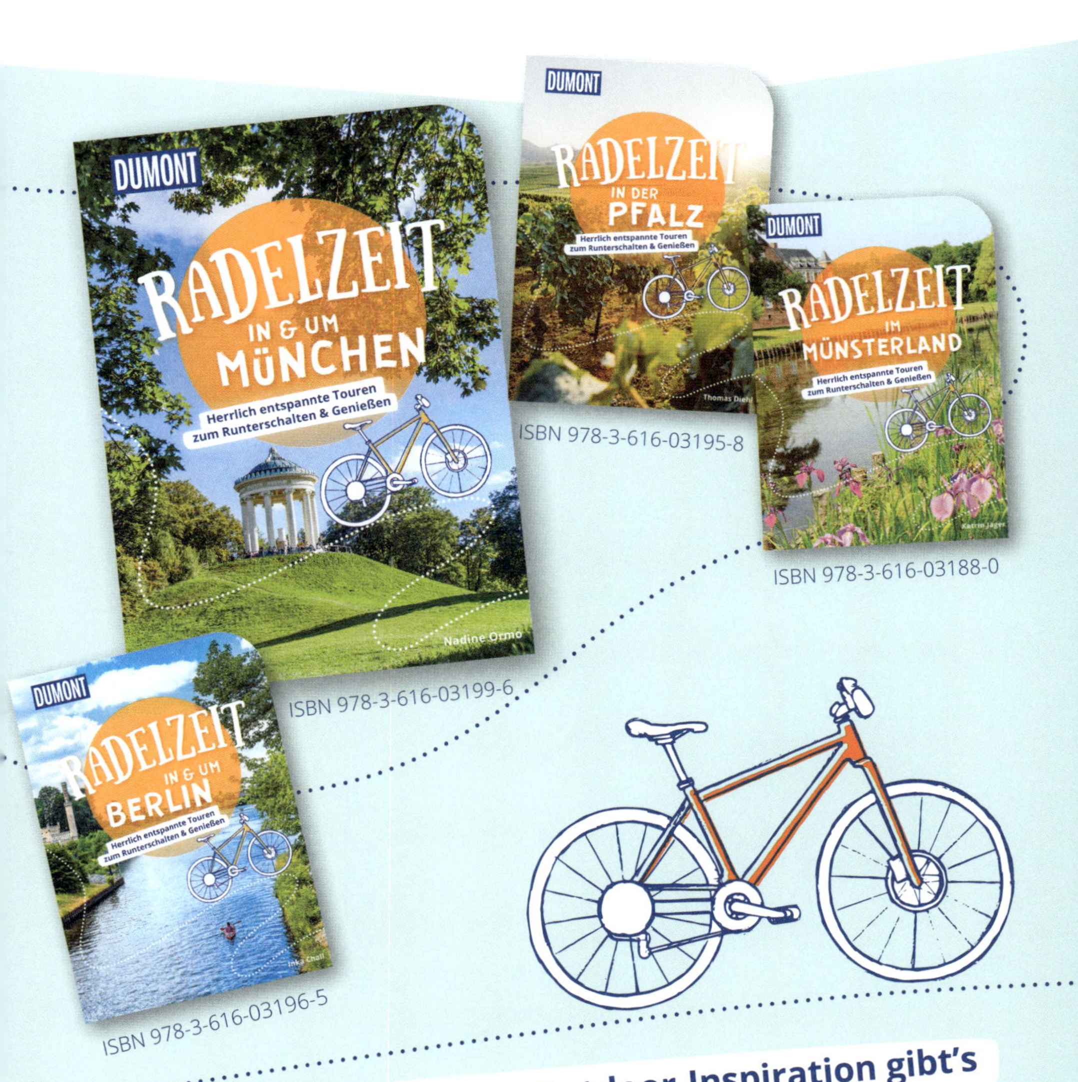

Noch mehr Outdoor-Inspiration gibt's im gut sortierten Buchhandel und unter www.dumontreise.de

ANTI-RUCKSACK-AUTSCH-ÜBUNGEN

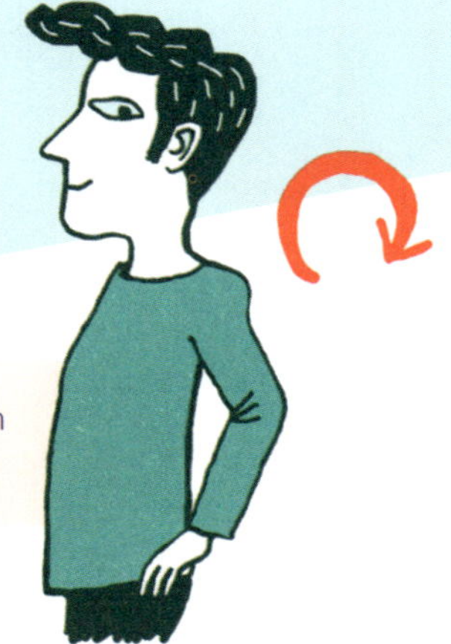

1. Kreise 30 Sekunden mit den Schultern nach hinten und unten.

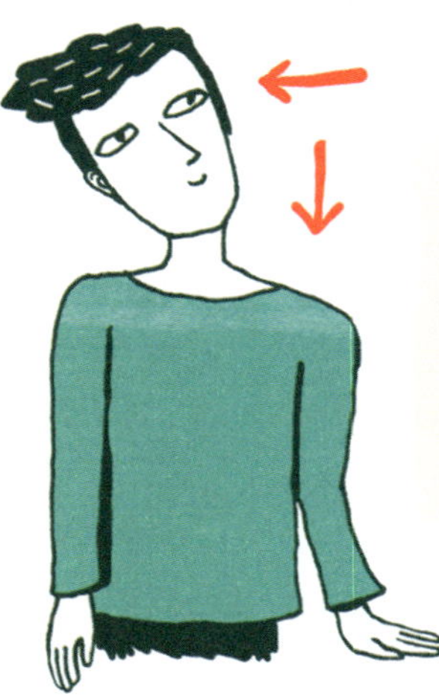

2. Den Nacken ziehst du in Form, indem du den Kopf langsam, ohne ihn zu verdrehen, zur rechten Schulter neigst. Den linken Arm schiebst du dabei langsam nach unten, die Handfläche zeigt zum Boden. Ruhig atmen, 15 Sekunden halten, dann wechselst du die Seite.

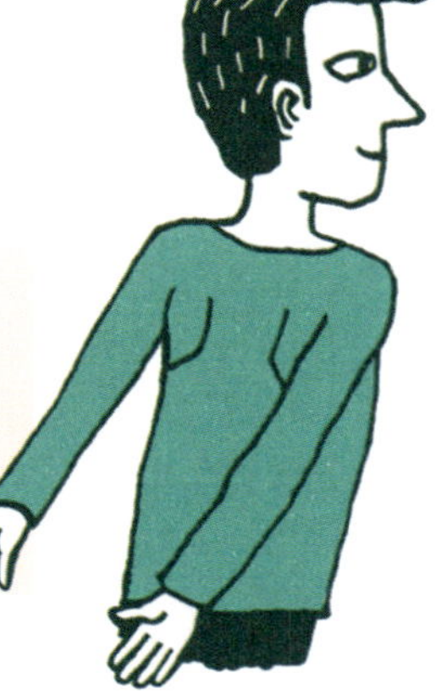

3. Die Brust entspannt sich, wenn du deine Arme seitlich nach hinten bewegst, mit den Handflächen zur Decke. 15 bis 20 Sekunden lang in der Dehnung bleiben und dabei kein Hohlkreuz machen.

4. Die Schulterbrücke stärkt den Rücken. Lege dich auf einer Matte auf den Rücken, stelle die Beine hüftbreit auf, die Arme liegen gerade am Boden. Dann hebst du das Becken an, sodass der Körper eine gerade Linie bildet. Absenken und wieder anheben.

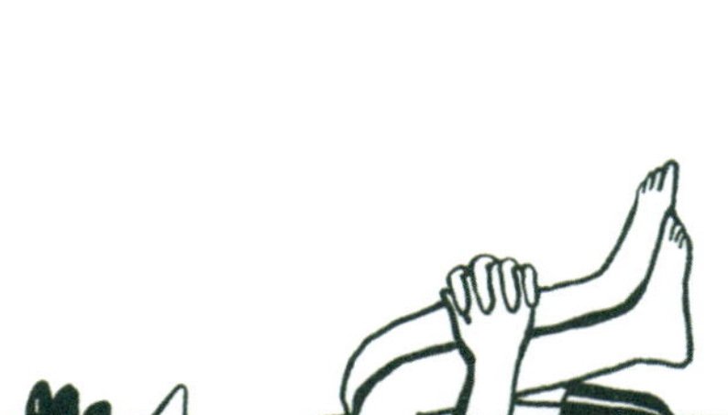

5. Prima Päckchen: Ziehe die Knie zur Brust heran, umfasse sie mit den Händen und atme aus. Lockere die Knie etwas und ziehe sie wieder heran. Das dehnt die Muskulatur an der Wirbelsäule und macht dich wieder beweglicher.

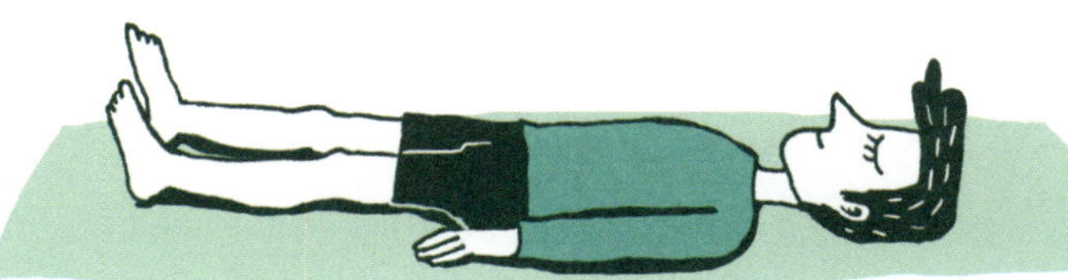

6. Zum Schluss entspannst du ein paar Atemzüge auf dem Rücken, Arme und Beine locker von dir gestreckt.

DIE PERFEKTE TOUR ...

#FÜR SONNENHUNGRIGE

Auf dem Gipfel des Silberbergs trübt kein Bäumchen das pure Sonnenglück, während man auf der Terrasse der Bergmannschänke später den Sonnenuntergang einfangen kann.

» **TOUR 9, S. 94**

#FÜR NEUGIERIGE

Wie gründet man einen Nationalpark? Und wie sehen Baumkronen aus der Nähe aus? Das Nationalparkzentrum Lusen mit seinem Baumwipfelpfad ist ein Paradies für alle Leute mit vielen W-Fragen auf der Zunge.

» **TOUR 16, S. 164**

#FÜR WASSERRATTEN

Keine Tour ohne Schwimmen? Dann ab nach Furth im Wald. Im Drachensee kann man am Ende der Wanderung kostenlos plantschen.

» **TOUR 2, S. 24**

#FÜR LECKERMÄULER

Nicht nur eine, sondern gleich drei Einödhöfe warten im Lamer Winkel auf hungrige Entdeckerinnen und Entdecker. Zu den riesigen Brotzeitplatten und saftigen Kuchen gibt's viel Waldgrün und Weitblick dazu.

» **TOUR 5, S. 54**

#FÜR FAULE

Für eine extra gemütliche Wanderung bitte einmal nach Freyung. Auf der 2,5-stündigen Tour durch die Buchberger Leite läuft man fast nur leicht bergab und immer durch dichten Schluchtenwald hindurch.

» **TOUR 17, S. 174**

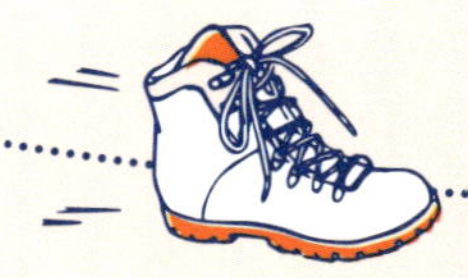